JN326231

祖先と資源の民族誌
――中国雲南省を中心とするハニ=アカ族の人類学――

稲村務

めこん

祖先と資源の民族誌―中国雲南省を中心とするハニ＝アカ族の人類学―●目次

前言―――5
研究資金についての謝辞―――7
初出一覧―――8
図表一覧―――10

第I部 祖先と資源の民族誌とは

序章 ―――――――――――――――――――――――― 15

第1節 問題の所在　15
第2節 民族誌論とエスニシティ論　16
第3節 歴史人類学と資源人類学　26
第4節 ハニ＝アカ族研究　29
第5節 調査の概要　34
第6節 本書の構成　35

第2章 創られる「民族」――――――――――――――― 37

第1節 「支系」の社会人類学的整理　37
第2節 ハニとアカ　59

第1部註―――91

第2部
祖先祭祀における「民族」

第3章 社会構造の概要 ———————————————— 101
　第1節　2つの生態系：調査地の地理的概況　101
　第2節　村落構造の比較　126
　第3節　リネージ体系の比較　148

第4章 祖先祭祀 ———————————————————— 161
　第1節　霊的存在の分類　161
　第2節　神話の構造分析　170
　第3節　村落と時間意識——逃走のための年中儀礼——　183
　第4節　葬送儀礼と祖先　199
　第5節　集合的記憶としての系譜　253
　第6節　政体の記憶　279

第2部註 ———— 299

第3部
資源の民族誌

第5章 表象される「文化」———————————————— 313
　第1節　「文化」の客体化、実体化、資源化　313
　第2節　出版から見た「ハニ族文化」　323
　第3節　翻訳の政治経済　332

第6章 資源化される「文化」——————————————— 349
　第1節　ハニ族における「民族」+「文化」+「資源」　349
　第2節　紅河ハニ棚田の世界文化景観遺産登録から見る「文化的景観」と「風景」　370

第3節　ABS法と薬草知識　429

第4節　山を目指していた人々──ラオスと台湾のハニ＝アカ族　461

終　章 ─────────────────────────── 501

第1節　議論の整理　501

第2節　結論　505

第3部註 ──── 507

参照文献────517

あとがき────551

ハニ語アカ語解説索引────554

事項索引────558

前言

表記について

(1) ハニ語・アカ語

　現在ハニ語・アカ語についての正書法は中国・タイ・ビルマ（現ミャンマー）のものや人類学者や言語学者の考案したものも含めると10種類程度存在する。それぞれ長短所があるが、本論文では中国の事例が比較的多いこともあり、中国の「新ハニ文」（新哈尼文）と呼ばれる正書法を使い、タイ・ビルマの文献を用いた場合でもこの正書法に統一した。

　なお、この表記は英語よりは中国語の併音記号の読みに近いものであり、母音の後の'l'、'q'は声調を表わし、'v'は緊喉音を示している。詳しくは戴庆厦・段贶乐 (1995), Lewis and Bai (eds.1996) 参照。

(2) 中国語

　中国語について、和文の文章においては日本の漢字を使うのが通例であり、本書は和文を読む読者を想定しているのでこれに従う。中国語であることを示す必要がある場合特に《　》を用い区別する時があるが、そうする必要性のない場合、例えば人名や地名などの固有名詞などには用いない。ただし、参照文献については日本の漢字には改めず、簡体字のものは簡体字、繁体字のものは繁体字とし、引用符は参照文献と同じ字体を用いた。

(3) ハニ語への漢字の当て字

　ハニ語への漢字の当て字は、地名や原典表示が必要な場合を除いて、極力本文中から排除した。また、やむを得ず本文に当て字を載せる必要のある場合は、カタカナでルビをふり、それがハニ語の漢字による当て字であることを示した。

(4) その他

　特に民族誌的記述上問題のないタイ語、ラオ語、シャン語、タイ・ルー語などについてはカタカナで記すのみとした。発音が問題になる場合は国際音標で表記している。

文献・写真・註

(5) 写真

　写真は頁をある程度まとめて掲載している。写真は断らない限り筆者が撮影したものである。

(6) 註

　註は各部の部末にまとめて挙げている。

(7) 文献の略記

　参照文献の引用符については著者名が長い団体名であることがあり、適宜書名に替えた。書名の場合は年号は挙げない。『江城哈尼族彝族自治県志』というように長くなる場合は中国研究の慣例に照らして『江城県志』のように略している。特に中国語文献の一部には書名にしても著者名にしても、長くなりすぎることがあり、略記を用いたものがある。略記は参照文献欄をご参照頂きたい。

研究資金についての謝辞

　筑波大学博士課程在学中に中国雲南大学に留学し、平和中島財団より留学助成を受け（「中国雲南省の少数民族ハニ族の歴史意識に関する文化人類学的研究」1996・1997年度）、留学中1年半の社会人類学的フィールドワークに従事した。1996年に庭野平和財団より（「ハニ＝アカ族の宗教的文化複合に関する文化人類学的比較研究」）研究助成を受けた。

　1999年4月より、筑波大学歴史・人類学系に文部技官（後に文部科学技官）として採用され、筑波大学学内プロジェクト（「ハニ＝アカ族の口頭伝承に関する比較研究」）を受け、その成果により平成12年度筑波学都資金財団教育研究特別表彰（2000年12月8日）を受けた。

　平成14年に専任講師として琉球大学に奉職後、琉球大学後援財団より本研究の基礎となる予備的調査について補助を受け、2005年9月にチュラーロンコーン大学、雲南農業大学、雲南大学、紅河民族研究所、紅河学院を訪れ、民族植物学についての調査を行なった。2013年度の台湾調査については平成25年度琉球大學中期計画達成プロジェクト経費「人類の拡散と琉球列島」（研究代表者：池田榮史）の研究助成を受けた。また、2014年度のラオス・台湾・雲南調査においては平成26年度中期計画達成プロジェクト経費「継続性と断続性——自然・動物・文化——」（研究代表者：池田榮史）の研究助成を受けた。

　日本学術振興会学術研究助成基金助成金（基盤C）「雲南少数民族の薬草知識の『資源化』にかんする文化人類学的研究」（平成24〜26年度）課題番号24520915の成果の一部でもある。また、本書の出版においては平成27年度琉球大学研究成果公開（学術図書等刊行）促進経費による出版助成を受けた。

　以上の研究資金を頂いたことについて厚く御礼申し上げる。

初出一覧

1996年 「アカ族・ハニ族・アイニ族——中国雲南省西双版納州における『アカ種族』の国民統合過程」『東南アジア——歴史と文化』25号、東南アジア史学会、山川出版社、pp.58-82（2章2節一部改稿転載）。

2002年 「中国ハニ族の『支系』について——民族識別と『支系』概念の整理」『歴史人類』30号、筑波大学歴史・人類学系紀要、pp.26-56（2章1節改稿）。

2003年 「イデオロギーとしての『他界』——雲南省紅河のハニ族の葬歌を通じて」『比較民俗研究』19号、比較民俗研究会、pp.5-20（4章4節一部転載）。

2005年 「ハニ族『文化』の政治学——出版から見た民族表象」『中国の民族表象——南部諸地域の人類学・歴史学的研究』塚田誠之・長谷川清編、風響社、pp.257-274（5章2節改稿）。

2008年 「ハニ語と中国語の間——ハニ語の中国語訳における知識人による表象の政治経済——」『民族表象のポリティクス 中国南部における人類学・歴史学的研究』塚田誠之編、風響社、pp.127-153（5章3節改稿）。

2010年 「ハニ族とアカ族の儀礼の解釈と政体の記憶——雲南と北タイの比較——」『東アジアにおける宗教文化の再構築』鈴木政崇編、風響社、pp.189-219（4章6節改稿）。

2012年 「集合的記憶としての系譜——中国雲南省および東南アジア諸国のハニ＝アカ族の父子連名制系譜を事例として——」『琉大アジア研究』11号、琉球大学国際沖縄研究所アジア研究部門、pp.1-54（4章5節一部転載改稿）。

2013年 「村落の移動と環境——雲南省を中心とするハニとアカの生態系」『地理歴史人類学論集』4号、琉球大学法文学部紀要人間科学別冊、pp.45-60（3章1節一部転載改稿）。

2014年 「棚田、プーアル茶、土司——『ハニ族文化』の『資源化』——」『中国の民族文化資源：南部地域の分析から』武内房司・塚田誠之（編）、風響社、pp.197-238（6章1節転載改稿）。

2014年 「中国紅河ハニ棚田の世界文化景観遺産登録からみる『文化的景観』と『風景』」『地理歴史人類学論集』5号、琉球大学法文学部紀要人間科学別冊、pp.23-70（6章2節改稿）。

2016年　「ハニ族と雲南イ族における薬草知識をめぐるポリティクス――ABS法と非物質文化遺産――」『文化資源の生成と変貌――華南地域を中心とした人類学・歴史学的研究』塚田誠之・武内房司編、風響社 (6章3節一部転載改稿)。
2014年　「北西ラオスのアカ族における植物知識および西双版納州の中薬市場についての調査報告」『地理歴史人類学論集』5号　琉球大学法文学部紀要人間科学別冊、pp.89-116 (村上めぐみと共著、稲村担当分のみ一部転載6章4節)。
2014年　「山を目指してきた人々と海を目指していた人々――ハニ＝アカ族とアミ族――」『人類の拡散と琉球列島』池田榮史編、平成25年度琉球大学中期計画達成プロジェクト報告書、pp.85-115 (6章4節一部転載改稿)。

図表一覧

図表番号	タイトル	掲載ページ
図1	本書の主な地名	38
図2	ハニ族「支系」分布図	48
図3	ハニ語の民間民族学からみたアカとハニの関係概念図	59
図4	「公定ハニ」、ハニ種族、アカ種族の分布の模式図	60
図5	雲南の民国期の地名	67
図6	河川とハニ種族およびアカ種族の分布する水系	102
図7	元陽県A集落地図	108
図8	紅河自治州	109
図9	元陽県の主な地名	110
図10	西双版納州	116
図11	南糯山略図、格朗和略図	117
図12	南糯山地図、衛星写真	118
図13	シャン型盆地連合国と山稜交易国家の理念的モデル	132
図14	アカの「非円環的」な季節サイクル	173
図15	アカの移動経路	272
図16	アカの移動経路	273
図17	アカの移動経路	274
図18	アカの移動経路	275
図19	ハニの移動経路	276
図20	ハニの一部とアカの一部の移動経路	276
図21	ハニの移動経路	277
図22	ハニの移動経路	278
図23	出版件数と出版総ページ数	326
図24	口承文芸と文学	326
図25	3つの支系の出版比較	327
図26	紅河州3県の出版比較	327
図27	紅河州と西双版納州の出版比較	327
図28	イコモスの示した指定地域と緩衝地帯	379
図29	評価書の地図を中国語の行政地図と合成した地図	380
図30	中国側の推薦地域	380
図31	世界遺産指定資産拡大図	392
図32	ルアンナムター県	462
図33	ロング周辺のアカ族村落	465
図34	博望新村の位置	490

図表番号	タイトル	掲載ページ
表1	ハニ族の「民族」≒「支系」の人口（1951-1992）	45
表2	『哈尼族簡史簡誌合編』(1964)によるハニ族の自称他称	46
表3	『哈尼族文化大观』によるハニ族の自称他称	47
表4	表3以外の李元慶の挙げる支系名	47
表5	中国のハニ語の方言分類	49
表6	筆者によるハニ族の自称他称の整理	58
表7	A村の世帯別人口	107
表8	ハニ語の霊的存在	165
表9	人とネの相違	169
表10	アカ種族の月の名称の比較	187
表11	アカ種族の年中儀礼	187
表12	ハニ種族の年中儀礼と季節	188
表13	元陽の年中儀礼	189
表14	紅河思陀土司系譜	265
表15	ハニ＝アカ族の系譜例	266
表16	雲南においてハニ族と分類されている土司	365
表17	紅河県の土司遺跡	366
表18	ラオスの調査村の概況	464
表19	清境第一代雲南籍「義民」出身地	492

年表1	紅河哈尼族彝族自治州成立までの経緯	80
年表2	南糯山村落史	119
年表3	紅河ハニ族棚田世界遺産申請の過程	378
年表4	生物多様性条約にかかわる中国の環境政策略年表	438
年表5	清境社区年表	494

第Ⅰ部
祖先と資源の民族誌とは

序章

第1節
問題の所在

　今日の世界で「民族誌」などというものを書く理由があるだろうか。インターネットに情報は溢れ、当該「民族」の知識人たちは学術書も含めて無数の書物を出版し、彼ら自身による学会も組織され、人類学者が1年ぐらい調査したからといって経験できない資料が提示されている。

　「民族誌」という語を定義ではないにせよ、敢えて「民族」についての書き物だと限定したとしても、我々はいったい何を語ればよいのであろうか。本書では、これまでのエスニシティ論が明らかにしたように「民族」が所与の自然な集団のラベルだとは思っていない。しかしながら、全くの社会的な構築物だというわけでもない。後述するように、それは極言すれば2つの問題に関わっている。1つは死の問題であり、誰にでも訪れる死を何らかの集団と結び付けて解決しようとする人間の志向性であり、人は自分が死んでも残る集団を想像する。それは社会構造と人類学が呼んできたものと重なり合うところが大きい。本書の扱うハニ＝アカ族は口頭で伝承されてきた長い系譜をほとんどの地域と階層で伝えており、祖先祭祀は彼らの宗教的実践の中核的な位置にある。

　いま1つは利益や状況が生み出すものであり、生のために人間の集団的カテゴリーを利用しようとすることである。○○族と呼び、呼ばれることによって生み出される「資源」について語ることである。それは「文化」と人類学を含む現代の人々が呼ぶものと重なり合う。「○○族文化」という語で語られる「文化」こそ、本書の主題である。本書では主に彼らの植物知識を中心に資源人類学的観点から「文化」の政治経済を扱う。植物の利用は彼らの文化のマテリアルな側面であり、こうした「文化」はプーアル茶や薬用植物の利用から棚田の世界遺産指定に至るまでグローバルな政治経済の中にある。

こうしたアプローチによってもたらされる視点はネイティヴに代わって文化を語ろうとするものではなく、本人たちでは語りにくい事柄ではある。「文化／民族について語ること」は近代的自我の発露であり、そこには国家やグローバル社会が相互に関連しあっている。ハニ＝アカ族は中国、タイ、ミャンマー、ラオス、ベトナムに分布し、それぞれの特殊な「近代」を生きている。元は現在の中国領内から拡散していった人々であり、それぞれの「文化」の語り方を比較することで彼らの適応している特殊な「近代」を考察することができる。それは本書の提唱する世界民俗学の視点でもある。

　本書は語られた「民族文化」をめぐる政治経済的過程と、実際の人々の祖先をめぐる観念や実践との間を往復しながら、エスニシティ論の枠組みを用いて、それぞれの特殊な民俗学的「近代」を明らかにすることを目的とした「民族誌」である。

　本書にかかわる学問領域としては、民族誌論、エスニシティ論、歴史人類学、資源人類学を挙げるべきであろう。これらは相互に関連していて明確に区切ることはできず、かつそれぞれの領域を研究史的にレビューしつくすことは難しい。以下では、本書の視点に沿って限定的にレビューを行ないたい。

第2節
民族誌論とエスニシティ論

　本節では「祖先と資源の民族誌」という主題を成り立たせるために、先行する理論として民族誌論とエスニシティ論に若干の整理をした上で問題を主題化したい。前節でも述べたようにここで言う「民族誌」とは「民族」というカテゴリーについて論じる何ものかであるが、もちろんそれは、ethnographyの定義でも民族誌の定義でもない。

　敢えてここで「民族」にこだわるのはこの概念をめぐる彼らの原初的紐帯と構築論的状況を論点にするためである。まず、本書では「民族＋文化＋資源」という動的な関係を捉えなおす。しばしば無前提に「民族」「民族文化」「民族文化資源」というように名詞化されてしまうが、まさにこの名詞化こそが社会

的に構築されてきた過程なのであって、それは自然な実体ではない。本書で言う「民族誌」とは「民族」概念にまつわる社会構築誌とでも言うべきものでもあり、その構築された「民族」についての人々の営みに関するモノグラフなのである。

まず、エスニシティについての綾部恒雄の議論を再検討してみたい。その上で今日の民族誌論をここに接合してみたい。本書ではエスニック・アイデンティティ (ethnic identity) という語は分析用語としては使わない。アイデンティティが個人の心理学的な何ものかであるとしても、外から範疇が示されないままに人間が「○○人」であったり「○○族」であったりしなければならない自然な心理的理由など存在しない。アイデンティティという語は英語でも日本語でも今日は「文化」と変わらない意味作用を持ちつつも、それを個人に差し向けるかのようなニュアンスを持つため多用されているにすぎず、学術用語としてはエスニシティと読み替えて極力使わないことにする。

綾部は民族とは異なる概念として民族集団 (ethnic group) を提示した。そして、エスニシティ (ethnicity) とは「『民族集団 (ethnic group) =国民国家の枠組みのもと、他の同種の集団との相互行為のなかで同じ文化と出自を共有する集団』の表出する性格の総体」とした [綾部 1993a: 13]。この定義自体に今日様々な異論もあることは承知の上で、この定義を使うのは本書に相応なある種のバランスを持っているからである。以下でそれを説明する。

一般にエスニシティに対するアプローチは原初論的アプローチ (primordialists)、用具論的アプローチ (instrumentalists) に分かれる [タンバイア 1993 (1992), 綾部 1993a: 103-108]。これに加えて、より現象学的なものとして、状況論的アプローチ (circumstantialists) を加える者もある。原初論、用具論といった2つのアプローチは、文化主義的な理論とマルクス主義的な理論が深く関与しており、根本的な人間観において著しい相違がある。そのため、この2つについて折衷主義的なアプローチを取ることは、意味をなさない。タンバイア (S. Tambiah) は原初論的アプローチと用具論的アプローチについて、どちらが正しいというわけではないものの、用具論的アプローチのほうがより現代的であるに過ぎないと述べている [タンバイア 1993 (1992): 57-58]。

第3のアプローチは状況論的と呼ばれるもので、民族集団は状況によって選

択されるものであるとする立場であるが、これには民族集団が実体のないものであるとする社会構築主義的な立場［e.g. アンダーソン 1997 (1991)］と、選択されるにせよ文化には実体があるとするものがあり、綾部は後者に近い。内堀基光 (1989) が「名付け」と「名乗り」と整理するように、この問題はある集団を特定しようとする国家などの上位集団からの力とそれに対して人々が自らをどのように分類しようとするのかという2つの方向、ないし相互行為を分析しなくてはならない。その場合問題となるのは「名」をめぐる攻防である。人々が民族集団をどのように選択するか。それは「民間民族学」(folk-ethnology /ethno-ethnology) を明らかにしながら、彼らの集合的な自己規定を微視的に「厚い記述」(thick description)［ギアツ 1987a (1973)］としてみるものである。この立場は理論的というよりも技術的であり、用具論的アプローチと原初論的アプローチのいずれかと併用が可能であると考える。

　本書の第2部では原初論的＋状況論的アプローチをとる。そして第3部では用具論的＋状況論的アプローチをとる。後者のアプローチが社会構築主義的であるものの、前者の明らかにする超自然的な存在への観念と実践が本書の対象社会では直接には利益や状況だけに回収できないためである。

　綾部が後にエスニシティの定義中の「文化」を「固有の伝統文化」と言い換えたことからもわかるように、綾部の文化に対する見方は実体論的である［綾部 2006 参照］。この点については「実体」という語が何を示すのかが不明なまま激しい論争があった［名和 1992, 1994, 綾部 1993b］。綾部がこのエスニシティの議論を本格的に世に問うたのは日本民族学会50周年を記念して1985年に発表した「民族学者の『民族』知らず」であり（それ以前にも論文はあるが）、むしろ固定的、実体的な「民族」概念を批判し、より「変数」を求める「民族集団」概念を提示することであった。同論文には岡正雄のエトノス論が提示されており、また彼のもう1人の指導教官であった馬淵東一の種族論も無関係ではない。[*1]

　馬淵や岡の時代はウィルソンが提唱した民族自決の時代なのであり、エスノナショナリズムが高揚した時代でもあった。特に台湾で今日「原住民族」と呼ばれる人々の系統研究を行なった馬淵にとって国家を求めていない比較的小さな集団を「種族」tribeと呼ぶか民族集団ethnic groupと呼ぶかは彼自身逡巡した課題であったことは、馬淵の表記の揺れにもそれを窺うことができる。特に

主観的な分類と客観的な分類の差異の検討を打ち出した論文［馬淵 1974 (1935)，1974 (1941)］などは、綾部に間接的な影響を及ぼしたであろう。

　文化が人間を截然と画するような実体としては存在しないにせよ、それが全く社会的に構築されているわけでもない。そこにはある文脈でエスニシティがいかに選び取られるかという視点を欠くわけにはいかないのである。ここでは「固有の伝統文化」という表現を客観的なものではなく、人々によって「固有」と間主観的に捉えられているものと了解しておきたい。また、中国の場合、中国語で「民族」とされる集団はともかくは民族集団であるという横山廣子が現在はもう撤回したかもしれない注釈つきの見解［横山 1996: 169］を本書では敢えて支持する。もちろん、中国の「民族」を一律に民族集団＝ethnic groupとしたほうがよいという判断は本書の論理構築のためであり、他を巻き込むものではない。

　現在の中国の学術用語で民族集団ethnic groupに充てられているのは「族群」が多い。つまり、中国語の文脈ではエスニシティ論は「族群論」ということになる。この概念は台湾や香港の学者によって中国に導入された。この「族群」概念は主に「民族」の下位集団、例えば漢族と括られる人々の下位集団／範疇として、台湾の外省人／本省人［高格孚（コルキュフ）2008 (2004)］、客家［瀬川 1993］、水上居民［長沼 2010，稲澤 2012］といった対象に向けられることが多い。この概念は既成の「漢族」あるいは「少数民族」という枠組みを相対化し、動的な下位範疇の研究に目を向けさせたことに一定の意義がある。雲南少数民族について言えば、台湾大学の謝世忠 (1993) によるタイ・ルー族研究、デヴィッド・ウー David Wu (1990) の「ペー族」研究、香港で活躍したワシントン大学のS.ハレル Harrell (1989) の「イ族」研究が先駆的研究として挙げられる。

　綾部の定義 (1993a) の最も重要な変更は「国民国家の枠組み」である。ソ連が崩壊し、まだ香港・マカオが植民地だった時点での判断であり、旧ソ連の共和国が次々と独立し、東西ドイツが統一された1990年を時代的背景にしている。その中で、国民国家という枠組みが必然的に抱えることになるマイノリティに対する政治力学に文化人類学からの分析枠を提示したのであった。それを踏まえて、国家との交渉の過程とその中で横並びに出来上がる「民族」というカテゴリーと「中華民族」といったネイション概念との癒着の過程を分析的に扱お

うとすると、下位範疇に「族群」ethnic group を充ててしまうと綾部の定義中の「国民国家の枠組みの中で」、「他の同種」という語に含まれるナショナリズムのメカニズムへの視点を見失うことになる。つまり、中国では下位範疇は政治的単位として国家とは基本的には交渉できないのであって、「族群」が国家と交渉する事態がない限り、「民族」を ethnic group としておくほうが分析の上では有効であろう。下位範疇に民族集団を充ててしまうことによって、却って「民族」の下位区分か、政治的な動きはあっても国家とは関係のない集団として片づけられる恐れがある。この下位範疇については後述するように馬淵に従って「種族」を充てておくことにしたい。

これまで論じてきたように、エスニシティ論を中国に当てはめてみると「中華民族」≒国民 nation と、「少数民族」および「漢族」≒民族集団 ethnic group というように同じ「民族」という語で癒着しているものを分析的な政治力学的視座から論じることができる。また、「種族」をその下位ないし民族集団とは一致しない集団として置くことによって、民族集団と国家との交渉を射程にいれた文化の問題としての種族を論じる視座を得ることができる。

一方で、エスニシティ論を超えようとしたシンジルト (2003) の秀作における批判には首肯すべき点が多い。現代中国語の中の「族群」(ethnic group)、「族団」(ethonos) などの訳語の問題や、学術語が政治や観光などに流用されていくことによる分析用語と被分析概念との無分別という現代中国の特徴をむしろ、学者も民衆も含めた「語り」として分析していくことは現代中国を扱う上で重要な視点であろう。それは一方で「漢族」と「少数民族」を横並びにした民族論的観点をイデオロギーとして解体する視座を提供するが、逆にこの構図を見えにくくもする。E.リーチが『高地ビルマの政治体系』を残してくれたおかげで、雲南省から北ビルマにかけての国民国家以前の姿を知ることができる。エスニシティの利益的、状況的な性質についてシャンがカチンになることやカチンがシャンになることをリーチは示し、それまでの一民族一文化という図式を崩してみせてくれた［リーチ 1987 (1954)］。しかしながら、今日の中国の状況はそんな流動性など微塵も感じられない程、「民族」は国家に管理され、実体化している。その過程は後節で述べるが、今日では「ハニ族」という空虚なカテゴリーは自称集団を同化し、イデオロギー的な言説から学校で管理される登録のよう

な形で実体へと移行しつつある。確かに、中国においては小田亮が述べるように「民族」＝民族集団ははるかに固定的なもの［小田1995: 26］になっており、綾部の言う可塑性のあるものでは今日はなくなっており、アメリカをモデルにしたエスニシティ概念の限界を露呈しているとも言えよう。それでもなお綾部の定義を用いるのは、出来上がった「民族」ethnic groupを55＋1の横並びに設計しようとする国家との交渉を分析するのに有効であるからである。綾部の定義は今日の筆者のフィールドにおいては、綾部が当時考えていなかった形で進行し、現実味を持つようになった。まさに最後に残った重要な問題はアイロニカルな意味で、「出自」と「固有の文化」である。

次に民族誌論の中で「固有の文化」について考えてみたい。「民族」と「文化」の癒着を断って、社会を実体として分析の中心に据えて見せたのがリーチの『高地ビルマの政治体系』であった。今日の「固有の文化」とは中国の制度の中で取引される「客体化された文化」［太田 1993: 72］が中心になる。それらは出版され［アンダーソン 1997 (1991)］、制度化され、計画され、観光化され、取引される。それに反して、実体は断片化され、失われ、再創造される。

今日の民族誌をめぐる状況についてクリフォードらが明らかにして既に久しい。『文化の窮状』［Clifford 1988］で明らかになった断片化された世界と民族誌的権威への批判、実験的民族誌、他声法などの解決策はネイティヴの人類学 (native anthropology) に取って代わられたと筆者は見る。「民族誌的現在」や「全体論」的な前提はもはやとることが出来なくなった。

桑山敬己はこの点を逆手にとって民族誌的権威のポジションを組み換え、柳田国男の世界民俗学構想に文化人類学の未来を見る［桑山 2008］。彼が「知の世界システム」と呼ぶ欧米中心の人類学の現状をともかくは認めるとして、我々は何をなすべきか。マリノフスキーが呼ぶ「住民の視点」は今日のハニ族知識人がほとんど独占する状況にあり、外国人の研究者は中国が国際化していることをアピールするための飾り物にすぎない。紆余曲折を見てきたものの、今日では蒙自にある社会科学院紅河民族研究所は潤沢な資金と充実した施設やスタッフを揃え、同じく蒙自の紅河学院哈尼／阿卡研究中心は多くのハニ族研究をする留学生を迎えることができる機関となった。他に雲南大学、雲南民族大学、雲南民族博物館など多くの国家的研究機関と制度が民族誌的権威を再生産して

いる。本書ではこうした研究機関に属し、主に族籍上ハニ族に分類されている知識人を「ハニ族知識人」と呼ぶことにしたい。

　優れた作品なら誰かが英語に訳すだろうし、近年は中国で開かれるハニ族の国際会議に欧米人が参加することはめっきり少なくなった。タイやミャンマーのNGOが頑張ってはいるものの、以前は関わっていた欧米の学者たちも支援できなくなり、今日では東南アジアのアカ族のNGOは学術的な権威からは遠ざかっている。そういう意味では日本も1つの拠点ではあるが、近年の日中関係の政治的悪化が学術にも悪影響を及ぼしている。民族誌的権威は拡散し、「民族文化」はネイティヴの知識人によって表象され、観光などに商品化され、そうした商品化された「文化」が逆に実体を作り出す後期資本主義の様相を呈するようになった。「文化」は資源とみなされるようになり、あらゆる可能性が検討されるようになった。

　本書ではこうした客体化された文化を括弧付きで「文化」とし、括弧を抜いた文化をギアツの定義によるものとする。ギアツは文化の定義を何度もし直しているが［稲村 2009b参照］ここでは、「私が採用する文化の概念は、本質的に記号論的なものである。マックス・ウェーバーと共に、人間は自分自身がはりめぐらした意味の網の中にかかっている動物であると私は考え、文化をこの網として捉える」［ギアツ 1987a (1973): 6］という立場をとっておく。それは特に後述する翻訳論と関わっている。ギアツの解釈人類学的立場が政治の分析に弱いという批判があるが、政治的な作用を及ぼすのは括弧付きの「文化」であり、その点を強調しておく。

　そこでここでは桑山からもう一歩先に進んで、世界民俗学を考えてみたい。柳田国男は学問の名称については「比較民俗学」でも「世界民俗学」でもよく、この点についてはこだわっていない。「私はかりにフォルクスクンデの方を一国民俗誌学、または日本民俗誌学、今1つのフェルケルクンデを万国民俗誌学、もしくは誤解の虞がないならば比較民俗誌学と名けて置いて、他日もっと好い語があったら取替へることにしようと思ふ」［柳田 1935: 79-80］。柳田はこの「比較」という語を厳密な意味で使っておらず、学問の名称としては「比較民俗学」でも「世界民俗学」でもよいということになる。本書では「比較」という語を限定的な意味で使用するので、ここでは桑山と同様に「世界民俗学」という語を

使うことにしたい。柳田の世界民俗学（比較民俗学）構想は次の文章である。

　「此用意の下に一国民俗学が各国に成立し、国際的にも比較綜合が可能になつて、其の結果が他のどの民族にも当てはめられるやうになれば、世界民俗学の曙光が見え初めたと云い得るのである。しかし、比較法の恩恵はその華やかなる夢を実現するには、今日はまだ十分に材料が揃つていないという他ない」[柳田 1990 (1934): 299]。

「此用意」、「一国民俗学」など議論すべき点はあるだろうが、自文化研究という意味では世界中にこうした制度はあり、少なくとも中国について言えばもはや「十分に材料は揃っている」のである。

　そうであるならば、民俗学が何を明らかにしようとする学問であり、世界民俗学がどういったことを目指すのかは民俗という概念をどう規定するかということになる。

　民俗という領域を、「定義とイメージ」という項で、定義としてではなくイメージとして説明した関一敏は、それを「われわれの生き方を根っこのほうで方向づける生活原理でありながら」、「摩訶不思議な」、「原形質状の」、「意識未満の」、「外部に向けて自称することの決してない場所」としている［関 2002: 41］。関の「民俗」の説明を受けて、山田厳子は民俗を「近代の制度的になじまない前代の（と思われる）感覚のありようや行動の傾向」［山田 2009: 39］とまとめてしまうが、関の文章自体の重要な点は民俗が「メタレベルでの解説を与えられていない」［関 2002: 8,9］ということにあり、まとめてしまって定義的な説明をしてはならない文章である。民俗という領域が何であるのか明確にしてほしいといった外部からの要請も多々あるし、定義的な説明をしたいという気持ちも大学制度の中にいる一個人としては理解できる。しかし、そもそもこの文章は「野の学問」として民俗学を考えることであって、大学の学問分野として考えているわけではないのである。関がここで定義しないのは、他の近代語と同様に生活から離床させてしまわないための工夫であることを読み取らなければならない。

　もし、仮に民俗を定義しようとしていると読んでしまうと「摩訶不思議な」、

「原形質状の」、「意識未満の」、「外部に向けて自称することの決してない場所」といった説明は意味をなさない。「摩訶不思議でないもの」「原形質状のイメージのないもの」(つまり、はっきりした輪郭を持つもの)、「意識化されたもの」、「外部に向けて自称するもの」は「民俗」ではないということになる。あるいは、山田の読みから民俗学を逆規定しようとすれば反近代としての制度が出来てしまう。やはり、そうではないのである。ここで関が定義をせずにイメージとして説明しようとしているのは、排除をせず、明確な領域として近代科学化をしないで、学問の精度を高めながら、論点を提示しようとしているのである。

関は柳田民俗学について次のように述べる。「柳田によって開かれた民俗学は、確かにこれまで、生活のきわめて具体的で、ときに生理的でもある層に根づいた思惟と行動のありように名を与えつづけてきた。けれども、その営みが近代の速度に追いつくべく、歴史的には不可避の学問として立たざるをえなかった経験には、伝統と近代のダイナミズムが作用していることを忘れてはなるまい。伝統とは、近代に取り残されるべき過去の知識の総体そのものをいうのではない。それはつねに近代の自己形成とともに構成され、それなくして近代が輪郭をたもつことができない額縁のようなものである。民俗学の成立が、民俗の衰退期にしかありえないことには理由がある。そこには、民俗学が伝統(前代生活)への名づけの視線によって、はじめて近代のほうへ自分を成立させていく認識のパラドクスが働いている」[関 1998: 15-16]。

「民俗」が「伝統と近代」という動的な「近代」の自己形成とともにあり、その中で残余のカテゴリーとして「民俗」が存在するという構図である。この構図から考えると「民俗」は消滅しないし、「伝統」とは一線を画すことになる。

急激な市場経済化の中にある中国では、民俗学が盛んになりつつある。名称として「民俗学」でなくとも、民俗学的関心は以前にも増しているように思う。もちろん、そこには資源化の思惑も働いていて、この関心はむしろ「非物質文化遺産」や「世界遺産」などの「伝統」へ回収し資源化していこうとする動きである[施愛東 2011参照]。

こうした中、世界民俗学がネイティヴの人類学に回収されないとすると、いったい何を目指すべきなのであろうか。前述の関の議論から浮かび上がってくるのは、伝統と近代の中で前景化していく民俗という領域である。言い換えれ

ばこれは裏返しの比較近代(化)論なのである。これは近代化を推進しようというう上からの見方ではなく、近代化を余儀なくされてきた各国の民衆側から見ての「近代化」(〈現代化〉)と言われる過程の研究なのである。グローバリゼーションが西洋的普遍主義によって広がる中にあって、個々の国や地域の「近代化」は普遍的な過程に見えて全くそうではない。「近代化」は大半がナショナルな変化の過程であり、近代史だけではわからない「生きられた過去」についての聞き書きの領域なのである。ここでは山田のまとめを定義とは扱わず一応の説明としておきたい。その上で民俗と「民俗学的近代」との関係を考えてみると世界民俗学が何を目的にしているかがわかる。ここで言う「民俗学的近代」とは歴史学で言う時代区分のことでも政治学が言うある普遍的な過程でもない。いまだよく概念化されていない「民俗学的近代」[島村2002]のことである。強いて言うならば、ギデンズの言う「再帰的近代」でありながらアパデュライが「拡大された近代」と呼ぶものであり、かつ複数形の「近代」なのである。つまり、民衆の眼から見た「近代的なるもの」ではないものが「民俗」なのであって、「民俗」を研究することによって「民俗学的近代」が浮かび上がるということになる。世界民俗学は世界「近代」化論の裏返しなのである。

よって、「世界民俗学」(比較民俗学)とは民衆側から見た個々の「民俗学的近代」を明らかにするということになる。「世界民俗学」もまた、同様に各国や地域が歩んできたそれぞれの民衆の目から捉えられた「近代」を相互に比較しようとするものであるべきだと思う。それは、欧米の強い知のヘゲモニーを認めるにせよ、欧米だけでなく周辺諸国にも発せられるべき2国間、2民族間の問いであって、必ずしも超越的な言語を必要としない。ネイティブの人類学(native anthropology)が欧米に向かって発信される人類学だとすれば、世界民俗学は必ずしもそうではない。ただし、欧米の発した「近代」はそれが地球上のごく一部で発生したにもかかわらず、アジアの隅々にまで強い「普遍性」を装いながら浸透しているのであって、アジアの「近代」はその装われた「普遍的近代」と無縁であるわけにはいかないのである。

ゆえに、本書ではしばしば漠然と学術用語としてあるいは中国語でもよく使う「漢化」という語で呼ばれている現象をより分析的に扱う必要がある。本書に関連する分析用語としては、中華民族化、華化、といった用語を使う。まず、

本書では「中華民族化」とは「中華民族という国家イデオロギーに対して実践を変化させること」と規定しておく。次に渡邊欣雄に倣って「華化」という語を古代の中華的文明への志向性を受け入れることとしておく。「漢化」と言われている現象の多くはそれが少数民族側からは「進んだ文化」と捉えられていることが多く、より「合理的」で「先進的」と考えられがちであるがこうした前提はとらない。また、「漢族文化」が少数民族とは根本的に異なっていてそれが接触して引き起こす変化だという一種の文化変容論的な前提もとらない。そもそも「漢族」自体も近代の概念でその中身も多様であるためこうした文化変容理論では捉えることができない。このような文化変化は国境を越えた民俗の比較によってより鮮明になると思われ、これまで述べてきたの民俗学的「近代」としての中国的「近代化」を分析的に考えることにしたい。

次節ではそうした今日の民族誌をめぐる状況を理解するための枠組みとして歴史人類学と資源人類学という枠組みを検討する。

第3節
歴史人類学と資源人類学

前節で「民俗学的近代」と「民俗」の関係を述べた。するとやはり近代史が共通のアリーナとして浮かび上がる。もちろん近代史と共有する部分を持ちながら、やはり異なるのはそれが遡及する歴史を描く点で歴史人類学的であることにある。

まず、本書では世界民俗学を自文化研究に軸足を置きつつもそれを相互に比較対照することで「民俗学的近代」を明らかにしようとする学問と規定しておく。その上で①民俗比較論（同一基盤の文化を持つ集団間の小さな差異を検討する）②民俗対照論（異なる文化的基盤を持つ集団間の特徴を検討する）③民俗翻訳論（近代語と民俗語彙の間の問題を検討する）④民俗学の比較（自文化研究としての民俗学を制度的に比較対照する）という4視角に分けて「民俗学的近代」を考えるものとする。

こうした視角と方法から本書は近代史を参照しつつも近代史とは異なるアプローチをとる。つまり、①の立場から別々の国家に適応した集団の民俗を比較

することでそれぞれの国家の「民俗学的近代」を明らかにしようとする。本書において具体的には中国からタイ、ラオス、ミャンマー、台湾へ移住していったアカの事例がより効果的な比較であり、ハニとアカの比較も含める時があるであろう。②の立場はM.ウェーバーの言う理念型的なアプローチであり、大きく他の民族集団や日本、沖縄などと対照してみることによって特徴を見出そうとするものであるが、このアプローチは自然と記述に含まれることになる。③のアプローチは解釈人類学的でもあり、対象社会の中にある近代語と話者自身の翻訳およびマクロなシステムの中での翻訳から「近代」を見ようとするものである。ここにはアジアにある欧米起源の近代語の問題が絡みついている。④については本書の随所でハニ族知識人と研究機関についての記述が出てくる。それによって「文化」がいかに表象され資源化されるかという問題にかかわっている。これらの比較および対照をしながら「中国的近代」を主題化することがこの問題設定の目的である。

　こうしたアプローチをとりつつ、本書では歴史人類学的な立場をとる。それはアナール派の言う「遡及的な歴史」でもあるが、多くは「集合的記憶」の問題である。ハニ＝アカ族は文字を本来は持たず、長い間文字に頼らず膨大な数の祖先について語り継いできた。それは本書の第2部に示されている。ここでは漢族側からの見方である漢籍による東洋史的なアプローチを意識的に避けようとした。本書では漢籍史料には口承史の補助的な役割しか与えていない。それは、むしろ断片的な漢籍中の字句の繋ぎあわせによって安易に中国史に接合してしまおうとするハニ族知識人への警告でもある。

　また、近現代史の史料もさほど丁寧に参照していない。特に毛沢東政権期の現代史はそれがまだ生きられた過去であるにもかかわらず霧に包まれている。近年それが人類学者によって［e.g. 韓敏（編著）2009, 楊海英 2008］も明らかになりつつあるが、これは現地調査においても直接には情報を得にくい。それは部分的には上記のアプローチをとることで明らかにできるところもあるであろう。

　これまで述べてきたように本書における歴史人類学的立場とは、歴史学と人類学を融合させることを目指すことでも、人類学概念による史料の新しい読解を目指すものでもない。ここでは「口承史」とでも呼ぶべきリアリティが人々に与える文化的意味を探求するものであり、「民俗」と呼ばれる領域の可能性を

見ようとするものである。ここで「歴史」を中心的な課題とするのは何よりも対象社会の人々の最も重要な関心事であるからであり、それはエヴァンス゠プリチャードの『ヌアー族』における牛や、マリノフスキーの『西太平洋の遠洋航海者』におけるカヌーのような位置にあるからである。

しかしながら、本書の調査地の範囲でリーチの『高地ビルマの政治体系』がこうした歴史人類学あるいは政治人類学に与えた理論的問題について無視するわけにはいかないだろう。前節で検討したエスニシティ論からすると国民国家以前を問題にした章節には『高地ビルマ』をめぐって議論されたパラダイム変換が人類学の主要理論に関わるからである。

『高地ビルマ』は最後に「歴史からの証拠」という章を設け、独自の動態的均衡理論を提示することでむしろ歴史学を挑発する形で書かれている。彼はいかなる歴史決定論も信じないと述べ［リーチ 1987 (1954): x］、社会を分析の中心に置くことによって「歴史からの証拠」という章をいわば「付け足し」として提示している。

人類学パラダイムが歴史に傾斜するにしたがって、ジョナサン・フリードマンの構造マルクス主義的批判［フリードマン 1990 (1975)］や一次資料をすべてリーチに負いながらもその矛盾点をついた世界システム論からのヌージェントの批判［Nugent 1982］がある［cf.石川 1992］。大きく見るとカテゴリー論からイデオロギー論への転換と読むことも可能であろう［田中 1995］。それでも、『高地ビルマ』は人類学の古典としてその揺るぎない位置を占めていたが、主としてカチンという民族範疇について書かれたこの民族誌を中国側の調査と地方史料を用いて理論的成果を踏まえつつ実証的に打破したのは王筑生であった［Wang 1997］。

また、全体を通して本書は歴史的な社会構築主義的な立場をとっており、その点において近代史的な史料を多用する。「民族」や「民族文化」といった範疇の生成を国民国家との関わりにおいて明らかにしようとするからである。そうして社会的に構築された範疇が中身を充填していく過程に「資源」が関わることになる。

近年、内堀基光を中心に従来の細分化された人類学を「資源人類学」として捉えなおす試みがある［内堀（編）2007］。森山工の表現を借りて、ここでは資源人類学とは「誰が、誰の『文化』を、誰の『文化』として、誰を目がけて『資源

化』するのか」という問題を論じることが「文化資源」という語を用いて論じること［森山 2007］としておく。

　こうした観点は学問よりも現実が先を行っており、ハニ族知識人たちは様々な観光資源、植物資源、景観、遺跡などを資源として打ち出すようになった。資源を表象し保有する主体としての「ハニ族」が確立してくるにつれて貧困からの脱出の手段として「ハニ族」という範疇は新たな利益集団となる。「民族文化資源」という語も使われるようになり、現在のハニ族知識人たちはこの問題に取り組んでおり、そこにはアクターとしての各級の政府や国際機関などが関わっている。この問題は第3部で論じられることになる。

　以上の問題意識から再び本書の目的を言い換えると、エスニシティ論の2つのアプローチを枠組みとして用いながら、「民族」をめぐる「中国的近代」について明らかにすることである。

第4節
ハニ＝アカ族研究

　前節を踏まえてここではハニ＝アカ族研究についての大まかなレヴューを行なう。ハニ＝アカという民族範疇についての議論は後節を参照していただきたく、第3部「『文化』の客体化、実体化、資源化」の節もこれに関連している。また、学史的に位置付けられなくとも本論の中で論じる文献もある。後節で述べるようにハニ族（「哈尼族」）という語が民族集団の名称になったのは1954年のことであり、それ以前に中国国内の出版物でこの語はほとんど見ることはない。

　中国でハニ族（当時はウォニ窩尼とされることが多かった）について第2部で扱う父子連名制を「発見」したのは西南聯合大学（雲南大学の前身校）の言語学の教授であった羅常培だった［罗常培 1944a, 1944b, 1944c, LO 1945］。その後、中央からの言語学者の報告などが散見されるが、本格的な調査は「中央訪問団第二分団」（1951年）および五種叢書として企画された社会歴史調査（1958年）であった。それから大躍進（1958-1960）、文化大革命（1966-1976）の研究の停滞期を経て1980年代の改革開放政策への転換とともにハニ族研究が主に在地のハニ族知識人に

よって始められることになる。主に毛佑全、李期博が中心的な役割を果たしていた。

　他方、旧ビルマとタイでは主に欧米の人類学者によってアカの研究が進められていた。探検家を除くと本格的にアカの研究を始めたのは宣教師人類学者のテルフォード Telford（1937）とルイス Paul Lewis であり、特にルイスのマードック・ファイルを意識した「ビルマのアカについての民族誌的ノート」という4冊本とそれに対応する形で作られたアカ＝英辞書（後にアカ＝英＝タイ辞書）は、ほとんど理論的に見るべきことはないものの、ハニ＝アカ研究にとって最も重要な貢献をしていると言える [Lewis 1968, 1969-70, 1989]。その後はタイのNGOを創設し、アカ研究を推進したアルティン・フォン・ヘサウ（Leo Alting von Geusau（以下ヘサウ Geusau と略記する））の「アカザンの弁証法」（1983）は、本人は構造主義に反発してはいるものの、アカの文化について一種の動態的構造主義的理解を生み出したと言える [Geusau 1983]。次にシカゴ大学の博士論文として提出されたカメラー（Cornellia Ann Kammerer）の「アカ世界への門」（1986）、ハーバード大学の博士論文として提出されたトゥッカー（Deborah Tooker）の「内と外」（1988）が長期のフィールドワークによる重要な民族誌としてある。トゥッカーはその博士論文を実に24年後に大幅にリライトして出版している [Tooker 2012]。カメラーの博士論文が構造主義的な印象を受けるのに対して、トゥッカーの博士論文（1988）はタンバイアの銀河系的政体論 [Tambiah 1976: 102-131] の影響下にあり、タイ的な政体との関わりを探ろうとしていた。トゥッカー（2012）ではそれと決別するかのように、タイ的な政体を示しながらもあえてそれとの断絶を示す。そして、アカにおけるガラ geeqla（potency＝生命力、しあわせ）の流れを中心に、解釈人類学的なアカの意味的世界を空間論的に描き出している。

　このトゥッカーの「転向」の背景には、ジェームズ・スコット（2013（2009））の魅力的な仕事があったためと思われる。主としてチベット・ビルマ語系を中心とする人々についての人類学的成果と歴史史料をもとにそれを「脱国家史」として示したジェームズ・スコットの大著は日本語訳もされており、前近代的国家も含めた17世紀から19世紀の移動史が明らかになりつつある。スコットは国家を持たず、国家と距離をとった山地民による地域をウィレム・ファン・スヘンデルの提示した地域概念「ゾミア」Zomia とした。「ゾミア」とはベトナ

ム中央高原からインドの北東部、東南アジア5ヵ国（ベトナム、カンボジア、ラオス、タイ、ビルマ）と中国の4省（雲南、貴州、広西、四川）を含む標高300メートル以上、2500万平方キロメートル、人口約1億人の少数民族の住む地域を言う［スコット 2013 (2009): iv］。この「ゾミア」という地域設定によって従来の国家史を脱構築し、第2次世界大戦前までの前近代的な国家の間をかいくぐっていった彼らの「脱国家史」を明らかにしようとした。その上で彼は19世紀以前のゾミアに住む山地民の文化を「統治されないための術」(the art of NOT being governed)とした。[*5]そのため、トゥッカーは敢えて1988年の政治人類学的な空間論を破棄し、グローバル化以前という注釈をつけて、同じ空間論を題材とする脱国家的で自律的なアカの解釈人類学的な研究へと向かったのだと考える。

　日本では清水郁郎がアカの家屋をテーマとして、総合研究大学院大学に博士論文(2000年)を提出し、『家屋とひとの民族誌──北タイ山地民アカと住まいの相互構築誌』(2005)として出版されている。また、地理学からはカナダ人のスタージョン J. C. Sturgeon (2005)の研究があるが、インタヴュー資料も多く、北部タイのアカと中国のアカの資源を比較しながら主題化した、本書の資源人類学的観点の先駆的仕事でもある。欧米人研究者と清水郁郎の研究はいずれもP.ブルデューの理論に触発された先端的な研究であり、質の高い研究ではあるが、歴史の部分が中国国内になるためタイと旧ビルマに限られる傾向が強い。例外としてGeusau (2000)，Sturgeon (2005)，Toyota (2000)を挙げておくが、彼らの中国語文献の読解と中国語文献の渉猟には限界がある。いずれにせよタイを調査地とする研究者はほとんど中国国内のハニとは別のものと見ており、中国国内のアカとの比較もまた初期的な段階にある。本書の視点はハニとアカを連続的に捉える点に特徴があり、それは従来の西洋人類学において不徹底な段階にある。

　他に日本の大学に提出された中国人留学生の博士論文がある。本書の関連では戴琇峰 (2003)、孫潔 (2008)があるがいずれもハニ語を解さないため、人類学的研究とは言い難い。戴の論文は自文化中心主義（中華主義）から抜け出していない。孫の論文は「ハニ族文化」の観光人類学的な研究でありこれも関連するものの、ハニ族棚田の観光と観光客についての研究である。これらについては第3部で述べる。

中国に話を戻すと、1990年代には研究所や学術雑誌などが整備されるようになり、1993年の「国際ハニ文化学術討論会」は画期的であった。それまで西洋人類学を植民地主義として遠ざけていた状況は一変した。ルイス、トゥッカーらが参加し、エクスカーションにはそれまで外国人には未開放地区であった紅河州の棚田などの視察も含まれていた。当時の論文集（『首届哈尼族文化国際学術討论会论文集』(1997)）は残念ながら英語から中国語への翻訳が悪く、「ハニ＝アカ研究」として欧米と中国の相互の学問的理解が深まったとは言い難いが、中国のハニ族研究が国際化の一歩を踏み出したことにおいて画期的であった。1996年の第2回の国際会議はタイのチェンマイで開かれ、ここでは欧米の研究者とタイのNGOが中心となった。中国からもハニ族の知識人が参加しているが筆者は招かれなかった。この時の会議の名称が国際ハニ＝アカ文化学術討論会(The Second International Conference on Hani-Akha Culture)になったことが、この分野には画期であった。この時に参加したフランス人のパスカル・ボシェリーは元陽県で調査をしており[Bouchery 1996 etc.]、欧米の人類学者では中国のハニ族についてフィールドワークを行なった唯一人と言ってもよい。「国際ハニ＝アカ文化討論会」はその後、景洪（第3回1999年）、元陽県（第4回2002年）、墨江県（第5回2005年）、緑春県（第6回2008年）、元江県（第7回2012年）と開かれ今日に至っている。

　中国では1980年代後半から1990年代には夥しい出版物が出され、それは在地のハニ族青年の大学院進学のための好機ともなった。また、人類学（民族学）や言語学といったところから展開し、哲学、音楽、美術、文学、地理学、植物学、武術研究などに波及していき、人口に膾炙していった。また、それによってハニ族知識人はそれぞれの分野を確立してきた。この動向については後に述べる。

　ネイティヴの人類学は、1980年代の改革開放路線への変化に伴う紅河民族研究所などの動きと連動している。元江県の博物館の副館長から民族研究所研究員になった毛佑全のモルガン主義的で散文的な論文、紅河民族研究所の所長であった李期博のかなりの数にのぼる論文がある。中国でのモルガンの進化論はエンゲルスが『共産党宣言』に参照したため、中国民族学では絶大な影響力を持った理論であった。その後、李克忠（1998）の修士論文が彼の故郷の緑春について書かれるが、これもモルガンから自由ではないものの、本格的な民族誌

と言ってよい。モルガン主義からの離脱を始めたころに書かれたこの修士論文は比較的集中的な調査を、機能主義を掲げないものの、実行したことに意義がある。また、同時期のモルガン理論からの離脱は、為則（李学良）、白玉宝などの大学院に進学した知識人にも見られる。その後の人類学のパラダイムである構造主義、解釈学的転回といったところを中国のハニ族研究はほぼ経なかった。1990年代から外国思想の1つとして西洋人類学の訳書が書店に並ぶようになり、かえって以前の中国少数民族を扱う「民族学」の書物が店頭から減り始める。1990年代のこうした動きはハニ族の「民族学」には大きな影響を及ぼさず、西洋人類学のパラダイムが構造マルクス主義や社会構築主義というように歴史にシフトしていく中で、人類学や民族学の本は市場に需要のない本として店頭から消え、2000年代後半にはインターネット販売の専門書となっていった。

　西洋人類学のパラダイム転換は、中国においては元来の歴史主義が理論的に構造マルクス主義を必要としなかったことと、その後のアメリカ人類学の細分化が元からあった細分化志向と呼応したことによって欧米の人類学の影響なく大きなパラダイムを失っていた。また、中国の政府主導の研究方針が自由な研究を阻害し、「中国特色的社会主義路線」が他国の研究の本格的な摂取に繋がらなかったこともあろう。

　2000年代になるとそうしたハニ族知識人たちと政府機関はハニ族の棚田を世界遺産へ登録することを共通の目標とするようになり、棚田についてのシンポジウムや書籍が増え、学術研究もそうした傾向を示すようになる。その中心的な役割を果たしたのは昆明の社会科学院の研究員である史軍超であった。史のやり方は自身の調査をまとめるというよりは、既刊の書物の体系化にあり、「文学史」、資料集の編纂などによってハニ族研究を分野として確立していった。こうして客体化された「ハニ族文化」をめぐって、その他ハニ族のあらゆる文化要素について「資源」としての活用が議論されるようになった。この点については第3部で詳述する。ネイティヴの人類学として本書に関連するのは、集合的記憶論として緑春の服飾を題材に書かれた白永芳（2013）の博士論文が重要な仕事として挙げられる。

　日本人研究者によるハニ＝アカ族の研究はいくつかの弱い進化論、伝播論に基礎を置く研究があるもののほとんどが、照葉樹林文化が流行った1980年代

の伝播論に端を発するものであり、日本の古代文化とハニ族を結びつけるやり方は、日本とハニ族を周辺に置く中華主義と日本人のルーツ探しが合わさった妥協の産物であり、事実を誤認させるだけであることは他に示した［稲村 2003b］。前述の清水郁郎を除くと人類学的に見るべきものはあまりないが、いくつかの文献については本論で扱う。なお、2000年までに発表された中国語、英語、日本語、フランス語、ドイツ語、ベトナム語、タイ語、ロシア語、ポーランド語、アカ語を含む文献に関する網羅的な文献目録を筆者と楊六金が上梓している［稲村・楊 2000］。

　前述のトゥッカーの論文はこうした日本人も含めた中国語、日本語の文献に留意している様子が窺えるものの本人は読めないので、中国の情報は王建華との個人的情報交換のみに頼っており、日本人研究者の情報も豊田三佳の情報のみに負っている。そのためアカ種族に限ったとしても、シプソーンパンナー（西双版納）の歴史研究などについて大きな欠陥がある。このことは比嘉政夫ら（2006）の議論とともに論じることにしたい。

第5節
調査の概要

　初めてハニ族（アカ）の地域に行ったのは1987年の8月だった。卒業論文のテーマを探しに西双版納州勐海県南糯山をトレッキングしていた時に出会ったのがアカ種族（後述）だった。その後、夏休みの度に同じ地域を訪れて卒業論文「中国西双版納の市場とハニ族の生活文化——社会的共生の一側面」(1990年3月)、修士論文「ハニ族（アカ族）の動態的民族誌への試論——雲南省西双版納のハニ族の村落から」(筑波大学地域研究研究科提出 1994年3月) を提出した。この間のフィールドデータは1987年から1992年までの雲南省西双版納傣族自治州勐海県においてそれぞれ1ヵ月から3ヵ月の滞在期間で、計4回行なった調査と1993年11月の北部タイでの数日間に得られた事例に基づいている。中国で主として選んだ地域は南糯山と格朗和という地域であり、北部タイではチェンライ県メースオイ郡セーンチャルーン・カウ村である。この間のデータはすべてアカ

種族に関するものである。南糯山の村落は、現在は移動しており、かつての場所にはない。このことについては後に詳述する。

　5年制一貫の博士前期課程（筑波大学歴史・人類学研究科）では理論研究としてアカの文化についての社会構築主義的な研究を行ない、修士論文「アカザンの構築――北タイ・ビルマ・中国における『アカ種族』の『文化』の実体化」（筑波大学大学院歴史・人類学研究科中間評価論文1996年3月）として提出した。博士後期課程に入ってから雲南大学に〈高級進修生〉（特別聴講生）として留学し（1996年10月～1998年3月）、指導教官の李子賢から当時は建水にあった社会科学院紅河民族研究所に派遣され、3ヵ月のハニ語の研修をハニ族の言語学者の張佩芝の指導で受けた。その後、李子賢によって政府機関に調査許可を取ってもらい大学の「民族調査法」の実習の一環として、元陽県のハニ種族の村で9ヵ月のフィールドワークを行なった。

　1999年に筑波大学文部技官として採用され、3年は本格的に調査ができなかったものの、短期の調査を行ない、文献目録をまとめるなどした［稲村・楊2000］。2002年琉球大学に就職後も短期の調査は続いている。2005年9月（琉球大学後援財団）、2006年2月（平成18年度アジア研究施設公募プロジェクト）など。2013年には短期ながらもラオスのアカの調査と台湾のアカの調査を行なった（ラオス西双版納調査2013年9月、台湾在住雲南少数民族調査2013年10月）。ラオスでの調査地はルアンナムター県ロング郡である。2014年9月にはラオスの同県と本書で述べる「支系」と土司遺跡についての調査を1ヵ月行なった。なお、勐海県と元陽県の調査地の概況については第2部で扱い台湾とラオスは第3部で述べている。

第6節
本書の構成

　第1部は本書の前提を示す。序章では本書の目的と枠組みを示した上で、枠組みに関する先行研究を検討し、人類学に本書を位置付けた。その上で第2章では研究対象であるハニ＝アカ族、ハニ族（哈尼族）、アカ族、ハニ種族、アカ種族について概念設定をする。そのためまず中国語で「民族」、「支系」と呼ば

れる集団範疇について民族識別の過程から社会人類学的に分析するためにその近代史から政治過程を分析する。その上で第2部ではエスニシティの枠組みのうち「原初的愛着」論＋状況論の立場から民族誌的検討がされる。第2部は民俗と言われる領域である。次に第3部で用具論＋状況論の立場から政治経済的な分析を行なう。その上で議論を要約し民俗学的「近代」について結論を導く。

第2章
創られる「民族」

第1節
「支系」の社会人類学的整理

　「支系」という中国語の概念は中国では「民族」の下位範疇についての概念であるという以外、特に意味の見出せない概念である。周知のごとく、中国では中華人民共和国建国から「民族識別工作」と呼ばれる、国家が自己申告に基づいて提出された集団を「民族」に振り分ける作業が行なわれてきた[e.g. 毛里 1998]。そうして出来上がった「民族」には当然それ以前に日常的な感覚で呼び、呼ばれてきた集団認識があって、それらが「支系」と呼ばれているのであるから、それ自体に斉一的な論理性があるとは考えられない。字句から考えると、「支系」という概念はある「民族」についてそれらがいくつかの大きなリネージに分かれているという漢民族のモデルをひきずっているように思われる。中国における「民族」の国民統合は「中国大家族」、「中華民族」、「兄弟民族」といったスローガンを考えると、いつも「宗族」ないし「家族」のメタファーを使いながら行なわれてきたと言える。

　本書の扱うハニ＝アカ族（次節で述べる）は、父子連名制と呼ばれる口頭の系譜、またそれに伴うリネージ体系を発達させた人々であり、確かにこのことは彼らのエスニシティにとって最も重要な文化的要素である。これは始祖であるスミオ Sulmilol から尻取り式に平均57代続くものであり、このことが彼らを1つの「民族」とする大きな要素となっている。この点については第2部で詳述するので、本節で出てくる固有名詞については第2部および稲村（2012a）を参照されたい。また、現在の人口については次節で述べる。また、本節では論理反証性のため原文の漢字の当て字を多用するが、それによって様々な種族的集団が漢族化されているという印象を与えてしまうのは以下に述べるように筆者の本意ではないことを付け加えておく。また、本書ではタイ国国民としてのタイ人

図1 本書の主な地名

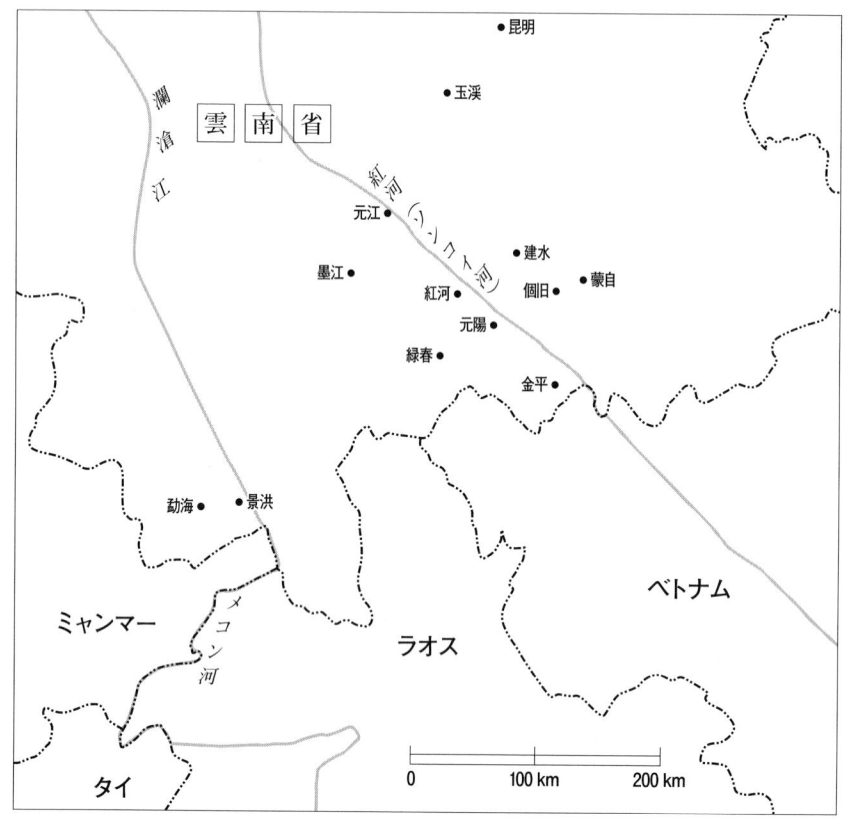

(Thai)、文化的言語的な国家を超える集団としてのタイ族 (Tai)、中国の公定民族としてのダイ族 (Dai) を書き分ける必要がある場合は適宜英語表記を挿入し、西双版納州のダイ族 (Dai) はタイ・ルー族ないしルー族と呼ぶことにしておく。

　元来リネージ体系のような制度を持たない人々の間では、こうした「支系」という概念はそれ自体意味の薄いものであるが、こうしたメタファーの政治により、言語学を中心とした科学的意匠をもってリネージ体系を持たない人々にまで漢民族モデルをあてはめたものということができる。ハニ族はたまたま、リネージ体系を保持している人々である。しかしそれは漢民族とは別の体系で営まれている。またこうしたリネージ体系は漢民族自体にも一種の理念として

しか存在しないものである [e.g. 瀬川 1996]。

　「支系」という語で想像されるような巨大なリネージ体系を確かにハニ＝アカ族は持っているが、個々の「支系」集団として捉えられている人々がいつどのように分枝したかをわかっているわけではない。民族識別以前の個々の文化的な種族的集団とリネージは後節で述べるように別の概念なのである。

　アンダーソンが指摘するように国家が国民を「想像」しようとするとき、人口統計、地図、言語学、民俗学、民族学、辞書といったものは主要な方途であり [アンダーソン 1997 (1991) 第10章]、「支系」とは抽象として13億人もの「国民」の下位に位置づけられる170万人の「民族」と、自己を学術＝政治的に結びつける中間的な範疇なのである。

　例えば、李と馬は次のハニ族の「支系」名を報告している。
哈尼、卡多、阿卡、白宏、布都、西摩洛、腊米、阿松、罗比、罗美、罗缅、梭比、堕尼、郭宏、果作、切弟、卡别、阿木、海尼、阿邬、哈欧、哦尼、奕车、本人、白壳、额都、麻黑、窩尼、阿罗 [李期博・马荣华 1999:3]。[*6]

　これらの「支系」名は、言語もハニ語だったり漢語だったりするだけでなく、自称も他称も混じっている。論理的にも支離滅裂で一貫性がない。それゆえに逆に「支系」というものの本質を如実に物語っており、現在においても認識はそれほど進歩していないということができる。つまり、中国にとってこの問題は既に解決済みの問題であって、それ以上の研究の対象ではないのである。中国の民族関係の図書にはほとんどまるで判で押したかのように「ハニ族には〇〇という『支系』があり、1950年代に本民族の意志によりハニ族という統一名称となった」と説明されている。しかし、「哈尼族（ハニ族）という「民族」が形を見せたのは1954年のことであり、それまで中国が今日国民を構成する集団として考える政治集団としての「民族」は存在しなかったことを考えると、「民族の意志」とはいったい何を示しているのか不明である。「民族」の下位範疇としての「支系」がみんなで「ハニ族」という名称にしようなどと話し合ったというのは想像もできないことである。しかし、再三にわたりこの常套句が漢籍の「和夷」とか「和蛮」などという断片的な史料とともに繰り返されるのは、それがもう解決済の決定事項だからであり、アンダーソンのいう公定ナショナリズ

ムはこの「支系」リストと民族分布図を呪文のように多くの出版物に挿入することで国民としての「民族」を「想像」させようとしているのである。

　アンダーソンが出版ナショナリズムの議論として展開したように漢語は古い聖なる言語として公定的な言語になると圧倒的な権威を持った。漢字を解さない人々つまり「化外の民」を漢字世界のパンテオンに組み入れることこそが、民族識別と呼ばれる一連の政策でもあったと言うことができる。本書はそうした漢字世界にできあがった「中華民族」的な体系をもう一度ハニ語の世界に引き戻しつつ、脱構築を図るという目的もある。そうした中で「支系」の問題は国家が意図する国民像と彼らの自然な集団認識の間に存在する矛盾を露呈しており、重要な切り口となりうるのである。

　エスニシティ未満の帰属意識はもちろん常に重層的なものでかつ、話す相手によって変化する状況的なものであり、1人の人間が複数の「支系」的集団の帰属意識を持つこともある [e.g. Moerman 1965]。人口センサスはこうしたことを許さない性質のものであり、中国においてはむしろ登記されたエスニシティこそが本物であるという認識すら生まれており、今日では人間がセンサスに合わせるような行動も少なくない。例えば石林のサニの人々が、「私たちは、本当はイ族です」と言ってみせるような事態が年を経るにつれ多くなってきたように思えるのである。

　本節の以下では資料の参照性にため中国語でハニ語に当てられた「支系」名を簡体字で示すことにしたい。なお、当て字は本によってまちまちであり、ルビを参考に読んで頂きたい。

ハニ族の民族識別

　内堀基光 (1989) が「名づけ」と「名乗り」と整理するように、人間が自らを集団と結び付けるには「名」が必要である。ここでは現在ハニ族と命名されている人々の「民族識別」という「名づけ」を検討したい。その上で「名乗り」の過程を述べることにしたい。近年、中国側ではこうした研究がようやく出始め、雲南では尤偉琼が民族識別の過程を追っているが、ハニ族に関しては新しい史料はなく、こうした下位集団の実地調査もほとんど見当たらない [尤伟琼 2013]。

　中国の民族識別はスターリンの「民族」の定義「言語、地域、経済生活、心

理素質[*7]」のうち客観的指標としてはいずれかを選択的に強調し、あとは識別される側の「民族上層部」による話し合いで行なわれてきたことはよく知られている。ハニ族の場合こうした客観的指標のうち言語が最も決め手になっていることは以下の識別の過程を見るとわかる。地域についてはすべて雲南省内に収まっているので問題ない。経済生活に関しては、モルガンの図式に従って(1)別の民族の封建領主の統治下にある遅れた要素の多い地区、(2)封建領主経済から封建地主経済への移行期にある地区、(3)地主経済地区、と分類された。それに対応する地区として(1)西双版納州、瀾滄県(2)紅河県、元陽県、緑春県、金平県(3)墨江県、新平県、元江県が挙げられている[簡史:84-101, 社歴:2-3]。しかし、このこと自体が「民族」が異なることの根拠になったことはなく、「民族内部の発展不均衡」と捉えられている。最後の心理素質は、ほとんど慣習や文化といった意味合いで使われているが、氏族の残余、父子連名制、選好的交差イトコ婚、6月の神樹の祭礼、祖先崇拝、モピmoqpilと呼ばれる司祭職などが挙げられている[匯編3: 10-11]。しかし、この中で顕著な指標となりうるのはスミオから始まる父子連名制の系譜のみであり、これについてはハニ族全体にある程度蓋然的な(すべてではない)指標と言うことができるが、氏族制度、6月の神樹の祭祀、祖先崇拝、モピmoqpilと呼ばれる司祭職などはチベット＝ビルマ語系の諸民族に多かれ少なかれ見られるし、選好的交差イトコ婚がハニ族全体にも共有されているとは言い難い。

　当時民族識別に当たった1人であった費孝通はイ語系統の人々の民族識別について次のように述べている。「ラフ族とハニ族の分岐の問題はその実、イ語支系の言語系統の分類の中の問題の1つである。雲南の少数民族の識別で最も困難だったのはイ語系の区別であった。その民族名から言うと、1972年の『簡介』ではイ語支系の民族の自称64個、他称88個を数え、それらは現在、イ、ハニ、リス、ラフ、ナシなどに帰属している。彼らが単一の民族からどのように分離し、どのように各種の名を持った集団と認識せられ、言語的にはどのような関係にあったのか——これらの問題はさらに研究が必要な問題である」[費孝通 1988 [1978]: 184]。同じくこの当時、民族識別に参加した厳汝嫻は1993年に筑波大学を訪れた折に、イ族とハニ族を分ける一番の決め手は文字の有無であって、もう一度考え直さなくてはならない問題だと筆者に語ったことがある。

イ族にはピモと呼ばれる司祭職があり、象形文字に由来する文字を使って儀礼を行なうが、これはごくわずかな人々によって使用される。その文字を使用する人々の系統に近い（場合によっては文字を使わない集団も含む）人々が今日イ族と識別されており、末端ではハニ族とコミュニケーションが可能な場合も少なくない。文字の問題はともかく、ハニ族の民族識別で最も重要だったのは言語学による系統分類であり、費はそれも不十分だった、と述べているのである。

　1950年から「民族区域自治」を目指して全国的に始められた「民族識別工作」は雲南では1951年から始まった。民族識別の初期段階である1951年段階では窩尼族（ウォニ）、阿卡族（アカ）、卡多族（カド）、碧約族（ビヨ）、糯比族（ロビ）、布都族（ブド）、布孔族（ブコン）、奇地族（チディ）、西摩羅族（シモロ）が「民族」として挙げられており、これらは今日ではすべてハニ族の「支系」となっている。「支系」の名称としての窩尼（ウォニ）は1954年以降哈尼に置き換えられている。1951年と1958年には人口統計があるが、その後は「哈尼」族としてしか人口は公表されていない。1954年1月1日の雲南省紅河哈尼族自治区人民政府成立を受けて1958年の統計では阿木（アム）、多尼（ドニ）、卡別（カベ）、海尼（ハイニ）、和泥（ホニ）が「支系」として新たに加えられている。

　中央訪問団第二分団は1951年に雲南を調査しているがその際に窩尼族（ウォニ）（哈尼）、苦聡人（クーツオン）、阿梭人（アツ）、卡多（カド）、奇地人（チディ）［中央第二: 196-202］、阿卡［中央第二: 107-108］、布都（ブド）、海尼（ハイニ）［中央第二: 112-113］、切弟（チディ）、卡別（カベ）、布孔（ブコン）、西摩羅（シモロ）［中央第二: 117-118］、碧約（ビヨ）、阿卡（アカ）をあげている。また、「支系」の言語の近さからいうと「碧約、卡多、苦聡、西摩洛、切弟」は近く「布都、卡別」は同じ、「阿卡、窩尼」は近いという認識を示している。また、後にチノー族として識別される攸乐（ユーレー）はこのときには知られており、山蘇（シャンス）、卜拉（ブラ）はイ族へ組み入れられることになった［中央第二: 197］。また「本人」という漢語で知られる人々もここでは認識されていた。

　1954年段階では哈尼（布孔）、豪尼（布都）、碧約、卡多、斡紐（西摩羅）、阿木がハニ族の主要な「支系」とされ［匯編3: 10, 37-38］、「本人」は佤瓦系統（現在のワ族）［匯編3: 46-48］とされた。この時点で布孔（自称ベホ）は哈尼と同一視されているが、後に別立ての「支系」となっている。これらの書物は後に公刊されたもので、原本を見ることはできないが「哈尼」という文字が後から挿入されていることがわかる。

　1954年5月15日に雲南民族識別研究組が組織された。これは省委統戦部、

省民委研究室語言組、中国科学院語言研究所、中央民族学院研究部、雲南大学、雲南民族学院、昆華醫院など46人［識別総結1954: 4］であり、政治部門と学術部門の連合したチームであった。昆明で資料を整理する組と調査する組に分かれるが、調査組は第1段階（1954年8月）では墨江県、第2段階としては1954年10月新平で補充調査をしている［識別参考1955］が、この時点ではアカの調査はされておらず、それは既に政治的に「解決済み」になっていた。調査組は表1の段階では中央訪問団の資料を使ってリストを検討したにすぎない。つまり、この調査組は政治的に「解決済み」の問題を精緻化したにすぎず、1954年8月3日の日付の共産党の省委統戦部と邊疆委員會の報告書では「爱尼」は「哈尼」に替えることができると既に結論が出ていた［識別参考1955: 2］。

　1957年には『关于划分哈尼语方言和创制哈尼文的意见』(筆者未見)が提出され、「支系」間の言語学的系統化が図られる。このころ国家民族問題5種叢書の基礎となる資料『哈尼族簡史簡誌合編』が編纂されているが、それには哈尼、卡多、雅尼、豪尼、碧約、白宏（または和尼）の6個が大きく、ほかに锅锉、哦怒、阿木、多泥、卡別、海尼の小さな集団があるとされている［哈尼族簡史簡誌合編1964: 3］。この時点でベホが自称とみなされ、フニと近いことが示されており、名称も自称が増えている。この時点では「窩尼」および「阿卡」が蔑称としてなくなり、それぞれ「哈尼」および「雅尼」という語に置き換えられていることがわかる。

　林耀華は1953年のセンサスの際に雲南省だけで260種以上の民族名称が申告されたとしているが［林耀华1995 (1984): 352］、その詳細は明らかでない。しかし、そのうち102種が『云南民族识别综合调查报告』では1960年での資料として一覧表になっており、1954年段階で22種が既に確定した「民族」で68が識別されたという［黄光学主編1995: 149］。そこから計算して『云南民族识别综合调查报告』が書かれる以前、64余りが1955年から1960年の間に既に「解決済み」になっているものと思われる。

　同書によれば1958年〜60年に省民族委員会、省民族歴史研究所、省語文指導委員会からなる雲南民族識別綜合調査組の第2段階の調査によって以下がハニ族と新たに識別された。しかしながら、調査自体は墨江県のみであり、調査組自体は以下の西双版納州には行なっていない［識別総結1954: 4］。

"阿克"…2,053人　自称"勾克"、勐罕区、勐竜区　景洪区3達郷。勐海県、易武県にも"勾克"の自称あり (1960)
"布夏"…　586人。勐竜区。自称"撒空"(1960)
"布崩"…　100人くらい。自称"布崩"。易武県。"卡別"の系統 (1960)
"品"　…　50人くらい。勐遮区。自称"比苏"(1960)

　なお、識別組は苦聡について金平、易武ともにラフ族としたが、紅河州地委、州人委が単一民族を主張した。また、中央民族学院卒業の攸乐区書記の攸乐人が主張したため攸乐は単一民族として申請され、懸案事項へ入れられている。後の1979年に攸乐は単一民族のチノー族として識別されることになるが、これら苦聡人とチノー族についての識別経緯については松本光太郎の記述が詳しい［松本1995: 52-68］。また、景洪の「本人」はイ族、保山の「本人」はプーラン族として識別されているが、この「本人」という漢称はしばしばハニ族として書かれることがあり、注意が必要である。また、このとき「易武を訪れたが居住地不明」となっているものとして「布里」が挙げられているが、プリはジョゴエ・アカをタイ・ルー語かラオ語で呼ぶ時の名称であると思われる。また、識別されたもののうちビスは父子連名制もなく、言語的にもハニ語とそれほど近くはなく、むしろビルマ語のほうが近いように思える［徐1998参照］。

　この過程で民族識別の手順がある程度窺える。まず、1954年の調査で不明のままだった88の名称と1954年のセンサスの際、省選挙委員会から提出されたリストを統合して雲南民族識別総合調査組に諮り、意見を求める。その後懸案になっているものを再調査するということになっている。意見の欄のところにはそれぞれの地域の知識人や政府関係者の意見が書かれ、それに基づいて検討していることがわかる［稲村2002付表］。しかし、自己申告がいったいどのように行なわれていたのかは具体的に不明であり、なぜ人口1人の「民族」候補が一応にでも挙げられるのかその手順に疑問も多い。とはいえ、この時の民族識別がかなり細かいところまで調べた上でのことであることは看取される。

　表1は民族識別が始まる初期段階から1958年までの人口統計である。1958年以降にこうした人口統計が作られた可能性は低い。「民族」が画定すると、その下位区分の人口を明らかにする理由がなくなってしまうからであると考えられる。これ以降の人口統計はほとんどが県単位のものになり、「支系」はその政

表1　ハニ族の「民族」≒「支系」の人口(1951-1992)　　　　　　　　　　　　　単位：人

「民族」名	ハニ語表記	人口(1951)	1953	1958	1964	1982	1992
窩尼族 (ウォニ)	Woni (Haqniq)	202,888		240,000			
阿卡族 (アカ)	Aqkaq, Yaqniq	34,335		70,000			
卡多族 (カド)	Kaqdol	32,595		75,000			
碧約族 (ビヨ)	Biqyoq	16,914		33,000			
糯比族 (ロビ)	Lobiq	833		Haqniqへ			
布都族 (ブド)	Haoqniq	24,326		40,000			
布孔族 (ブコン)	Beehaoq	11,900		27,000			
奇地族 (チディ)	Qiqdil	2,536		Haqniqへ			
西摩罗族 (シモロ)		1,700		10,000			
阿木 (アム)		−		3,000			
多尼 (ドニ)	Dolniq	−		2,200			
卡別 (カベ)		−		800			
海尼 (ハイニ)		−		300			
和泥 (ホニ)		−		1,700			
合計		328,027	481,220	503,000	628,727	1,058,806	1,254,800

＊『哈尼族簡史簡誌合編：初稿』(1964)より作成

治単位としての人の範疇の任務を終えたことがわかる。

　1960年代までは中国政府におけるハニ族の「支系」名称の認識は次の表2のとおりであった。この資料はその後に正式に出版された『哈尼族简史』では削除されているが、1960年代の中国の民族認識はむしろかなり詳細だったことがわかる。

　自称とは言うまでもなく、母語で発音される自己を含む集団の名称である。漢語の自称などということはありえない。日本で漢語だけで調査を行なっている研究者にはこの点がほとんど理解されておらず、彼らが言う漢語名称を自称と勘違いしてしまう。

　また、表2で示される「互称」というのは状況的な呼称と言うことができる。ある人とある人が出会って自己を説明する場合、いくつもの説明が可能であろ

表2 『哈尼族簡史簡誌合編』(1964)によるハニ族の自称他称

自称	互称	漢称	分布
哈尼 (ハニ)	糯美 (ノメ)、糯比 (ノビ)、各和 (グホ)、哈烏 (ハウ)、腊米 (ラミ)、期弟 (チディ)	哈尼 (ハニ)	紅河、元陽、金平、緑春、元江等県
卡多 (カド)	阿里卡多 (アリカド)、阿古卡多 (アグカド)	卡多 (カド)	墨江、鎮沅、江城、普洱、景東、景谷、思茅等県
雅尼 (ヤニ)	覚囲 (ジョゴェ)、覚交 (ジェジョ)	愛尼 (アイニ)、哈尼 (ハニ)	西双版納傣族自治州、瀾滄拉祜族自治県
豪尼 (ハオニ)	豪尼 (ハオニ)、多塔 (ドタ)、阿梭 (アツォ)、布都 (ブド)	布都 (ブド)	墨江、元江、普洱、鎮沅、江城、景谷、思茅、紅河、緑春等県
碧約 (ビョ)	碧約 (ビョ)	碧約 (ビョ)	墨江、普洱、鎮沅、江城、思茅、紅河、緑春等県
白宏 (ペホ) 和尼 (ホニ)	白宏 (ペホ)	白宏 (ペホ) 布孔 (ブコン)	墨江、元江、紅河、緑春等県
哦怒 (オヌ)	阿西魯馬 (アシルマ)、西摩洛 (シモロ)	西摩洛 (シモロ)	墨江、普洱、緑春等県
阿木 (アム)	阿木 (アム)	阿木 (アム)	墨江、普洱、鎮沅等県
多尼 (ドニ)	多尼 (ドニ)	多尼 (ドニ)	元陽、金平等県
卡別 (カベ)	卡別 (カベ)	卡別 (カベ)	墨江、緑春等県
海尼 (ハイニ)	海尼 (ハイニ)	海尼 (ハイニ)	景谷県
和泥 (ホニ)		羅緬 (ロミエン)	禄勧、武定等県

＊『哈尼族簡史簡誌合編：初稿』(1964)より作成

う。筆者自身を例にとれば、日本人であり、九州人でもあり、佐賀県生まれで、茨城県に長く住み、現在沖縄に住んでもいる。自分が何者であるのかという説明は相手と状況によって異なる。その内容自体は詳らかでないが、この資料が「互称」欄を設けていることは議論の余地を残しているものとして評価できる。

後述するようにこの「互称」の欄に挙げられているのは祖先名（何らかのリネージやクラン）、地域や河の名、階層を示すものなどである。特にこの欄に挙げられている名称が社会人類学的に重要なのである。この欄についてはハニ語から意味論的に後述する。

表3は1999年発刊の『哈尼族文化大観』から引用した表である。史軍超の手によるこの表は実に35年も後に出されたにもかかわらず、認識としてはむし

第2章　創られる「民族」　　　　　　　　　　　47

表3　『哈尼族文化大观』(史 1999: 37)によるハニ族の自称他称

自称	他称	分布
哈尼（ハニ）	罗比（ロビ）、罗美（ロメ）、国活（ゴホ）、哈乌（ハウ）、腊米（ラミ）、期弟（チディ）、奕车（イツ）	红河、元阳、金平、绿春、元江等县
卡多（カド）	阿里卡多（アリカド）、阿古卡多（アグカド）、多卡（ドカ）	墨江、镇沅、江城、普洱、景东、景谷、思茅等县
雅尼（ヤニ）	觉围（ジョゥェ）、觉交（ジェジョ）、爱尼（アィニ）、哈尼（ハニ）、阿卡（アカ）	西双版纳傣族自治州、澜沧拉祜族自治县
豪尼（ハォニ）白宏（ペホ）	豪尼（ハォニ）、多塔（ドタ）、阿梭（アソ）、布都（ブド）、布孔（ブコン）、白宏（ペホ）、补角（ブジョ）	墨江、元江、普洱、镇沅、江城、景谷、思茅、红河、绿春等县
碧约（ビヨ）	碧约（ビヨ）	墨江、普洱、镇沅、江城、思茅、红河、绿春等县
哦怒（ンゴヌ）	阿西鲁马（アシルマ）、西摩洛（シモロ）	墨江、普洱、绿春等县
阿木（アム）	阿木（アム）	墨江、普洱、镇沅等县
多尼（ドニ）	多尼（ドニ）	元阳、金平等县
卡别（カベ）	卡别（カベ）	墨江、绿春等县
海尼（ハイニ）	海尼（ハイニ）	景谷县
和泥（ホニ）	罗缅（ロミエン）	禄劝、武定等县

＊網掛けは表2と比べて新しく加えられたもの。「支系名」の順序は表2に合わせ入れ替えてある。

ろ後退している。「互称」欄が削除され、すべて「他称」となっており、議論を避けるために削除されたものと思われる。1964年のものと比べると、太字で示した「支系名」が追加されており、「白宏」が「豪尼」に統合されており、この2つが同一であると判断したものと思われる。またいくつかの新しい名称も見える。

さらに先に挙げられた「支系」以外でわかっているものを列挙してみたい。李元慶のように民族工作者でなく民歌の採集のため方々を歩いた者は更にこれ以外の「支系名」を挙げている。

表4　表3以外の李元慶の挙げる支系名
（李元庆主编 1995: 918-927 より抜粋）

支系名	確認地点
青尼（チンニ）	红河县宝华乐育
阿甲（アジャ）	红河县甲寅
北纳（ブナ）	红河县洛恩、绿春等县牛孔
阿罗（アロ）	元阳县
腊乌（ラウ）	元阳县大坪
罗华（ロファ）	金平县城关
国作（ゴジョ）	金平县勐拉

図2 ハニ族「支系」分布図

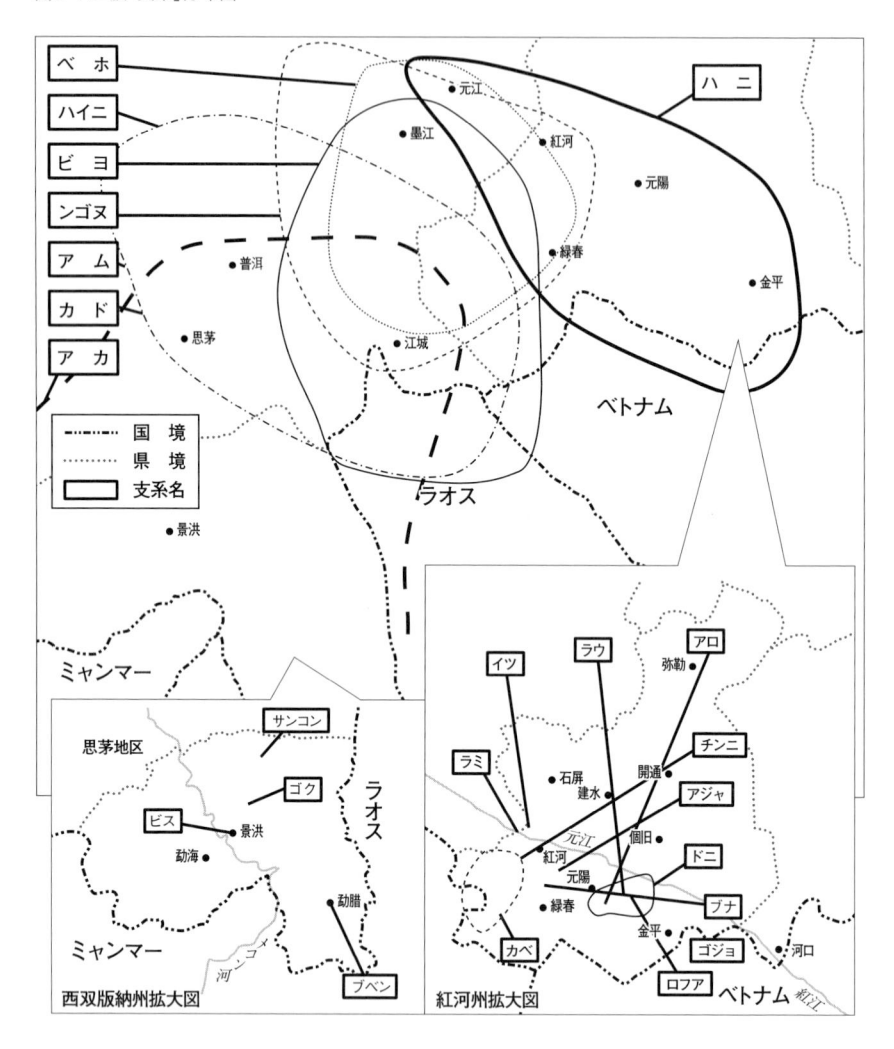

「支系」名称の意味論的分析

　ここで「支系名」として挙げられているものの意味論的な分析を通じてその位相を論じてみたい。特に前述の「互称」として資料に挙げられた語についても検討しているので注意されたい。2014年の西双版納州、思茅地区、紅河州のフィールドワークでこれらを意識的に調査してみたが、いまだ不明な点も多い。順序は以下の表6に合わせており、ハニ語の綴りだけでもわかるものは不明として記載しているが、まったく不明なものについては割愛した。

　まず、ラオスで展開した新谷忠彦と加藤高志の言語学の成果を提示して整理しておきたい。ラオスでの言語学的研究は言語集団が雲南南部と似ていながらも、全体の人口規模が小さいので中国に比べると理解しやすく、漢語がないので漢字表記に伴う混乱が少ない。まず、中国のハニ語の方言分類を新谷と加藤は一応是認した上で表5のように提示している。

表5　中国のハニ語の方言分類

ハニ語	ハヤ（哈雅）方言	ハニ（哈尼）次方言 ＝<u>標準ハニ語系</u>	緑春大寨ハニ小方言
			元陽麻栗寨ハニ小方言
			金平馬鹿塘ハニ小方言
			紅河甲寅ハニ小方言
			紅河浪雑ハニ小方言
		ヤニ（雅尼）次方言 ＝<u>アカ語</u>	西双版納格朗和ヤニ小方言
			瀾滄那多ヤニ小方言
	ピカ（碧卡）方言		墨江菜園ピヨ（碧約）小方言
			墨江民頭カトゥ（卡多）小方言
			墨江雅邑大寨ゴニュ（哦怒）小方言
	ホプ（豪白）方言		墨江水癸ホニ（豪白）小方言
			墨江坝利ブホン（白宏）方言

＊新谷・加藤（2009: 144）より、下線部は筆者挿入

　このように、ハニ次方言（標準ハニ語系）とヤニ次方言（アカ語）は比較的近い。この表は緑春大寨ハニ小方言を標準として、それからの近さを表している。その上で、新谷と加藤がラオスで研究した結果が下記である。

ロロ系諸語
(a) 南ロロ系
  ⅰ プーノーイ・グループ
    プーノーイ語、ポンセット語、ポンクー語、ラーオセン（チャーホー）語、ラーオパーン語、ラーオパイ（ピス）語、プーニョート語
  ⅱ アカ・グループ
    ①オマ語、プソ語、プリ語、チピア語、ニャウ語、ウパ語、ヌクイ語
    ②パラ語、ルマ語
    ③ムトゥン語
    ④スマ（コンサート）語
    ⑤ワニュ（ムチ）語、コウ（シーラー、シーダー）語、パザ（プサン）語、クー（カクー）語
      パナ語
    ⑥ハニ語
(b) 中央ロロ系
  ロロ（ロロポー）語
  ラフ語

                                        [新谷・加藤 2009: 134]

　言語名とは必ずしも一致しないが、ラオスでは、アカにはオマ、クー、ムトゥン、チチョ、プリ、パナ、コフェ、ヌクイ、ルマ、ウパ、チピャ、ムチ、ヤウ、プサンの14の言語集団が公式にアカの下位集団とされている［新谷・加藤 2009: 145］。本書のジョゴエ・アカはこのうちのプリとほぼ同じである。比較的近い言語を話す人々であるがアカ族やハニ族とは別の公定の民族としてシラ族（2939人：2005年）、プーノーイ族（3万7447人：2005年）が挙げられている［新谷・加藤 2009: 149-153］。ラオスでの調査の時、筆者のアカ語は中国で学んだため、通じにくい時があったが、しばしば「プーノーイみたいだ」と笑われていた。つまり、ラオスのアカの人々にとってプーノーイの言葉はわかりそうではっきりとはわからない言語の代表である。中国ではハニ語に入れられているビス語、サンコン語、マニェ語とプーノーイ族の言語は近いと言い［李永燧 2002: 278］、中国のハニ族に入れられているカトゥ（カド）が3世帯ラオスにいたが、2009

年には消滅したという [新谷・加藤 2009: 144, 156]。

　加藤高志は「プーノーイ」というのはタイ系の言語で「小さい山」というおそらく地名に由来する他称だという [新谷・加藤 2009: 151]。この民族集団名が当初「プーノーイ」だったのが、2000年にシンシリーという祖先の名になり、最終的に2008年に「プーノーイ」になったという経緯を考えるとこの集団が同じ祖先を共有しているわけではなく、他称でなければ括ることのできない民族集団であることを窺わせる。ラオスでは一部仏教化している [Schliesinger 2003: 74] ことがわかっているが、宗教を民族境界としているわけではない。加藤はプーノーイの諸言語はすべてビス諸語に属する [新谷・加藤 2009: 153] としており、以下に挙げるハニ族の「支系」とされたビスと同一もしくは近い集団と考えられる。

　また、ラオスではアカ族に近いシラ族が公定の民族集団として識別されているが、中国国境に近いポンサリー県であることを考えるとブベン、ゴクなどと近い可能性があるが、不明である。

ハニ Haqniq　　哈尼…ハニは日常よく使われる一般的な自称である。漢籍を除く古い記録では1924年のトンキン高地の中に「ホニ」Ho-nyi という集団があることが記されている [アバディ 1944 (1924): 230-33]。意味としては「強い女」[毛佑全・李期博 1989: 9]、「ハニのハは山の意でニは人の意」[澜沧拉祜族自治县志:131] など「猛禽類＋人（女）」を表すハニ語の古語 [王尔松 1994: 21-30] いくつかの説があるが、ハニ族自身では特に意味のある語とは捉えられてはいない。用法としては Haqniqcol, Haqniqssaq＝ハニ人、Haqniq doq＝ハニ語のように使う。また、「強い」という接尾辞hav は colhav（強い人、つまり大人）のように使うが、ハニの haq と同一視されるべきでなく、niq が接尾辞として用いられる例がないことから、毛の説明はモルガンの母系から父系への移行説に強く影響されていると考えてよいと思われる。なお、漢字をそのままハニ語表記すると Halnif となりハニ語ではかなり違う発音になり、漢字ではうまく書けない発音である。ともあれ、Haqniq col をハニ語で自称する人々を本書ではハニ種族と呼ぶ。

アジャ	阿甲…古い時代のリネージ名［杨羊就 1999: 154］。
チンニ	青尼／期尼…紅河県宝華郷俄佺、嘎他地区の古いリネージの名称で、後に石頭寨郷に移ってきたのでこう呼ばれている［杨羊就 1999: 154］。
ロビ Lolbiq	罗比／糯比…ロビはハニ語で「河の上流」を意味する。恐らく居住地か祖先の故地が上流にあったことなどから来ているものと思われる。エスニックな区分でなく、単に上流側／下流側といった区分である可能性もあるが、地名などになっている可能性も否定できない。
ロメ Lolmeil	罗美／糯美…ロメはハニ語で「水源」を意味する。これもロビと同様にエスニックなものかどうかは意味合いからは判断できない。
ゴホ Gaoqhhaol	国活／郭宏…漢字から推測されるハニ語では「山の片側」や「山の中腹」を意味する。これもロビと同様にエスニックなものかどうかは意味合いからは判断できない。
チディ Qiqdil	期弟／切弟…チディというのはある祖先の名である。ただし、この集団はクランともリネージともいえない。ここでは階層的拡大地域的クランとしておく。[*9]
ラミ Laqmil	腊米…mil は場所を表す接尾辞で、何らかの地名であることを示しており、紅河県の紅河の支流の元江を示しているようである［図6］。
アロ Hhaqlol	阿罗…元陽県のハニ族の場合、普段の生活の中では自身のことをハニザ、ハニツォ Haqniq ssaq, Haqniq col と呼んでいる。しかし、紅河県の人や緑春県の人に出会い、習慣の違いなどに言及するときアロ Hhaqlol というときがある。Hhaqlol Holteil（哀牢山）という例からもわかるようにこれは、哀牢のハニ族と言っているのである。
イツ Yilce	奕车…祖先の名である。イチェ Yiceil という始祖の系譜はこの集団だけでなく、雲南省南東部に広範に認められる。彼らの住む紅河県西部に同名の山があり、地名になったとも考えられる。

ブナ Bena	北纳…ブナBenaは紅河のベトナム国境近くの紅河支流である藤条江のことである。この地から移ってきたことを示すものであろうと思われる［図6］。
ドニャ Dolnia	东仰…緑春のハニの人で、紅河や元陽の人などと区別するときにのみ使われる。地域名称である。Dolniaは祖先の名前でもあるのでリネージから地域的なクランに発展したと考えられる。これも自称は通常はハニであって、出身地を区別する時にのみ用いられ、事実上「緑春のハニ」という意味で使われている。
ハゴ Haqhhol	哈欧／哈乌…漢字表記では下記のハオと区別がしにくく、カタカナ書きでもどちらもハオと表記するのが近いのであるが、区別するためにハゴとした。少なくとも元陽県と緑春県ではHaqhholと言えば、当地のイ族を示す語であって、これはルイス等の辞書とも一致している［Lewis & Bai 1996: 204］。しかし、Haqhholがハニ族内部にもあるというのは、この概念自体がエスニックな区分ではないことを示していると考えられる。ハゴのhholという語はhholmu（=皇帝）のように尊敬を表す語であり、階層を示すニュアンスが強い。
ハオ Haqhhel	哈乌／哈欧…しばしば上記と混同されているが、hhelという語は「売る」という意味になり、緑春県ハニ族でハオHaqhhelを自称する人々は祖先をチュアン族かタイ族だと認識しており自称をHaqhhel mavqssaq（雇われてきた兵隊）と言っている［高发元主編 2001: 10-12］という例も報告されている。緑春県の3猛郷で2014年にハニを自称する人に聞いたところ、当地でイ族を表すのはHaqhholでハオとは微妙に発音が違う。元陽でもHaqhholはイ族でありニスNiqsuを自称することが多い。それでは、ハオという語は何かというと緑春出身の中央民族大学の言語学者である李澤然は蘆の『緑春史話』の序言で、「あいまいな印象だが、ハは『力』、オは『売る』と解釈できる」と述べている。これから察すると李はhav（強い）hhel（売る）と解釈したようで、蘆のハオマザhavhhelmassaq（ハニに雇われた軍隊）を略したもの［卢保

和 2011: 63］という解釈と矛盾しない。緊咽音を示す"v"はしばしば欠落するので正しいのかもしれない。蘆は彼らの南京起源伝承と若干のチワン語との類似を根拠にハオを太平天国の乱のころ南京から儂智高が連れてきた人々と位置付ける［卢保和2011: 53, 59］がチワン語は全く系統の異なる言語であり、これについては証明は不十分である。蘆は具体的に12の漢姓（陶、羅、德、何、陸、蘆、張、博、黄、朱、王、盤）と地域（大興鎮の岔弄、馬宗の2村、3猛郷の桐株、騎馬壩郷の瑪玉）を挙げ、人口を2000年現在1970世帯1万133人と計算している［卢保和2011: 54-55］。この数字は緑春県の総人口23万人余りからするとかなり少ない印象を受ける。単にハオの服と言われる服を着ている人は実感的にはこれよりかなり多く、おそらく上層的な印象を持つこの服飾が近年の好況とともに流行の服飾として女性たちに広まったと考えることができよう。

ゴジョ Goqzoq 国作／果作…彼らの自称はハニであるが、普通のハニ族からは深山に住むと敬遠されており、goqが「高い」という意味で、zoqに「馬鹿な」という意味があるので他称であるかもしれない。クーツォン（苦聡）とは明らかに異なるが、同じような範疇として認識されていた可能性も否定できない［cf. 松本1995: 67］。

ウォニ 窩尼…これが自称であるという記述はしばしば見受けられるが、これは間違いである。ルイスは「老窩尼（年寄りのちびの意）の漢語から来ていることは疑いない」［Lewis & Bai 1996: 297］と述べているが、紅河のイ族の自称はニスポNiqsu poqであり、彼らはハニのことをウォニポWoqni poqと呼ぶ。つまり、これに窩尼という漢字が当てられたと考えられる。つまり、この語が蔑称とされるのはニスから見て見下したニュアンスがあるということである。

カド Kaqdol 卡多…kaqは「中間」を示しているが、この場合のdolの意味は判断できない。ラオスには、カトゥ（カド）の世帯が3世帯あったが、2009年には消滅したという［新谷・加藤 2009: 144,156］。

アリカド Aqli Kaqdol 阿里卡多、アグカド Aguq Kaqdol 阿古卡多…アリ aqli は子供ないし子孫を示し、アグはリネージの意味、あるいはカド語の親族名称を示していると考えられる。

アカ Aqkaq 阿卡…一般的な自称である。それ自体に意味はないが、アカの人々の間ではアド Aldol とアカの2人の姉妹のうちアカという祖先が今のアカを連れてきたという説話を言う人もある。こうした女性始祖の起源譚は父系系譜に個人名が出てこないのでしばしば便利に語られる傾向がある。アカという語は本人たちにも語源は不明である。ka は中間という意味があり、「中間の人」という語源が言われているが、アカの人からそうした説明をされたことはない。カーが「奴隷」の意のタイ・ルー語であるとして1953年当時に公の文書からは姿を消した［云南民族工作回憶録 (2): 27］。愛尼 (爱尼) は彼らが漢語で話す時に用いられる自称で、アカ語では言わない。アカ語での自称は Aqkaq col, Aqkaq ssaq であり、この自称集団をアカ種族と呼ぶことにする。

ヤニ Yaqniq 雅尼…アカの古称で儀礼のテクスト以外で用いられることはほとんどない。

ジョゴエ Jeqhhyuq 覚囲、ジェジョ Jejaol 覚交…表2、表3ではヤニが自称とされているが、彼らはアカを自称としており、それはタイ族からの蔑称とされていたせいであって、彼らは政府が否定するしないにかかわらず、以前からアカを自称としてきた。ジョゴエ、ジェジョはジョゴエ、ジェジョという兄弟の祖先名であり、その子孫であるリネージの名称である。ジョゴエ・アカ、ジェジョ・アカというように用い、アカの種類を示している。こうしたリネージ名は女性の服飾と結びつけて説明されることが多く、タイではウロ・アカ Wuqlol (頭の尖ったアカ)、ウビョ・アカ Wuqbiaol (平たい頭のアカ) などとも言われるが、リネージとこうした頭飾をメルクマールとした集団とは重なりあう部分も大きいけれども完全には重ならず、トゥッカーはこれら女性の服飾で認識されている集団を頭飾亜種族 (headdress subtribe)[*10] と呼ん

でいる [Tooker 1988: 19]。また、時にパミ・アカのように集団の故地を示して地域名称を冠したリネージになることもあるが、上述の移動の少ない紅河州のハニ族に比べると、アカは5年から20年くらいの幅で移動を繰り返していたので、地域の名称が使われることは少ない。

ゴク Gaolkeel	阿克、勾克…アカの人から見ると異質な集団としてアカ語でアク Aqkel と呼ばれている。
サンコン	桑孔／撒空…自称はサンコンでブシャ（タイ語）と呼ばれている。言語学的にはビス語やプーノーイ語に近い [李永燧 2002: 1-2, 278]。
ブベン	布崩…自称はブベンだとされているが、上記のブシャの例からすると他称とも考えられる。
ビス	比苏…他称として「品」ないし「老品」と呼ばれているが詳細は不明であるが、言語学者はハニとはかなり遠いとしている。ラオスでは新谷と加藤はプーノーイ・グループに入れている。
ホニ Haoqniq	豪尼…不明。
アソ Alsaol	阿梭／阿松…saolは「所有」を意味し、ビルマ語で土侯や土司を表すソーボアの「ソー」と同じである。何らかの階層を示しているものと思われる。
ブコン	布孔…ベホの他称である。おそらくタイ語であるが、ベホのタイ語訛りのように思われる。
マヘイ Maq hev	麻黒…「麻黒」とされている「支系」はハニ語で言えばmaq hevであって単に「知らない」という意味である [江城县志: 351]。あなたは誰だと聞かれて、「知らない」と答えたところ「知らない族」とされたと考えられる。自称はベホ Beeqhaoqである。
ビヨ Biqyoq	碧约…不明。
ベホ Beeqhaoq	白宏…不明。
ンゴヌ Ngoniu	哦怒…不明。
ドニ Dolniq	多尼、堕尼…不明。
カベ Kaqbieil	卡别…不明。
ハイニ Hainiq	海尼…不明。

フニ Heeqniq　　和尼…不明。

　以上の考察から次の表6を作成した。議論の余地はかなりあるが、一応の仮説としてあげておきたい。大きくアカとハニに分かれるがその中でアカは移動性が高いため祖先の名前を冠したリネージに細分される傾向がある。対してハニは定住しているので地域名称が冠される傾向が強い。これらは現在の居住地あるいは祖先が住んでいた地域にちなんでつけられたものが多く、地域内で「よそもの」であるか、特殊な位置にあることを示している。これをここでは地域的クラン (localized clan) と呼んでおきたい。これらは2014年に出来るだけ調査したものの、更に検討が必要である。
　ハニ族は我々が「民族」と呼んでいるものをツォチャ colqa という。「人の種類」のことである。
　「支系」の問題はそうした彼らの民俗分類をある程度下敷きとしていることがおぼろげながらわかる。しかし、こうした「人の分類」は「支系」のような平面的なものではなく、重層的な自己規定を考慮しなければ、明らかにならないであろう。
　ここでは民族識別とそうした人間に対する民俗分類のズレを論じてきたが、ここで「正しい一覧表」を作ることが目的なのでは断じてない。仮に完成するとすればこうした平面的な表や図にはできないであろう。本書は「支系」についてそれが暗黙の前提として進められてきた状況について再考を促し、民族誌的なデータがいったいどういう範疇のものなのかを知るための基礎的観点を提出しようとするものである。
　その上で表6を検討してみたい。まず、彼らの集団認識がこれ程複雑になるのは後述するように祖先名を忘れることを恥じる文化であるためであり、それは後の世代になって地域化したり別の集団の支配下に置かれたりしても忘れないことに原因がある。とはいえ、大きく見るとメコン河と紅河の間の地域では祖先名か地名が多い。祖先名も地域的リネージや階層的なニュアンスを持つようになり、ある地域のある階層を示すようになる。それはハニを自称とする集団に特に顕著に見られる傾向である。対してメコン河より西では自称はアカとなり、アカに冠される形容詞的な用法は祖先名が多い。この形容詞的用法はリ

表6　筆者によるハニ族の自称他称の整理

自称	リネージ名	地域的クラン名	階層的呼称	漢族以外からの他称	漢称	不明	分布
ハニ Haqniq	アジャ チンニ	ロビ Lolbiq ロメ Lolmeil ゴオ Gaoqhhaol チディ Qiqdil ハオ Haqhhel ラミ Lalmiq アロ Hhaqlol(元陽) イツ Yilce ドニャ Dolnia(緑春) ブナ Bena(藤条江)	ハゴ Haqhhol ゴジョ Goqzoq		哈尼(ハニ) 窝尼(ウォニ)		紅河、元陽、金平、緑春、元江等県
カド Kaqdol		アリカド Ali Kaqdol, アグカド Agu Kaqdol			卡多(カド)		墨江、鎮沅、江城、普洱、景東、景谷、思茅等県
アカ Aqkaq (ヤニ Yaqniq)	ジョゴエ Jehhuvq, ジェジョ Jejaol, ジェビャ Jebiaq, ムタ Multa, ジマ Jiqma, マレン Massein				爱尼(アイニ) 哈尼(ハニ)		西双版納傣族自治州、澜滄拉祜族自治県
ゴク Gaolkeel				アク Aqkel			
サンコン				ブシャ			
ブベン				ブベン			
ビス					品(ピン)、老品(ラオピン)		
ホニ Haoqniq			アソ Alsaol	ブドゥ	布都(ブドゥ)	ドタ oltaq	墨江、元江、普洱、鎮沅、江城、景谷、思茅、紅河、緑春等県
ビヨ Biqyo					碧约(ビヨ)		墨江、普洱、鎮沅、江城、思茅、紅河、緑春等県
ブホ Beehaoq フニ Heeqniq					白宏(ベホン) 布孔(ブコン) 麻黒(マヘイ)		墨江、元江、紅河、緑春等県
ンゴヌ Ngoniu					西摩洛(シモロ)	アシルマ Axilluma	墨江、普洱、緑春等県
アム Almu					阿木(アム)		墨江、普洱、鎮沅等県
ドニ Dolniq					多尼(ドニ)		元陽、金平等県
カベ Kaqbieil					卡别(カベ)		墨江、緑春等県
ハイニ Hainiq					海尼(ハイニ)		景谷県
フニ Heeqniq					罗缅(ロミエン)		禄勧、武定等県

図3 ハニ語の民間民族学からみたアカとハニの関係概念図

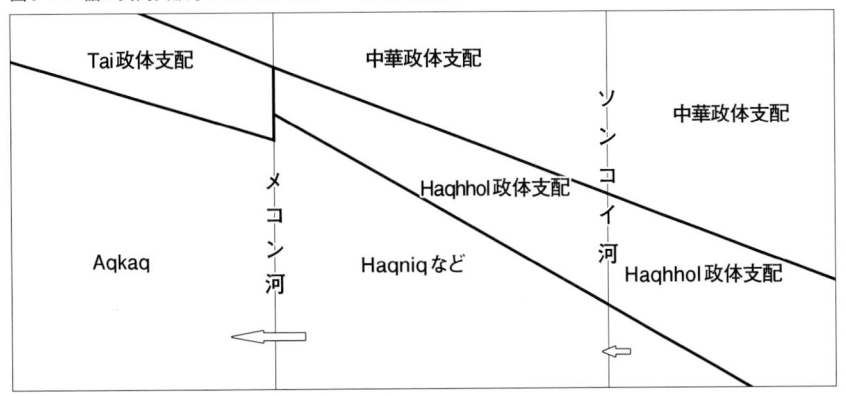

[図：Tai政体支配／中華政体支配／ソンコイ河／中華政体支配／メコン河／Aqkaq／Haqhhol政体支配／Haqniqなど／Haqhhol政体支配]

ネージ名や女性の服装のことを指していたりするが階層的な含意はない。つまり、ハニの場合は階層を意識している自称なのに対してアカは階層を否定した上での自称であることが重要になる。それは彼らの「歴史」と関連させるとわかり易くなるので暫定的に筆者の理解を図示しておく。つまり、中華政体の拡大とともに紅河（ソンコイ河）を渡って南下したイ族系の人々のうち支配者的階層を占めた者を彼らはハゴ Haqhhol と認識している。多くは今日イ族と分類されているが、ハニの一部も含めて様々な種族が考えられる主観的な範疇である。それに対してハニ Haqniq は劣位を認識する主観的な範疇であったと考えられる。その「ハニ」の一部がメコン河を渡り、タイ的な政体の中でイ族系の人々相互の階層性を否定したのがアカであると考えられる。アカは自らを「遅れてきたハニ」(ya duv Haqniq)、つまり遅れてメコン河を渡ったハニと言うことがある。第2節ではこれらをできるだけ検証しながらハニとアカに絞って論述したい。

第2節
ハニとアカ

本節では前節で整理した「支系」とされた集団の一部を「種族」という概念で

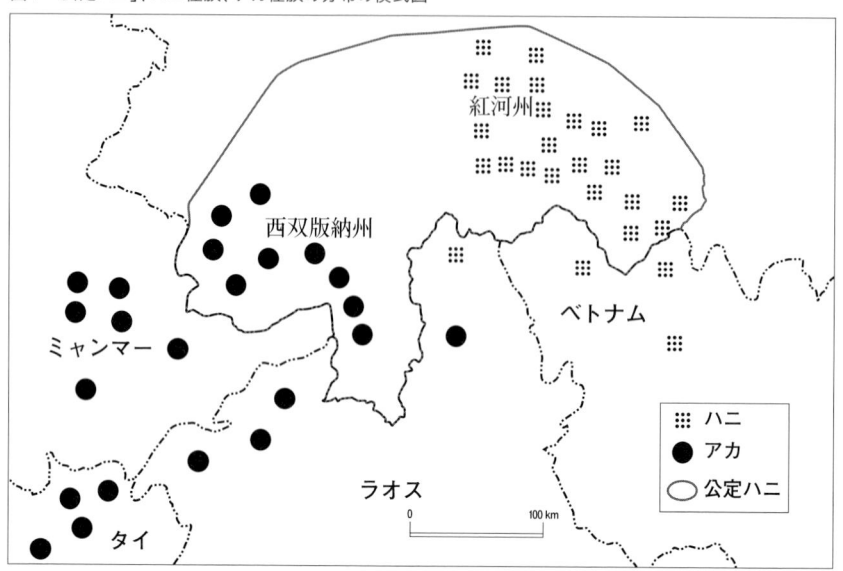

図4 「公定ハニ」、ハニ種族、アカ種族の分布の模式図

とらえ直し、本書の用語法を決めておきたい。その上で、人口を示すとともに、現在の中国の公定少数民族の名称であるハニ族（哈尼族）がどのように構築されてきたかを確認しておきたい。

　まず、ハニ＝アカ族（Hani-Akha）という概念である。これは1993年の「第1回国際ハニ文化学術討論会」において参加したP.ルイスが提唱したもので、会議の名称からもわかるように当初は主宰した李子賢、李期博も含めて反対を表明していた。そこで問題になるのは西双版納州を中心とする自称がアカの集団の存在であった。争点はアカという語が蔑称であるかどうかあったが、後述するように中国側はこれを蔑称として扱っていたが、西双版納州とタイのアカもこれを蔑称とは思っておらず、現に日常のアカ語で自称として使っており、中国以外のタイ、ミャンマー、ラオスでも自称としてアカになっている（あるいは正式にアカという自称が認められるように努力している）状況だった。結局、タイの公的な自称としての「アカ」と中国の公定少数民族としての「ハニ」をくっつける案は第1回の国際会議では持ち越しとなり、筆者もアカが蔑称なのではないかと主張した［稲村务 1997］。

1996年の第2回の国際会議はタイのチェンマイで開かれ、欧米のアカ研究者とNGOが中心になったためアカのプレゼンスが高まり、中国のハニの知識人もこれに参加することによって「ハニ＝アカ」(Hani-Akha) という語が国際会議の名称としても採用された。その後の会議はすべてこの名称で開催されている。

この概念自体は政治的な妥協の産物であるが、学問上の概念である。前節で見たように公定少数民族としてのハニにはハニ以外の多数の自称集団を含んでいる。自称ハニと自称アカが混在するラオスでは別個の民族集団として公的に識別されている。しかし、中国の民族識別を一応は認めて、東南アジア諸国の集団を緩やかにまとめた上でその最大の文化的集団を指し示す語としてハニ＝アカ族とするのは分析上の便宜のためであり、実体として政治経済的な動きを伴ったものでは今のところ全くない。これを模式的に図示すると図4となる。

「ハニ＝アカ族」は言語学的には漢・チベット語族のチベット・ビルマ語派、イ語群に属し、中国の少数民族としてはナシ、ペー、イ、リス、ラフなどと近い［岩佐 1983: 13］。本来、文字はなく、1958年にローマ字表記の文字が中国側で施行された［李・王 1986: 153］ものの、現在のところ普及には至っていない。北部タイではキリスト教宣教師による聖書や神話の文字化が進められたが、同様に普及しているとは言いがたい。その「ハニ＝アカ族」は中国西南の雲両省南部を中心にほとんどの地域で国境に接する形で分布している。

公定少数民族としてのハニ（哈尼）と区別するためここでは文化的な下位集団であり自称集団として「ハニ種族」(p.51参照)「アカ種族」(p.55参照) と呼ぶことにする。この種族 (tribe) という用法は馬淵東一 (1950) の「種族」の用法にならったもので、後に触れるが西双版納のアカ種族について「愛尼族」（僾尼族）という言い方があるが、前節でも見たように「アカ」にあてられた漢語であることを付け加えておく。

「種族」という語の用法について、馬淵東一はいずれも tribe への訳語として、「部族」と「種族」を日本語では分けるべきだと主張した。馬淵は「この"nation"の成立問題については兎も角、原形のラテン語 tribus に関連して tribe に何等かの政治的共同性を認めるとするならば、この部族と区別して、文化的共同性をめぐる客観的分類に基づいての集団を指す別の名称を考へることがむしろ望ましく、日本語の語彙では『種族』と云う呼び方が適当と考えられる」［馬淵 1974

(1950): 208] としている。

　アカだけに共通の始祖はなく、リネージやクランではない。後述するような国境を越えたアカの連合について部族という語を充てることも可能かもしれないが、奨学金制度などの動きはまだ始まったばかりで、それぞれの国民国家内での政治的な連合に比べるといまだ微々たる動きにすぎない。アカはまずは、アカチョ Aqkaq col、アカザ Aqkaq ssaq といった自称集団であるとともに、焼畑などの生業に基づく文化的な等質性や言語などの客観的な指標で区別することは理念型として可能である。この意味において、中国西双版納州と普洱市の一部に居住するアカを自称する集団と、タイ、ミャンマー、ラオスに居住するアカの自称集団は明らかに1つの文化的集団であり、これを「アカ種族」と呼ぶことにしたい。

　また、同様に公定ハニ族は前節で見たように多くの自称集団を含んでおり、文化的集団というより民族集団 ethnic group なのであって国家との相互作用によってできた集団なので、これと区別する集団として自称ハニの集団を「ハニ種族」と呼ぶことにしたい。これもまたハニ種族だけに共通の始祖はなく、クランやリネージではない。具体的には、ベトナム北部、前述の緑春県、元陽県、紅河県に多いハニを自称する集団である。ラオスではアカとは別の民族集団として800人あまりが国勢調査の結果として記載されており、ベトナムでは2万4000人ほどが公的な民族集団として公認されている。これらも含めて「ハニ種族」としておきたい。なお、前節で検討した「支系」が一律に「種族」に置き換えられると主張しているわけではない。これらの集団についてはまだ検討の余地は大きいと言えよう。馬淵の言う「文化的共同性」もまた相対的なものであるが、不明な点が多いにせよこれらの「支系」は相互行為の結果出てくる文化的集団なのであって、血縁や系譜的に単純に位置付けられるとは思わない。

　また、カギ括弧なしのアカ族（英語 Akha）、ハニ族（英語 Hani）と呼ぶ時は公定の少数民族としての名称なのであってこれらは民族集団である。タイ、ミャンマー、ラオスでは公的にアカという語が民族集団の名称として認められており、それはコー（Ko, Kaw）やイコー（Ikaw, Igor）などの平地民からの蔑称的なニュアンスを払拭した努力の結果なのであって、中国の西双版納州などとは異なる。しかしながら、アカ族が初めてタイ国に侵入し、村を作ったのは1903年とされており [Geusau 1983: 246] いわゆる「先住民」とはみなされてはいないが、こ

の点については後に論じる。

　前に述べたように、D.トゥッカーは女性の服（特に頭飾り）で相互に区別される集団が血縁的に分かれているという主観的な認識はあるにせよ、村落に加入することでその集団に帰属するようになることを示して、これのレベルの集団をクランやリネージとはせずsubtribeとしていた。これも、馬淵の用法に倣って亜種族と呼ぶことにしたい。「支系」群の中にもこの亜種族に該当するものも見受けられる。

　以上のように整理した上で、本書はハニ族、アカ族、ハニ種族、アカ種族の分析に集中する。それは、筆者が調査したことがある集団であるに過ぎないものの、ハニ＝アカ族の中でも最も大きい2つの種族であるということでもある。

　表5で示したように本書がケーススタディの中心としている西双版納のハニ族と紅河地域のハニ族はどちらもハヤ（哈雅）方言に属している。しかし、これらは相互に言葉の通じるレベルではないという。また生業の面から見ると、墨江と紅河は特によく整備された梯田による水稲耕作を営んでいる。中国人によるハニ族の代表的なイメージは高地に美しい棚田を作り上げたこの地域のハニ族である。それに対して「アカ種族」は陸稲を主とした焼畑耕作民であるか、数十年前まではそうであった人々である。

ハニ＝アカ族の人口

　既述のようにハニ＝アカ族という概念は学術上の概念であって、それを実体的な政治的経済的単位とするような動きは今のところない。人口統計は中国および東南アジア諸国では国民統合のための重要な手段であって、各国ともに国内の少数民族について今日では1桁に至るまでの統計をとろうとしている。

　インターネット全盛の現在、ハニ族出身の白永芳が自身の博士論文の冒頭において、中国の「人口普査」の数値のみを信用し、他の国々の統計を調べもせずに大雑把な見積もりを挙げてハニ族（ここではハニ＝アカ族）の人口は250万人［白永芳 2013: 1］だとしてしまうのは、いかにこのハニ＝アカ族が政治経済的な単位として機能していないかをよく示している。彼女は中国にしか統計がないと思っているようであり、実際ハニ族知識人のほとんどが国外の「同胞」には興味がないのである。

中国の「人口普査」は10年に1度であり、通常は統計をとってから結果が公表されるまでに5年以上かかる。これらが様々な国家計画の基礎になっていることを考えれば、むしろそのまま信用するわけにもいかず、かつ発表されるまでの時間の経過によって数値の正確性さえ意味を失う。また、後述するように、「普査」が終わると末端の村役場でも村の人口すら正確に把握できているわけではない。
　2000年の中国政府による人口普査によると、中国国内（台湾を含まない）の公定ハニ族の人口は144万29人でその内142万4990人、率にして98.96％が雲南省にいたとされている［中華人民共和国国家統計局「第5次人口普查数据（2000年）」］。2013年11月現在、2010年の第6回の人口普査の数値は省別統計のみが公表されており、ハニ族全体の数値ではないが、雲南省で163.0万人という数値が挙げられている［国務院第6次全国人口普查办公室　国家統計局統計資料管理中心「2010年云南省第6次全国人口普查主要数据公報」］。近年は雲南からの他省への流出も激しくなり、98.96％という数値よりは下がる可能性が高いと思われるが、仮に同じだとすると161万6800人程度が中国国内の公定ハニ族全体の数値ということになろう。2014年を現在として、この10年の人口増加のままだとすると、1年で1万9181人の人口増加（人口増加率1.19％）ということになるので、4年では7万6724人の増加、合計の計算値は169万3524人となるので、約169.4万人と見積もることにしたい。
　公定ハニ族の内、中国国内のアカ種族が何人いるのかを計算しておく。中国のアカ族知識人の王建華の挙げる数値は、西双版納州16万9974人（2000年人口普查）、思茅地区瀾滄県4万6300人、孟連7173人（ビヨも含む）［王建華 2009: 295］としている。統計上アカのみを分けることはできず、地域から推定するわけだが仮にビヨが400人ぐらいで、ほとんどがアカだとすると2000年の中国国内のアカは22万3000人前後と推定できる。白永芳らが挙げる2010年の統計では西双版納州のアカは21万5434人で、普洱市（思茅地区から改名）のハニ族45万4666人の内、人口増加率から6万7000人程度がアカと推定できる［白永芳 主編 2014: 305］。つまり、2010年の中国内のアカは28万2000人あまりと見積もることができる。
　園江満がラオスの第3回国勢調査の結果から算出した2005年現在の人口によれば、ラオスには公定のアカ族が約9万698人分布し、4万4763人がポンサリー県、3万6531人がルアンナムター県に分布している。その他ウドムサイ県

6948人、ボーケーオ県2003人とされている。Hayi (Hani, Hanyi, Houni, Woni) と明らかにハニとわかる人々がポンサリーを中心に848人いる［園江・中松 2009: 35］。ラオス政府はアカとハニを別個の民族集団としており、オマ、クー、ムトゥン、チチョ、プリ、パナ、コフェ、ヌクイ、ルマ、ウパ、チピャ、ムチ、ヤウ、プサンの14の言語集団が公式にアカの下位集団とされている［新谷・加藤 2009: 145］。比較的近い言語を話す人々であるがアカ族やハニ族とは別の公定の民族集団としてシラ族（2939人：2005年）、プーノーイ族（37447人：2005年）が挙げられている［新谷・加藤 2009: 149-153］。仮にこのプーノーイ族とシラ族をハニ＝アカ族に含めないとすると（中国では含められている可能性が高いが）、ハニ族848人、アカ族9万698人ということになり、計9万1537人（2005年）ということになる。仮にラオス国民全体の近年の人口増加率1.9％で人口が増加していたとすると2014年には10万8434人になり約10.8万人と見積もることにしたい。

　タイにおいては国民統合の政治がむしろ山地民の統計を作らせないという皮肉な状況を生み出している。片岡樹によれば山地民の人口統計は2002年以降作られなくなっており［片岡 2013: 246］、手持ちの統計では、5万6162人［Wongsprasert (et.al) 1999］が最後である。これは、一旦は共産化した他の東南アジア諸国や社会主義を標榜する中国とは違って、大きく見るとむしろ先住民問題や人権の尊重といった市民社会論とともに「民族集団」（クルム・チャーティパン：本書で言う民族集団の概念とはかなり異なる）、難民などの問題とともに冷戦終結後の新しい秩序の模索がされているためであるとも言える［片岡2013参照］。ここでは、6万人と見積もっておこう。

　ミャンマー[11]では国勢調査が行なわれていないため公式の統計はない。2014年3月に30年ぶりに国勢調査がされ2015年に公表されたが民族別の人口は2015年11月現在も公表されていない。ミャンマーにハニがいる可能性は極めて低いが、チェントゥンのアカ文化委員会（Akha culture committee）の2000年現在の見積もりによると、40万人ほどのアカ族がおり［Noel Kya Heh& Thomas M. Tehan 2000: 1］、2014年現在では平和ならば数万人の増加が見込まれるであろうが、詳細は不明なままである。

　伊藤正子が『ベトナム民族分類の歴史と現在』（2008）として人口センサス自体を主題化した著書に挙げるベトナム政府による国勢調査の国定民族別人口変

動の表によると、ハニ (Ha Nhi) は9444人 (1979年)、1万2489人 (1989年)、1万7535人 (1999年) 21725 (2009年) であり、アカは挙げられていない。ラオス同様、シラ (Si La) 404人 (1979年)、594人 (1989年)、840人 (1999年)、709人 (2009年) という数字が挙げられているが、ラオスのプーノーイという民族集団名はない [伊藤 2008: 266-267, 2010: 17-18]。仮に同様に2014年を推定すると1年419人の増加で、5年で2095人の増加となり、2万3849という数値になる。約2万4000人と見積もっておくことにする。もちろん、伊藤はこの民族確定作業についてカテゴリーをめぐる政治的な駆け引きについて論じており、2009年の国勢調査にしてもそう単純なものではないことが窺える [伊藤 2010参照]。

以上のように人口の公的統計は、それ自体政治的過程にあり、昔よりも更に混迷の度を増しているものの、中国人が思うようにそれは国家が未熟だからではない。むしろ、東南アジア諸国のほうが国勢調査そのものを議論しようとしている点では、より民主的ですらある。その点を踏まえても暫定的な人口を提示する必要があろう。

169.4万人 (中国、公定ハニ族、内アカ種族28.2万人)、40万人 (ミャンマー、アカ族)、10.8万人 (ラオス、アカ族とハニ族)、6万人 (タイ、アカ族)、2.4万人 (ベトナム、ハニ族) ということになり、ハニ＝アカ族の2014年現在の推定で約228.6万人となる。この数値の正確性と信憑性は各国の国勢調査における国民統合 (ないし国民不統合) におけるカテゴリーをめぐる政治力学をどう見るかにもかかっている。前述のシラ、プーノーイは顕著な例であり、単に自称集団というだけではないので潜在的にはさらに不明な点も多い。いずれにせよ国勢調査と人口センサスというもの自体が民族集団の国民統合の手段なのであって、この過程を考えることは重要なのである。次にこの過程を主としてハニ種族とアカ種族に限って、「名乗り」の問題を考えてみたい。

19世紀末に雲南と貴州を訪れたクラークは当時の雲南の種族的な集団を漢字で記録している。記述からはその知識が通訳者によってもたらされたものなのか、何かを書き写したものであるのか不明であるが、今日ハニ族に組み入れられている人々の名称としては、武定府の羅緬、普洱府の黒窩泥(ロミェン)、阿卡(ヘイウォニ)、糯比(アカ)(ロビ)、窩泥(ウォニ)、(苦葱)(クツォン)、楚雄府の洒摩(シャマ)、元江州の卡惰(カド)という名称が見える [Clark 1894: 64-96]。なお、苦葱は苦聡と思われるが、民族識別以後はラフ族にいれられてお

図5 雲南の民国期の地名（括弧内は現在の地名）

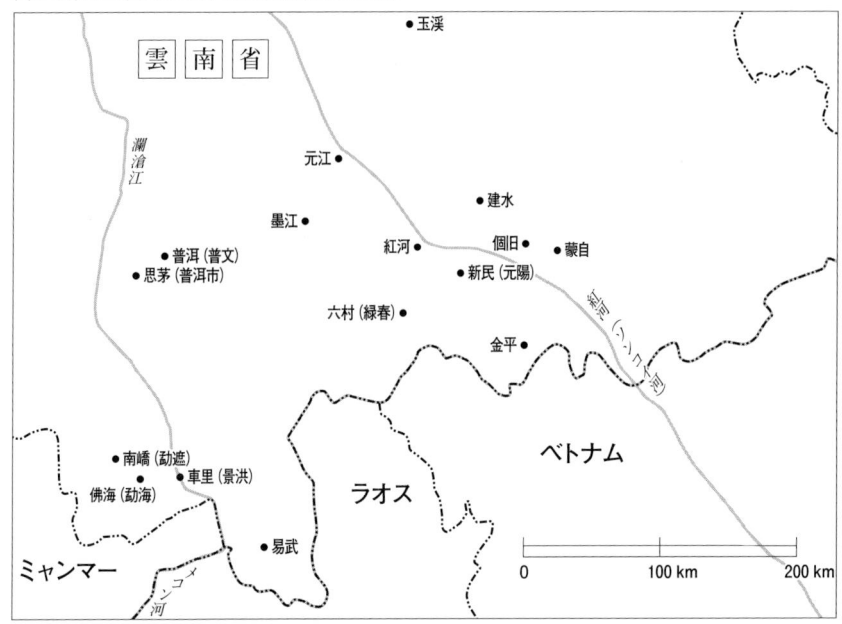

り、参考のためにあげた。洒摩はシモロ（西摩罗）として知られる人々である。

その後、雲南を訪れたデービースは中国人の与えた総称として総称として窩尼をあげ、その範疇にはいるものとして卞多、布都、麻黒、樂皮（Lo-pi）、阿卡、苦聡（K'u-tsung）、山蘇、普喇（P'ula）、必約などを挙げている［デービース 1989 (1909): 478］。

日本の東亜同文会が書いた『新修支那省別全誌第3巻雲南省』から民国2105年（1935年）の民政庁の統計に現れているハニ族系統の名称を人口表から抜き出して再構成してみると次のようになる［東亜同文会編 1942］。

河口	烏狔	315戸 1254人
玉溪	窩呢族 阿尼族	人口不明
石屏	窩泥族	843戸 4687人
建水	窩泥族	2617戸 9358人
峨山	窩泥	525戸 2725人

南嶠（現勐遮）　阿佧　650戸　1950人
寧江（現勐往）　阿佧　112戸　600人
瀾滄　　　　　　阿卡　1060戸　5150人

　民国期の統計はほとんど山間部には及んでおらず、道路や河の近くに限られている。今日ハニ族が集居している墨江、紅河、元江、思茅、勐海、勐臘、景洪の諸県についてはごく簡単な見聞が記載されているだけである。このように共和国成立以前に外国人が書いたものを見てもウォニとアカが大きな集団として認識されていることがわかる。共和国成立後の1950年代の『中央访问团第二分団　云南民族情況汇集』でも『哈尼族簡史簡誌合編：初稿』でもアカ（阿卡）という記載はあり、特に問題視されていたわけではない。
　この状態からアカとハニが中国の少数民族「哈尼族」として民族集団化していくかはそれ以前のシプソーンパンナー王国や紅河州の土司政体を検討する必要がある。その上で近代史を検討したい。前節で見たように「支系」とされた集団認識は科学的というよりは政治的に決定されており、その政治過程を見る必要がある。
　前述のようにこの状態から共和国の民族識別は始まった。この民族識別は単に学術的なものではなく、民族区域自治のための政治的過程である。次に近代史からその「名乗り」の政治過程を検討したい。

シプソーンパンナー王国における「アカ種族」

　まず、近代史を書いていくにあたって、土司制度と言われるものについて説明しなければならないだろう。土司とは中華政体の中央が直接統治下に置く役人を流官と呼び、それに対して「夷を以って夷を制す」という発想から在地の少数民族の長に統治を任せた場合その長を「土司」としての称号を与えたものである。これは当然中華政体側からの記号的な見方であって、事実上の王国になっていたり、派閥争いの名目上のものであったりと様々なケースがある。制度としてどの程度実体を伴ったものかはわからないが、共和国の革命あるいは場合によっては文化大革命まで700年間ぐらいはあったとされる制度である。
　土司制度のような間接統治が少数民族の文化の独自性を保護したといった伝

播論的前提は無批判に受け入れられてきた。しかし、少なくとも清代には土司の多くは中華的「文明」を取り入れたり、海外に留学するなどして、積極的に西洋文化を取り入れたりするなどむしろ少数民族の中で先進的であろうとした者が少なくない。つまり、土司制度が少数民族の文化保護に役に立ったと考えるのは単純化しすぎた物理的アナロジーによっており、実際には土司自身の性格によっているのであって、個々の土司の分析が必要なのである。

　まず、ハニと自称している人々とアカと自称している人々との、中国革命前の歴史的な違いを大まかに説明したい。地形の違いによる生態の違いが彼らの自己規定にも大きく関連している。

　アカの住んでいる山岳地帯は、リーチがかつて河谷国家 [Leach 1960] と呼び、「山の中国人／谷のインド人」と整理した河谷政体であり、「王国」の中心とするような盆地連合国家であった [e.g. 加藤 2000]。リーチが言う「山の中国人／谷のインド人」とはインド的な宗教と階層的な社会構造を持つタイ族やビルマ族などの谷の人々に対して、どちらかと言えば「中華的」な祖先崇拝に近い信仰体系と平等主義的な社会構造を持つ山地民からなる政体という整理である。それは谷のタイ族が主要な覇権を握る中、山地に暮らすチベット・ビルマ語系やモン・クメール系の山地民を支配していった構図である。この構図はシプソーンパンナー王国などのメコン河、サルウィン河周辺では顕著に見られた政体のありかたであり、山／谷という彼ら自身の自己規定にも大きく関わっている。

　対して、紅河（ソンコイ河）流域のハニの分布する地域では、その急流のため河谷に平地が少なく、ほとんど大規模な灌漑による水利体系の発達を必要としなかった[*12]（写真1）。紅河流域の険しい山地においては、山稜での馬のキャラバンによる交易が権力を生み、それを支えた田は山頂から谷底まで連なる棚田であった。山から谷への水源は無数にあり、河川から水を汲み上げるような必要がなかったため権力は山稜を中心に散在していた。これを「山稜交易国家」と名づけておこう（写真2）。これらの政体はタイ族のようにインド的政体を模倣するのではなく、中華的政体を模範としていた。それは今日では「イ族」「ハニ族」と分類されているリネージ志向の人々の離合集散する種族的連合体であり、交易による権力は箇旧で採掘される錫や、茶、薬材などの交易によって維持されていたものと考えられる。そして、その政体のあり方は漢族から「土司制度」

写真1　紅河(ソンコイ河)(元陽県南沙上流　1996年)

写真2-1
山稜の元陽(新街　1996年)

写真2-2
山稜の元陽(新街　1996年)

と呼ばれた「中国王朝と少数民族側の思惑の妥協の産物としての土司制度」[武内 1997: 585 cite 大林 1970] であり、それは交易を中心とした世界システムの末端として見直されるべき存在なのでもある [e.g. 石島 2004]。このため彼らの自己規定においても山／谷という構図はあまり自覚的ではなく、むしろ山／街といった構図が認識されている。また、現在の「民族文化」復興という脈絡においては、ハニ族・イ族の頭目の名誉回復は西双版納のように二重にはなっておらず、直接的なものになっている。土司には今日イ族として分類されている人々の祖先が多いが、これは現在から見た分類であって、ハニ族やイ族、あるいは漢族もかなり通婚しており、むしろ土司という政体は何族の政体であるとは言えないところにその権力基盤があったと考えるべきである。

革命以前、現在の西双版納州はタイ・ルー族の「シプソーンパンナー王国」であり、「アカ種族」もまたルー族の統治の下にあった。ルー族はツァオペンディンと呼ばれる「王」の下、ムアンと呼ばれる小さな盆地国家を結びつけ徐々に「王国」としての体裁を整えていった [長谷川 1982]。「王」はルー族あるいは他の山地の種族の頭目にパヤー、ツァー、センなどの称号を与えることで、その支配を確立していった。

そうした中で勐海県の西定という地域のチェロ（車羅）という頭目は自らサオパ（王侯）と名乗り、西定、格朗和、景洪龍山を統括していたと言い、ツァオペンディンに金の傘（象徴的に服属と授官を示す）を受けていたという [社歴: 100]。同じ人物は1953年の西双版納自治州成立のときハニ族（当時愛尼族で知られていた）の代表として人民代表議会に参加したことでも知られる [Moseley 1973: 66, 当代民族工作大事記: 38]。彼の出自は楊万智によれば西双版納では2番目に大きいジェジョ亜種族であるが、実際には一番大きいジョゴエ亜種族を名乗り、他の亜種族からも一定の威信を保っていたという [社歴: 100]。またこのチェロの家系について『西双版納哈尼族史略』の著者は次のように述べている。「著名な西定のハニ族頭目であったチェロの祖先は『金の傘の大パヤー』の称号をツァオペンディンから受け、1950年代まで9代にわたりそれを世襲した」[楊忠明 1992: 64]。またその「金の傘」を受けた年代はタイ族宣慰使「召扁勐」の時代（1686 1726年）としている [楊忠明 1992: 59]。

タイ・ルー族側の資料には新制度として官位制を施行した「王」からジェジ

ョ亜種族の〈ジェジョ〉という頭目とムタ亜種族の〈ムタ〉という頭目を〈パヤースミオ〉という頭目に任せたことが記載されている。その後日を選んで各山地民の頭目とルー族の頭目とが牛を殺して「宝を交換する」儀式を挙行したという［勐泐王族世系: 61-62］。

　〈パヤースミオ〉は文字どおり〈スミオ〉という頭目がパヤーという官位を授けられたことを示しているが、この時代に「アカ種族」の50代以上前の始祖である〈スミオ〉が生きていたわけではない。彼がジョゴエの頭目であることは明白である。ただし彼がハニ＝アカ族全体の始祖とされる〈スミオ〉の名前をこうした授官の儀式の際に名乗っていたのは興味深い。

　カーという語がタイ語で「奴隷」の意であることをもって、彼らがアカという名を名乗らされていたというのは標準タイ語の声調が異なるため、タイ国では俗説と考えられている。中国ではこれは後に述べる1953年の「自治区首届各族各界人民代表大会第1回会議」で蔑称として退けられ、漢族が呼んでいた「愛尼」が用いられ、後にハニ族の支系とされたという経過がある。実際これらのタイ・ルー語からの借用がどのように起こったのかはわかりにくい。

　タイ・ルー語で「奴隷」を意味する語はホーコー［hɔ55 kɔ32］であり、カーではない。この「奴隷」という訳をそのまま奴隷制の意味で使ってしまうのは危険であるが、劣位を表すことには変わりない。アカという語を「奴隷」の意としてしまう程、タイ系諸語の中にはカーという語が山地民を侮蔑する語としてあり、かつタイ系諸語の方言の多様性により、声調が微妙に異なることやカーがコーになるといった音韻上の変化によってあっさりと否定されてしまう。また、時代による言葉の変化や会議場での雰囲気などの問題もあるだろう。この時代にカーという語をタイ系諸語との関係から「カー（奴隷）の哲学」という章まで作って深く考察したのはチット・プーミサックだった。彼は獄中で比類なき言語学の知識をもってこの問題に取り組むのであるが、アカについてはカーがタイ・ルー語から入って、中国語の接頭辞「阿」がついたものと結論付けている［プーミサック 1992: 312］。1960年代に書かれたチットの記述からはカーという語がいかにラオ語、シャン語、ルー語などのタイ系諸語で声調や音韻が変わり、「奴隷」という意味が抜け落ちて解釈されるかということを示している。チットは結局のところ李拂一の記述からアカが中国語だと思い、自称はコーだ

と読んでしまい［プーミサック 1992: 311］、ルークス（H.Roux）のラオ語との偶然の一致説を否定する。[*14]

　明らかにアカは自称なのであり、チットの語源説には無理があるだろうし、彼自身が文中に漏らすように実地調査が必要だったかもしれない。まず、「阿卡」が漢語だとするとそれは何らかの音借を示していることは正しい。少なくとも現代中国語にはk音がなく、「卡」という文字は「信用卡」（クレジットカード）「卡車」（トラック）のように外来語のk音を表す時にのみ使われる。だからこそ、民国政庁は人偏の付いた「阿佧」という妙な文字まで作って、それが人間であることを示そうとしたのである。

　しかしながら、このカー「卡」が中国語と複合し「阿卡」となる可能性は低く、それを言われている本人が受容するにはアカ語の中にそれをポジティブに受け入れることのできる意味合いが必要だろう。しかしながら、会議場で、カーという語がアカ族本人ではなく、声調によってはタイ系のある人々（おそらくタイ・ルーではない）には「奴隷」という意味になり、こうしたある意味では「人権的」とも言える法令におせっかいな過剰解釈を生んだことは想像できる。議事録を見ることができない以上判断を保留しなくてはならないが、「自分のこともよくわからない」人々について、タイ諸語の半端な知識を持つ何者かが、彼らを啓蒙でもするつもりで、否定したのだと考えるしかない。つまり、タイ族支配地域における漢字の「卡」という漢族には耳障りな語を機械的に削除させたように思うのである。逆に言えば、当地のアカの代表がいかに発言権を失っていたのかが窺えるのである。このほかアカ族の祖先の名前であるとか、アカ語で中間を意味するとか様々あるが、ここではこのカーがタイ系諸語で山地民を表すエスニック・カテゴリーであることを確認しておけばよいであろう。

　アカが示すものは西双版納州ではジョゴエ、ジェジョ、ジェビャ、ムタ、ジマ、マレン、ゴクなどの亜種族を包括する集団群である。これらは個別にはスミオの子孫たちであるが、言語的には必ずしも意志がお互い通じる範囲にはない。これらの集団が「解放」前に互いの連帯感を持っていたかというと、むしろそうではない。特にジョゴエとジェジョの2つの大きな亜種族の間には抗争が絶えず、しばしば漢族やラフ族との通婚さえ見られるのにもかかわらず、相互の通婚は禁じられていたという。楊万智はこれらの抗争の結果ジョゴエ亜種

族がイニシアティブをとり、そこからビルマやタイへの本格的な移動が始まったとしている［杨万智 1991: 29］。

　問題は彼らがこのエスニック・カテゴリーをどのように受け入れたのかである。1つの回答として筆者は西双版納以西に極めて顕著な特徴となる村門ロカンの存在を指摘しておきたい。村落に収斂する帰属意識の卓越は西双版納以西においてこの村門をもって顕在化する。この村落内での平等主義イデオロギーはアカに非常に特徴的なことであり、しかも村落は前述したように少なくとも3つ以上のリネージが必要だとされるように多氏族的村落が理想とされているため達成されにくい。そこには村落内の平等を象徴する建造物が必要だったと推測できる。

　つまり、平地のタイ・ルーの権力側からは徴税単位として、アカ自身からするとタイ・ルー権力への対抗的意識による団結として村落意識が強化されているのである。ところがその村落意識は村落相互の連帯意識を高揚させるのではなく、平地のシプソーンパンナーの政体に対しての自分の村落という図式を作るのである。

　それが山と谷という図式を含んでいることは疑いえない。アカの「遷徙歌」は次のことを記録している。

　　　　タイ・ルーはヤニヤ（註：「アカ族」を表す儀礼言葉）の住む丘陵を見て
　　　　ヤニヤをカーと呼んだ
　　　　山の村を山の城と呼んだ
　　　　ヤニヤとタイは同盟を結び
　　　　両族は平和に往来しあい
　　　　大王（サオパ）の統率の下
　　　　よく働き衣食も足りた［阿海・施达 译 1992: 169：原文漢語］

　彼らがある時期から自らの空間を政治的空間領域としてのシプソーンパンナー盆池における山地の存在として意識したということは結論してもよいだろう。こうした「名付け」が実体化するメカニズムとして筆者は「アカ種族」が行なう春の年中儀礼である「門を立て替える儀礼」とそれに続く「土地と水の主に対

する儀礼」を挙げている。これについては後述するが、結論から言えば彼らは「カー」という名づけを生きのびるために儀礼的に受け入れたのである。

　アカというカテゴリーは与えられたものであったかもしれない。彼らは自身ではアカという言葉を用いるが、それには必ずしも明確な「我々意識」のようなものを伴ってはいなかった。ただしそれは反目しあっていた亜種族であっても系譜という同じ意味的世界に有るかぎり、同様にして神話を共有し、儀礼によってそれを日常的コミュニケーションに置換させる機構は共有されている。前述したように村落や亜種族はルー族の政体に対して「我々意識」を共有している存在にすぎず、村落や亜種族相互の連帯意識、いわば横の連帯は明確には存在していなかった。それがはっきりと「我々意識」として自覚されるのは新中国成立以後の「民族の創出」によってであった。それを次に検証したい。

「愛尼族」の成立──民族区域自治における中間範疇

　中華人民共和国成立後の社会構造の変化は、まず1953年の西双版納傣(ダイ)族自治州成立という契機によって起こった。この変化の本質的な部分はいわゆる「区域自治」という問題に絡んでいるであろう。つまり、名称の変更がよく物語るようにシプソーンパンナー王国は漢字の「西双版納」に変わり、中国への帰属が明確化し、かつそれは「傣(ダイ)族自治州」でしかなかったのである。

　西双版納における民族識別はまずアカという呼称の変更から始まった。1953年の1月17日から23日にかけて景洪(当時は車里)で挙行された「自治区首届各族各界人民代表大会第1回会議」において、各民族代表の参加したなかアカ族は前述のチェロ(車羅)を代表としてこの会議に参加した。その議案にあがった〈関于取消一切帯岐視和侮辱少数民族称謂的協議〉の可決を通して、「アカ」には「タイ語の『奴隷』という意味がある」として、「アカ」という呼称が廃止されたという[雲南民族工作回忆録(2): 27, 陳・庄 1984: 123]。このことは、前述したようにルー語の蔑称はホーコーなのであって、アカではない。なぜ、この会議でアカという呼称が廃止されたのかは不明なままである。

　ともかくも、この時の決議で初めて「愛尼」(優尼・愛尼)という語が彼らの正式な名称となった。次に述べる1953年7月15日の「格朗和自治区成立」の時点での自治区の名称はその案件が〈格朗和自治区1953年半年工作綱要〉[胡鴻章

写真3　1953年7月15日西双版納州格朗和僾伲族自治区成立(『云南民族工作回忆录(二)』1993)

1993: 15] であることや当時の写真が「格朗和僾伲族自治區人民政府成立大會」となっていることからも、まだ彼らが「ハニ族」とは正式に識別されていないことがわかる(写真3)。少なくとも格朗和自治区は「愛尼族」の自治区として成立したようである。

　この「愛尼」は、元来は漢族が使っていたとされる漢語の他称であり、その意味は既にわからなくなっている。このアイは本来「小さい」の意であるとして漢語のアイレン「矮人」に起源する[唐・彭 1988: 294]とする説もあるが、彼らは旧ビルマでは他の山地民と比べてむしろ背の高いほうだと考えられていた[Scott 1932: 270]。実際現在の中国の少数民族の中でも身長によって判別できるほど小さい人々とは考えられない。またルイスはそれがクラン名である[Lewis 1989: 6]としているが、ルイスが挙げるクランを西双版納で見出すことはできないし、それが西双版納のアカ全体に権威を持った名称になる理由も見出せない。筆者はアカの古歌の中にヤニ／ザニ(Ssaqniq)という古語があり(このことはタイのアカも認める)、「愛尼」(僾伲)はそれを漢字表記する際に出てきた変音なのではないかとも推測できる。また、楊忠明は近著でアカ語を示しながらこれが弟妹

[杨忠明 1992: 27, 2010: 35] であるとしている。aqnilは自分より年の若いキョウダイつまり「弟妹」を呼ぶ親族名称である。中国語の愛尼（僾尼）の「尼」(2声)はアカ語には本来ない声調であり、aqnilのnilは高声でありこの発音ははっきり異なる。「愛尼」というのは共産党の軍人だった李和才がウォニという語を嫌ってを自身に付けていた抽象的な名称であり、1952年4月には紅河県がこの名称の人民政府を発足させる。しかし、その後の自称主義への共産党の政策転換と、緑春、元陽の共産党による制圧を見て紅河県の土司の李呈祥がハニ（哈尼）と紅河区（後に州）の名称に決定したため、結果的に先に西双版納州の格朗和愛尼族自治区を成立させてしまった経緯から、ここに「愛尼」が残ってしまった結果であると推定している［稲村 2015］。

いわゆる「民族工作」と呼ばれる政策は初期段階においては各民族が持つ政治的機構を利用して実施された。「工作班」と呼ばれる共産党幹部はまず「民族上層部」、具体的にはタイ・ルー族の王制の廃止を含む土司階級の懐柔に従事した。それは自治州代表、政協会議主席などの幹部職や大学教授職などの要職をあてがうことで遂行されたのであった。

中国の少数民族の1つになったタイ・ルー族から見ても「アカ族」はいまだその中の少数者の1つでしかなかった。その「アカ族」の西双版納における最初の小さな自治区である「格朗和愛尼族自治区」（後に「格朗和哈尼族自治区」）成立の内幕の中に王権の実効性を見出すことができる。

以下の記述は『云南民族工作回忆录（二）』から特に当地のアカ種族についてまとめたものであり、特筆すべき箇所のみ引用符を付けている。まず勐海に帰属していたこの地域の「民族上層部」への「学習」や幾度もの協議などの働きかけが行なわれた。勐海のタイ・ルー族のチャオムアン（ムアンの首長）は結局愛尼族自治区が自分の所轄から建設されることに同意した。

しかし、その後アカ種族内部の頭目間で問題が出てきた。南糯山と蘇湖と広干という3つの地域が自治区の主席をめぐって対立していた。民族内部では現在の格朗和の蘇湖村を中心とする大プリ（ジョゴエ亜種族のタイ名）と広干寨を中心とする小プリ（ジェジョ亜種族）に分かれていた。大プリの頭領であるピャロ（パヤー官位職）は小プリの唐老大が主席になることを認めていなかった。これはルー族土司の支持を受けていたという。このことが自治区政府委員会の議場

で合意に達するとアカの大衆は平地に降りた時の買物、投宿に対するいやがらせ、田地がルー族の所有として回収されてしまうことなどを恐れたため、愛尼族（アカ）自治区内のタイ・ルー族の村落を勐海の直接管理下に置こうとした。そのため政府民族工作隊はこれらの背後のルー族の土司制度の温存の動きの懐柔のため、蘇湖の黒龍潭村の勐海管理を認めた。

南糯山のピャロ（パヤー官）とピャグア（ピャロの補佐）は自治区会議への参加を拒んでいたが、政府はこれに対して南糯山、蘇湖、広干の3地域とラフ族の頭領のそれぞれ代表を役職に付ける方針に変えた。そこで政商委員会の主席、副主席、委員をそれぞれ割り当てた。南糯山のピャロも政商常務委員会の主席、政府委員会の副主席になる代わりに蘇湖に自治区政府の建設を認めた。自治区の名称に関しても漢名、ルー名を廃し「格朗和自治区」（ガラホ geeqla heeq＝「しあわせ＝生命力の大きい」という意味）というアカ語で合意した。

1953年から焼畑移動の固定化が進め始められた。防虫、施肥、牛耕、田植え、生産の組織化などが指導されたという [p.57]。民族識別がほぼ終わった1960年代以降の階級闘争の激化に伴いハニ族と識別されたアカ種族の村落は土司の末端を「右派分子」、宗教的村長や司祭を「迷信主持者」として糾弾しはじめた。当時さかんに行なわれた「貧農サッカー大会」などは彼らに階級意識を持たせるための有効な手段であった。共産党が極左路線に傾斜した1960年代後半、格朗和麻枯蘇寨ではジョバと呼ばれたルー族から官位をもらった頭目が服毒死させられ、南糯山の半坡寨ではピャロ宅の夜討ちが決行されたという。事実上この時点で上記の「封建的」システムは解体する。殺人は「慣習」においては最も忌避されなければならない。しかしなぜ彼らは「革命」を起こすことができるのだろうか。北タイではこのために彼らは軍隊に行くことを拒んでいるとさえ言われている事柄である。しかしこの事自体は彼らの「慣習」の範囲内でも考察できる。神話からすればあまりに「旧習」が多くなったため支配者を殺す説話が伝えられている [Lewis 1969-70: 47]。

この時期には、はとんどの儀礼は「旧弊」として廃絶された。ある話者は「慣習」について喋ることさえできなかったと語る。これら儀礼の廃絶の原因はもちろん強烈なイデオロギー操作によるものもあるが、さらに重大な変化は村落が最終的な意志決定を政府に委ねたことにある。「長老会議」は元来制度化した

ものではなかったが、村の移動や懲罰など重要な事柄に対しては話し合いが持たれていた。しかし、このころ村落の意志決定が他に委ねられて、村落単位の儀礼に対する関心が薄れたことが、儀礼がなくなった1つの要因である。つまり、西双版納の自治的な村落組織はこのころ解体したと言える。

　1951年に南糯山には小学校が建設された（現在は廃校）。1960年代初頭、小学校は「迷信打倒」の1つの思想的中核でもあった。小学校では「新しい祭り」が挙行されたが、その中の寸劇の筋書きは学校の持つイデオロギー変革の役割をよく示している。寸劇では「迷信」を執行するズマ（宗教的村長：後述）に扮した子供が、病気になった子供の役を演ずる子に呪文を唱え、精霊を村から追い出す仕草をする。しかし、それはいっこうに効果を見せず、幹部に扮した子供が医者に扮した子供を呼んで薬を飲ませ注射を打つと簡単に治ってしまう。劇の終わりには全員で「村門を壊そう、愛尼族は神を信じない。茶は豊作、人は喜ぶ」という主旨の歌を合唱して劇は終わる。この喜劇は村人を魅了し、笑いを誘ったという［刘绮 1987: 147-148］。

　イデオロギーが自明なものとして受け取られるメカニズムは今ではペンキで塗りこめられてしまった「旧習打破」などのスローガンによるのではない。それよりもっと本質的な部分はこうした劇の上演をする演者とそれを見る観衆の笑いの中にあるのである。

　このようにして村落やクランを越えた「愛尼族」という範疇が成立していった。しかし、それは村落という彼らの原初的愛着を代償にして生まれたのであった。一旦は「愛尼族」とされた彼らはその後の国家による民族識別工作の段階で1954年にハニ族に組み入れられる。この聞いたこともない名称は既に階級問題にすり替えられていた民族問題を否定し、学校を中心に広められたと考えられる。次に紅河州の政治状況を見てみたい。

紅河哈尼族自治区成立とハニ族の「支系」

　民族名称としてのハニ族が漢字で正式に「哈尼族」とされたのは1954年1月1日の雲南省紅河哈尼族自治区人民政府成立においてである。それ以前の漢籍にもこの漢字「哈尼族」が使われたことはほとんどないと言ってよい。この法案の草稿になった1953年10月15-20日に開かれた蒙自専区第3届各族各界人

民代表会議での草案は「優尼族人民政府方案」となっており［紅河州志(6): 147］、それから12月25日に開かれた紅河自治区首届各族人民代表会議において初めて「哈尼族」という漢字名を使うことが決議されたことになっている。その後たくさんの自称集団がこの「哈尼族」に組み入れられ、それまで存在したより小さな集団認識が「支系」とされるようになった。

年表1　紅河哈尼族彝族自治州成立までの経緯

1951年4月		中央民族訪問団紅河地区訪問
1952年		民族区域自治実施綱要頒布
1953年6月30日		蒙自地区委員会による建立雲南省紅河区優尼族自治区計劃の草案
		［7: 431-434］　　＊（紅河区＝紅河、元陽、金平、河口）
	7月15日	西双版納州の格朗和優倪自治区成立
	10月15-20日	蒙自専区第3届各族各界人民代表会議で上記の草案による「優尼族人民政府方案」を提出 ［6: 147］
	12月	「江城彝族、卡朵族、碧約族聯合自治人民政府」設立法案提出 ［江城自治県志: 375-376］
	12月25日	紅河自治区首届各族人民代表会議で政府を「雲南省紅河哈尼族自治区人民政府」とする決議
1954年1月1日		同上正式成立
	5月15日	雲南民族識別組設立
	6月2日〜7月初	雲南民族識別組第1回調査［識別総結: 4］
	7月	元江県から浪堤、大羊街、車古、埡瑪、4地区を編入 ［6: 149］
	8月3日	中共雲南省委統戦部と辺委会が「愛尼」は「哈尼」に読み替えられると報告 ［識別総結: 2-3］
	8月12〜10月下旬	雲南民族識別組第2回調査［識別参考: 1］
1957年7月		紅河哈尼族彝族自治州成立
1958年7月		大黒山などを緑春から編入 ［6: 147］

（出典とその略号：紅河州志(7)＝7、紅河州志(6)＝6、「識別参考」、「識別総結」、江城自治県志）

　松村嘉久は特に雲南の事例を引きながら、民族識別工作の進展は民族区域自治の実践と同時進行してきたというよりも、むしろ民族区域自治制度の実践過程で必要に迫られて民族識別工作が進展してきたと見る［松村 2000: 98］。民族識別の過程では1954年以前はほとんどの文献では「窩尼族」の名が挙げられている。また、自治区成立以前には優尼族、卡朵族、碧約族などの名称が見られ

るが、この自治区成立以降は「哈尼族」が使われるようになっている。

しかし、前述のようにハニ Haqniq というのは実際に自称であって、「窝尼族」というのはニス語が漢字化した蔑称である。とはいえ、「哈尼族」という漢字表記も実際の発音からすると違和感が残る(p.51参照)。また、この過程で「優尼」という名称が西双版納州の格朗和自治区(現在の勐海県の1つの郷)と、紅河自治区で1953年のほぼ2ヵ月の間に自治区成立法案として提出されているが、いずれの地区でも「優尼」は自称でも他称でもなく、この点は疑問が残る[*15]。いずれにせよ、1953年12月25日の紅河自治区首届各族人民代表会議(出席人数415人)によって「哈尼族」の名称が決議されたことになっており、その時選出された人民政府委員は35人で主席は李呈祥という共産革命に1950年に同調を示した末代土司であった[紅河州志(6): 147]。なお、識別組の答申を受けて共産党統戦部と邊境委員会は1954年8月3日には「爱尼」は「哈尼」に読み替えてよいとの判断を紅河哈尼族自治区決定後に示している[識別総結: 2-3]。

この地域で民族区域自治が比較的穏当に進んだのは、リーチも高地ビルマについて述べるように少なくとも1950年代の政治主体が「民族」であるよりも「地域」だったということに起因するということができるかもしれない[リーチ1987 (1954) 参照]。以下では紅河州の成立前後の政治状況を、紅河州の土司を例に考えてみたい。

ハニ族という名称が正式に確定する1954年以前、紅河州の土司は現在イ族に分類されている人々とハニ族に分類されている人々の系統が多く、ミャオ族やタイ族などの土司もあった。政略的な結婚を繰り返してその権威を保持していたため、土司の多くは特定の民族に分類できない人だと筆者は考えている。「108土司」とも呼ばれるこの地域の土司はリネージを中心にした政治体系を共有しており、比較的不安定な封建制であった(人物の写真は写真6参照)。

元陽県において龔蔭がハニ族と判断した土司は、稿吾卡土把総龍氏、猛丁寨土寨長張氏、猛弄寨土寨長白氏、宗哈・瓦遮寨土寨長白氏である。『元陽県志』では宗哈・瓦遮寨の最後の土司は普国梁でイ族であり、多依樹の人で民国期の1944年に六合郷郷長となり、1949年以降も州政協副主席、省人大代表などの要職を歴任している[元陽県志 1990: 682]。一方、稿吾卡の土司の司署は1949年10月に破壊されたとある[元陽県志 1990: 582]。

稿吾卡土司と納更土司は同一リネージに属し（龍姓）、稿吾卡土司の末代は龍鵬程、納更土司の末代は龍建乾であり、建乾は袁世凱の孫娘を娶った。共産党の人民政府は彼らが頭目らを説得することを願ったが結局従わず、別の数人の土司と結託していたが、人民政府は1950年7月27日に金平を攻め、彼らはベトナムのライチャウ省に逃れた［中央访问団二分団 1986: 245-246］。その後、国共内戦の間に龍鵬程は国民党の陸軍少校に任じられたが、1983年台湾で病死している［元陽文史 1992: 110］。
　猛弄土司は日中戦争の烈士に数えられ30代で病気のため夭逝している、妻の張恵仙（夫の姓も付けて白張恵仙とも名乗った）は共産党の要職を務め、2001年まで生きていた人物である。また、宗哈・瓦遮寨の最後の土司である普国梁もまた、イ族でありながらも共産党の要職を務めた。国民党側ではイ族の軍閥を率いて蒋介石とも結び「雲南王」とも称された、雲南省政府主席・国民革命軍第38軍軍長の龍雲と納更土司は結んだ。納更土司と同じリネージの稿吾卡土司（または稿吾土司）、猛丁土司はベトナムに逃れ、名前は辞典などにも記載されているものの、人物自体の名誉回復はなされなかった。
　元陽県の新街と呼ばれる旧県城のあったところは納楼土司によって治められており、後に猛弄土司に変わった。納楼土司は今日のイ族に分類されている人々の系統であり、猛弄土司はハニ族の系統とされている。特に納楼土司は後述するように紅河州の約半分を占めた有力な土司であったが、民国末のイ族だった蘆漢の雲南蜂起（1949年12月9日）の際に紅河県のハニ族系有力土司だった瓦渣土司銭禎祥とともに国民党側にまわった。紅河州の多くの土司は反共化したが、結局1950年に人民解放軍に投降する。ただ、思陀土司の李呈祥は姻戚関係のあった銭禎祥を見限って早くに共産党に投降した。
　猛弄土司の司署は元陽県の攀枝花郷に2004年に再建されている（写真4）。猛弄土司であった白日新（写真4-2右）が日中戦争時の雲南の遊撃部隊長を務めたことから1984年には州級の文物保護単位になってはいたが、現在は宿泊や宴会もできる施設として元陽県の観光地の1つとなっている。以下は猛弄土司白日新と交流のあった段国定による記述［社歴: 16-21］などから抜粋した史料に基づいて解釈しなおしたものである。
　白日新はハニ族と言われている。幼いころから四書五経に通じていたと言わ

れる。彼の父は風水を見させて攀枝花郷に司署を創らせている。これは一般のハニ族はしないことであるが、土司は墓地も含めてしばしば風水を見る。また、白日新の妹も建水の漢族商人と結婚している。彼は15歳の時に思陀土司の李呈祥（写真5右）の妹と結婚するが離婚している。後に漢族の張恵仙（写真4-2左）と結婚した。土司の権利をめぐって抗争が絶えず、白日新は同じ祖父を持つ白紹恒を殺害している。白日新は土司に就任後、イ族の雲南省主席として名を馳せた龍雲らと結んで、日中戦争に参戦した。1941年には元陽の新街と周辺の土司の間に電話を設置したという。1943年に白日新は30歳で病死し、司令官は永楽土司（納楼土司）の普国泰（写真5左）が務めた。普国泰は反共的だったが1950年に投降した。建水政府は夫人の張恵仙を郷長に任命するが、領地の争奪で抗争が絶えない。張恵仙は夫の白姓をつけて白張恵仙と名乗っていた。革命当初は反共的であったとされるが、1950年代に民族歓礼団の一員として北京の毛沢東を訪ねており、2001年に病死している。

こうしてみると、紅河州の土司政体は父系リネージ連合の脆い連合体であり、常に政略結婚を繰り返すような権力であったことがわかる。儀礼はしばしば盛大に行なわれ、その度に搾取が繰り返されていた。また、この土司は文化的にも近代主義的で中華的な先進性を目指していたことが窺える。

また、アカの人々に対する中華政体との関わりは、清や中華民国からすると「夷を以て夷を制す」といった二重の間接統治であり、タイ族のアカ族統治を中国の中央が承認するという形態であった。これが、共和国の共産革命（1949年）によりタイ族統治を否定した後、改革開放路線による「民族文化」の復興とタイ族土司の名誉回復という文脈ができてもなお、アカ種族の頭目の名誉回復がなされないことに繋がっていると考えられる。

そうした中で、いかにして「哈尼」が民族名称として確定したかは次の記録が参考になる。

「1953年12月下旬〔年表1の12月25日〕、紅河自治区各族各界人民代表会議が元陽の新街で開かれた。（略）。会議の前に自治区の名称について広範な討論がされ、ある者は、「紅河爱尼族自治区」を主張し、またある者は"紅河罕尼族自治区"、また"紅河豪尼族自治区"を主張した者もいた。最後は、会議の前日に省から電話がかかってきて、中央は"紅河哈尼族自治区"を既に批准していると

写真4-1 再建された元陽の猛弄土司司署(2004年)(写真105, 再建前写真110と同じ建物)

写真4-2 左：猛弄土司白張恵仙 (1914-2001)
　　　　右：猛弄土司白日新 (1913-1943)

第2章　創られる「民族」

写真5　左：普国泰（1891〜1950）。納楼土司　抗日遊撃部隊の司令官を務めた。
　　　　右：李呈祥（1900〜1977）。思陀土司　民国国大代表・紅河州副州長を務める（ハニと民族名を決めた時の代表）。猛弄土司司署に飾ってある写真と画。

写真6　左：銭禎祥。瓦渣土司　石屏県第6区区長
　　　　右：陳訓民。落恐土司　石屏瓦渣郷郷長

いうことだった。大会の横断幕や標語を全部書き換えた」[张纲 2005: 78　｛　｝内筆者]。

　少なくとも民族名称が「本民族の意志で決定した」というのは不正確である。1953年の10月に決定していたのである。「爱尼族」法案は既に出された時点で否決されることがわかっており、会議は決まっていたことを紅河州州長になる元江のハニ（ビョ）出身の豪商であった李和才と副州長になった思陀末代土司李呈祥が選出されて追認しただけである。実質的には学者と共産党で既に決定していたと言えるだろう。前節で見たように名称問題は政治的に既に「解決済み」であって、この問題に関しては民族識別組は政治的決定を精緻に追認したにすぎない。それでも議論の例の中に出ている民族名が「尼」という漢字を共通項にして統合しようとしていたのは、最初の李和才の出した法案が「爱尼族」だったことと李呈祥の自称がHaqniqであったことが重要であったであろうと推測できよう［稲村 2015参照]。

　これまで述べてきたように、「ハニ族」（哈尼族）という民族名称が確定するまでの過程は「本民族の意志で統一した」というような民主的な過程でも識別組による科学的な研究の結果でもない。1つは学者と共産党で決定し一部の土司勢力が追認することによって行なわれたこと、2つ目は、会議は上層部のみで行なわれ議事録は公開されておらず、かつ「区域自治」をとったためそれぞれの区域で決議しており、現行の公定ハニ族の範囲全体で行なわれたわけではないことである。3つ目は識別組は政治的に決着してから調査をしており、アカという名称については中央訪問団などの資料を持っていたはずであるが西双版納のアカについては調査すらしていないということである。

　1つ目と3つ目の問題は早くに西双版納州のアカが積極的に土司の末端を打倒したことと関連している。先に革命の模範となったアカは1953年7月に格朗和を自治区として成立させ、「爱尼」という漢称をそれにつけた。蒙自の各族会議で「爱尼族」の名を付けた法案が出たのはそのためだろうと推測できる。同年10月にそれが「哈尼族」になったのは紅河州にイ族の土司勢力がなくなってハニ族イ族自治州という自治州名にハニ族を前に持ってきてもよい状況が出てきて、政治的に西双版納州の小さな自治区と折り合いをつける必要がなくなっていたことを物語っている。同年の12月の会議ではその決定が伝えられて

形式的に「決議」され、「紅河哈尼族彝族自治州成立」のために10月に決まっていた「哈尼族」という文字が付けられたと推測できる。識別組はアカという語を調べることもなく「愛尼」は「哈尼」に置き換え可能だという共産党の判断を受けて紅河哈尼族自治区が決定してから調査報告を出している。

一方紅河州では、民国の初めには孫文による袁世凱打倒によってイ族系の龍氏が弱体化し、一旦龍雲によって復興したイ族勢力も、既に蔣介石の撤退後の蘆漢らのイ族系の逃亡により、イ族系の土司が減って力の弱かった李呈祥などのハニ族系土司が共産党幹部として残っていたため「ハニ族」(哈尼族)が決議されたものと推測できる。つまり、龍雲や蘆漢がイ族であったため、たまたま国民党側の土司の敗走とともに紅河州はハニ族土司の権力基盤を残すことができたと考えられるのである。一方で西双版納のアカの頭目はルー族からの二重統治下にあり、頭目間の不和のためほとんど実権を失ったまま統合され、タイ・ルー族政体が中国に帰属すると見ると多くは共産革命側にまわって、一部は外国に出てしまったのである。この間のハニ種族とアカ種族の間の連合や交渉を示すような史料は見つけることがなかった。つまり、少なくともアカとハニの民族識別の過程はほとんど政治主導でかつ会議で決議したわけでも科学的調査で決まったわけでもなかったと言うことができる。

現在、西双版納州のアカにアカ語で聞いてみれば、アカチョ Aqkaq col アカザ Aqkaq ssaq (いずれもアカ人の意) アカド Aqkaq doq (アカ語) ということになる。中国語で聞いてみれば、学校に行った優等生なら我々は「哈尼族」ですと言い、紅河州の言葉や慣習に違和感を持つとか、西双版納州のということが強調される文脈においては「優尼族」という語がよく使われる。そのことを否定するべきではないものの、本書においては中国、ベトナム、ラオスの民族集団としては「ハニ族」という語を用い、タイ、ラオス、ミャンマーの民族集団としては「アカ族」を用いる。文化的な集団としてその規模に応じて「ハニ＝アカ族」、「アカ種族」「ハニ種族」、亜種族という用語を用い、これらの文化的集団を総称して種族的集団と呼ぶことにしたい。もちろん、文化的な斉一性は相対的なものであり、度合いを変えればいくらでも細分化していく。

民族集団としてのハニ族はこれまで述べてきたようにそれ以前の集団と無関係であることは全くないが、社会的に構築された範疇である。この政治的単位

写真7　納楼土司署正門（普国泰土司）清末建造　（建水県坡頭郷回新村　2014年）

は1954年に成立するのであって、漢籍の中の記載とも関係のない近代的範疇なのである。東洋史的な研究は文化的な単位を検討すべきなのであって近代に生まれた概念の補完物である必要はないのである。また、「和平改革」と各種のハニ族についての概説書が繰り返す文言がいかに一面的な見方であり、雲南という東南アジアと接して逃亡可能な地域であったからこそ「ハニ族」成立ができたのだとも言えるほどの流血の歴史を窺うことができる。

　こうしてできあがった「ハニ族」に文化大革命によって一旦消そうとした文化と「文化」を再注入することが、1980年代に始まったことである。第2部ではまず、単純な意味での利益に回収されない「ハニ種族」と「アカ種族」の文化を検討する。その上で第3部ではより利益的な「ハニ族文化」と「ハニ族文化資源」を検討する。

　なお、ここまでの論述を政治と誤解する人があるので次のことを付言しておきたい。筆者は現状のハニ族の民族識別の結果を政治として間違っているとは

思っていないし、現状の人々について中国語で彼らをハニ族の下位集団を「支系」と呼ぶことに反対しているわけでも、「民族」を分離した方がいいとも思っていない。特に平和に暮らしている彼らの現状について筆者がそれに反対しているわけでもない。ここでは中国の民族学が途中で止めてしまったデータについて社会人類学的に明確化しようとしているにすぎない。

第 I 部 註

*1 綾部は「民族学者の『民族』知らず」(1985)という論文を『現代世界とエスニシティ』(1993)に再録しており、両者を読み比べてみると加筆した箇所に綾部が当時の「現代世界」をどう考えていたのかが窺える。まず、エスニシティの定義自体は「『ある文化システムの枠組』のなかで、相互行為的状況下において、他とは異なる文化的アイデンティティを分かちもつ人びと及びそうした集団への帰属意識」[綾部 1985: 119、1993a: 31]としており、「ある文化システムの枠組」という表現から新版が括弧をとった以外に変更はない。名和はそれを本としての統一性という点から批判しており[名和1992: 331]、その点は綾部がこの時点での考えを再録したかったとすれば、『現代世界とエスニシティ』31頁の定義は途中のものでの13頁の記述(本文に示した「国民国家の枠組み…」)がこの定義問題の結論と読めばよい。31頁の文章を綾部はこう書き換えている。「文化システムという言葉は、国家におきかえてみるとわかり易くなる。ある国家(文化システム)のなかに多種多様な民族集団が共住し、相互に接触、反発、同化、融合を繰り広げているような状態及びそのアイデンティティを{のなかでなお各自のアイデンティティを保持している場合に、これを}エスニシティと呼ぶのである。民族集団を理念型として独立変数と考えれば、エスニシティはその函数であるとみなすこともできよう。つまり、エスニシティは『プルーラルな社会』において、そのプルーラル性を構成しているダイナミックな文化的単位{文化的表出}の単位なのである」[綾部 1985: 119、1993a: 31　筆者註：二重線は1993年に削除された箇所{　}内は加筆された箇所]。この定義は再録した時点で推敲されているが、書き換えて「国民国家の枠組み…」に統一すればよいかというと、書き換えなかったことには時代の意図があったと思う。
　「文化システム」を国家としてよいかどうかという判断は1985年には躊躇いがあったが、その後はっきりと「国民国家」としたのは国際情勢の変化を物語っている。それは、まだ植民地香港・マカオがありながらも、ソビエト崩壊後の1993年という時点での判断であった。消された箇所では集団なのか状態なのか不鮮明であった点を、最終的にエスニシティは状態であり、「文化的表出」という表象面が強調されていることに綾部の「現代世界」観の変化が読み取れるが、この修正においても「単位」と言っている以上集団であることには変わりはない。これは英語でもこうした混乱はあるが、綾部は『現代世界とエスニシティ』の13頁でこれを「性格の総体」とし、「文化的表出」という表現からは「客体化された文化」に傾斜しているのが

読み取れる。

*2　横山廣子は1996年に次のように述べている。「『漢族』や『客家』をグループと表現するか、カテゴリーとするかは、当該の人々の内部での相互作用や団結の度合いをどう判断するかによっている。私は、現在の中国が『民族（中国では一律に"nationality"と訳す）』として56種類に分けている人々は、個別にはさまざまな条件があるが、さしあたっては、言及がどうしても必要な場合には、現在、国家がその構成単位として認定し、『○族』としての共通の利害関係に置かれている状況があるという点において、『エスニック・グループ』と呼んでおこうと今のところ考えている。中国の『民族』の下位区分については、サブ・グループがよいのか、サブ・カテゴリーがよいのか、これは場合によって判断が異なると思う。ここでは中国国内の漢族と国外の漢族系の人々について言及している。現在、この両者を一つのエスニック・グループとしてくくることには問題があるが、中国の漢族だけに限れば、上記の意味で『グループ』としようと思うので、このように、表記した」［横山1996: 169］。この見解から後に香港・台湾からもたらされた「族群」ethnic groupという概念が議論されるようになって横山も現在は結論づけてはいない［横山2004: 100-101］。

　　かつては'nationality'という語が「民族」の英語の訳語として公的に使われていた。例えばHani nationality, Tibetan nationalityといった用法である。一般の英語の用法では「国籍」と訳されるこの語には、特殊な用法として「政治的に国民を形成する民族集団」という意味がある。例えば、*Oxford Advanced Learners' Dictionary*には "the two main nationalities of Czechoslovakia" という用例が出ている。この用例はethnic groupよりは多少、政治的統合感を強調した表現である。これについて、ピーターセンは'subnation'を当てることを提唱している［Petersen 1980: 235］。もうひとつethnic groupという訳語が用いられない理由がある。社会主義の段階説、特にスターリニズムに基づいていた中国ではこれら「民族集団」ethnic groupは資本主義の上昇期に現われるものとされていた。このnationalityという語は日常の英語としては馴染みのないものであり、観光地の看板や学術書でも消えつつあり、特に学術的な意味を考えずにethnic groupという英訳に代わってきている。

*3　1つ例を挙げておきたい。西双版納のアカの歌をタイのアカが聞いた場合、明らかに中華風に聞こえる。中国ではしばしば民族歌舞団風の唱法による教育を受けるためである。実際には、こうした現象は「漢化」でも「華化」でもないことに気付くだろう。彼らは「近代的」な「中華民族」になるように教育されているはずで、「漢族」になるように教育されているわけではない。なお、「中華民族化」という語は政治用語として使われていることが多いが本書ではその立場はとらない。

*4　ハニ族はもちろん古代の「漢」を目指したわけでも「漢族」になろうとしているわけでもない。ある程度学校教育によって漢語を習得し、仕事上不都合のないくらいの漢族の身の振る舞い方を習得している者が多いことは認めよう。しかし、それをもって「漢化」をいうのであれば日本人や韓国人も漢字が読めるという点で「漢化」していることになるが、日本人や韓国人が漢民族化という意味で「漢化」しようとしたことはほとんどない。渡邊欣雄は「漢化」と「華化」を分けることを言っている［渡邊（座談）2006: 46］。たしかに、古代の中華文明のうち特に思想や文書の教養といった志向性をもって「華化」したとする理解は有効であろう。また、ここでは「中国（中華人民共和国）化」、「中国的近代化」、「中華民族化」、「華化」、「共産主義化」、「社会主義化」、「社会主義市場経済化」、「資本主義化」など様々な用語が考えられるべきであって一律に「漢化」などと呼ぶのは中華主義的な自文化中心主義を露呈しているにすぎない。琉球が中国の影響を受けたという言い方もやめた方がよい。なぜなら中華民国が成立する前に琉球王国は消滅していたからである。そもそも、現在の漢族が日本人や琉球が摂取しようとした中華文明を保持しているというのも言い過ぎである。こうした議論をするために本書で文化変容論ではなくイデオロギー論をとる。そのメリットは主体（sujet）を鮮明にするということである。文化変容論は自身が属している文化が多数集団である場合は自文化中心主義に陥りやすく、特に中国ではこうした伝播主義が克服されてはいないのである。

*5　このゾミアという地域設定はまったくの学者側の概念であってここに住む人々の地域概念ではない。また標高が低すぎるとかいうことも東南アジアの山地の雨季という地勢に関する彼の記述を読めば「逃避地域」としてのゾミアの設定は了解できる。スコットの論述はわかり易くするためしばしばアカやモンなどの種族的集団全体があたかも意志を持っていたかのように書いており、誤解を招きやすい［e.g. ダニエルス（編）2014］。そのためそれが「歴史的」に間違っているように見えるし、単純化しすぎているように見える。しかしながらこれは文化論なのであって彼らが結果的に国家から逃避してきた結果において蓄積され発達させてきた文化であり、それが「統治されないための術」であるという文化の傾向性が重要なのである。このことは山地民のすべてとは言えなくとも、アカに関する限りは賛同できる。

*6　本書で使うハニ語に当てられた漢字のルビは、できるだけ元のハニ語に近づけるか、もしくは雲南漢語方言に合わせてある。多くのハニ語の当て字は土着の漢族のつけたものか、雲南の民族工作者によってつけられた可能性が高く、標準的な北京語で発音してもかなり違うように聞こえる。また、このことによって「支系」名が北京の学者によって命名されたものではないことも窺い知ることができる。

*7　1954年の「雲南省民族識別研究組第二階段工作報告」を見るとスターリンの定義は「民族自称、歴史、言語、習俗、民族意願」となっており、少し読み替えられていたことがわかる[識別参考:2]。少なくともこの時点では自称主義であったこと、「民族意願」という当該民族の願望を調査するべきとなっていたことは記しておくべきだろう。しかしながら、1955年の時点ではアカの問題はもはや「解決済み」であり、この資料は「解決されずに残った」新平地域のみを報告している。

*8　自称とは通常はニホンジンのように母語で発音されるものであり、「日本人」やJapaneseやコン・イープンが自称ではないことは疑いえない。漢語が自称化することについて後に詳しく示すように可能性としては否定しないものの、ハニ=アカ語の自称に関して言えば漢語が自称化した例はほぼないと言ってよい。

*9　チディ Qiqdilを自称する人々の集団は緑春の大水溝一帯の人々でチディは祖先の名である。しかしながら、集団名としては少し複雑な事情がある。チディの1人である緑春の洒馬土舎楊徳高の系譜は系譜46にある[稲村2012a: 35]。土舎は文官の下位の官職名であるが、革命前は緑春で大きな権勢を誇った。しかし、彼の系譜にはチディという名の祖先はいない。蘆保和の説明はこうである。それは楊徳高から遡って37代も前(600～700年前)のことである(世代数は筆者の表のもの)。楊の系譜では26代Tollaqbo—27代Boxil—28代Xilsa—29代Sada—(略)—62Heivqceiq(楊徳高)。28代のXilsaは英雄でHavma Xilsa(勇者のシシャ)でチディの人々は毎年アペチディ Aqpyuq Qiqdiと称してXilsaを祀る儀礼まで行う。このシシャの2人の息子SadaとSaqiqのうちSaqiqのほうの息子、つまりシシャの孫の名がチディ Qiqdiである。26代のTollaqboも英雄で緑春に家族を連れてきて財を成したとされる。ちなみに緑春の多くのハニの祖先はドニャ Dolniaq(系譜61～63の30代)であるがそれとは全く系統が違う。チディという人自体には特に英雄的な話はないが、そのチディの子孫たちが優勢であったので大水溝の人々はチディと称するのだという[卢保和 2012: 7-8]。

　そうだとすると、これは厳密な意味ではリネージでもクランでもないが、地域クラン(localized clan)の階層的に拡大したものと解釈しておきたい。つまり、彼らは英雄シシャを祀ることで階層化し、権力を持った家系なのであり、それが傍系にまで及んでいるのであるが系譜を正統化はしなかったのである。ここでは「階層的拡大地域クラン」としておこう。そもそもこれ程複雑なことになるのは彼らが系譜を忘れないがためであり、そのため記憶でありながら歴史学のような考証学が可能なのである。

*10　トゥッカーは頭飾りで識別される集団について、1988年論文でも亜集団(sub-group)とするか亜種族(sub-tribe)と呼ぶか迷っていたのであるが、2012年の論文

では亜集団とする立場をとった［Tooker 2012:34-36］。これは、亜種族という表現が出自集団であるかのような印象を与えるためかと思われる。しかしながら、トゥッカーがタイのアカを最大集団として分析しているのに対して、本書はハニ＝アカを最大集団としているためアカを種族としてしまうと、その下位集団を示す語がなくなってしまう問題がある。ここではむしろ種族（tribe）という語に非出自集団的な文化的集団であることを示すために、あえて1988年の見解のうち亜種族を適用することにしたい。

＊11　本書では1989年の改称以降はミャンマーという語を用い、それ以前をビルマと呼んでいる。ビルマ語に関しては慣例に従いビルマ語と呼ぶ。この問題は軍事政権を認めるかどうかという問題に関わっているようであるが、「日本」や「タイ」を考えてみても、国号は多かれ少なかれ民主的に決まるものではなく、しばしば暴力的に決定されるものであり、ビルマとミャンマーの語の選択によって執筆者の政治的立場が表明されているとは思わない。

＊12　筆者が初めて元陽県を訪れたのは1990年であるが、現在県城がある南沙はその名（ナム：タイ語で「水」のこと）が示すように、もとはといえば貧しげなタイ族の村がいくつかあったところであった。1992年に元陽もしくは新街と呼ばれる山稜の街から県城が南沙に移され、現在では銀行やホテルが立ち並ぶ大きな地方都市と化しており、タイ族の村は影も形もない。

＊13　張公瑾中央民族大学少数民族語言文学系教授のご教示による（2000年9月26日）。

＊14　まず、チット・プーミサックは民族名の語源が差別語であったとしてもそれから目をそらすことを戒める［プーミサック 1992: 244-246］。それもまた、彼の人民主義的な正義感に基づく科学観でもある。その上で、『タイ族の歴史』の「カー族と奴隷の哲学」という章の中でアカAqkaqという語の起源を次のように述べている。

　「『カーコー』は、チベット・ビルマ系民族の一つで、ロロ族に似ていて、言語はラフ（ムスー）語に近い。中国人はこの民族をアーカー（阿卡）と呼ぶ。

　国民党政府の官吏でシプソーンパンナに30年いた、李拂一の述べるところによると、アーカー族は『コー』（戈）と自称し、タイ・ルーはそれをとって『カーコー』と呼ぶ。「カー」という語は捕虜もしくは奴隷という意味で、その理由は、『アーカー』はタイに負けてそれ以後被支配民族になったからである。アーカー族の歴史の伝えるところでは、彼らはターリー国｛大理国｝の西南から南下して、タイ・ルーより先に移住してきた。移住してきた最初のころは、川沿いの低地に住んでいた。後にタイ・ルーが南下して来て、アーカーが田を作っていた川沿いの土地を奪い取った。それで、負けたアーカー族は、『カー』（奴隷）と呼ばれるよう

になった。負けてしまったアーカー族は山林に退くしかなかったが、山の麓には『プーマーン』(蒲蛮 P'u-man) という民族がたくさんいたので、アーカー族は山の上に住んで、陸稲を作らなければならなかった。そして、何千年も経つうちに、山頂の気候になれ、平地に下りて来ると気候が合わなくて病気が治らないようになったため、タイ・ルーから低地の土地を取り返そうという気がなくなって、さらにどうして自分たちの祖先が低地に住むことを好んだのかと不思議に思うようにさえなった。アーカー族は、以上のような彼らの歴史を語り伝えている。

　李拂一によれば、仏暦2492年の中華人民共和国の建国以前には、アーカー族は、雲南省南詔郡{誤訳：「南嶠」現在の勐遮}の南弄山の山頂に、まだ自分たちの王がいて、この王にまだ年貢を納めるアーカーがいた。これはアーカー族の古代権力の名残である。

　以上が、タイ・ルー語およびラオ語の、『カーコー』という呼称の来歴である［原註：李 1955: 44-45]。

　一方、中国語の『アーカー』という呼称と、タイ・ルー語の『カー』という語が関係あるかどうかはまだ疑わしい。カーコー族は、『アーカー』または『アカー』[原註：Bunchuuay (仏暦2506)：478, Roux1924: 373] と自称するという人があり、これは李拂一が「コー」と自称すると述べている民族とは別の民族だという。さらにまた、コー族が「アーカー」と自称するのは、彼らが、あるときは中国と同じように地面に直接小屋のような家を建て、あるときは柱があって床の高いタイ式の家を建てるからであると説明する。つまり、住居の建て方が二つの間で揺れているわけだが、二つのものの間にあることすなわち真ん中ということは、『コー』族の言語では『アーカー』(A-Kha) といい、したがって「アーカー」と自称するようになったもので、ラオ語の『カー』という語とは偶然一致したに過ぎないという［原註：Roux 1924: 374]。

　しかし私は『アーカー』という語がコー族自身{アカ族のこと}の言語の語だという解釈{Roux の} にたいして、中国人が『アーカー』と呼ぶ民族名がコー語{アカ語のこと} の単語と一致するのも偶然のことではないかと疑うものである。私は次のような推論を立ててみたい。コー族が『アーカー』と自称するのは、中国語にしたがった名前にちがいないそして中国人もまた、タイ・ルーにしたがってそう呼ぶようになったのである。{中略} 本来『コー』という自称をもっていた (李拂一の述べるところによる) コー族が、中国人から『アーカー』という語をうけたのではないかと思われる。タイ国内のクワイ族がタイ語の『スワイ』という語をうけてそれをもう一つの民族名としたようにである。しかしながら、これはまだ推論であって、明確な答えはこの民族の実地調査を行うまでできないわけだが、私にはそ

れをする機会がない」[プーミサック 1992: 312、{　}内筆者注記、下線筆者]

このテキストは和訳からであるが、チットは獄中でこれを書いたので1958年から1964年までの間に書かれている。数人の引用があるが、李拂一の引用が多いので原文を確かめてみよう。

「阿卡自称曰:『戈』,摆夷因呼之为『卡戈』。『卡』之义为俘、为奴,阿卡败于摆夷,为摆夷所统治,故摆夷呼之为『卡』也」[李拂一 1955: 44]。

確かに、李拂一はチットの言うように述べており、彼の漢語の読みは正しい。しかし、調査の限りコーは他称であり、アカは中国語ではなく自称である。アカが中国語であるとは李拂一は他のどの箇所でも述べておらず、これはチットの推測である。まず、コーを自称とした李拂一が間違っている。

チットが推論としていいたいのは「カー」という語に中国語の接頭語「阿」がついて「阿カー」になったということである。本文で述べたように「卡」という語は、何らかの音借を示しており、中国語そのものに起源してはいない。確かに李拂一は他の箇所で、車里（現景洪）には窝尼と阿卡が併存しているように書いており、これが漢称であるかのような印象をもってしまうのも無理はない。カーが音借を示しているなら、当然タイ系諸語ということになり、タイ・ルー語と推測するであろう。「阿カー」説は、不可能ではないと思われるが、やはりそれを受け入れるアカ語内部の問題としてRouxのいう中間という意味（アカ語ではalka 接続語でありAqkaqとは声調が違う）も否定しがたい。

語源はアカ本人に聞いてみてもほとんどわからない。唯一筆者が西双版納のアカから聞いたのはアド AldoqとアカAqkaqという名の姉妹がいて、アカ族はそのアカという妹の子孫だという説であるが、女性は彼らの系譜にはないので確かめることはできない。女性始祖の話は明確にできない事柄の起源についてよくある説明であり、肯定も否定もできないが、本人たちにもわからない事柄であるということを確認しておきたい。

＊15　松村は「愛尼」を自称としているが[松村 2000: 98]、これは誤解である。

第 2 部
祖先祭祀における「民族」

第3章
社会構造の概要

第1節
2つの生態系：調査地の地理的概況

　本節では調査地の地理的概況を述べるとともにハニ＝アカ族の自然環境への適応の状況を述べることにしたい。前部で述べたようにハニ種族は一部がベトナム、ラオスに分布しているものの、ほとんどが藤条江から紅河（ソンコイ河、写真1）流域の中国領内に分布している。対してアカ種族は西双版納州からミャンマー、タイ、ラオスに分布し、それぞれの国々に政治的にも適応しながら（あるいはさせられながら）生活している。筆者の調査地は主に紅河州元陽県と西双版納州勐海県であるが、一部タイ北部とラオス北西部のフィールドワークも行なっており、その調査地の概況は第3部を参照して頂きたい。

　後に述べるようにハニ種族とアカ種族は口頭の系譜と類似した言語を共有しているが、生業は著しく異なる。藤条江から紅河（ソンコイ河）流域に住むハニ種族は壮麗な棚田を営む米作民であり、メコン河流域に住むアカ種族は現在禁止されたり衰退したりしているものの焼畑の米作民である。これはC. ギアツが『農業のインボリューション』で理念型として提示したインドネシアの2つの生態系ecosystemである棚田（自然を加工する農業）と焼畑（自然をまねる農業）のと対比と同じである［ギアツ 2001 (1963): 52-78］。この2つの区別は単に農業の類型ではなく、それに伴う独特の生態系を指している。棚田は土地集約型の農業であり、わずかな面積であっても米以外のタロイモ、魚類、両生類、水草、タニシ、昆虫類、アヒルなどたくさんの副産物と安定した収穫をもたらす。焼畑は労働集約型であり、土地はかなりの面積を要するものの自然の摂理に従って種々の野菜類、薬草類、家畜を養うことができ、少ない労働で多くの収穫を得ることができる。両者の差は第3部で論じられるが、植生には沖縄と九州ぐらいの違いがある。アカの陸稲の焼畑は「原始的」なものとは言えず、それなり

図6　河川とハニ種族およびアカ種族の分布する水系

に洗練された様式を持っていたが、近年は環境破壊の元凶とされ、中国やタイで政府によって禁止あるいは指導された結果、ラオスとミャンマーに一部残る程度にまでなった。

　生態学的に見て、山地と平地は大きく異なり、アカ種族を取り巻くメコン河以西の生態的な環境全体のうち低地部のタイ族（Tai）は山地にはほとんど関心を示さず、タイ族とアカ族は異なる生態学的ニッチを占める。他方、紅河流域のハニ種族を取り巻く環境は他のイ族やヤオ族などとも同じ生態学的ニッチを占め[*1]、部分的には漢族とも競合する。タイ族／山地民という間主観的な対立軸は低地／山地とみなしてよいが、漢族／山地民という対立軸は街／街の外である。

　スコットはこうした山地の農業、とりわけ焼畑農業を「逃避型農業」と捉えている。これは程度の差はあるにせよ、政体と距離をとるという点で棚田農業にも当てはまる。近代国家以前の政体からの搾取や暴力を回避し、平地政体と距離を取る意味で一見「原始的」とも見える農法を彼らは選んだのだという［Scott 2009: 187-207］。

　ハニ種族とアカ種族を取り巻く自然環境は、同じ高地とはいえかなり異なる。後述するようにハニ種族の住む高地は1年の半分は霧の中であり、太陽が見える日が少ないほどいつも曇っている。気温の変化に乏しく、1年のかなりの部分を囲炉裏で暖をとらなければ過ごせない。アカ種族の地域では低地ほどは明瞭ではないものの、季節は雨季と乾季に分かれる。

　雲南省は中国西南部に位置し、ミャンマー、ラオス、ベトナムと国境を接している。鄧小平政権下の1978年から始められた対外開放政策によって徐々に始

まったとはいえ、東南アジアへの門戸として意識されるようになったのは1990年代の江沢民政権下であった。他の省と違って元々鉄道網がほとんど整備されていなかったため、省政府は鉄道ではなく高速道路網と航空機路線を発達させた。大躍進や文化大革命の時代に失われた森林を取り戻そうと、1999年以降の「退耕環林」政策は確かに雲南省の景観を変えた。

2000年代になって省都昆明市の市街には東南アジアの物品が増えた。南部の少数民族の村々を貫く形で整備された高速道路の脇には水牛が歩いている景観が広がる。こうした高速道路はミャンマー、ラオス、ベトナムに繋がっており、外交の面でも中国政府はこれらの国々に資金援助をする形でアジア・ハイウェイ整備やミャンマーの石油パイプライン建設などASEAN進出を国策として進めている。2000年の西部大開発から2008年のリーマンショック直後の政府による公共投資などはほとんどバラマキの経済理論に基づいており、社会主義とは理念的にもかけ離れていた。今日の雲南省の田園風景は昔ながらの風景の中に真新しい建物が混在していて、私たちには異様にさえ映る。これがまさに「社会主義市場経済」がもたらした景観なのである。

今日では都市部での格差問題は今日大きな問題となっているが、農村でもそうした格差は見られる。1980年代に見た「民族文化」の復興は、大きな歴史的文脈から考えると社会主義というものが反動的にもたらした束の間の「未開性」だったのかもしれない。今日の村落を説明するには、それぞれ国家の介入の仕方の違うタイ、ミャンマー、ラオスと比較しながら説明する必要がある。彼らの村落はどの時代においても外部の政治権力と無関係に存在したことはなく、それは社会過程として捉えるべきものである。

ハニ種族の集落

本書では集落(settlement)という概念を地理学的に「家屋の集居形態」としておく。ハニ＝アカ族の場合は後述する村落(village comunity)と一致する場合が多いものの、いくつかの小集落が共同して村落儀礼を行なう場合もあり、一応概念的には区別しておくべきである。また、村落を文化＝社会の面から捉えようとすれば当然ながら地理学的な知見からは外れることになる。ここで集落という見方をするのは立地と人口を述べようとするためであるが、立地の説明をし

ようとすれば文化的な空間論の一部を説明せねばならないので、集落と村落を完全に分けて説明することはできない (写真8)。

　表7は中国の雲南省紅河州元陽県の調査村 (A村。漢語名は伏せておくが、ハニ語の村落名は puvma Puvdol) において、筆者が2006年3月に後述の経緯によって書いてもらったものを表の形に書き直したものである。プライバシーの保護のため個人名は伏せてある。元陽のハニ種族の場合、漢姓はリネージを表すため漢姓のみ残した。この村落＝集落は1997年〜1998年に筆者が9ヵ月滞在した村であったが、当時の調査上の制約のため最後まで正確な村の人口を知ることはできなかった。そこで、思い切って2006年に村落の人口を訊こうと思い、《村公所》(村役場)の《計画生育弁公室》(一人っ子政策のための事務室)を訪ねてみた。対応してくれたのは当時30代の行政村の書記で、A村の出身であった。《村公所》はこの付近のいくつかの自然村を管轄している行政村の《公所》であった。

　筆者は役場の人口管理をしていると思われるこの部署に訊ねればすぐに人口がわかると思っていたのだが、事態は全くそうではなかった。村の書記はしつこい外国人にやや面倒くさそうな表情を浮かべながら紙を取り出し、そこに名前を書き始めた。2時間以上経てようやくできたのがこの表であった。彼は平素から各世帯の状況を把握しなければならない立場であり、学校教育を受けて漢語の高い読み書き能力があるので行政に関わることができたのだろうが、その把握の仕方がハニ種族らしい。彼のメモの書き方を見るとまず、世帯主の名前を姓ごとに全部書き出し、その後で亡くなった人や生まれた子、村から出た人など1人1人を思い出しながら、各世帯の成員数を横に書き出した。彼は懸命に何度も人数を数え直していたが、その過程は各世帯の成員の顔を確かめていることが窺えた。そして最終的に出した数が総世帯数119世帯、698人である。計算すると1世帯平均5.87人ということになる。

　ハニ種族は彼らの理念上、父方居住婚で父系直系家族ないし父系拡大家族の世帯を構成する。制度とは言い難いものの家屋は末男が相続することが多い。これは老夫婦の面倒を長く見るのに都合がよいということでそうなり易いのであって、男子であれば長男や次男が継いでもよい。女子が継ぐことは女子しかなかった場合にのみありうるが、稀である。こうしたわけで世帯は①老夫婦と若夫婦とその子供からなる世帯、②若い夫婦が新居を建てる独立世帯で夫婦と

その子供からなる世帯の2種類が主に見られる。表7には1世帯14人という場合があるが、おそらくこれは新居を建てるまでの間、暫時的に父系合同家族の形になることがあり、そうした例であると思われる。暫時的とはいってもこの期間は10数年に及ぶことも普通であり、要するに新居を建てる財力と村落の協力が得られるまでである。

　中国の「一人っ子政策」は少数民族一律というわけではない。州レベル、県レベルでの規定に基づいており、一般に農村の規定が緩く、少数民族であっても街に住むと一人っ子ということになることが多い。県によっては特に消滅の危機にある《民族》は3人までといった規定を設けているところも多いが、それよりも規定外のいわゆる《黒孩子》(規定に違反して生まれた子)も少なくない。A村の場合、農村に一般的なの規定に従い、2人までであったが、3人以上のケースは実際多く見受けられた。

　この数値がどの程度正確かということはそれほど重要なことではないが、むしろ統計上の数値よりは正確であろう。中国では《人口普査》(国勢調査)は10年に1度であり、当時の最後の《普査》は2000年であった。調査した2006年3月は役場には数字がなかったことが窺える。もちろん中国でも住民登録や出生・死亡などの届出の義務はあるが、村の識字率はそう高くはない。

　中国の人口統計の末端の状況とはこんなものかと思ったと同時に、この書記の記憶力に感嘆した。彼は筆者のためにできるだけ正確な数を出そうと村人を全員思い出そうとしたのであった。まさにこれが「顔の見える社会」であると思ったし、これこそが村落だと思った。村人の多くも数字にできないだけで、村落のかなりの人の顔を記憶しているのは1997年の調査の時にもよく感じていた。この場合、A村という集落は村落と一致していると考えても差し支えない。まさに後述する「真正なる社会」と言ってもよいだろう。

　もっとも、人々の社会的ネットワークは村落で完結しているわけではない。婚姻関係からすると、村落内での婚姻は調べてみた限り少なく、近隣の村落やハニ族以外のイ族、漢族との婚姻も特にハニ族女性の場合は多かった。婚姻儀礼が「女性が村から泣きながら出る」ということを儀礼的に行なうことを考えれば、村落内婚が普通ではないことがわかる。葬送儀礼も近隣の村落の人々がかなりの数で弔問に訪れる。数字として示すことができないものの、筆者の知

る限り同じ村落内で結婚した例はむしろ稀であった。また、ハニ族同士の婚姻が普通ではあるものの、異民族との婚姻が禁じられているわけでは全くないが、親はそう遠くない別の村に娘が嫁ぐように婚姻儀礼で歌うし、実際の統計でもそうした例が多い［傅・毛1988、李期博n.d.、白宇1992］。

　元陽のA村は分村であるものの、母村であるB村の伝承では700年前の祖先が建てた村であり、A村が分かれたのも300年前のことだという。元陽のハニはアカのことを「アカAqkalはAlkal（蟹のこと、種族集団としてのAqkalの諧音）だ」として住む場所も定まらない蟹のようだといって笑う。棚田の稲作民として彼らはずっと同じ土地を耕してきたことを誇りに思っている。

　元陽のハニは次のように村落の位置を説明する。祖先（女性のTaqpomaである場合と男性のZuqtaoqpavqである場合もある）は両腕を山稜に見立てて村を創るように言った。人間は飯を食うので口のところが村にあたる。そこに村を建てるのだ。髪の毛のところに林があり、その林を祀るのだ（ハニ種族の村落の例：写真8）。

　ハニには顕著に樹木祭祀があり、それらはアマアボhhaqma albolとして祀られている。樹木はリネージまたは村落を象徴しており、それは村落に1本のこともあれば数本あることもある。こうした林には水源があり、林の保護は水源の保護にもなっている。ハニ族の棚田は棚田から棚田へと水が流れるようになっており、川から水を汲み上げるような灌漑技術はあまり必要なかった。A村も含めて、元陽の棚田の一部は2013年6月に世界文化遺産に登録された（第6章第2節参照）。

　等高線のある地形図は中国では公開されていない。現在は南沙が県城であり元陽県政府はここにあるが、南沙は元はと言えば黒タイ族の貧しげな村が点在する田舎町であった。1992年に県城になってからはホテルや銀行の建ち並ぶ都市に変貌している。それ以前には県城は新街と呼ばれるところにあった。南沙が海抜600m、新街は1500m程度で気候も植生も明らかに異なる。

　元陽は亜熱帯モンスーン気候で1年の平均湿度85％、日照時間は年1770時間でそれは昼間全体の40％でしかない。年平均降雨量は1397.6ミリ（cf.東京で1466.7ミリ）で、霧の出る日が1年に180日であり、1日中霧の晴れない日が多い。新街やハニ種族の住む「上半山区」（1400〜1800m）の年平均気温は15度で、年日照時間1630時間である。南沙のある河谷（600m以下）では平均気温25度で年日

第3章　社会構造の概要

表7　A村の世帯別人口　　　　　　　　　　　　　　　　　　　　数字（人）

馬○○	3	李○○	8	李○○	4	羅○○	13
馬○○	2	李○○	5	李○○	4	羅○○	4
馬○○	5	李○○	6	李○○	4	羅○○	6
馬○○	4	李○○	6	李○○	3	羅○○	13
馬○○	4	李○○	5	李○○	5	羅○○	4
馬○○	4	李○○	5	李○○	4	羅○○	4
馬○○	4	李○○	5	李○○	14	羅○○	9
馬○○	4	李○○	13	李○○	9	羅○○	13
馬○○	6	李○○	7	李○○	3	羅○○	8
馬○○	5	李○○	14	李○○	4	羅○○	4
馬○○	6	李○○	5	李○○	4	羅○○	7
馬○○	5	李○○	9	李○○	4	羅○○	7
馬○○	4	李○○	5	李○○	4	羅○○	7
馬○○	5	李○○	7	李姓合計	289	羅姓合計	99
馬○○	5	李○○	8				
馬○○	8	李○○	5	白○○	5	盧○○	4
馬○○	4	李○○	5	白○○	5	盧○○	11
馬○○	4	李○○	3	白○○	4	盧○○	6
馬○○	4	李○○	8	白○○	13	盧○○	6
馬○○	8	李○○	6	白○○	5	盧姓合計	27
馬○○	8	李○○	2	白○○	7		
馬○○	7	李○○	5	白○○	6	楊○○	7
馬○○	7	李○○	5	白○○	10	楊○○	4
馬○○	5	李○○	4	白○○	6	楊姓合計	11
馬○○	6	李○○	5	白○○	4		
馬○○	9	李○○	7	白○○	4	総人口	698
馬○○	6	李○○	4	白○○	6		
馬○○	5	李○○	4	白○○	4		
馬○○	4	李○○	4	白○○	8		
馬○○	4	李○○	9	白○○	6		
馬○○	4	李○○	9	白姓合計	93		
馬○○	3	李○○	6				
馬○○	4	李○○	8				
馬○○	4	李○○	3				
馬○○	5	李○○	7				
馬○○	4	李○○	6				
馬姓合計	179						

＊個人名はプライバシー保護のために伏せた。世帯主はほとんどが男性であった。

第2部　祖先祭祀における「民族」

図7　元陽県A集落地図

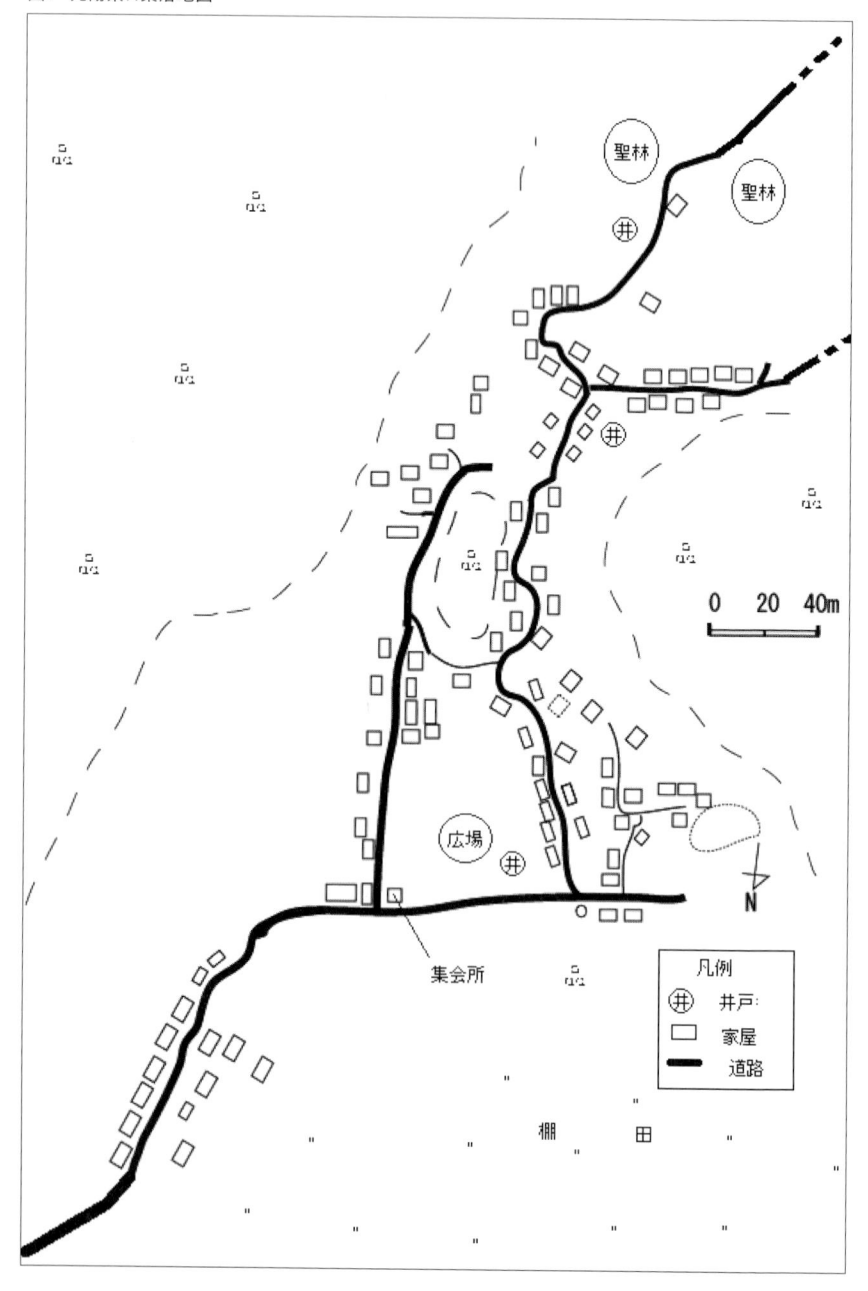

図8 紅河自治州

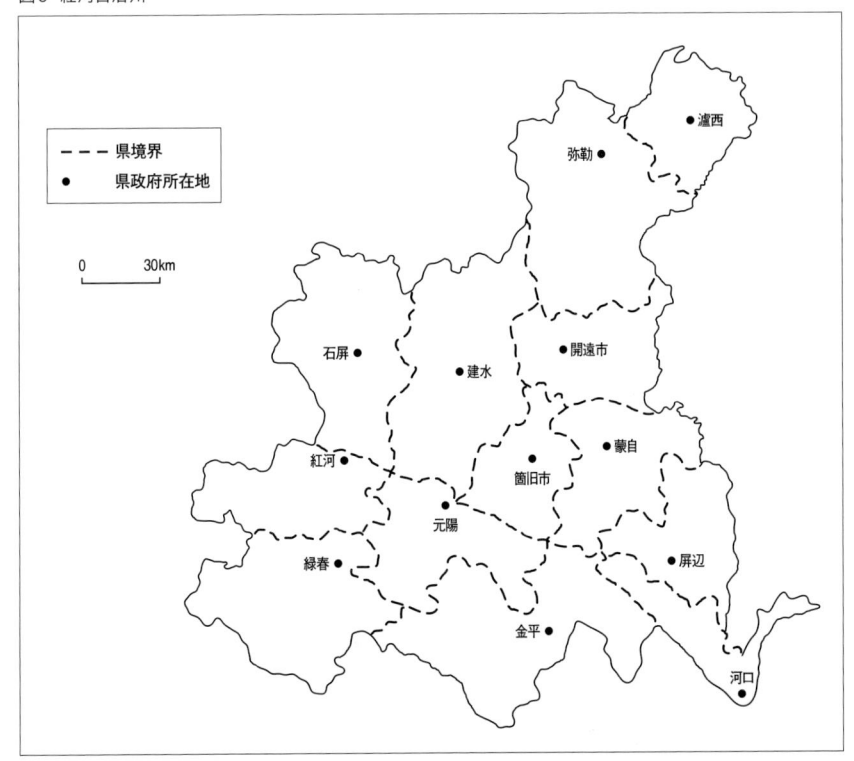

照時間は2430時間になる［元陽県志: 44-45］。新街などの高地は気温の変化に乏しく8月の平均気温が20.7度、1月が10.3度で年平均16.6度、年間を通じて豪雨はあまりないが霧に包まれており、山にはほとんど川らしい川を見ないが山頂の泉は涸れることなく霧を集めて棚田を潤し、紅河に注ぐといった景観である（第3部写真参照）。

対して『勐海県志』(pp.36-45) から西双版納州の南糯山（海抜1402m）の記載を見てみると、気温は年平均18.4度（1956～60年）で平均降水量は1617.5ミリで、年日照時間は2323時間であり、霧の出る日は107.5～160.2日であるが、日照時間が長いことでわかるようにおおよそ朝の10時～11時に霧は晴れる。北部タイとの違いは緯度がチェンマイで北緯18度、景洪で21度ほどの違いがあり、平均気温はチェンライで雨季は19度～24度、乾季で27度～31度、西双版納州全体で15～

図9　元陽県の主な地名

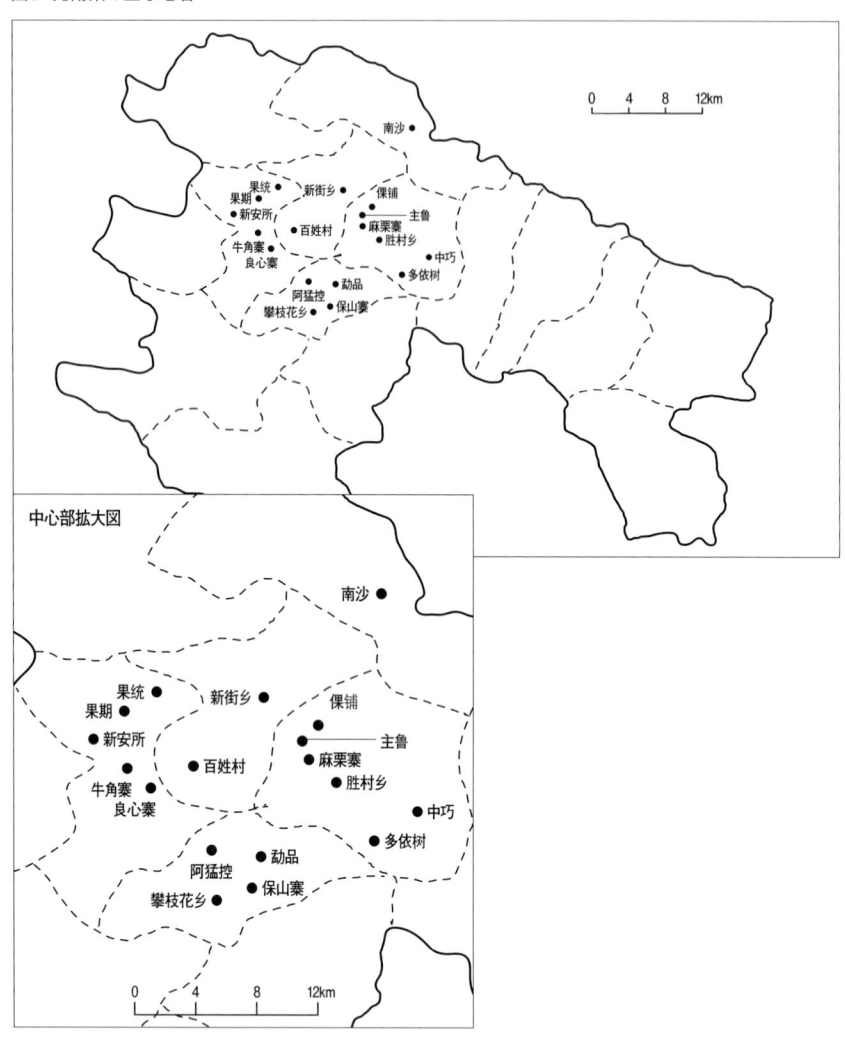

22度ぐらいの違いがある。しかしながら北部タイといってもこの気温は低地のもので、アカは海抜800m〜1800mの中程度の山地に住む。西双版納でも南糯山や格郎和といったアカの住む地域の海抜は同程度である。北部タイ山地および西双版納州山地の亜熱帯高地の植生は、紅河州の毎朝霧の出るような海抜1600mの温

帯高地の植生と比べれば、同じと言ってもよい。

タイ、ビルマ、ラオスのアカ種族の集落

　比較のため東南アジア3国のアカ種族の集落について述べる。アカ種族は理念的には準移動民 (semi-nomad) である。この言葉はタニット・ワンズプラサートが使ったものである [Wongsprasert 1993] が、確かに彼らは好んで移動する遊動民 (nomad) ではない。アカの集落移動は普通ネガティブな要因によって引き起こされる。キッケルトは1960年代の北部タイの調査で、アカの集落移動の要因について次のように分析している。かつてのアカの集落は10年から15年くらいの周期で村落／集落移動を繰り返していたが、1960年代は特に移動が頻繁に起きていた (写真9)。

　「小村の生活は、不安定で1〜2年の間に移動しやすく、時には大村に吸収されることがある。家族ごとの離合集散が著しいのである。ただし、この点は小村だけの特徴ではなく、アカ族一般に見られる顕著な傾向でもある。その理由として考えられることは、①村落の近くに焼畑適地が少なくなってきたこと。②リーダーシップの不安定。つまり、アカ族のリーダーの力量と制度に欠陥があって、リーダーが死亡すると後継者をめぐって争いが起こりやすく、時にはリーダーの力量不足から村人のあいだに不信感を生むことがある。こういう場合にはリーダーの一族と他の村人との間に差別的な取り扱いが見られるからである。③村人が病気に悩まされていることが多い。④タイ国役人の監視の眼を逃れようとし、また、好戦的な他部族や山賊に悩まされることが多い。⑤隣接する他村、他グループとの間に不和が募る。⑥村人は個人主義、家族主義的で全体としての村落社会への協力が足りない。⑦宗教的リーダーの誤った指導。⑧ひそかにケシ栽培の機会とその場所を求めようとしている。⑨村落社会としての小村の脆弱さなどである」[Kickert 1969: 34]。

　キッケルトの挙げる要因からは、1960年代当時のビルマとタイ国境の政治的不安定さやケシ栽培などの世界システム論的な要因を見て取ることができる。

キッケルトに補足すれば、こうした移動は双子や肢体不自由児の出産などの宗教的名目も移動のきっかけとなっていた。また、これはタイでも西双版納州でも聞いたことであるが、村落には3つのリネージの存在が必要とされており、それが村落の離合集散の安全弁でもあり、かつ不安定さを生む原因でもあった。

　今日では集落移動は北部タイでもかなり少なくなっており、実地にはほとんど観察できないものの、当時のアカの村落は村落の結成と解散を繰り返していた。1970年当時の映像を観ると集落移動がまさに村落の「解散」であることがわかる［市岡1974放送］。北部タイで撮影されたこの映像では、村落の成員に対して銃による傷害事件が起き、それをきっかけとして焼畑耕地の不足で米がとれないことなどを理由にプセ（シャン政体の行政村長の称号セーンにアカ語のプが付いた語、おそらくズマ）が集落移動を宣言した。村落内での借金の清算をしようと村人が集まるが、その中の寡婦世帯が借金の返済を巡って日常の鬱憤をぶちまける（寡婦世帯はアカの社会の中では差別を受け易い）。最後に村人1人1人が1杯の酒を飲み村落の「解散」の儀式をして、各世帯はプセと司祭に着いて行く数世帯を除いて基本的にばらばらに移動して行った。

　村落は村落ごと移動するのではなく、ばらばらになって各々の世帯は他の村落のリネージを頼ってその村落に加入し、元の村落の一部はそのまま移動し新しい成員を加えるといったことが繰り返されてきたのである。これらの過程がネガティブなものであることは疑い得ない。彼らはできるならば定住したく、儀礼も移動せずに済んだことに感謝するとともに模擬的な移動を象徴している。

　村落儀礼のうちロカンド Laolkanq dol は村門を建て替える儀礼であり、その時に村門ロカン laolkanq は幾重にも建てられるが、それはその村が良い所で安定的に同じ場所にあったことを誇示するということでもある。彼らはできれば移動したくはないのである。アカの村落儀礼は世帯、村落、「くに」を創ることを象徴することを年周期で繰り返す。それは、移動してきたことを忘れずに、かつ移動しなかったことを祝福するのである［Tooker 1988参照］。

　集落移動はタイでは少なくなっているが、ラオスでは1980年代くらいまで頻繁に行なわれていた。今日の移動はダム建設やケシ撲滅プロジェクトなど政府やNGOなどの関与が多い。しかしながら、1960年代の移動もまた、戦争やアヘンなどの外部からの社会問題が遠因になっていることがわかるであろう。

英領ビルマや今日のミャンマーでも状況はさほど変わらないと思われる。

　ここでアカの村落空間の理念的モデルを示しておこう。アカの村落空間は、理念的には村門ロカン、ブランコ（ハニはシーソー）、広場、聖樹ミサチュサ、水源、家屋が象徴的に配置される空間である（写真17〜24、87〜92）。そこに住む人はズzyuq、ハhal、ピpilと彼らが言い慣わす職能者がおり（写真20、21、25、27）、それ以外は村人である。実際に調べてみても、タイ政府の役人（プーヤイバーン）を除けば、村落の伝統的な役職者はこの3つの分類体系に属し、それ以外は世帯しか社会組織らしいものはない。これは西双版納で調査した時も村落内の社会組織を調べようとすると決まって強く否定され、村落が一体であることが強調されていた。

　墓地は村落には理念的には関連しない。アカは死体や遺骨にはほとんど関心がない。また、墓や墓地にも関心を払わない。筆者が調査した時にも墓にはほとんど案内してはもらえなかったし、魂は葬式の時に丁重に「祖先の村」に送られており、「そこには何もない」と言われてきた。墓地は当然村落空間の外に創られるが、村落とはなるべく関連のない遠いところに設けられ、棺桶が置かれているだけである。墓参などの儀礼はなく、墓地はただ恐れられるのみの場所である。ラオスでは墓地は自然保護林として政府の自然保護政策と相まって森林保護地に指定されていた（写真24）。

　アカの村落は村落儀礼を繰り返すことで理念的な村を再生産し、新たな移動に備え祖先の移動の物語を喚起していた。村落は現在の状態があるプロセスであることを自覚するとともに政治経済的な出来事を神話の中に「歴史化」することで村落を再生産してきたのである。

西双版納州のアカ種族の集落

　前述のように北部タイと西双版納州は紅河州に比べると相対的に似た気候帯にある。しかしながら、両地域の植生の違いは主に農業のやり方に起因しているところが大きいと考えられる。つまり、焼畑の定畑化と森林破壊の時期が中国のほうが20年早かったように思うのである。ともかく、西双版納でも1年ははっきり雨季と乾季に分かれる。雨安居入り（カオパンサー）雨安居明け（オークパンサー）をタイ人（Thai）やタイ・ルー族も祝うように、明瞭に異なる季節感

がある。アカの住む高地では低地ほどではないが、季節は雨季と乾季にはっきりと分けることができる。この点が元陽のような紅河沿いの地域とは明らかに異なる生態学的条件である。

　タイやミャンマーのアカ種族を調査したルイス、ヘサウ、カメラー、トゥッカーらも認めるように、彼らの村落の基本的な社会単位は村落と世帯である（写真13、16）。村落はプpuvqと呼ばれ、理念的には村門ロカンの内側のことである。世帯はゾzaolと呼ばれ、理念的には祖先を祀る依り代アプボロaqpyuq baoqloqと囲炉裏と家計を共有する父系家族の単位である。カメラーによればパpaは父系リネージのことで、ピャpyaは父系小家族のことである。しかし実際これら2つはその音声的類似も示すようにしばしば同じように扱われるという [Kammerer 1986: 144-149]。家族は、核家族か父系拡大家族である。これらの世帯が概ね30戸程度（少ない時には数戸、多い時には100戸以上にも達することはあるが）集まったのが村落である。筆者が調査地に選んだ西双版納勐海県の南糯郷、格朗和郷のいくつかの村落は格朗和の1つの村落を除くとすべて山の中腹にあった。タイやラオスの家屋に比べると永らく移動しておらず、茅葺きよりもスレート葺きの屋根が多かった。アカの理想からすると100世帯を超えるような大きな村落がよいとされる。

　南糯山は南糯郷という中国の行政単位であり、その中に10箇の村落が含まれていた [図II-1]（写真13）。その名はナーム（水）ノー（酸っぱい）というタイ・ルー語に由来しており、シプソーンパンナー王国の徴税単位でもあった。南糯郷の村落群の人々は緩やかな連帯意識を持っており、この地域の簡単な歴史は年表2に示されている。これらの村落は特に民国時代に作られた茶工場を取り囲むように立地していた。もう1つのガラホ（格朗和）はアカ語で「しあわせの大きいこと」を意味する。現在は「格朗和哈尼族自治区」であり、15ヵ村程度を含んでいる [図II-2]。元来はスーフー（蘇湖）が中心であったという。ここが中国における「アイニ族」（アカ種族）の初めての自治区であったことは既に第1部で説明した。

　文化大革命前の村落の社会組織について簡潔に述べておく。村落の政治的な組織は2つの体系から成り立っている。1つはタイ・ルー族の政体の中で階層化された組織の末端としての村落組織である。もう1つはハニ＝アカ族に本来

的だと彼ら自身が考える平等主義的村落組織である。それぞれ村落には階層の末端としてのジョバと呼ばれる村長と、ズマと呼ばれる本来の村長がいたと言い、西双版納アカ種族は2人の村長がいたことをよく認識している。

調査当時でも西双版納州のアカ種族の村落は人民公社化した後の「生産隊」が基本的であり、いくつかの集落が行政村として「生産隊」にまとめられており、「生産隊長」が実質的な行政的村長であった。「生産隊長」は政府との仲介役を務め、農産物の管理と報告や政府からの指導を伝えたりするなどの責務を負っていた。

西双版納州のアカ種族は、中国領内に居住するため1950年代まではラオス、ビルマ、タイと同じように集落移動を繰り返していたが人民公社化によって焼畑が禁じられ、ほぼ定住化している（写真10～16）。野焼きならば現在でもよく見ることができる（写真12）。焼畑はそれを shifting cultivation と考えるのであれば集落移動を伴う焼畑は全くないと言ってよい。[*2] 彼らは耕地の不足のため移動することはもうしないからである。しかし、焼畑を単に slash and burn cultivation という農法だと考えれば、害虫を駆除し草木灰を肥料として使うということは今でも広く行なわれている。しかし、この農法自体は陸稲畑を開くためというよりは茶、ゴムなどの商品作物一般にも用いられており、粗放なものである。また、焼畑はしばしば数年から10数年にも及ぶような耕地利用のプランに基づいて休閑期間があり、その間に豆などを植えるような工夫があるのであるが、この野焼きにはそうした意識は薄い。

西双版納州の場合、真の意味での焼畑はラオス国境やミャンマー国境地域にわずかに残るだけでほとんど見られなくなっている。これは1960年代の人民公社化に伴い、水田化が政府によって指導され、茶やゴムの栽培がその時代から進められたためである。特に茶はプーアル茶としてこの地域の特産である。2000年代に入るとグローバル経済の中でプーアル茶は投機対象にさえなり、多くのアカ種族農民は茶栽培に専業化した。1990年代からの市場経済化は特にそれを推し進め、焼畑米作農業をほぼ根底から商品作物農業にしたと言ってよい。

近年の「退耕還林政策」は確かに効果をもたらしているように見えるが、これは原始林の再生にはなっておらず、焼畑が復活することとは無関係である。大躍進のころに禿山になってしまった山林を植樹によって復興させることであって、自然に還っているのではない。「退耕還林政策」（写真11）はアグロフォレ

ストリーのような作物の混作を禁じており［向虎 2006: 13］、森林はモノカルチュアーとして植林されている。前述したギアツのいう「自然をまねる農業」としての焼畑はほぼ壊滅したのである。

　1987年から1990年に筆者が断続的に調査していた南糯山のアカ種族の村は2000年代にすっかり移動してしまった。政府の指導もあるが、実際プーアル茶に専業化してしまったアカの人々にとって高地は出荷に不便なだけで、政府の補助もあって村はすべて公路にアクセスし易い低い場所に移設された。若者たちは街で働くようになり、山にあった南糯小学校も廃校になった。このことによる社会変化の問題は第3部で述べる。次に挙げる地図と年表はもうなくなった集落についての記録である。当時は人口を調べることは制限があり、地図を公開することは現在も国防上の理由から禁じられているが、既になくなった

図10　西双版納州

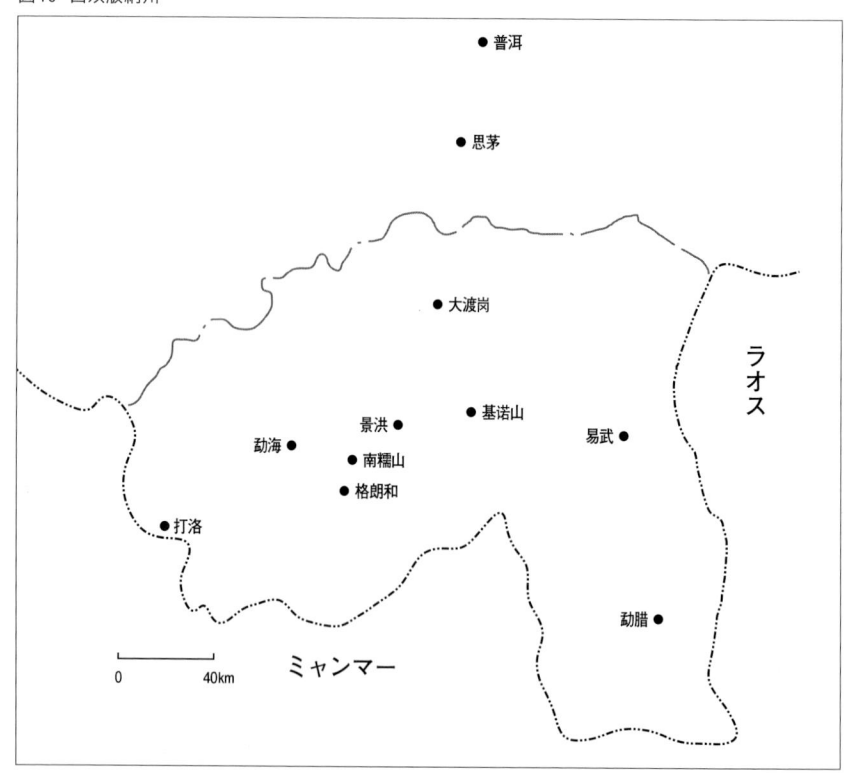

図11-1 南糯山略図

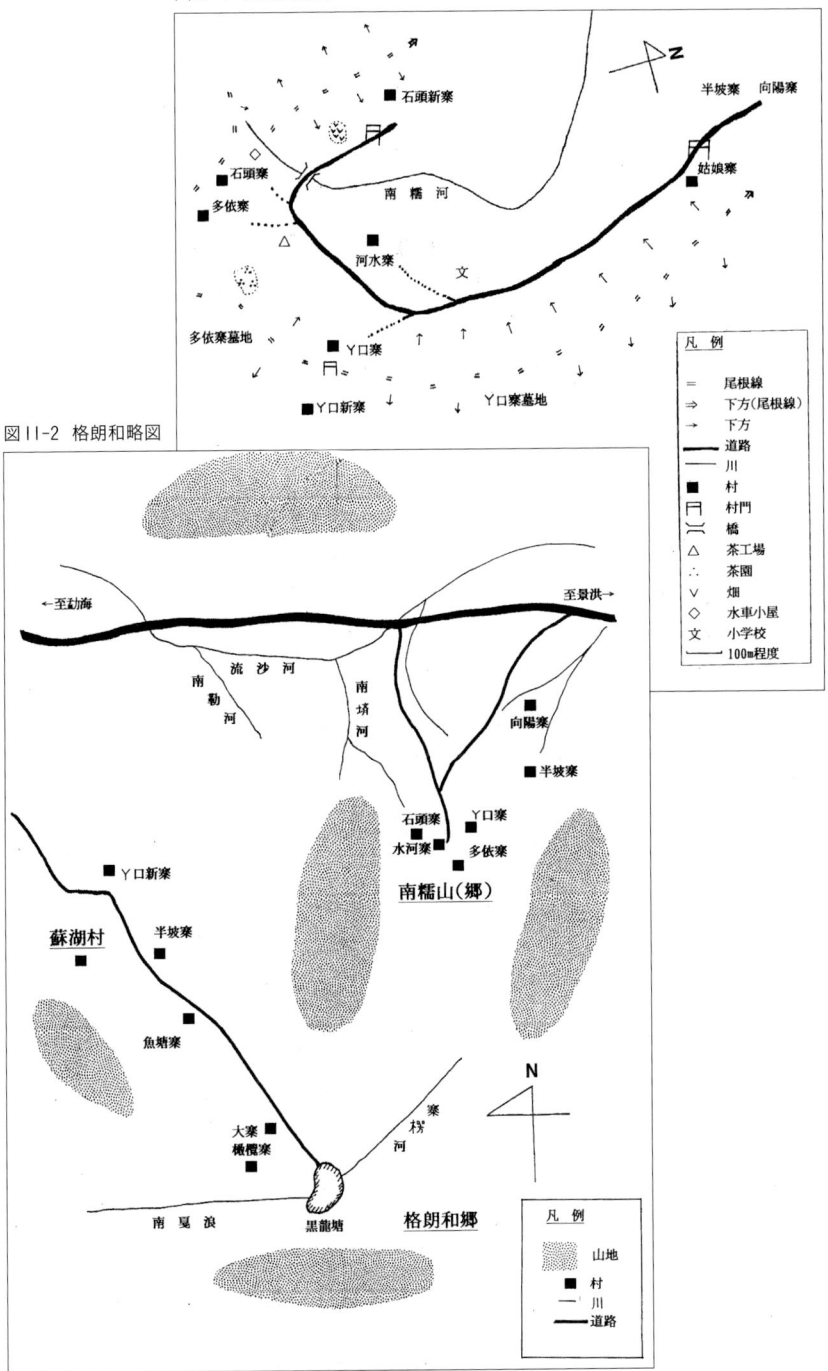

図11-2 格朗和略図

図12 南糯山地図[*3]（Google Mapより作成）

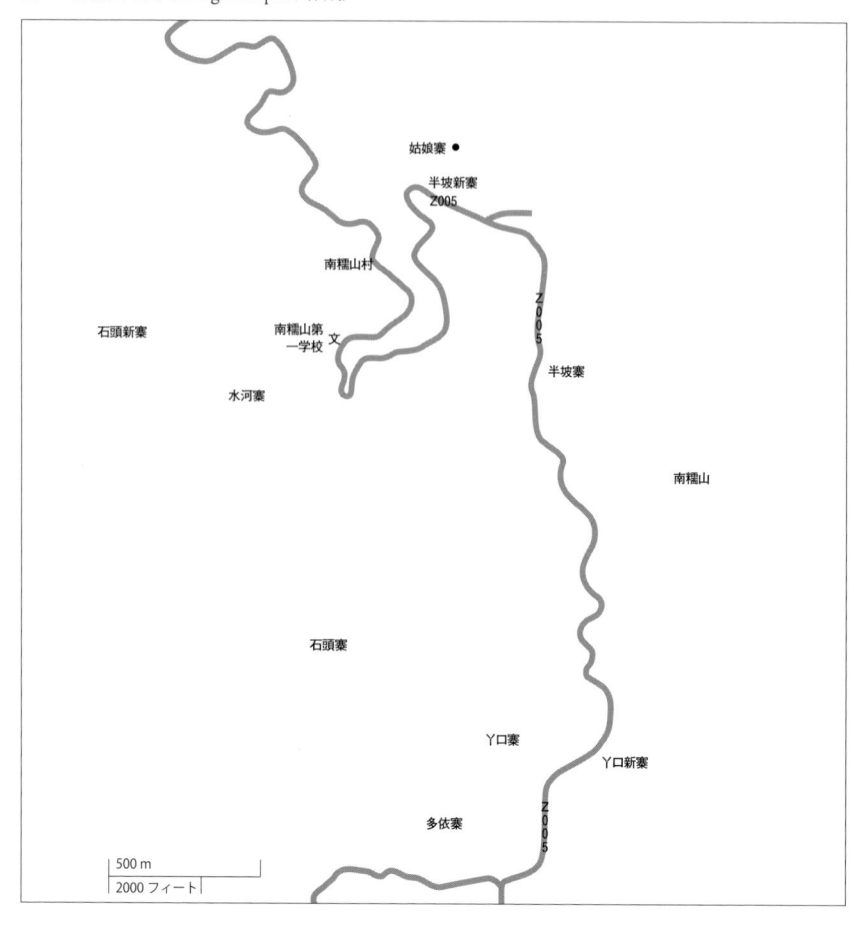

集落についてまで禁じられているわけはあるまい。人口はどの集落も30〜50世帯ぐらいで、100人〜200人ぐらいであった。半坡寨、姑娘寨、向陽寨が比較的大きく、水河寨が人は少ないものの学校があることもあって先進的な集落景観を持つ村であった。この村落名は第3部で述べる全く場所の異なる観光村の看板にも懐かしい村名として残されている。

　年表2は1990年代に話者から聞いた南糯山の村々の歴史である。彼らは口頭で伝えられた系譜に基づいて最初に生まれた人と死んだ人を記憶することで

年表2　南糯山村落史

半坡寨（1907年建村）　元は新寨と旧寨の間にあった。
　　最初に生まれた人：スオフ（女）
　　最初に死んだ人：チェンビョ（ラチェンの娘）
　　9回の火災に見舞われたが1953年が一番大きい
半坡新寨（1892年建村）
　　最初に生まれた人：チェペン（女）
　　最初に死んだ人：シェビョ
姑娘寨（1952年建村）
　　最初に生まれた人：ダンボ（ルダンの娘）
　　最初に死んだ人：サンジェ（ジュサンの娘）
水河寨（1951年南糯小学校とともに建村）
　　最初に生まれた人：サンピャオ（女）
　　最初に死んだ人：レンニョ（サンレンの息子）
石頭新寨（1940年建村）
　　最初に生まれた人：チャンゲ
　　最初に死んだ人：スオル（ガンスオの息子）
丫口寨（1906年建村）多依寨から分村した丫口新寨から分村
　　最初に生まれた人：クフ
　　最初に死んだ人：カオエン
　　1963年に火災
向陽寨（1968年建村）
　　最初に生まれた人：チュエチェ（ジュチェの娘）
　　最初に死んだ人：カンラン（この表を提供してくれた話者の姉の夫）
丫口新寨（1943年建村）
　　最初に生まれた人：チェサン
　　最初に死んだ人：パツォ（イパの息子）
石頭寨（1892年建村）元は多依寨のところにあった。
　　最初に生まれた人：マホン
　　最初に死んだ人：ナオラン
多依寨（1880年建村）
　　普文から大勐龍を経て勐遮から来た「王姓」を名乗る人によって建村
　　最初に生まれた人：不明
　　最初に死んだ人：フンバン

＊南糯山のアカは最初1643年に大勐龍から移って来た人々によって多依寨あたりに最初の村が造られたとされる。

村と村の関係を記憶する。当時は名前をアカ語で表記できなかったので漢字からカタカナで書きなおしている。図11-1と図11-2は当時のフィールドノートに書いた図である。前述のようにこれらの村は現在この位置にはない。姑娘寨（「寨」は村のこと）から「文」の字のある南糯小学校までは歩いて1時間はかかったのを覚えている。

　第1部で述べたように、中国革命前のハニ種族とアカ種族の適応した棚田の生態系と焼畑の生態系は、山稜交易国家と盆地連合国家という政体のあり方に関連している。この2つの生態系のあり方はハニ種族を定住的棚田農耕民とし、アカ種族を準遊動民的焼畑陸稲農耕民とした。そうした、生態的適応の違いは2つの社会構造としての村落構造の違いにも反映されている。次節では中国革命前に焦点をあてて、村落構造とリネージ体系を描き出してみたい。

写真8　元陽県のハニの集落の例

写真9 タイ国チェンライ県メースオイ郡の
アカの焼畑と集落(1996年)

写真10　公路沿いに移動した南糯山の村落、鉄パイプの村門、新茶園(2009年)

＊村門につけられた「永存寨」という新村名に移動を望まない意志が窺える。

第3章 社会構造の概要

写真11 森林保護を呼びかけるプラカード

写真12 野焼きの風景(格朗和 2009年2月)

第2部　祖先祭祀における「民族」

写真13　往時の南糯山石頭寨の風景(1988年)

写真14　南糯山の景観(1988年)

第3章　社会構造の概要

写真15　南糯山に開かれていた水田と茶園(1988年)

写真16　西双版納アカの父系家族(1990年)

第2節
村落構造の比較

ハニとアカの村落

　本節ではまずハニ=アカ族に基本的な社会構造としての村落とリネージについて考えたい。「民族」という問題を考えるのに、これらは最も基本的な父系拡大家族の延長にあると考えられている。ここではまずその機能を中心に記述したい。
　まず、文化人類学の分析概念としての村落（village community）とは「社会的＝文化的な統合の単位として地域的に組織された集居形態の家々の集合」［渡邊 1987: 440］とされる。また、文化と社会が幸福な一致をし、社会的な紐帯が文化的な一体性を再生産し、文化的な一体性が社会的な紐帯を再生産するということがリアリティをますます持たなくなっているとも言えるであろう。実体としての「村落」が客観的に実体として存在するのではなく、実際の社会的ネットワークは幾重にも錯綜しているのが普通である。アカ語ないしハニ語でプ puvq（またはプカ

puvqkaq) と呼ばれている地縁的社会集団とその空間は村落と分析できる場合が多い。こうした分析は、村人の空間認識、共有財、儀礼などの調査を経て得られるべきものであり、地図上の区割りをみてすぐにわかるものではないのである。

　社会＝文化的統合として村落を捉える構造機能主義的な捉え方は村落を実体的に捉えるが、構造マルクス主義以降の立場では、村落を観念（マルクス的に言えばイデオロギー）と社会的紐帯の両面から捉えることになる。村落は観念のレベルでは統合された全体のように住民には考えられ、儀礼によって強化されるように見える。しかし、実際の社会的紐帯は儀礼によって強化されることもあれば、されない場合もあるであろう。構造マルクス主義者のM. ブロックは文化を単に知識の合成物とみなすことによって観念的な統合と社会的な統合を分けて分析しようとした［ブロック1994（1986）］し、C. ギアツは別の解釈人類学的立場から社会と文化を概念的に分けて分析することから変化の過程を見ようとした［ギアツ1987b（1973）: 243-290］。

　しかしながら、村落社会というものが単に観念であるというわけではない。レヴィ＝ストロースは国家など「顔の見えない」社会を「非真正なる社会」として顔の見える社会としての「真正なる社会」とは区別しようとした［レヴィ＝ストロース1972（1954）: 407-410］。このことは近年、小田亮によって『文化人類学』誌でも取り上げられ、再評価されている［小田2009］。前節での元陽県の書記のエピソードでもわかるように、ハニ＝アカ族の村落は儀礼がなくなりつつあるとはいえ、「真正なる社会」と呼んでも差し支えない。これらを踏まえた上で、本書ではアカ族の村落とハニ族の村落を比較し、社会過程としての村落を社会的過程として示そうと思う。

　まず、中国革命前の封建政体の末端としてのハニ種族・アカ種族の村落構造について説明しておく。ここには、山稜交易国家と盆地連合国家とした封建的システムが関わっており、序論で述べたリーチからヌージェント、王筑生までの議論が関わっている。しかし、カチン族（ジンポー族）とは違って、ハニ＝アカ族に平等主義を貫徹しようとするグムラオ反乱などはほとんど記録がない。中国側の史料で伝えられている反乱運動は、新平出身の田政起義（1853～70年）、元陽出身の蘆梅貝（ドサアボ、Dolsaq Aqbol, 多沙阿波）起義（1917～18年）があるだけで、西双版納のアカについての詳しい記録はない。また、この2つの「起義」

も「起義」という語が示すように、共産主義的な英雄として英仏日の帝国主義や国民党との関連で取り上げられているにすぎず、その他の動きは不詳である。また、新中国成立後の反乱運動は全く知られていない。

まず、リーチが『高地ビルマ』(1987 (1954)) で提出したモデルは専制主義的なシャンと平等主義的なグムラオを理念型として示し、実際のカチンの人々をリーチはその中間のグムサであるとする。カチンはマユーダマ婚と彼が付けた規定的な母方交差イトコ婚を行ない、シャンの体系を真似ることによって数世代かけて階層化するが、グムラオの平等主義に訴えて反乱を起こし元に戻る。これを彼は動態的均衡を保った振動モデルとして提示したのであった。

ここでのリーチのモデルはマユとダマという妻の与え手と妻の受け取り手のリネージ間の非対称的縁組 (asymmetric alliance) で説明されており、この機械的モデルがリーチのユニークなところであった。このモデルを史的唯物論の立場から批判したのがジョナサン・フリードマン (J.Friedman) (1990 (1975)) であり、彼は振動ではなく、アジア的生産様式というマルクス主義的な発展段階として、これをキルヒホフの円錐クランという概念を用いて説明しようとした。その後、ヌージェント Nugent (1982) がこれを受けて、リーチの資料を読み直し、この振動は西洋との接触以前には起きておらず、この不安定なシステムは世界システムとの邂逅によってもたらされたとする批判をする。王筑生 (Wang Zhusheng (1997)) はそれを受けて地方史と中国領内のカチン (ジンポー族) の調査資料からそれを裏付けた。

田中雅一 (1995) は、こうした高地ビルマをめぐる議論の変化から、人類学のパラダイム転換が認識論からイデオロギー論へと変わったことを読み取る。田中は、マルクス主義の立場をとる人類学者である M.ブロックの所論を引いて、リーチがグムサと呼んだカチンの政治体系の分析において、認識の問題に留まっていることを批判し、それをイデオロギーの問題として論じるべきだとする [田中 1995 cite Bloch 1989a (1985)]。言い換えるなら、社会変化を扱う時にもしもリーチが言うようにグムサ・カチンが専制主義をとるシャンの政治体系と平等主義をとるグムラオ・カチンの政治体系の間を揺れ動いているだけの存在であるならば、社会の根本的な変革をもたらすような変化を導き出すイディオムは当該社会には存在しないということになるというのである。しかしながら、中国資料の多くは始めからこれらを帝国主義 (世界システム) と階級闘争に結び

付けて史料を作っており、イデオロギーの問題は特に目新しい議論ではなく、王筑生の観点も中国の地方史では新しいわけではない [e.g 陈翰笙 1984 (1949)]。姚荷生はリーチを読まずに、シプソーンパンナー王国を民国期に訪れ、共産主義のように明確にイデオロギー化する以前に、王国で専制主義と民主主義が議論されていたことを報告している [姚荷生 2004 (1948): 138-146]。

リーチの非対称的縁組理論は、構造主義の先駆けとして親族理論では重要であるが、ハニ=アカ族では少なくとも規定的な母方交差イトコ婚は確かめれらたことがほとんどない。アカについてはその痕跡すらないという [Kammerer 1986: 198-251, Geusau 1983: 269, 諏訪 1992: 348]。ルイスも交差イトコ婚は可能ではあるが、村落に1つか2つしか起きないとしており [Lewis 1969-70: 316]、選好的ですらない。

ハニ種族については李克忠が緑春県の彼自身の親族について選好的なイトコ婚を報告しており [李克忠 2001: 471-476]、彼の親族は土司に近い司祭の家系なので、そうした家系ならば交差イトコ婚はあったかもしれない。『社歴』や『簡史』ならば、ハニ族の特徴として選好的交差イトコ婚の事例を挙げているものの、筆者の調査ではまったく聞いたことがない。李期博は、平行イトコ婚は禁止されており、母方交差イトコ婚は1代のみ可能だという [李期博 n.d.: 29]。考えられるのは、土司層などの上層で選好的な交差イトコ婚があった可能性のみである。

これらを踏まえて、中華人民共和国成立以前のハニ=アカ族の村落構造を考えてみたい。まず、村人は2つのシステムを認識している。1つは外的で封建的な土司のシステムであり、これらの官位を持った頭目のことをハニ族は官位とは関係なく一括して「ジョバ Jaobanl」という。この言い方は中国では資産階級として打倒されたことになっていて、現在は用いられないがラオスでは行政的村長として現在でも普通に用いられており、資産階級というよりラオ語のよくできる若きリーダーが多かった。もう1つは彼らが古代から伝わっていると考えている「三種の職能者」と呼ぶ村落組織の形態である。この二重の政治体系は前者を幹部や政府の役人に代えながらも、現在でもタイやラオスまで広範に存続している。

A-1　シャン型階層的村落組織（盆地連合国家）

　中国の土地改革以前、シプソーンパンナー（西双版納）ではチェンフン（景洪）

を中心に盆地連合国家とも言うべきムアンが階層的に組織化され、税を上位の政治組織へと納める制度が発達していた[田邊1973, 加治1986, 長谷川1982, 加藤2000 etc.]。各盆地はムアンと呼ばれ、チャオムアンと呼ばれる頭目がツァオペンディンの下位の土侯として治めていた。山地民地域は漢語で「十二火圈」と呼ばれる徴税単位であり、ルー族同様、ルー族の官吏から与えられた称号、ルー語でパヤー、ツアー、セーン（漢字では「叭」、「鮓」、「先」を当てている）を持つ山地民の頭目によって治められることになっていた。これは現在の西双版納州の州都であるチェンフン（景洪）のツァオペンディン（「召片領」）と呼ばれる王を頂点とする階層的システムの末端である。この官位を持った頭目のことをアカ種族は官位とは関係なく一括して「ジョバ Jaoqbanl」と言う。しばしば、プセ（puvqseiq）として言及される村長の官職は上記のセン（シャン語やルー語）にアカ語のプ（村落）が付いたものである。なお、このジョバという語はラオスなら普通に聞かれる語であり、ラオ語では郡長をチャオムアンと言い、その末端の行政村長はジョバとアカ語で呼ばれている。

　このジョバの下に通常ナヌ navgeeq と呼ばれる複数の下官があった。この職能は西双版納では財務関係を調整していた人として理解されている。この職能について岩田慶治は1960年代のタイにおいて次のように記している。「アカ族の村にはさらに〈触れ人〉――Nan Gnu と言う――がいる。触れ人は村長の指令やニュースを村中に触れ歩く人である。もっともこの制度はアカ族伝統のものではなく、シャン高原におけるシャン族がアカ族の村々に配置した役職であったかもしれないのである」[岩田1971: 125]。西双版納アカ族は岩田の記述のようにこの職能がジョバも含めて200年程度の昔からシプソーンパンナーの王権によってそれが与えられたことを意識している。現在この職能は北タイのセーンチャルーンガウ村では主として農業関係の調整にあたっている人のことであり、種籾の賃貸や農具などの賃貸に関わっていたという。[*4]

　こうしたシプソーンパンナー王国を土司制度と見ると、中華政体からするとアカ種族は三重の統治体系の末端にあったことになる。しかしながら、実質的にはシプソーンパンナーなどのシャン型政体の支配下にあったと見るべきで、民国期の国民党支配は不安定なものであった。

A—2　中華的階層的村落組織（山稜交易国家）

　西双版納州のアカ種族がタイ・ルー族に支配され、さらにシプソーンパンナー王国が中華政体の間接支配下に置かれたのに対して、元陽はイ族かハニ族の土司の支配下にあった。とはいえ、元陽の土司たちは文化的には中華志向であり、一般のハニ族からすると漢族同然であった。なお、以下の記述は『元陽文史資料第一輯（土司史）』を資料としている。

　建水の回新村には元陽を長く支配した納楼土司の衙門があり、筆者の調査村はこの司署（元陽の馬街にあった）の管轄下にあった。この地域では定期市が十二支で廻っていたので馬街なのであろうが、実際に1990年代前半まではこの地域でも馬のキャラバンを見ることができた。土司の権力はこうした「馬幇」[*5]と呼ばれる馬のキャラバンによる遠距離交易に依っていて、他の土司の役所兼邸宅はすべて棚田を見下ろす山稜にあった。ハニ族は建水のことを今でもプニュミツァ（puqniul milcaq: 漢族の土地）と呼ぶが、元陽にある土司遺跡もまた中華政体の様式の模倣であった。

　元陽から輸出されていた熊掌、熊の胆、鹿筋、鹿茸、虎骨、豹骨、キバノロ（鹿の一種）、マンゴー、米、紫米、ゴマ、バナナ、イナゴ、象牙、綿花、綿布、ビンロウジ、竹䖢（Pyralidae科、メイガの幼虫の一種：食用）、蜂の子、カエル（食用）、鶏棕（Termitomycesの類　シロアリタケ属）などの中薬や農作物があった。工業製品として納楼土司は、磁器工場（1936年設立）、ホウ砂工場（中薬の一種1941年設立）、造幣工場（1948年設立）などを建設した。磁器は金平、緑春、紅河、蒙自、元江、昆明まで出荷され、造幣工場では贋金事件まで起きた。納楼土司は領内の紅河両岸の水運を整え運賃を取り、元陽の①馬街―緑春―三猛②馬街―六蓬―官庁―建水③馬街―新安所―新街④馬街―排沙―格氏渡―回新の馬のキャラバン用の道を整備し、それはベトナム、ラオスまで繋がっていった。

　革命前に近接する個旧市の錫鉱開発とともに雲南東南部では納楼などの土司たちは工業化と遠距離交易を進め、それと引き換えに武器を調達し、領民に兵役と地租を課していった。山稜はそうした防衛上の城郭的役割も果たしており、国共内戦も含めて第1部で述べたような不安定な状態にあった。特に元陽県に近接する紅河県は（今日では「華僑」と呼ばれているが）イ族やハニ族を東南アジアや台湾を始め、欧米や日本にまで送り出した。紅河県には李呈祥のようなハニ

図13　シャン型盆地連合国と山稜交易国家の理念的モデル

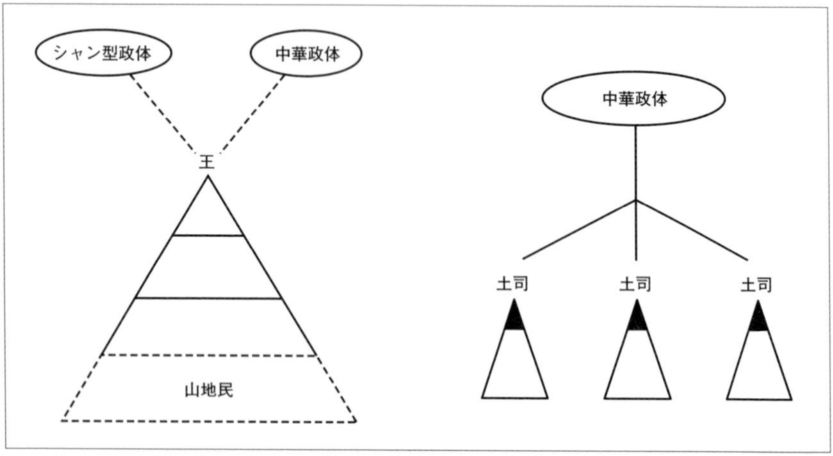

族土司も多く、元陽の白日新のように共産軍側にまわった土司は名前と史跡が残っている。イ族とされる龍氏（写真110）の中にもハニ族がいるという主張もある。[*6] 紅河州地域ではイ族のハニ族支配というよりは、一般民衆からするとともかくは、何族とも言い難いプニュ Piulniul（漢族＝中華的支配）が支配しており、支配者に属する人々はハゴ（Haqhhol：上位階層、図3参照）であり、支配者はミソ（milsaol：土地の支配者）であった。元陽は納楼土司の不安定な支配下にあったが、その下にはいくつかの「土司」とは言えないくらいの支配者の官職があるがそれについては第3部で述べることにしたい。

　紅河州の土司政体は前述したように不安定なリネージ型の政体であり、抗争が絶えなかった。山稜交易国家の中では、政略結婚を繰り返す何族とも言えないような土司に支配されており、本書の中心の元陽の土司は納楼土司という一応イ族ということになっている土司である。これらもハニ族の伝統的な村落の外部の組織であるとみなされていた。少なくとも元陽の土司層の場合は、彼らは近代主義的でむしろ四書五経の教養を持ちながら電話の敷設や近代的な軍事技術を学ぶような近代主義的な中華政体の模倣であり、ハニ族文化を志向するような人々ではなかった。

B 平等主義的村落組織

　ハニもアカも村落は創造主から与えられたとされるズzyuq、ハhal、ピpilと彼らが並べて呼びならわす3種の職能の範疇を中心に組織されるべきだと考えている。[*7]村落はハニもアカもいくつかの父系リネージからなっているが、ハニ種族ではズになれないリネージであるとか、代々ピのリネージであるとか、ある程度のリネージによる職能分化がある。こうしたリネージはアカでは機能分化していない。アカ種族もハニ種族も村には最低3つのリネージがないといけないとされる。[*8]しかしながら、アカ種族ではこうしたリネージの機能はほとんどなく、村が一体であることが繰り返し強調されるのに対して、ハニ種族ではリネージはいくらかの儀礼と社会的機能を持っている。この村落がスコットの言う「自治的組織」にあたる。

　ハニ＝アカ族に共通した村落の政治決定機関は長老会議のようなものである、しかし、この会議に参加できる資格のようなものは不明確であり、基本的にはリネージの代表者のようであるが、制度化とは言いがたい。[*9]村落の大半の権利や尊敬は前述のジョバを除いて下記の人たちに集約されている。いずれも男性であり、平等とは言っても女性はシャーマンと閉経後の儀礼を行なったヤエマyayaiq aqmaが会議に出ることができるだけでほとんどの役割は男性が占めている。

(1)「ズZyuq」組織（「政治」組織）：ズとはおおまかには「政治」を意味し、具体的には村落儀礼の執行を意味している。ハニ種族の間では村落単位の祭祀を行なうのはミグmilqguqと呼ばれる宗教的村長（写真20）であるが、これはほぼ世襲的なもので、それを出すリネージが決まっている。アカではこれをズマzyuqmaと呼んでおり、これはタイでは村創設者の頭目（village founder leader）と訳されており、世襲になりやすいものの村が移動すれば変わる。ハニ種族の間でもズマは神話的なテキストにはよく出てくる言葉であり、ミグの古語と考えられており、神話的な村落の創設者の祖先の名でもある。筆者のいた村では村は700年くらい前に創られたことになっており、ズマという語はそうした神話的歴史の中で語られる。

　西双版納のアカ種族において、ズマは中国語では「竜巴頭」と呼ばれる。「竜巴」とは初期にアカ族の村に入った漢族が門に付いている魔除けのための竹製の

星状の飾りであるダレdaqleil（タイ族のターレオ 写真17）に付けた漢語である［cf. 高文英 1986: 159］。それの付いた村門ロカンlaoqkanlは漢語では「竜巴門」と呼ばれ、ズマはその名のとおりこの門について責務を持っている（写真19）。この門に責務を持つことは即、村の精霊に責務を持つ、あるいは村に関する祭りに責務を持つということである。南糯山の事例ではズマは、建前として村の長老が話し合って決めることになっていて3年で改選され、必ず男子であったという。しかし、同一人物が何度も選出されるのもまたしばしばである。もう1つ大事なことは、親族や祖先に異常死あるいは異常出産（後述）をしたものがないということである。

　タイのズマについてカメラーは確かに世襲にはなりやすく、息子はズザzyuqsssaq（副長）になることもあるが、やはり長老会議にかけられていて世襲ではない場合もあるという［Kammerer 1986: 90-97］。トゥッカーは末男か長男のみが継承する（次三男などの間の子はない）としている［Tooker 2012: 87］。しかし、もちろん頻度としては世襲が多いし、それが制度化したこともあるだろう。多くの学者が、ズマの職能を世襲として記述している［e.g.岩田 1971: 124-125］。しかし、原則はカメラーが「村創設者の頭目」と訳すように村を移動しないかぎりにおいて本人が継承するのである。しかしさらに、そのことは平等主義の原則のもと絶対ではないのである。岩田はこう述べている「副村長が若干の村人をひきつれて村を割り、新たな村をつくることがある。そうするとかれは新村の村長になる。村長は村人の合意によって追放されることもあり得るが実際にはたてまえだけで実行されたことはないらしい」［岩田 1971: 125］。さしあたり以下ではこの村長を単にズマと呼ぶことにしておく。また、副長はタイではズザzyuqssaqあるいはズヤzyuqyaと言い、ザないしヤは「小さい」あるいは「子供」という意味である。人数は村によってまちまちで1人のところもあれば30人の時もあるという［岩田 1971: 125］。

　西双版納のアカの間ではズマという語はタイのアカと同様に現代の宗教的村長として語られるが、具体的な人物は誰も教えてはくれなかった。かつてのシプソーンパンナー王国では前述のジョバと呼ばれるタイ族王権から任官されたアカの頭目がおり、ズマの中にはジョバと姻戚関係を持つものもいたという。文化大革命の時期に制度的にほぼ廃絶されており、行政的村長に置き換えられている。ズマは儀礼では村落儀礼、特に村門であるロコンlaoqkanlの儀礼を行

ない、村門の建て増し儀礼によって何重にも門がある村はそれだけ移動（アカの移動はネガティブな要因によって起こる）が少ない安定した村落の象徴であった。村門は村落を宗教的に空間化し、村落儀礼は村門を中心とした儀礼であったと言ってよい。しかし、現在の西双版納では村門に対する儀礼はほとんど行なわれておらず、ある西双版納出身のアカの人に聞いてみると村門などなくとも村落の儀礼はできると言っていた。ズマのいない西双版納の村門はもはや村落の宗教的象徴ではなくなりつつある（写真10-1）。

革命前の西双版納ではアバと呼ばれる儀礼的屠殺者が報告されており、長老の会議によって選ばれたという。葬儀や祭りの際に牛や豚を殺す役である。この時は刃物を使わず呪い殺すと言い、ある種の呪術に通じている人のことである。『社歴』ではラオカイ（laokai）という別称も見える［社歴: 109, 113］。この呪術はジャネネ jaq naivq naivq と言い、例えば1日かかって行く道程を1時間で行く技のように非常な力を発揮する術という意味でも使われており、邪術、妖術、白魔術も含む。村人は稲の播種をズマとともに優先的に行なったという。これはリーチがカチンにおいて儀礼的屠殺者と呼ぶ［リーチ 1987 (1954): 207］ものとほぼ同じものである。西双版納以外のアカ種族においてこの職能が報告されている例を筆者は他に知らない。このアバのような職能をリーチは司祭職として記述するが、西双版納ではこれが長老会議によっていることや陸稲の種蒔きが優先的に行なわれることなどからして、ズマに近いものとして考えるが、現在観察することはできない。

ハニ種族ではズマにあたる職能はミグ milguq と呼ばれていることが多い。ミグを出すリネージは有力であるとは限らず、筆者の調査村では人数の少ないリネージであった。ミ mil は「土地」グ guq はリネージを表すので、その土地のリネージ、つまり草分けの家系を表すと考えられる。ハニ種族では儀礼の執行者としてほとんどの村落で現在も見られる。ミグはいくらか祖先から相続された宝物を持っていることがある。筆者の村のミグはホラ貝（写真20-2）と唐代のものだという磁器の碗を持っていた。ミグは後述するアマト儀礼を中心に、村落儀礼を行なう。基本的に世襲であり、息子が儀礼の補佐を行なう。末男が継承することが多いが、制度化されてはいない。少なくとも現在は、公的な権力はない。

(2)「ハ Hal」の組織（「技術ないし軍事」の組織）：ハは技術ないし軍事を意味

する。ハマ halma というと「強い人」ということになり、神話上の英雄的な祖先を指すことが多いが、現在の軍人、警察、村のために戦ったりした英雄的人物をさしてハマという時もある。いずれにせよ、現在はこの呼び名だけがあって、職があるわけではない。

この職能の範疇は、具体的には鉄鍛冶師ソディバジ saoldiq baqqivq や竹製品などを作る人アボラチ aqbol lavqqivq のことを指している。神話上はアカもハニもかつての軍事的頭目を挙げるが、現在はこれらの「技術者」を指している。タイやラオスではこれらの「技術者」が尊敬されている様子を窺うことができた（写真21）が、中国ではほとんど神話上の話に過ぎず、鉄鍛冶を行なっている人もほとんどなかった。また、ハニ＝アカ全体に冶金や製陶などの伝統的な技術はなく、陶器は市場などで求め、鍛冶というのも鋳金または鉄製品や銀製品の修理の技術のことである。

これらは男が世襲することになっており、その技術は初代の鍛冶屋と竹編み師が天上に行って創造主アプミエから習ったことになっている。鍛冶屋は特に新年などに村人から米などをもらうことができる。勐海県の説話「鉄匠和他的兒子」は鉄鍛冶を覚えない2人の息子になんとか父親がそれを悟らせようとするという話であるが、父子で継承することが理想であるが、うまくいかないこともあることを示している［版納故事: 262-264］。カメラーによれば鍛冶屋は男で世襲というわけではないが、その技術は年長の親族から年下の親族へ、例えばある男からその直系の孫へというように伝えられるという［Kammerer 1986: 198］。また、「鍛冶屋がきれいな系譜を持つ必要はない。少なくとも私はそうでないひとを1人は知っている。1つの村落には1人以上の鍛冶屋がいることも可能である」［Kammerer 1986.: 99］という。その地位については上記のハマ（強い人）とも同列であるが、西双版納同様に司祭の使う道具を作ることで司祭とも同等の関係にある。そして鍛冶屋を尊敬することは彼らにとって自律した経済の誇示でもある。

(3)「ピ Pi」の組織（「宗教」組織）：ピは主に祖先と死者儀礼に関する知識を言うものであって、それを持つ人をハニの間ではモピ moqpil、アカではビュマ byuqma と呼んでいる（写真25）。これはタイでも中国でも現在も数多くおり、筆者の調査した村人口700人ほどの村でも43人ほどのモピがいた。モピの大きな役割は葬送儀礼を行なうことであり、ハニではその最高位をピマアボ

pilma aqbol といい、その弟子たちを含めてモピと呼ぶ。タイのアカでは弟子たちをピザpilssaq（写真26）と呼び、最高位はハニと同じくピマと呼ぶが総称もまたピマと呼ぶことが多かった。ズマのいない西双版納ではピマがズマの役割をしているところも多く、筆者の知っているピマはラジオ局でハニ語放送（1996年当時1日30分くらいだった）の監修役もしていた。モピは必ず男であり、霊界との直接交渉は行なわない。

　本書ではモピ、ビュマは司祭（priest）と訳しておきたい。アカではニパnilpa、ハニではニマnilmaと呼ばれる女性の職能者がおり、憑依や脱魂を伴う治病儀礼などを行なう。ニパ、ニマはシャーマンと訳しておく。

　元陽県のハニの調査当時80歳代のあるピマアボは民国当時、土司の家で系譜を朗詠したことがあると言い、5代続いたピマとしての彼の家系は土司に仕えていたと言う。西双版納のピマはタイ族王権のため、そうしたことはない。司祭は達成される地位（achieved status）であって、息子であっても記憶力が悪ければなることはできない。ただ、祖先の膨大な「歴史」と慣習について息子は教えられる機会が他の人よりも多いにすぎない。

　後に述べるようにハニもアカも葬式のテキストの中で、悪死とともに軍人や官吏や司祭になることすら戒める。悪死した死者の世界にいるシャエアマ（Sya e aqma　シャは悪死、アマは母）という妖怪に罵られないように、死んだ官吏や司祭の世界のロエアマ（Lol e aqma　ロlolは儀礼、エは接続語　アマは母）に引きずり込まれないようにと、司祭自らが語るのである。この中庸主義はハニにもアカにも顕著なイデオロギーであり、この点については後述する。

　シャーマンは実際に司祭とは区別されて認識されているが、司祭の組織の中の一職能であると考えている。西双版納でもシャーマンはある日トランスに陥ってから司祭のところで学ばねば一人前とみなされないという。シャーマンの役割は平等主義によって世襲を建前とできない司祭の特質を補助している。創造主アプミエから享受されたことになっている彼の知識は様々な社会に見られるように司祭職の家系の血や寺廟のような象徴としての建造物をその神秘的根拠とすることができない。シャーマンはその知識を正当化する役割を担う。その意味でもこの範疇は1つなのである。また、この範疇の職能者はけっして村に1人といった村落の職能ではなく、いくつかの村を跨いで存在するものである。

以上が西双版納を中心とした「アカ種族」の重要と言われる職能である。権力が集中しそうなズマやアバ（彼らの畑は村でまず最初に播種される）らの職は互選され、常に村人の同意のもとにある。シャーマンのようにトランスを伴う儀礼を行なうものも司祭の力と知識なしには儀礼を行なうことができない。シャーマンは神懸かりになったのち司祭についてハニ族の慣習を学ばなければならないのである。また、ズマは門の儀礼を行なうときには鍛冶屋の持ってきた鉄屑を使わなければならないし、ズマ、司祭が祭祀に使う道具は鍛冶屋の手によるものでなければならないというように、これらの人々はお互いに他がないと成り立たないように作られており、理念上は一手に権力や貢納品が集中しないようにできている。しかし、実際上は明らかにズマが最も重要とされ、尊敬されている。また、これらは知識や権力の継承において同じリネージに継承されやすい傾向を持つとは言える。しかし、これらが絶対的に世襲とならないで長老会議の決定に委ねるような機構を保持している点に平等主義との矛盾を表面上回避させようとする意図が見えることにも注目したい。

　タイにおいてカメラーが彼らの「民族的アイデンティティ」*10について達した結論は「アカのアイデンティティは共通のクランシップと『慣習』を共有することに基づき、低地の多数者によって共有されないところの二重の領域の概念を前提にしている」[Kammerer 1988: 260]ということであった。ここで言う二重とは彼ら自身の宗教的ミクロコスモスとしての村落と外部の多数者との政治経済的相互関係における地理的範囲としての村である。ここでの多数者とはタイ国のタイ族のことであり、西双版納の場合の革命前のルー族政体にあたる。カメラーの言う外部とは特に今日のタイにおける国民国家への統合的政治を示しており、それを彼女は「領域的命令法」（territorial imperatives）と論文のタイトルにした。このタイトルはヘサウ（Geusau 1983）の「アカザンの弁証法（dialectics）」を意識したタイトルであろうと思われる。ヘサウが外部の力を彼らの歴史語りの中で、いわば弁証法的な形で乗り切っていこうとするアカ族の柔軟な「慣習」の姿を内面から捉えようとしたのに対して、それでもそれを超えて強制的に移住させられ国家統合させられるアカの姿を「命令法」と表現したのであろう。これは確かに国民国家というものの強大な作用を指摘した論文であるが、同時に彼女は「二重の領域」には多少含みを持たせている。それは国民国家以前の

シャン型の盆地連合国家のような政体である。こうした政体の統治は国民国家ほど「命令的」ではなくとも、ある種の二重の統治の中にあった。

　民族的アイデンティティという語を使わなくても、この二重の村落体系は社会組織の上でも顕著である。彼らはジョバのシステムを外部のものと認識し、それを外部のシステムとして認識する。タイのプーヤイバーン、ラオスでジョバ、中国で「生産隊長」、「村長」と呼ばれているこの外部組織とは別にズ、ハ、ピの体系で組織される村落の平等主義的体系がハニ＝アカの自治的文化を維持してきたと言える。それは新しい組織に居る側にすれば保守的な組織であり、自治的組織に居る側には「歴史」を知らないが新しいことを処理するために不必要というわけでもない組織である。ハニ＝アカの場合、この2体系の遊離が大きく「外部」の体系を取り換えるだけで存続してきたと考えられるのである。つまり、土司制度が多数者である漢族の文化への同化を防いでいたというのは表面的な理解であって、それは個々の土司の性格によるだろう。リーチの言う非対称的縁組の機械的モデルはハニ＝アカにはなく、平等主義と専制主義の振り子はイデオロギーとしてしか存在しない。この2つの制度が社会構造として切り離されているので、ハニ＝アカ族においては自律的な村落構造が維持されやすかったと言うことはできよう。アカ種族においては平等主義が貫徹できなくなると集落を解散することで、世界システムの末端から階層化を防ぐことができた。ハニ種族はそれができないものの、土司の党派的な性格からその自滅を傍観することで階層化をしなくて済んだと推測するのである。そしてその自治的組織がばらばらに解散していきながらも新しい自治組織を形成するのに系譜は役に立ったと考えられる。

　しかしながら、中国においてはこの二重の組織はズマを廃絶することで西双版納では消滅している。ラオスではこの二重の組織はかなりよく残っていた。他方、元陽ではミグを廃絶することはなく、それはかろうじて維持されてきたと言える。いずれの地域においても、ハニ＝アカ族の文化的側面を維持してきたのは主にピの範疇の制度であり、ズとハの組織は実際には無力化されている。

　ハニ種族が村落をいくつかの平等なリネージの集合と考えるのに対して、アカ種族は平等な世帯の集合として村落を考える。それは後に述べるハニ種族のアマトと呼ばれる村落儀礼とミサチュサと呼ばれるアカ種族の村落儀礼を比較することで理解されよう。

写真17　村門に付けられたダレ（タイ語ターレオ）

写真18　村門に磔にされた犬の皮

第3章　社会構造の概要　　　　　　　　　　　　　　141

写真19　村門ロカンとロカンモコ

←男女の性行を模した木像ロカンモコ→

142　第2部　祖先祭祀における「民族」

写真20　ミグ(中央)

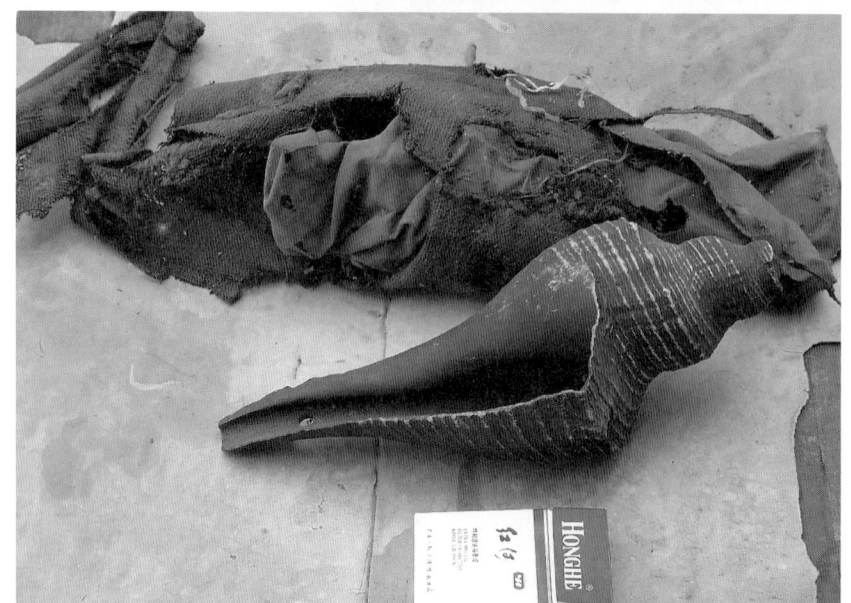

↓ミグの宝物(ホラ貝)(元陽)

第3章　社会構造の概要　　　143

写真21　ラチアボ（鉄鍛冶、竹編みをする職能者：タイ）

写真22　ブランコ（ラオス）

写真23 シーソー（元陽）

第3章　社会構造の概要　　　145

写真24　水源と墓地(上　水源　西双版納 1988年、下　墓地　ラオス 2013年)

写真25 元陽のモピ（上）とタイのピマアポ（司祭）（下）

第3章　社会構造の概要

写真26　弟子入りした筆者(元陽 1997年)

写真27　ニパ(シャーマン)(南糯山 1990年)

第3節
リネージ体系の比較

　ハニ＝アカ族全体の大きな特徴として父系の分枝的なリネージ体系を有しているということが言える。この体系は口頭の系譜によって維持されてきたが、集合的記憶としての系譜の問題は後節で扱い、ここではその機能的側面を記述する。系譜例は後節を参照していただきたい。

　分節化された単系的出自集団をクランclanと呼ぶか、リネージlineageと呼ぶかは学者によってまちまちである。そもそも人類学のリネージの概念はタレンシやティヴといったアフリカのモデルによっているので、系譜の辿れない世代深度の深いものがクランで系譜の辿れる世代深度の浅いものがリネージであり、かつ外婚単位になっているというイメージがある。中国の「宗族」、韓国や沖縄の「門中」などは初めから書かれた系譜そのものが集団を作り出していて、非常に世代深度の深い東アジアの親族組織に当てはめても、イメージが一致しないため概念としてはかえって分析の妨げになっているという指摘も多い[e.g.陳其南1990 (1985)]。また、分節リネージという術語もエヴァンス＝プリチャードの言う制裁システムとして捉えると、中国革命前の状況が各分節まで明らかにできるならばその可能性を否定できはしないものの、今のところ十分な証拠があるとは言えないので「分岐的リネージ」と言っておくことにしたい。

　リネージとクランの概念的違いは集団の成員をその集団が辿っているかどうかにかかっているが、ハニ＝アカ族の系譜観は非常に卓越していて、この範囲までがリネージだと比定してみてもあまり意味がない。それよりは全体をリネージの分岐的体系と捉えて各分節を説明する方が実りあるだろう。ここでは竹村卓二の問題意識にある程度即して整理してみることにしたい[cf. 竹村1980, 1981]。リネージの多くは始祖の名前に由来していて以下、混乱を招かぬようにハニ＝アカ語の集団概念は《　》、系譜上の特定の祖先の個人名は〈　〉で示し、集団としてのリネージの固有名詞は"　"で表すことにしたい。

　上記の卓越した系譜観というのは口承の系譜（ツciiv）に基づいている。基本的には父親の名前の最後の音節を尻取り式に連ねていく「父子連名制」である。この系譜に使われる名前は忌み名であり、このツを暗唱するという文脈でのみ

使われる名であるという。ハニ＝アカ族はこの系譜を多い時は70代以上も暗唱するという点で、チベット＝ビルマ語系の諸民族に特徴的なこの方法を持つ民族集団の中でも際立っている。

　この系譜は実際には葬送儀礼の時に最も重要な要素となるものである。つまり自分が死んだらどこの某としてどうやってハニ＝アカ族の故郷を隠喩する冥界としての「祖先の村」dawuvへ辿りつくかということに関連している。さらにそれは残された家族が死者と繋がることを暗示し、彼らの所属している位置を確認させるものである。また、初対面の人が会った場合お互いこの系譜を辿り、自分と相手の距離を計るものでもある。この記憶としての系譜については後述する。しかしながら、系譜は特殊なリネージだけに伝わるとかいうものではなく、ほぼすべてのハニ＝アカ族の人々がこれを口承で伝えてきたものである。また、系譜の伝承はほぼ祖先祭祀に関連する機能しかなく、財産や権力の相続ないし継承に関する機能が薄いのが彼らの文化の特徴である。

　この系譜は神話を語る時、あるいは儀礼を行なう時の最も重要な要素でもある。系譜の構成から見ると、ハニ＝アカ族の系譜はその最初の数代を「精霊の系譜」と呼び、この系譜は自分と冥界とを結ぶものとしてとらえられている。そして「第1代の人」〈スミオ〉Smlmilolに至る。しかし、この〈スミオ〉から〈タパマ〉Tanlpanlmanl（ハニ語では〈トポ〉Taoqpaoq）までの系譜は半ば精霊と人が交じりあった、あるいは一緒に住んでいた時期と考えていて、〈タパマ〉の時期に起こったとされる人と精霊の分離はハニ族の世界観の中で重要な意義をもっている。そして、系譜は数々の英雄を辿って自分にいたるという形態をとっている（表15参照）。

　ハニ＝アカ族はその全体を〈スミオ〉を祖先とする1つのクランとみなすことができるし、系譜をたどれるという意味では巨大なリネージとみなすことさえできる（〈スミオ〉を欠いた系譜については後述する）。ハニ＝アカ族は他の民族との差異を基本的には第1代目の人間である〈スミオ〉を祖先としてもつかどうかを規準としている。しかし、アカ種族のある話者によれば〈スミオ〉はアカ種族の祖先ではなく、あくまで人類の祖先である。この言い方はタイのアカ族でも同じであることがフィーンゴールドの報告でもわかる [Feingold 1976: 88]。同じ話者によればアカ族は2代目が〈オトュレ〉Oltyuqleilであるが、タイ・ル

一族の始祖は〈オパジョ〉Oqpanljaoqであり、タイ・ルー族はそれを忘れてしまったと語る。この話はアカ種族に一般的なことではないが、アカ種族に聞けばだれでも〈スミオ〉は「人類の祖先」という答えにはなる。しかし、実際には〈スミオ〉がハニ＝アカ族だけの祖先であること、あるいはハニ＝アカ族だけがその神話的歴史を伝えていることを強く意識している。とはいえ、〈スミオ〉自体は特別に神聖視されているわけではない。

アカ種族のリネージ体系はタイでの調査でも基本的に一致しており、分節の名称などに違いがあるものの後述する「漢姓」の問題以外は大きな差異はない。しかしながら、元陽と比べてみると機能的にいくつかの違いがある。以下この2つを比較してみたい。

①西双版納アカ種族のリネージ体系

〈スミオ〉から20数代下った祖先の子孫からなる集団があり、《アジュ》ajeqあるいは《アグ》aqguと呼ばれる。[*11] 西双版納で確認されたのは"ジョゴエ"Jeqhhyuq、"ジェジョ"Jeqjaol、"ジュビャ"Jeqbia、"ムタ"Moqtaq、"ゴク"Gaolkeelの5集団であるが、一般にはジョゴエ、ジェジョの2つが有名でもあり、大きな集団である。これらの範疇は、最も我々意識が強く、慣習を共有していると意識している単位である。彼らはこの《アジュ》相互には言葉が通じないことが多いと言い、それは時には相手方の習慣をなじったりするような関係である。例えば"ジョゴエ"の人たちは"ジェジョ"がビンロウジの実を嚙むことをなじる。しかし、"ジョゴエ"の中にもビンロウジを嚙む者はいるのである。また、女性の服装はそれぞれの《アジュ》ごとに違いがあり、お互いに自分の属する《アジュ》の服装が最も美しいと主張する（写真32）。また、通婚の上でも革命前は《アジュ》間の通婚は少なかったという［社歴: 100］。しかし、重要で難解な情報として次の言い方がある。「〈ジェジョ〉の子孫は"ジェジョ"・リネージであるが"ジョゴエ"・リネージの祖先が〈ジョゴエ〉であるとは限らない」。例えば、あるインフォーマント（表15-系譜2）は〈タパシャ〉Tah pah shaの子孫であり〈タパシャ〉はジョゴエより14代さかのぼった祖先である。〈タパシャ〉は西双版納のアカ種族の間では有名な英雄〈タパマ〉の兄弟であるが、彼は"ジョゴエ"・リネージである。ルイスによれば〈タパマ〉のキョウダイである〈タパシャ〉は

"ゴラ"・クラン Gaoqlanl clan の祖であり [Lewis 1969-70: 37]、本来彼は"ジョゴエ"・リネージには属していないはずである。これとほぼ同じ例はまたフィーンゴールドによって報告されている [Feingo1d 1976: 90]。これには村落への帰属ということが関連している。村落は必ずこのレベルの分節の成員のみで作られていることが理念的前提になっている。村落は"ジョゴエ"・リネージの村、"ジェジョ"・リネージの村落というのであり、そこに加入してきた人間は"ジョゴエ"・リネージなり"ジェジョ"・リネージの成員になることを要請されるのである。つまり、この分節のリネージはリネージとは呼ばず亜種族と呼ぶべき文化的集団になっているのである。このリネージは以下、リネージと呼ぶ必要があれば「上位リネージ」と呼ぶことにする。また、「上位リネージ」は、しばしば前述の亜種族に近いものとして理解されているが、概念上亜種族は文化的な集団である。

　その下位にあるリネージで、またさらに後代の特定の祖先の子孫からなる集団がある。例えば、"イニャ・アグ"、"イニョ・アグ"、"ダンツェ・アグ"などがそうである。これは外婚単位でもなく文化や出自を意識している単位でもない。どちらかというと出身地を表しているという。しかし、そのリネージの名称は出身地というよりも祖先の名に由来している。フィーンゴールドによればこの集団の名称は祖先が鍛冶屋だった場合バジ・アグ（鍛冶屋の《アグ》）のように職業がつくこともあるという [Feingo1d 1976: 90]。この集団はルイスによれば、タイとミャンマーに限ってもざっと100個くらいは存在し [Lewis 1989: 696]、西双版納でもすべてを把握することは彼ら自身もできない。西双版納ではこの集団は《アグ》と呼ばれることが多い (以下そう呼ぶ)。これもまた、以下で中位リネージと呼ぶことがある。

　更に下位ないし《アグ》の一部がそのまま別名として使用される場合もある集団として《アチャ》alqaq あるいは《アグ》aqgu と言われる漢姓の姓集団がある。姓集団とはいっても実際には名前に使っている人は西双版納の場合少ない。例えば、二英という人の姓は「李」であるが「李　二英」とは普段名乗らず、本来の名前とは関係がない。そしてまたこれは基本的には外婚単位でもある。ハニ族の姓は明代に祖先がもらったことになっていて、名前にはなくとも姓を持っているとされるが、実際辿っていくとつじつまのあわない場合もあるという

[陈・庄 1984: 123]。西双版納で確認された姓は「李」「楊」「王」「黄」「龍」「馬」「張」「何」である。〈ダンツェ〉は「楊」家の祖先であり、その集団は上記の《アグ》と一致するが"ゴラ・アグ"の中にはいくつかの姓集団があるという。これは以下《アチャ》と呼び、姓集団 (surnamed group) という語をあてることにしたい。この単位は外婚単位と言われているが、正確には外婚集団ではない。同じ姓の人でも7代以内に共通の祖先がいなければ、結婚が許される。その場合西双版納ではニュムダダイ nimldanq danqyil と呼ばれ結婚した時から分かれる。その後、分かれたリネージは漢語では「大李」、「小李」、「中李」のように形容詞を付けて呼ばれる。この単位をこれ以降、最小リネージと呼ぶことに便宜上したい。そしてこれがまさにルイス、カメラーらが報告する《パ》pavq にあたる。ここで指摘しておきたいのは《アグ》が数えきれないのに対して、《アチャ》はせいぜい8個くらいであるということである。《アチャ》は《アグ》よりも後代のリネージであるにもかかわらず少ないということは、この2つが別の論理で形成されていることを示すものである。という意味ではこの《アチャ》はリネージではない。しかし、この姓集団が実際の認識の範疇として果たしている役割は今のところそれほど大きなものではないという。楊忠明によれば姓を使っているのは平地で仕事をしたことがあるか、学校に行ったことがある者でありほとんどの農民は使っていないという [杨忠明 1992: 53]。

　リネージの分裂については竹村卓二らがロンドゥグオ (lon do hgo) と呼ばれる習俗について述べている [竹村 1981: 25-34, Feingold 1976: 89] ので、西双版納の例を述べておかなければならない。フィーンゴールドによれば「たとえ100代後でもロンドゥグオなしには結婚することができない」[Feingold 1976: 89] ということであるけれども、西双版納においてはこの習俗はないと言っており、フィーンゴールド以外の報告例を知らない。前に述べたニュムダダイは結婚の後に世帯を分けることであり、実際には確立した儀礼が存在するわけではない。つまりロンドゥグオを行なわなくとも結婚はできるし、結婚するとそれから《パ》が別れるということである。しかし、通常は7代遡って同じ祖先があれば婚姻をしないと言い、それから分けられる最少リネージである《パ》pavq は外婚単位としての機能を持っている。西双版納のアカ種族の婚姻規制は下記のように整理できる。

第3章　社会構造の概要　　　153

(1) 基本的には末端の父系リネージ、《パ》pavq についてのリネージ外婚である。
(2) 父方交差イトコ婚はいちおう許されるが理想的には第2イトコからである。
(3) 母方交差イトコ婚は許されるが少ない。
(4) 平行イトコ婚は父方、母方ともに不可である。
(5) 祖先を遡って7代の中に共通の男の祖先がなければ結婚可能である（最小リネージである《パ》の範囲）。
(6) ポリガミーは1夫多妻において可能である。
(7) 革命前は亜種族間の通婚には非積極的で、それよりは異民族との通婚、特に漢族との結婚は推奨されたが、タイ・ルー族との通婚は男女ともに滅多に起きない。
(8) 葬送儀礼で後述するように女性は、婚姻後夫のリネージに属する。招婿婚は可能であるが一般に夫の地位が低くなる。[*12]

　(2)については実際には第4イトコからといったインフォーマントもいるし、(3)は禁止されているといったインフォーマントもあるが、彼らと検討した結果、以上のような結果になった。しかし、このことは父方の婚姻規制が必ずしも厳格に守られていないことを示している。
　(6)のポリガミーについては1950年から1985年に勐海県での1夫多妻婚は150例がハニ族（アカ種族）であり、同県の重婚例の総数にしめるアカ種族の割合は93.8%にのぼったという［張1990: 48］。このことについては第3部で再考する。
　また、村落の建設には3つ以上の小リネージ《パ》がないといけないという規則が「アカ種族」にはある［Lewis 1969-70: 825, Lewis 1973: 1, 140, Tooker 2012: 83］。また、元陽のような移動しない村落でも規則として意識されているかどうかはわからないものの、これまでに単姓村の事例を筆者は1つも知らない。
　これら分枝的リネージのような体系の特徴としてそれぞれのクランやリネージの首長のようなものが存在しない（無頭である）ということがタイの研究者では前提になっている［e.g. Kammerer 1986: 138］。西双版納でも現在はリネージ単位の祭祀やリネージ長のようなものは聞かれない。しかし、『社歴』はかつてのそ

の存在を報告している。『社歴』の記載を総合すると次のようである[社歴：100-145]。リネージ単位で選出される職能には2つがある。それはパムとナヌである。パム pavqmuq（語義どおりには「リネージの主要人物」であろう）は男の最年長者であることを条件とし、リネージ内の紛争の調停にあたり、ラググ lanlguq guq guq、ゾミジャ zaol milcaq（家屋の霊の祭祀）、ヤミジャウ yaqmil caq eeq（畑の霊の祭祀）などのリネージあるいは世帯単位の祭祀にあたる。また婚姻の際は婚家を代表して夫方の村のズマを招いて饗宴を催し、リネージ内のもめごとや禁忌の破られた時にはズマが村の生産活動の一切をやめるようにリネージ内での生産活動を禁ずる。これはミャンマーでルイスの記しているパアユ pavq alyuq（語義どおりには「リネージの最年長」）に相当する[Lewis 1969-70: 825]。しかしながら、こうしたリネージ単位の儀礼があったとしても村落内で行なうのが普通である[Tooker: 2012: 70]。総じて言えばアカ種族では最小リネージの機能は外婚制以外に大きな機能はなく、村落内にとどまる傾向が強い。

②元陽県ハニ種族のリネージ体系

　元陽県のハニ種族のリネージ体系では、上位リネージとか中位リネージといった分節についての言い方は特にない。〈スミオ〉から始まるのは同様であるが村落は上位のリネージとしては同じリネージであり、それがいくつかの姓集団と一致したリネージに分かれるように言われるが、姓集団と辿って行くとリネージは厳密には一致しない。*13 リネージの下位には世帯しかない。

　《チボザ》qiqbolssaq、《アラ》aqlavq、《アチャ》alqa、《ツォチャ》colqaといった呼称が分節のどの位置を区別せず使われる。チボザは1人の祖父qiq aqbolを約めた語に「子供」を示すssaqを付けたもので「1人のじいさんの子」という意味合いになる。アラは「手」や「木の枝」を示すラに接頭辞が付いたもので、リネージ体系自体を樹木に喩える呼び方であり、リネージ体系が樹木の隠喩で捉えられていることがわかる。ツォチャ、アチャは種類を示すチャqaに、接頭辞アや人を示すチョcolを付けたもので、これは「人の種類」ということになるが、一般には姓集団を示している。タイのアカ種族は漢姓を無論持たないが、西双版納では名乗らないが漢姓はある。元陽のハニ種族は漢姓を名乗るため、事実上漢姓の姓集団がリネージのように扱われ外婚集団になっている。ツォチ

ャは、もっと広い意味で「民族」や「外国人」を分類する際にも用いられることも多い。また、チボザは同様に外婚単位である。

『簡史』には《グ》guqという最小リネージ（おそらく西双版納のパにあたる）の中には共同の墓地や公有の土地を持っていたものもあったという［簡史: 101］。これらにはまたリネージ長が存在する。元陽で筆者の観察した村は3つのリネージ（ここは白、楊、李、馬などの姓集団であった）が同じ村にあり、それぞれはアマhhaqmaと呼ばれる聖木を保持していた。その中の1つ、特に有力なものが村のアマと言われているにすぎず、それぞれのリネージは別々に儀礼を行なうということであった。毛佑全によればこのアマの他にリネージはクザザ（Kuqzaqzaq）という豊作祈願祭、害獣を避ける儀礼、人と精霊を隔てる聖木への儀礼を行なう単位でもあり、それぞれのリネージは井戸と特別の牛皮の太鼓を共布しているという［毛佑全 1991: 72-74］。現在観察できる「アカ種族」のリネージの祭祀は大きな祭りの時等に行なう節制（ライドトン lanyi daoton）等に限られており、しかもそれは村を越えないことが条件になっている。

ハニ種族においては、リネージ単位の儀礼がわずかながらあり、村落儀礼などのプロセスの一部としてある。これについては後節で述べるが、リネージ間はその成員の人数にかかわらず、儀礼の上では平等なものとして扱われる。村落儀礼はリネージの平等を表現する。しかしながら、ハニ種族のリネージは実際には職能分化もあり、土司権力との結びつきも強い。また、リネージの結びつきは村落を超えることもしばしばであり、儀礼には他村落の同一リネージの成員も招待されているのが普通である。こうしたアカ種族とハニ種族のリネージと村落の関係性は、盆地連合国家と山稜交易国家の対比からすると、明らかに対照的である。

リネージ単位のシステムは「アカ種族」ではズマを頂点とする「村落の平等原理」からするとインフォーマルなものであるが、他方階層的体系に属するジョバからすればフォーマルなものである。そのため、一度村落がジョバ権力から離れるとナヌは形骸化する。また、パムにしても最初の村の建設には彼は代表的な役割を担い、ズマと同等の立場としてふるまう。しかし、これが長老会議に吸収されズマ権力が安定してくると彼は多くの長老の1人に過ぎなくなる。これらはシプソーンパンナーのようにタイ・ルーの王族や貴族のみが家系を保

持し、それ以外を平等とした王権システムの末端としての村落を体現しており、王権専制主義の中の徹底的な村落平等主義である。

　他方、ハニ種族のリネージはイ族や漢族などのリネージ型の組織体系を営む人々の間で営まれており、それを否定するようなイデオロギーはなかった。それはある程度の階層化を引き起こしており、村落内のリネージ平等主義が階層化を抑止していた。しかしながら、リネージ型の社会構造自体が持つ党派的な性格によって紅河州地域全体の政治的不安定さを生んでいた。それが共産革命により一部を温存しながら、行政上は制度的に消滅したのである。

　第1部で述べた「支系」とされている人々にはビヨ（写真28、表3参照）やアク（写真32）のように言語学的に近いだけで「○○ハニ」とも「○○アカ」とも称しない集団があるが、ドニャ・ハニDolnia Haqniq（写真29：緑春のハニ）とかアロ・ハニHhaqlao Haqniq（写真30：元陽のハニ）のように日常はハニを自称している場合は、ハニの地域的区分にすぎない。これらは政治的にリネージのように言われるがリネージでは全くない。

第3章　社会構造の概要

写真28　ビヨ種族（墨江）

写真29　ハニ（ドニャ・ハニ）の正装（緑春）

写真30　元陽のハニ種族
正装(上)と普段着(下)(1996年)

第 3 章　社会構造の概要　　　　　　　　　　　　159

写真 31　ジョゴエ・アカとジェジョ・アカ
（西双版納　1991 年）

写真 32　ゴク（他称アク）
（陳智瑶撮影　勐海　2014 年）

第4章
祖先祭祀

第1節
霊的存在の分類

　ハニ＝アカ族の世界観について論じる上で前提となることについて触れておきたい。まず、ハニ＝アカ族において書物の宗教の信者は、一部にキリスト教徒がいることと、教育によって儒教や道教を学んだ者がいることを除けば、これから記述する祖先祭祀がほとんどであり、仏教徒の「ハニ＝アカ族」を筆者は1人も知らない。本節ではまず、彼らの霊的存在についての簡単な説明をした上で、それを先行研究の枠組みの中で検討し、次節での神話の構造分析から祖先について考察したい。

　ハニ＝アカ族の宗教はアニミズムと呼ばれていることが多い。「アニミズム」という語は人類学が考え出した語である。E.タイラーやJ.フレーザーが広めた進化論の図式は、人々の生き方を「迷信」として近代以前の遅れたものとみなす根深い習慣を生み出した。アニミズムという語は、特に中国では粗雑なエンゲルス主義的発展論のため、直接に生き方自体を否定する道具ともなった。こうした観念を「原始宗教」[e.g. 李期博1991]とハニ族知識人自身が呼んでいる状態は、1980年代においては当たり前であった。李期博と筆者が1990年に元陽のまだ県城ではなかった南沙のタイ族の村に立ち寄った時、あるタイ族の娘が当時紅河民族研究所だった李期博に占いの仕方を教えて、これは「迷信」ですかと問うた時に、彼が苦笑しながら「民族文化」だよと答えたのを聞いて時代が変わったと感じたのを覚えている。

　関一敏はアニミズムを生活世界のあり方と捉え直し、進化論から離れてアニミズム研究を環境との関係性の研究として再考するように示唆している[関2004]。中国のハニ族知識人にも「自然宗教」[为则1995]といった捉え方が出されてはいる。確かに、アニミズムという語を何らかの人格を持った神々に

対する信仰と捉えると、ハニ＝アカ族は夥しい神格を信仰しているように見える。

　表8はルイスと白碧波の編集したハニー英辞典から霊的存在について抜き出して整理したものである[Lewis&Bai (eds.) 1996]。もちろん、霊的存在は筆者が知っているだけでもこれを超えるが、これ以上あっても特に理解が深まるわけではないのでここではこれだけに留めておく。なお、この辞書のハニ語は元陽の方言ではなく、緑春の標準ハニ語である。こうした霊的存在を中国語では「神」と訳しているが、「ハニ＝アカ族」は「神」にあたる超越的存在を表す一般名詞を持っていない。中国語の「神」には一神教のニュアンスがないのでこの翻訳が「良いネ」についてされているに過ぎず、一神教的な最高神というものは存在しない。アプミエやモミをそうみなすことはあるが、必ずその上の存在がいる。中国語でネを訳す時に「神霊」とか「鬼」とか「霊魂」とか訳し分けているだけで、ハニ＝アカ語では「ネ」に形容詞をつけて呼んでいるだけである。つまり、尊敬できるネについて「神」と訳しているにすぎず、この意味では「神」という翻訳は誤訳に近い。その点は白碧波も同じで、多くは小文字のgodとして訳されているハニー英辞書の記述をすべてハニ語から直訳的に訳しなおしてみたのが表8である。

　まず、カテゴリーとしての超自然的存在について述べる。人格のないアニマティズム的な魂（ホho）は人に12個（数については異説もある）あると言い、12個すべてがなくなると人は死ぬ。一般には、人や稲がホを失って「死ぬ」と人格的な霊魂であるスラ sullal（アカ語：サラ sallal）はその死体から離れ、ネ neivq (naivq：アカ語)（精霊）に変わるとされ、「人と稲にはスラ（サラ）がある」といった言い方をする。ラ lalのみでも同じ意味を表し、通常の言説では「人と稲」であるものの、水、豚、土地にもラがあるという言い方は可能ではある。

　ネは基本的に「内のネ＝良いネ」と「外のネ＝悪いネ」に分けられる。良いネとは村の内側に住むネであり、悪いネとは外側に住むネであるとされている。しかし日常会話の中で触れられるのは普通悪いネについてであり、良いネのイメージは比較的乏しい。また、横死したものや供養を欠いたものは悪いネとなり人々に危害をもたらすという。ネはアニミスティックな精霊として大地、山、川、畑など様々なところにいて、形状は大体人の形をしているが片足で、色は

赤あり、黄色あり、緑ありというように様々だという。

　内のネはhyul neivq（良い精霊：家や村の中にいる精霊）と呼び、アカ語でも同じである。これには祖先aqpyuqが含まれており、この多くが「神」と訳されている。厳密に系譜が辿れなくともこのカテゴリーに含まれるネは祖先か祖先を拡大したものと考えられていることは、表8を見ると多くが親族名称で呼ばれることでも窺い知ることができる。また、「神」と訳されているものの多くが、親族を除くと「主」ないし「統治者」であって、位階を表すものであることがわかる。この統治を表すsaolという語は、普通は「主人」のように家の持ち主であるとか何らかの所有を示す語である。

　この多くの内のネのうち、ハニ語でモミMolmiq、アカ語でミエMiqyeilと呼ばれるのが最高存在である。造物主であり、世界は彼女が創り出したのである。これを「神」と訳すことは可能であるが、多くの場合Aqpyuq（祖先）かaqpiq（お婆さん）の親族名称をつけて尊敬されるので祖先か祖先を拡大したものと考えられている。このミエとモミは化身すると説明されることで、元陽ではどちらでも使うことができる。

　ビュルアプミエByuluvq Aqpyuq Miqyeil、カルツァナアマKalluvq Caqnavq Aqma、ゼルモミザリZeiqluvq Molmil Ssaqliとされ、ビュbyu（人）、カkal（作物）、ゼzeiq（家畜）と古語のセットで呼ばれる。この3つは人、作物、家畜を庇護する霊的存在を示し、儀礼の時に使う3つの石とか3つの酒碗などはこの3つの霊的存在に捧げられている。これらはミエとモミという最高存在が化身したか、生んだものとして説明される。つまり、ビュルアプミエは「人を守る祖先のミエ」カルツァナアマは「作物を守る母」、ゼルモミザリは「家畜を守るモミの末息子」という意味である。

　固有名詞に系譜関係が付され、かなりの数の霊が「母」や「祖先」という親族名称が付くように、神話の中ではこれらの夥しい霊の親族関係が語られるのである。これらの親族的な霊はまた、統治するニュアンスを持つsaolという語を持つ霊とも互換的な関係にあり、別名なのである。

　まず、アカの場合、超越的存在は大きくヨサンyosanl（アカ語）と精霊、ネneivqに分かれる。しかし、ヨサンは最も広義の精霊という意味のネに含まれるものでもある。ルイスはアカのヨサンを「精霊の所有者owner」と訳してい

る［Lewis 1989: 490］。また、筆者はこのヨサンという語のサンsanlという音節がハニ語の王侯を意味するサンパsanlpaq（シャン語のサオパ）と同じ所有ないし統治を意味するものであることから、「精霊の統治者」と訳すべきだと考えている。ルイスはヨサンの代表的なものとして、空、太陽、土地など自然を「所有」するものと人、家畜、稲などを「所有」するものを挙げている［Lewis 1969-70: 58-68］。しかし、このヨサンの性格は一般のハニ族の村民にとっては、創造者アプミエや大地の創造者ジャビアラとは違って位置付けはかなり曖昧である。綾部恒雄の指摘するチャオ・ピー［綾部1971: 201-210］のようなタイ族の仏教以前の土侯国における位階構造がタイ・ルー族のピーを編成していく過程において、同時にアカ族のネという汎神的性格を持つ霊魂観を秩序づけていったものと考え得るかもしれない。

　アカ語のヨサンyosanlにあたるハニ語のヨソyosaolは一般に「主人」という意味で実在の人間に対して使われる語である。実際の世帯主についていうものであり、「客人」dayaoに対して「主人」という意味でも用いられる。人間ではなく、神格についてそれをいうこともできるが、あまり一般的ではない。アカとハニの比較からこのヨサンとヨソの違いはシャンの統治イデオロギーがアカに反映されていると考えることができる。

　「アカ種族」の場合、アプミエは世界を創った造物主として神話や儀礼に頻繁に現れる。アプミエは最初の人〈スミオ〉Smlmilolを作り、人の食べるもの、年月日、村の重要人物など以下に述べるハニ＝アカ族の「伝統的知識」を作り出しだした存在でもある。もう1つ重要な存在としてジャビアラがある。ジャビアラはアプミエの創った世界があまりに小さかったため天を押し広げ、地を手足で創ったことになっている。ジャビアラJaqbiq'ollanqは父親の腹を食い破って出てきたと言い、アプミエが女性的な印象を受けるのに対して荒々しい男性的な神的存在である。

　外の霊はニネnil neivq（「小さい」ないし「赤い」ネ）である。区別しない時には単にネというとこの霊を指す。ハニ語では特にneivqhavと呼んでいる。特に悪いものをneivqhav haqpeelと呼び、これはまさに「悪霊」と呼んでよいが、neivqのみではそれほどひどいわけではなく、頭の悪い兄弟のイメージが強い。内のネを司祭やミグが扱うのに対してニパnilpaやニマnilmaと呼ばれるシャーマン

表8 ハニ語の霊的存在（Lewis and Bai (eds.) 1996より作成）

固有名詞	Alluv（村の森を守る精霊）、Alzeq（村を守る精霊）、Dulma Jeiseq（モミの娘）、Hhelhovq（ミグによってある種の儀礼において呼びかけられるMeqyyulとともに超自然的存在）、Hhellaoq（ハニの有名な祖先Taoqpaoqの息子で「龍王」とも訳される）、Juqlu Aqsei（天の創造者）、Moqyyul（ある種の儀式の中でHhelhovqと共に話される霊的存在）、Sulmil'ol（ハニ＝アカまたは人類の始祖：Oltyuqlyuの父）、Taoqsil（モミの娘の名前）、Taoqzeq（モミの娘と結婚した人間：モミの娘はTaoqsil）、Zyuqtaoqpaoqズタポ：ハニの祖先（Moq'yulzyuqの息子）
固有名称＋親族名称（親族呼称を含む）	aqpiq Molmil（モミお婆さん）、joqhyuq aqpyuq（雲である祖先）、Aqpyuq Miqyeil（祖先であるアプミエ）、Aqpyuq Molmil（祖先であるモミ）、Molmil ssaqmiq（1.妖精 2.モミの娘）
一般名詞＋親族名称（親族呼称を含む）	aoqjiq aqbol（雷である爺さん）、ceiljil aqma（米倉の母）、eelsol aqma（水の主の母）、hhaolduv aqpyuq（春の祖先：この祖先が生まれたとき世界はまったく刷新されたとされる）、hhocuv aqma（稲の苗の母）、hhellaoq qovq（龍王の家族）、Kalluvq Caqnavq Aqma（村の作物の守る母：Apyuq Miqyeilの3つの化身の1つ）、milsaol aqma（土地の支配者である母）、Milsaol aqpyuq（土地の統治者の祖先）milsiil aqma（土地の母）、Yeilmoq Aqda（創造の父）、Yeilmoq Aqma（創造の母、'母なる自然'）、yuqduq aqma（竈の母）
統治などの尊称を含む	aoqtav Molmil（天のモミ）、aoqzyuq（天の統治者）、caoqsaol（土地の主）、daqhhaq e milsaol（地の主）、hhellaoq soqpaq（龍王、王の龍）、Laoqsseil（水の統治者）、saqsaol（猟の獲物の「所有者」）、milsaolまたはmilluvq milsaol（土地の主の霊）、daqhhaq e milsaol（地の霊である主）、milzyuq（土地の統治者）、yuqduq milsaol（竈の主）
人間的人格霊	miqbial（伝説中の空を飛ぶ女の子）、miq nei peev laq e neivqhaq（焼け死んだ人の霊）、naoqbao xabao（銃で死んだ人の霊）、neivqzaq hhalniul（人食い鬼の一種、幽霊の一種）、neivqmoq（古い幽霊、年寄りの幽霊）、neivqzei lavqmol（手の長い霊）
非人間的人格霊	beiyaoq（龍）、buqluqまたはbuqluq pilsil（血を吸う男：魂が抜けていて人の血を吸う）、neivqzaq hhalniul（妖怪の一つ：十月正月の伝説になった妖怪）、moqbiaol（空を飛ぶ馬）、neivqkeeq（犬の精霊：日蝕を起こす）、almiuvq miuvqzyuq（猿の王）
非人格的霊魂	Neivqdovq（燐光、火の玉）、eellal（水の魂）、hhavq lal（豚の魂）、mil lal（大地の魂、）milsavq（土地の精気）

が、その名が示すように主にこれを扱う。異常死syaqした場合は祖先の村へは帰れなくなり、人に憑く場合はdeivmol ssaqmiq molseq（またはmolzao）と言い、彷徨う死者の霊はhhalniul neivqzeiと言うがこれは一応、幽霊と訳せる。幽霊ではない妖怪はho'lo（妖怪、異常な能力や財力を持つ人や家畜など）と呼ばれる。これらも元は人の兄弟なのであって、同じ祖先から分かれた魂（ho）を失った者と考えられている。その意味で特にこれを妖怪と訳しておく。

　タイのアカ族研究ではヘサウが「アカザンの弁証法」で「ネ（精霊）とその名前の地図を作ることは、アカ族の生活と村、またその生産活動と再生産活動のいわばたいへん適当な民族誌的見取り図を与えることになる」[Geusau 1983: 251]と述べ、早くからこうしたアニミズム的な精霊について研究することがアカザンと呼ばれる知識と環境の関係を明らかにすることを示唆していた。ヘサウはネをその現実的な性質において呪術的なものとして表象してしまうことに警鐘を鳴らしている [Geusau 1983: 251-254]。確かに、ネは私たちがバクテリアを擬人化して語るのと同じくらい呪術的でも宗教的でもない。訳すとすれば精霊と訳してしまうしかないものの、当面はネとしておきたい。このように、ヘサウが問題化して以来、こうした超自然的なものにまつわるアカ種族の知識はアカザンないしザンサンホ[清水 2005: 287]と呼ばれ、アカ族研究の主要な位置を占めている。

　西双版納州ではアカザンAqkaq zanlと呼んでいたので、ここではアカザンと呼んでおくことにするが、これを宗教religion、文化culture、伝統tradition、実践practice、知識knowledge、民俗folklore、慣習customなど、いかに翻訳するべきかという問題には長い議論があるが、ともかくはそれが祖先から伝えられた古語で語られる実践的知識であることには変わりなく、ここでは「祖先から伝えられた知識」あるいは「伝統的知識」と言っておくことにし、アカザン*14という語で代表しておいて後に議論する。

　ハニ種族の場合、同根の語としてはゾzaolが慣習という意味であるが、用法やその重要性はかなり異なる。アカは長い移動生活において、アカザンを運ぶzanl tao eeqといった用法を発達させ、新しい環境で様々な苦境に遭っても祖先からの教えを運び続けていったのに対して、ハニ種族の移動は滅多に起こらなかった。アカザンに対応する語は強いて言えば、ハニ語ではにピマドPilmaq doq（司祭の言葉）であろう。*15

　中国語において、現在の急激な「現代化」(近代化)を考えてみれば、これを「民俗」と捉えることも可能であるがハニ族知識人の間ではいまだ一般的でない。1つには彼らの調査データが、まだこうした領域が生き生きとしていた1980年代から1990年代に調査されたものであり、その民族誌的現在をその頃においたサルベージ的感覚から自由でないことがある。また、民俗学が主として漢族の古俗の研究として捉えられがちで、少数民族研究には「民族学」という語が一般的であることなどが考えられる。

　アカザンは後に詳述するように祖先の名の連鎖としての系譜とともに語られる。これは一見、アイデンティティと呼ばれるような心理的過程とも繋がっているように見える。しかし、トゥッカーは少なくとも内面的な宗教的＝民族的な問題としてアイデンティティという語を使うとすればそれは不当であることを論じている［Tooker 1992］。

　トゥッカーは2つの例を挙げる。1つは双子を生んだ母が村から出て一時的にキリスト教徒に改宗し、親族が金を払ってまた村に戻った例である。現在は少なくなったものの、アカの場合、双子の出産は不浄とされ、2人とも殺して浄化のため多くの供儀を行なった上でその両親は森に住まなければならない。この夫婦は双子を殺した後に森に住むべきところをクリスチャンの村に出て一時的に改宗したが、その時に彼らはアカザンを捨ててカリザン Kaqliqzanl（キリスト教）を背負った。そして罰金を払った後、村に戻って再びアカザンを背負ってアカ族に戻った。2つ目は数代前の漢族の家族がアカの系譜を引き継ぎ、アカらしい家を建て、アカらしい服を着て、ついにアカになったというものである。

　これらのことからトゥッカーは西洋的な意味での宗教 religion が内面的な信念 belief の問題でそれがアイデンティティと言われるような心理的過程を指すとすれば、彼らのそれは西洋的な意味でのアイデンティティとは異なるということを論じている。1つはそれが宗教的な内面の問題ではないことであり、2つ目は民族的なことと宗教的なことが同列であることである。つまり、キリスト教徒になることはアカではなくなることであり、キリスト教でなくなればアカ族に戻ることもできるというわけである。

　トゥッカーはこの問題をアジアのいくつかのケースと比較しているのだが、

イデオロギーや実践の問題として、これを一般化して論じることを避けていた [Tooker 1992: 807] が、後にそれを「祖先の伝統」(ancestral tradition)[*16] と翻訳し、それを実践 (Akha zanl as practice) としている [Tooker 2012: 37-38]。この系譜を引き継ぐことは西洋的な意味での宗教religionの問題ではなく、むしろ行なうこと（実践 practice）の問題であることは理解できよう。系譜を記憶することは「信じる」ものではなく「行なう」ものなのである。トゥッカーも論じたようにこの系譜の記憶は社会的に受け継がれることによってその人をアカ族にすることもできる。そうした意味でこの記憶はまるで1つのモノのように扱われ、それを「背負う」taolことも「捨てる」zaiこともできるのである。

こうした概念上の工夫も特に要しないほど、ハニ＝アカ族の超自然的なものに対する実践を最もよく表すのは、「祖先祭祀」という用語である。本節で述べるように、ハニ＝アカ族の場合、一見アニミズムに見えているものも本質的には祖先祭祀か拡大された祖先祭祀であると言ってよい。これを支えているのは父系イデオロギーないし祖先イデオロギーである[*17]。本節ではさらに、彼らの霊的な存在についての彼らの分類体系を明らかにしたい。

まず彼らの超越的存在の分類を考える上で最も重要なのは、ハニ語でネ neivqアカ語でネ naivqと呼ばれる範疇である。このネは「人間ツォ colではないもの」として人との対照によって規定されている。西双版納で聞いた例を表に示す。

表9は人とネの違いである。この違いは儀礼の時に重要であるという。儀礼の時に出てくる野菜と生肉の入った碗は祖先も含むネとの共食を意味する。白い家畜は実際には飼っているが、普通儀礼で使われており、特に葬送儀礼には必要でもある。ハニ＝アカの正装は黒い服が普通であり、白い布を使うのは葬送儀礼だけである。ここで言うネの行為は日常では禁忌として取り扱われているものが多い。しかし、葬式に時は白い布を司祭は付けて、ヒーヒーという音を含むネの喜ぶ歌を歌い、白い牛を供犠し、松明を着けて（昼がネの夜であるため）行進するという。この意味ではネは死霊に近く、祖先も広い意味ではネに属する。

死霊が「内のネ」（つまり祖先）に変わる時点についてトゥッカーは葬式のヤツィモプウ yaciq molpuq tueeqという部分の儀礼であるとしている [Tooker 1988:

表9 人とネの相違

人（ツォ col）	精霊（ネ naivq）
ハ、ハ、ハ hal hal hal と笑う。	ヒ、ヒ、ヒ、hee hee hee と笑う。
黒い服を着る	白い服を着る
火を通した肉を食べる	生肉を食べる
目は横向きについている	目は縦向きについている
歯が黒い	歯が白い
色のついた家畜を飼う	白い家畜を飼う
ネにとっての夜の時間が昼	人にとっての昼の時間が夜

97, 2012: 132-133]。しかし、筆者はこの儀礼からクンシークンミーという春の年中行事、夏のヨララ yoq la la という儀礼までの一連の儀礼を通して完全に祖先になると考えている。この点については後節で述べる。ともかく、通常の年中儀礼では黒い雄鶏を供犠して祖先祭祀を行なうのが通例であり、それは祖先との共食と考えられているのである。

　ハニ＝アカ族の儀礼のほとんどは祖先に対して行なわれており、その意味では祖先に対する「行ない」が最も重要であるということができる。ここで言う祖先とはマイヤー・フォーテスの厳密な定義「祖先 ancestor とは名前を持った、死んだ祖 forbear であって一定の系譜関係で結ばれた生存中の子孫を持つもの」［フォーテス 1980 (1960): 135］に従ってもよい。[*18] 本書では祭祀という語を cult の訳語として用い、祭祀 (cult)＝「祭祀とは特定の精霊に関する信仰と儀礼の総体である。その精霊は一般に特定の事物と場所に関連するとともに儀礼的崇拝と執行者に関係している［A Committee of the Royal Institute of Great Britain and Ireland 1971 (1951): 180］としておく。[*19] ゆえに、本書における祖先祭祀とは「祖先 ancestor とは名前を持った、死んだ祖 forbear であって一定の系譜関係で結ばれた生存中の子孫を持つ霊的存在に対する信仰と儀礼の総体」ということになろう。ただし、この「信仰」(belief) は前述のように実践的な知識であり、キリスト教やイスラム教のような内的で絶対的な感情とは異なる。

　アカ種族の場合、祖先はアプ apyuq ないしアプアピ apyuqaqpiq と呼ばれ、通常ネとは区別されている。元陽でも概ね同様であるが、祖先を daqma と呼ぶこともある。これは父 aqda 母 aqma を約めた表現で、特に近い祖先を指すことが多い。

しかし、儀礼の文脈では祖先は村の内側のネと言われることがある。アプアピは曾祖父以上の男の祖先とその妻を表すアプ apyuq (FFF, FFFW, FFF‥, FFF‥W) と普通は祖母を表すアピ aqpiq (FM, MM) という2つの親族名称が合わさったものである。アピという語もまた遠い女性の始祖として使うことができる。アプは系譜関係で確認できるか、系譜にはなくとも「本来なら確認できるはずだ」と考えられている死者のことである。「本来はできる」という主張は特に女性の「祖」についてされることが多く、女性の祖先は系譜に基本的に残らないため、特に様々な起源譚には祖先として述べられることがある。ここでは祖先も広い意味でのネに属することを確認しておきたい。

第2節
神話の構造分析

　神話を構造分析する時に重要な観点はハニ族もアカ族も象徴三元論的であるということである。前に述べたように社会組織もズ、ハ、ピの三元論であり、この傾向はほとんどの供物などについても言えることであり、3ないしその乗数の9などが好まれる。ヘサウが「アカザンの弁証法」(Geusau 1983) でアカ族の世界観について述べたように、上／下、男／女、村落／森林、上方／下方、内／外、山／谷、多数者／少数者、富／貧、市場／自給などの2項対立は日常でも重要であり、アカ族の儀礼的テキストは必ずその「中間」を選ぶように言う。つまり、三元論は2項を示した上でのそのジンテーゼとしての第3項であり、ヘサウの言う「アカザンの弁証法」はアカの三元論が動態的だということを示している。ハニもまた三元論に変わりはないが、アカよりも静態的であるように思われる。
　アカ種族の家屋は男専用の部屋と女専用の部屋に分かれるという特徴がある。この区別はハニ種族にもあるが、アカ種族ほど鮮明でない。家屋の中央の柱に近い女性専用の部屋にはアプボロ apyuqbaolloq という竹を半分に切った依り代があり、祖先祭祀が行なわれる。父系で辿られる彼らの系譜において祖先として暗唱されるのは通常男性の祖先であるが、アプアピという言葉が示すごとく

それは理念的にはその家における父系祖先とその妻を含んでいる。男性でも女性でも子孫を残さなければその家の祖先として祀られることは理念的にはなく、横死した者は通常は祖先にはなれない。

　系譜の最初の数代はネツ neivqnciiv（ネの系譜）と呼ばれる。彼らが自身の祖先をネと見做しているのは興味深い。アプアピとネが区別されるようになるのは神話上〈スミオ〉が最初の人として現れてからである。しかしさらに、この系譜は系譜上のよく知られる祖先の中で唯一例外的に女性である〈タパマ〉Tanqpanqma という祖先の時期に起こったとされる「人とネの分離」という神話における事件までは、人はネとともに幸せに暮らしていたという。その時期までの人は完全には人ではなく半ばネとしての属性を持っていたとされている。このことについて構造分析をするため、〈タパマ〉についての神話的「事件」を述べておこう。以下の神話は基本的に漢訳のものを使っており、当時の筆者のフィールドワークで得られた神話も漢語を基本にしていたが、2項対立を考える構造分析にはハニ＝アカ語で完全に理解していなくとも、レヴィ＝ストロースの顰に倣えば、分析は可能であると考える。ただし、前節で検討したように「神」と翻訳された霊的存在について筆者は別の語で代替可能だと考えるが原文が漢語の場合、検討には限界がある。

神話1：人とネの分離（採集地点：南糯山。アカ種族）
　　〈タパマ〉は前に9つの人の吸う乳房を持ち、後に9つのネの吸う乳房を持った母であった。当時ネは現在の女の部屋に住み、人は男の部屋に住んでいた。ある日人は卵がなくなっているのを見て、ネを疑い争論となった。そうしたある日〈タパマ〉が危篤となり人とネを呼んだ。人は〈タパマ〉が死んだ時に顔を向けた方に座っている者がこれから〈タパマ〉を継いでその家の主となり、逆の者は村を出ていくという約束をネにさせた。〈タパマ〉が死んだとき顔はネの方を向いていたがネがよそ見している間に人は〈タパマ〉の顔を自分の方に向けネを追い出してしまった。

　この神話によって画される時代以降、ネは人との鏡像のイメージで表9のように規定される。大事なのは、ネは元々人と同じ母から生まれた少し頭の悪い

兄弟であって、祖先を拡大したイメージであることである。ここでは男の部屋／女の部屋＝人／ネという2項対立が得られる。次に、アカ族の村落空間のコスモロジーに関するカメラーの定式を簡単に説明する。まず、カメラーがその着想を得た神話を述べる。

神話2：門と家のしきりの伝承（北部タイ。アカ種族）

「その昔、創造主アブミエが地上の男に結婚を勧めた。そこで彼は森へ出た。そこには長い牙と爪を持った半分虎の女のネが棲んでいた。男は親切に振る舞ったが、女のネはその男を食い殺してしまった。2人目の男は女のネとの結婚を拒否した。男は一緒に棲んだが殺されまいとして部屋に仕切りを設けた。彼らが暮らしているとネの親族や親が心配して娘であるネを捜しに来る。男は彼らが来ないように門を建て、男と女の像を建てることによって彼らを安心させようとした。そしてこのネはいつしかアカ族の女となった」[Kammerer 1986: 32]。[*20]

この神話で指摘される2項対立は、村の外／村の内＝女／男＝ネ／人＝女の部屋／男の部屋である。また、ここでハニ族の村門であるロコンが住居の男の部屋と女の部屋の仕切りとパラレルな関係にあるという指摘 [Kammerer 1986: 50-51] は注目に値する。アカ種族に割合普遍的に見られる家屋の特徴の1つとして、男部屋と女部屋のしきりがある。また上記の男女1対の木像 laolkanq maolkaoq が、女が外向きで、男が内向きということも理解できる。

もう1つこの神話のバリエーションとしてアブミエをシャン族からの称号であるツァーを持つ人間に替えて語られることがある [Kammerer 1986: 34] というのは重要である。カメラーはまた、この女のネがしばしばピーヤ pilyaq と呼ばれ、それはルイスが「魔人」として記載するもの [Lewis 1989: 376] であるという。カメラーは、これがもともとシャンのピーとサンスクリットのヤクサ（夜叉）が合わさってできたものであることを指摘する [Kammerer 1986: 34]。

カメラーはこの男と女の対立項の循環の反復により年中儀礼を理解しようとする。図14に示すように1年は2つに分けられほぼ夏を極にする季節を精霊の季節、冬を極とする季節を人の季節とした。そしてそれは女の季節、男の季節

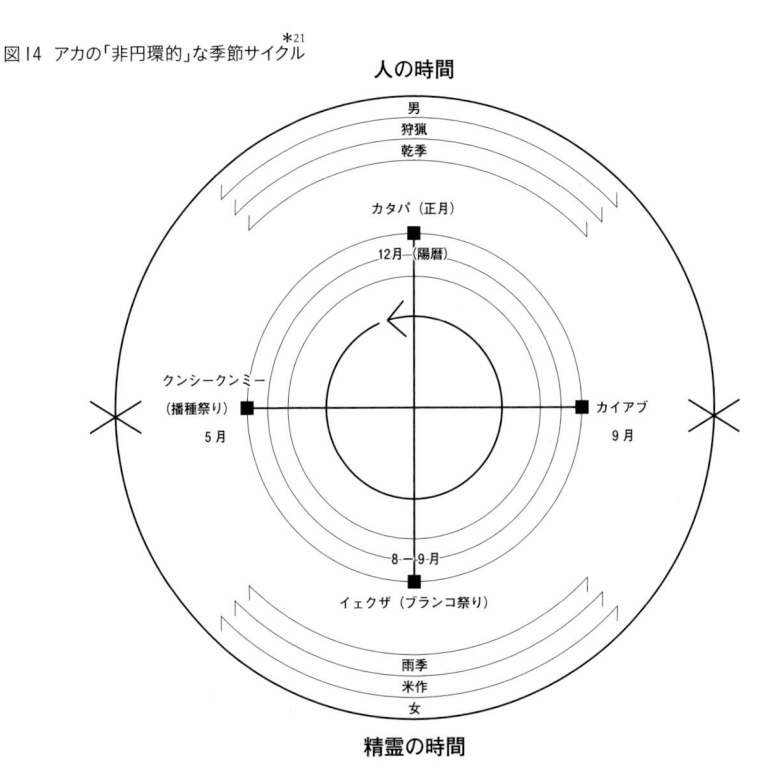

図14 アカの「非円環的」な季節サイクル*21

人の時間

男
狩猟
乾季

カタパ（正月）
12月（陽暦）

クンシークンミー
（播種祭り）
5月

カイアブ
9月

8—9月
イェクザ（ブランコ祭り）

雨季
米作
女

精霊の時間

と対応するという。カメラーは雨季に外のネをうちに入れることによって豊穣を得た後、収穫が終わるとその外のネを追い出す動的モデルを提示している。つまり、乾季／雨季＝内／外＝人／ネ＝男／女＝狩猟／米作ということになる。

村落と家屋の空間上の動的な2項対立の循環モデルを考えた後、次の西双版納の神話を見てみたい。

神話3：格朗和の由来譚（採集地：格朗和。アカ種族）

現在の格朗和の平地部にはもともとアカ種族の村があった。その村を作った1代目のカンラという人が死んで、葬式を挙げる時に水牛が必要になり、息子がルー族のところから借りた。しかし、その金が払えなかったため紛争が絶えず現在の蘇湖（山の中腹にある）というところに逃げた。そして、その商談としてその湖の魚は事実上ルー族の所有となってしまった。

また、この神話には異伝がある。

神話4：格朗和の牛と龍（採集地：格朗和。アカ種族）
　　ある日、湖のそばで白い牛と黒い牛とが戦っていた、その一方の黒い牛が勝ち天に昇って黒龍となり以後、恵みをもたらすようになった。そしてそれ以後この湖を黒龍潭と呼ぶようになった。

　これらが隠喩するものはアカ種族のズマの葬儀に必要な牛が必ず白いものであり、それを用意できなかったということを隠喩しているように思われる。ここには漁業権をめぐるアカ種族とルー族の抗争、ひいては平地の利権を巡る抗争が神話に秘められているということを看取できる。そして、龍という象徴はここではナーガとして平地にルー族の権力が樹立されたことを神話が隠喩していることがわかる。しかし、神話において勝利したのは黒＝アカ種族であり、龍という曖昧な象徴がメタレベルでの転倒を引き起こして、アカ自身に現実とは逆の隠喩を作り出したことがわかる。こうした曖昧な「龍」という象徴を理解するため、いったんハニ＝アカ族の「龍」に対する観念を考えてみたい。
　まず、ハニ＝アカ族には龍神信仰はほぼ皆無であり、風水思想は土司を除けばほとんどないと言ってよい。特に羅針盤知識としての方位を表す語はハニ＝アカ語にはない。その上で、ハニ＝アカ族の「龍神」について敢えて考えてみることにしたい。ハニ語で「龍」と翻訳可能な想像上の動物は2種類存在する。1つは標準ハニ語でベヨ beiyaoq と呼ばれているものであり、もう1つは同じく標準ハニ語でウロ hhellaoq と呼ばれているものである。アカ語にはウロはほとんどなく、ハニ語には双方がある。
　ベヨという語は中国語の龍（long）あるいはタイ語のナーク（ナーガのこと）からの借用語と考えることはできない。ベヨはチベット＝ビルマ語系の言語の中にもともとある語である。ハニ＝アカ語のベヨの一般的なイメージは悪いものである。それは地下や湖に住んでいて、長く大きな巨大生物のイメージであり、しばしば災いを引き起こす。神話伝説の中でこの巨大生物をアカ族の英雄が退治する話は多い。中国語では「白約」（ベヨ：雲南方言では「白」は bei と発音されている）と音訳されたり、「龍」あるいは「悪龍」などと訳されたりしている。例えば、

北部タイのアカ族のベヨについて、ヘサウは次のように記している。「地震は我々アカ族がいまだこの上にいるということを確かめたいと思っている地下世界に住む龍dragonによって起こされる。地震が始まると人々は恐れるが、ズマ（宗教的リーダー）が『ここにはまだ人がいるぞ』と叫ぶと地震は止む」[Geusau 1983: 250]。ハニ族の神話の中でも、ベヨはしばしば地震や水害と結びついており、退治する対象であっても、崇拝する対象ではない。

　参考のために、同じチベット＝ビルマ語系のカチン族（ジンポー〈景頗族〉）のバレンについて中国で出版されたジンポー語－漢語辞典はこれを「龍」として載せており[景漢辞典:57]、漢語－ジンポー語辞典においては「龙＝①puren; baren②Lung (bosang amyu mying)」[汉景辞典：407]とあり、借用語彙と併用されていることがわかる。バレンは明らかにハニ語のベヨと言語学的に同根と考えられるが、このバレンについてリーチはこれが中国龍とよく似ているとし、男性原理、首長の権威と結びついていることを指摘している[リーチ 1987 (1954): 127]。

　しかし、ジンポー族がバレンを権力と結びつけたのに対して、ハニ＝アカ族はそれを否定している。それに対してウロhhellaoqには、巨大生物のイメージはない。ウhhelには「王侯」のイメージがあり、hhellaoq soqpaq (soqpaqはシャン語のサオパ（王侯）に由来)[Lewis&Bai (eds.) 1996: 240]という表現もある。ロlaoqはハニ語には末尾子音がないため、中国語の「龙」と同じ発音になる。ハニ語のlaoqには「増加する」という動詞があるため、ウロには豊かさのイメージがあり、しばしば金山、銀山を持つ財神や、収穫祭の時の豊作を祈る対象となっている[李期博 1993: 284]。リーチの報告する権力の象徴としてのバレンのイメージはむしろウロのほうに近い。

　ウロは「欧龙」と音訳される他は、一般に「龙王」（龍王）と訳されることが多い。神話ではしばしば家族があり、貴族的なイメージであり、「土司」のような土着の豪族の印象が強い。秋のチェシザceilsiivq zaqと呼ばれる新米を食す儀礼において、豊作を感謝する神格の1つとして祀られることが多く、この祭りもしばしば辰日に設定されている。ただし、西双版納以南のアカ族にはこれを祀る習慣は少なく、そもそも北部タイのアカ種族の十二支には辰日にあたる日がない[稲村 1997、Lewis 1989: 704]。

神話5：アチュンの話（格朗和。アカ種族）

「格朗和の山村にアチュンという貧乏な未亡人がいた。ある日アサンという漢族が白い豚を村で見つけてそれを自分のものにした。アサンはハニ族の長老と相談して肉を村人に配ったが、アチュンは知らずにそれを食べた。アチュンが草取りをしているとき、龍が来て白い豚を捜していることを彼女に話した。彼女が村であったことを龍に話すと、龍はお返しに金銭と糠を彼女に与えた。彼女は知らずにその糠を自分の家や道にまいた。程なく、大音響とともに村が池の中に没し、彼女の家とその前の道だけが残った」[版納故事: 50-52]。

この神話はアカ種族がなぜ白い肉を食べないかを説明する神話である。ここでは白い豚は龍の持ち物になっているが、普通の言い方では「白い動物の肉は村の外の精霊（ネ）が食べるものである」とされ、ピーヤは「外のネ」の1つである。ここで前述のピーヤ pi yaq とビャヤ bya yah を比べてみると、比較的音韻的にも近い関係にあると言える。またビャヤは別名をビャヤサオパ bya yah sah pa [Lewis 1989: 90] といい、ルーの王侯をも意味するように思われるのである。つまり、この神話は前記の神話の構造的な異型であることが理解される。外的な権力（ジョバヤルーの士官）が漢族の行動をきっかけとして村落を破壊するというモチーフの中にハニ族の村の〈外部〉に対する畏怖感が読み取れる。それを象徴しているのはまた龍（ベヨ）である。

もう1つ次の神話を考えることで龍（ベヨ）と漢族の関係を西双版納のアカ種族がどうとらえるかという問題を考えてみたい。

神話6：ラブヤの話（採集地：西双版納勐宋。アカ種族）

「むかし、天地は混沌としていてただ霧だけがあった。そこに突然ラブヤ（原文はラバヤが近いがラブヤとしておく：「漢族」を指すアカ語）とジャピアラが出現した。ラブヤは東から西へ青色の大きくて長いものを作り出しそれで霧を払おうとした。同じようにジャピアラは西から東へ黄色の大きくて長いものを作り出しそれで霧を払おうとした。2人はその中間に柱を立てそれが山に変わった。天地ができて草木、魚、海老、龍が生まれ、龍は鳥

や獣を作り、牛や馬、豚や鶏を人間に送った」［版納故事: 2-4］。

　この神話の話者は自ら龍姓を名乗っていた司祭で、彼は漢族の古文化にアカ種族の文化が根ざしていることを主張していた。例えば彼はターバンに包まれた頭の上にわずかに頭髪を残し、それを清朝の辮髪であると主張していた。つまり、彼は漢族とアカ種族の祖先が一緒にアカ種族の文化を作り、龍はその媒介的存在であることを主張していたのである。これは龍に対しての西双版納アカ種族の別の接し方である。ここでは漢族は始祖的な役割を果たしている。ラブヤ laqbul ssaq（漢族）は人間以外の存在の始祖ということになろう。さらにもう1つ南糯山での筆者の取材データから考えてみよう。

神話7：天地創造（採集地：南糯山。アカ種族）
　　太古の時代には天も地もなく世界はただ巨大な鍋のように混沌としていた、それから何10万年もたって上と下、右と左ができた。それから上に雲、下に3つの石と3つの赤土の土くれが現れた、さらに、1万年後、上に1対の燕、下に1対の羽アリ、雲の中に1匹の龍、土の中に1匹の蛇が生まれた。龍は天を蛇は地をそれぞれ33年後の龍の日と蛇の日に打ちたてようと考えた。彼らは30年間言い争ったが大した方策もなかった。龍は、自分は足があっても歩くところがなく手があっても触るところがないからどうやって天を作れるのかと言い、蛇は私の足は3つの石の上を歩けるし、3つの土くれを触ることができる。しかしそれで何ができるのかと言った。そうしている間に天に「銀の湖」ができ、そこにはタヤシャマという人間のような雲の神がいるようになった。龍がタヤシャマのところへ行くと彼女は自分が天を作るもので雲を任されていることを龍に伝えた。こうして2人は3日間相談した。しかし、雲の神は銀の湖からこっそり逃げ、その溜め息が黒雲となり、それが黒雲人となった。龍はそれを見てこれは自分の領分が広がると思って大喜びした。しかし、勢い余って自分の体を3つに断ち切ってしまった。その肉がちょうど蛇の口の前に落ちてきてきたので蛇はそれを食べた。蛇はそれを吐いてその吐いたものが大地となり蛇は喜んだ。これを聞いた雲の神は龍に「上のほうは辛いだろう降りて来なさい」と

言った。雲の神は下を見て蛇が役に立たないとわかってリャネアマという風の霊を探した。風の霊は天と地を統括する大王である。つまり、天は雲の霊と風の霊が開いたのである。しかし、2人の王は太陽や月、星がなくいまだ蒙昧とした世界に満足してはいなかった。そんな月日が1000年続いた。

　風の霊は雲の霊と協力し、蛇の指揮の下、蜘蛛、土蜘蛛、羽アリらと地を作ろうと努めた（結局、それは蛇の日から始められた）。雲の霊は銀の湖に戻って本来の雲のような形になり、天から屎尿を振り撒いた。それを蜘蛛、土蜘蛛、羽アリらが巧みに地とした。彼らは水もなく食物もないところで自らの汗を飲みながら作り上げ、彼ら自身、体の毛を一切失ってしまった。そして、地に黴や苔がはえ、草木が生え1万年がたった。

　この複雑な神話における龍は結局、上記におけるいくつかの問題を解決した上で成り立っていることがわかる。リーチの言う龍バレンがカチンの始祖と見なされたように、神話5では龍はアカ種族の文化の創造者の1つである。しかし、神話4では龍は否定されることによって意味をもち得た。神話6において、龍はあくまで世界を創造する意図を持ったエネルギッシュな神格として現れ、かつそれは蛇に自らのエネルギーを与えることであった。また「蛇の日」と「龍の日」が意識された上で、結局「龍の日」というものが否定されるということから彼らの「十二支」の中に「龍の日」がないことも説明される。そして、世界は理性的な雲や風によって馴化され、制御された秩序に向かって創造される。ここまででこれらの神話は〈外部〉としてのシャンやルーの権力と漢族の権力を龍という多義的な象徴を用いることで解決しようとしていることがわかる。また、象徴としての漢族もこの龍と同じように多義的である。この過程は上記の二律背反を解決するとともに、龍そのものをさらにアンビバレントに位置づけ、そのエネルギーを再生産しつつも、ゾミアの民は象徴レベルで龍を受け入れたふりをしながら実践レベルではいつでも排除できる位置に龍を位置付けていることがわかる。

　次に元陽の神話を検討する。まず、カメラーの男／女＝乾季／雨季という2項対立は元陽のハニ種族にはそのまま適用できない。まず、ハニ種族が1年をいくつに区分するかが不明確なのである。まず、元陽出身の黄紹文の説明を見

第4章　祖先祭祀

てみたい。
　「ハニ族はその長い棚田農耕の活動に伴って、豊富な生産経験を積み重ね、その結果として一連の棚田の農事暦を創り出した。季節の様々な変化に照らして農事、祭祀および家庭生活をうまく配列している。『哈尼族四季生産調』(ハニ族の四季の生産の歌)によると、ハニ族の農事暦の基本的な内容は、季節の移り変わりが1巡することから年を数え、月の満ち欠けから月を数え、十二支で年、月、日に命名していることがわかる。その推算方法は旧暦10月を正月とし、10月を虎の月としている。そのため、月の順序は虎、兎、龍、蛇、馬、羊、猿、鶏、犬、豚、鼠、牛の順になる。日の順序は鼠が最初で鼠、牛、虎、兎、龍、蛇、馬、羊、猿、鶏、犬、豚、鼠と数え、13で1巡とする。1年は12ヵ月で、それぞれの月は30日で、1年は360日としている。残りの5日は年越しの行事の時期としている。季節の変化に基づき、1年は3つに分けられる。1つはオドゥバラ hholduv ba'la といい (乾季、旧暦2～5月に当たる)、2つ目はゼオバラ sseilhhol ba'la (雨季、旧暦6～9月)、3つ目はツェガバラ ceivqgavq ba'la (冷季、旧暦10～1月)である」[黄紹文2010 (2007): 69]。
　動物の配列は異なるが、日を数えるやり方はアカと同じである。ハニもアカも siq (1巡) を12ではなく必ず13数える。始めの動物を2度数えないと1巡したとは言えないのである。このことは彼らの時間意識にとって重要なことであり、後に議論する。また、旧暦10月を起点とするのがハニ種族の特徴でもある。この siq という数量詞は Huvq'yul siq (12月) のように月を数える (1ヵ月が廻ったことを示す) とか果物 alsiq とか丸い石とか丸いものを数える数量詞でもある。
　この黄の文章に引用されている『四季生産調』というタイトルをそのまま読むと、矛盾していることに気付く。黄は引用ページを示していないが、「『哈尼族四季生産調』(ハニ族の四季の生産の歌) によると、……残りの5日は年越しの時期としている」までが『哈尼族四季生産調』に書かれていることであって、「季節の変化に基づき……である」までが黄の意見である。これは一見するとミスリードにも見えるが、そもそもなぜ黄は1年が3季に分かれるというのに4季に分かれるという歌を引用したのだろうか。
　1年を3季に分けるというのはハニ種族についての他の報告 [簡史: 114、九米編著1993: 4,81、毛佑全・李期博1989: 39-40、哈尼族辞典2006: 372, 李期博n.d.:1] などでも

確認できるし、ハニ種族全般に3季だという理解は黄紹文だけではなくきわめて一般的な理解である。

しかし、黄紹文が依拠しているはずの元陽の最も著名な司祭である朱小和によると思われる『四季生産調』(国家級非物質文化遺産に指定されている：後述)の原文を確かめてみても、歌手は1年を3ヵ月ずつの四季に明確に分けている。冬3ヵ月 caoq saol la、春3ヵ月 hhaol saoq la、夏3ヵ月 sseil saoq laq、秋3ヵ月 cuv saoq la とはっきり「3ヵ月」を付けて呼んでおり、4章に分けてハニ語の原文とともに対照訳になっているこの本を誤読するのが難しいほど明確に四季なのであり、1季が3ヵ月であることを朱は何度も繰り返し「呼びかける」のである。なぜ、黄紹文はこうした原文を歪曲した解釈をしたのであろうか。[※22]

いずれにせよ、カメラーの定式つまり、乾季／雨季＝人／ネ＝男／女＝狩猟／米作という2項対立のセットがハニ種族では成り立たないということになる。ただし、このうち人／ネ＝内／外までは成り立つものの、カメラーのいうアカの図式ほどは明瞭でない。しかし、前述したように実際にハニ種族の高地の棚田地帯では雨季と乾季という2項は対立するほど感じられないし、アカのように米作期と狩猟期が2項に分かれるようにも思われない。冷季と訳しているツェガバラ ceivqgavq ba'la (冷季、旧暦10〜1月) は、確かに日常的にもよく聞いたし、自然な感覚的としても理解できる。実際に後述するアマトはこの季節が終わったことを祝福するものである。つまり、ハニ種族の3季か4季かという認識上の問題は、アカの2季ほどはっきりと対立していないことを示しているのである。つまり、ハニ種族の1年の区切りについての認識的カテゴリーは2種類あるのである。

朱小和の語りは確かに葬送儀礼や遷徙歌などの神話のテキストに関する限り中華的な影響は全くないと言ってよいが、『四季生産調』については漢語の借用語彙はないものの土司支配の痕跡を残しているのかもしれない。農業暦というものは徴税に関連するからである。神話を上部構造とみなしこれをイデオロギーという問題として論じる構造マルクス主義者の本質的なアポリアがあるように思われるが、この季節の認識については後で議論する。

神話8：クザザの由来 (元陽。ハニ種族)

「太古の昔、ハニ種族が水路を作り、山を焼いて田を開墾していた時、

山の上や地上にいる動物に罪を犯していた。ミミズや蟻は山の上で田を作っているハニ種族は彼らの首をちょん切り、熊や狐たちはハニ種族が自分たちの穴を壊してしまったと天祖に言った。神殿の中の判事は耳の聞こえない神官で、虫や動物が脚が短く手が欠けているのを見ると、わけもわからずハニ種族に6月の祭りには人を殺して彼らの亡霊に捧げるよう判じた。また、虫や動物が彼らの田に入って作物を荒らしてもよいとした。毎年6月の犠牲を捧げる祭祀には、ハニ種族は家族を失って声を上げて泣いていた。泣き声が天神モミにも届き、耳の聞こえない神官が誤って下した判決でハニ種族が災難にあっていると思ったモミは判決を変えることにした。ハニ種族はお前たち(虫や動物)を何千万も殺してきたけれど、彼らが殺す人間は1年にたったの1人じゃないか。それではお前たちの恨みは晴らせない。毎年6月にはハニ種族の老若男女を生きたまま空中に吊るすことにしよう。それを聞いた虫や動物たちは喜んで帰った。天祖モミはオズとシピを人間界に遣わして天祖のメッセージを伝え、毎年6月にはシーソーとブランコを高々と立てることにした。シーソーやブランコに乗りながら、大声を出して沢や林にいる動物たちに聞こえるようにし、人を殺す代わりに牛を殺して祀るようにした。山々の虫や動物は、ハニ種族の老若男女が空中に吊るされ(ブランコをこいで)、木の棒の上に吊るされ(シーソーに乗り)天祖の罰を受けたハニ種族が苦痛な叫び声(シーソーに乗るとき人が喜んで出すワハハという声)を聞いて喜んだ。虫や動物は笑いながら山に帰り、ハニ種族の作物を荒らさなくなり、天に訴えることもしなくなった。こうして、ハニ種族は毎年6月には吉日を選んで牛を殺し、祭りを行なうこととなり今に至っている」[黄紹文2011 (2007): 94-95]

前述のカメラーのモデルと照らしてみると、外のネが虫や動物などに置換されていることがわかる。神話は言語や文化を越えて相互にコミュニケートしており、変換を経てバリエーションを生み出すというレヴィ=ストロースのテーゼを思い出せば、ハニ種族のシーソーとアカ種族のブランコ(写真22、23)と同じ位置にあることがわかる。ここでは「神官」という土司的なイメージが出てくるようになる。この「官」は刑罰の力を以て貢納を迫る存在である。

神話9：天地創造と穀物の由来（元陽。ハニ種族）

　「大きな魚が宇宙天地と原初の1対の人を創り出し、男をズタZyutaq、女をタポTaqpaoqと言った。タポは12人の子供を生んだが、三男は龍だった。龍は成長すると海に入って龍王となった。タポへの育ててくれた恩に報いようと、タポに3本の竹筒に入った品物を捧げたが、その中の1本からスースーという音がしたので蓋を開けてみると、金色に輝いている穀物の種があった。それで彼女はその種を高い山に蒔いた。山の斜面にイネ、コーリャン、ソバが育った」［黄紹文2011（2007）：60］。

　ここではまた、龍が出てくるがこれはベヨではなくウロである。このウロはハニ種族の祖先の兄弟として馴化されており、内のネの1つと考えられていることがわかる。

　以上のように龍をトリックスターとしながらも、ハニとアカは相互に変換された神話を伝えてきたことがわかる。そうした曖昧な象徴としての龍は外部の権力を隠喩しながらハニ＝アカの神話の中に取り込まれてきたことがわかる。龍は龍王とともにタイ族政体や中華政体を隠喩しそれを外部のものとして表象する。また、祖先の中にもそうした統治者のイメージを付与するが、それは統治者として神格化されながらも常に親族として親しみを込めて呼ばれる存在であり、それを神ではなく祖先の延長として見る視点が重要であることがわかる。ハニ＝アカ族の超自然的存在への観念と実践は、アニミズムというよりは人間と自然の作った森羅万象の世界を祖先との関連で意味づける体系なのであって、ネは元はと言えば人の兄弟であり、「神」とされている霊的存在は祖先の拡大でもある。つまり、祖先祭祀が最も重要な部分なのだということができる。

　また、こうした祖先崇拝が、ヘサウのいう神話における「弁証法」によって彼らの文化を「中華」や「タイ」といったイデオロギーを神話の中で解消することである程度、守ってきたのである。次節では葬送儀礼を中心に祖先の問題を考えるが、少なくとも古語で語られる彼らのテキストの中に漢語の借用語を見出したことはなく、そこにある漢族的なものは不安定な象徴にすぎないのである。

　このように元陽のハニの神話は三元論的で2項対立を分析するやり方では処理しにくくなる。それは決定論的でもあり、変化を神話の中で処理しようとす

るアカの動態的三元論ではない。神話の構造分析に終わりはないが、同様に元陽の出版されているテキスト「神の古今」「神と人の系譜」「3つの世界」「ツァニュの天地改造」「タポが種を取る」「ホボとナロン」[哈尼族神話伝説集成1990, 哈尼阿陪聡坡坡]などを見ても静態的な三元論である。この違いは政体の違いに起因していると思われ、対称的2項とその中間ではなく、非対称的3項への変換なのである。この静態的三元論は革命前の土司制度のなかの固定化された彼らの位置を説明する役割へと神話を変えていると解釈できよう。

第3節
村落と時間意識——逃走のための年中儀礼——

　前節で検討した認識とイデオロギーの問題を考えてみたい。この問題は後節の祖先と集合的記憶（ないし歴史意識）と関連していて、歴史意識（historicity）の問題を考える上での基礎的な記述となる。本節では年中儀礼の詳細な記述はしない。これまでに多くの報告があるが、アカ種族の場合は特にカメラーの記述と分析が最も的確であり[Kammerer 1988]、元陽のハニ種族の年中儀礼については黄紹文の記述[黄紹文2011 (2007): 81-97]を訳しておいた。ハニ種族全般ならば九米 (1993) が最もよくまとまっている。簡単に言えばハニ=アカ族のすべての年中儀礼[*23]は稲作の農耕儀礼であり、祖先祭祀である。年中儀礼うちのハニのアマトとアカのミサチュサについては第4章第6節で述べる。本節では年中儀礼における時間意識の解釈を試みる。そもそもあの長大な祖先の物語としての「歴史」がなぜ繰り返し受け継がれるべきものなのであろうか。

　M.ブロックがギアツを批判して認識とイデオロギーを分けるべきだと主張した論文[Bloch 1989b (1977)] がある。ブロックは、マルクスの言う上部構造の認識システムと物質に基盤を置く下部構造の普遍的な認識システムの2つがどの社会においてもあると考えた。まず、その普遍的な認識と彼が言う下部構造の根拠の1つになっているバーリンとケイの色彩認識の普遍的進化論は排除しておかなければならない[Berlin and Kay 1969 cf. 福井1984: 234-235] が、それとは別になお普遍的時間認識は存在しうるかということになる。ブロックはギアツが循

環するバリの時間意識を認識とイデオロギーを混同したものと批判する。つまり、永遠に循環し続ける時間意識と前進する普遍的時間意識を人間は分けているはずだということである。これをバリの時間意識としても前進する時間意識はあるとした。ここで注意すべきはこの普遍的な時間の認識システムが近代的普遍性を装った時間ではないかということである。「近代性」は常に普遍性を装う言説のことである。中華的近代もまたそうであり、我々日本人が「旧暦」と今日考える太陰暦もまたかつては「普遍的」な時間として導入されたのであった。

　もちろん、現在のハニ＝アカ族は時計や暦を持っており、それで時間を見ることができる。しかし、儀礼の日取りは司祭と宗教的村長の決めるものであり、時間が来たから儀礼をやるのではなく儀礼をやるから時が替わるのである。アカの正月にあたるガタパ ganltanl pal のパ pal という語は「代える」という意味である。ヘサウは次の観察をしている。

　　　「あなたは、あなたの両親、妻、子供たちの誕生日や命日には祖先に供え物をすることはできない。しかしすべての日がふさがっている場合は、日の選択はまた自由にできる。もしくは妻の家族の未婚の少年がその責任を受け継ぐこともできる。あなたは新年が終わるまで、鍬入れ、開墾、除草を始めてはならない。しかしもし大勢がそうする必要があると思えば、新年儀礼を1ヵ月繰り上げることができる（私の村で1978年の年末に起こった）。様々な理由でアカでない女性は女部屋で寝ることはできない。しかしもしあなたが彼女を名誉祖母にすれば、彼女は男部屋で寝ることができる。アカ族が非常に自治的な感覚でアレルギーを示すような何かが、もし外部から課せられるようなことがあれば、そのときもまたザンはその望ましくない目新しい事柄に使うことができる」[Geusau 1983: 257]

　リーチ（1974（1961））の言うジグザグ的時間は2項対立的なジンポー族なら当てはまりそうであり、アカの場合でもカメラーが示したように人とネの交替として日や年を解釈することは可能なように思える。しかし、ハニの三元論にはこうした解釈を適用することはできない。年中儀礼が円環的な時間を表象し、社会構造を再生産し続け変革の可能を拒むイデオロギーなのだとするブロック

と違って、リーチが2項を交互に揺れながらも先に進んでいく時間を描いたことは注意してもよい。

ハニ＝アカの循環的な時間はsiqという数量詞で表される。前述したように12の動物の配列で説明される。

ハニ：鼠 (hu)、牛 (niuq)、虎 (haqlaq)、兎 (toqla)、龍 (laoq)、蛇 (seil)、馬 (moq)、羊 (yol)、猿 (miuvq)、鶏 (ha)、犬 (keeq)、豚 (hhavq)、鼠 (hu) [Lewis&Bai (eds.) 1996: 835]

アカ：羊 (yao)、猿 (mioq)、鶏 (yaq)、犬 (keeq)、豚 (zaq)、鼠 (ho)、牛 (nioq)、虎 (haqlaq)、ロバ (tanqla)、兎 (lan)、蛇 (sheil)、馬 (manq)、羊 (yao)

漢族が使う「子丑寅卯辰巳午羊申酉戌亥」と動物の配列はハニ種族の場合同一である。ただし、上記の十二支と漢語で呼ぶ「子丑…」の発音ではなく、ハニ語ではあるが龍だけはロンと漢語と同じ発音をし、犬を日常はaqkeeqと呼ぶが、keeqと呼ぶように日常語と異なるものがある。ハニの読み方は鼠から始まって鼠で終わり、13数える。

アカでは配列自体が違う。羊から始めて羊で終わり、同様に13数える。兎のところにロバが来て、龍が抜ける。ルイスの挙げる表 [Lewis 1989: 704] は、蛇のところがforgottenとなっており、このことはタイでも1996年に確かめたことがある。確かに司祭は何か長いもので多産の鹿のような動物だとか別の人は蛇とか蟻とかいくつか説があって、よくわからないと言っていて、当時のアカのNGOが出していた暦にも毛の長い犬のような動物の絵が書かれていた。また、ルイスはタラtanqlaをラバ (mule) としているが、筆者が西双版納で聞いたのはロバ (驢) だった。ハニ語でタラにあたるトラ (toqla) は明らかに兎である。

現在NADA (Naqkaw Aqkaq Dzoeqcawq Armavq)、Mekong Akha Network for Peace and Sustainability (MAPS) というハニを含まないアカのみの組織で正書法に関する会議や教育交流などの組織化を図っている国際団体が配っているカレンダーは中国の十二支と同じ動物配列のもので龍があり、蛇がある。これは中国との交流が進んで統一されたことを示している (写真133)。

これらは、日を選ぶ時 (例えば、タラ (ロバ) の日は土に関するので家を建て

ないとか、あるいは男女の相性を見たりするのに使う[タイの場合は、稲村1997参照]ので、生活の細部に関わっており、単に中国式にしてしまうのもかなりの文化のシステム上の変化を引き起こす。

　同じアカ種族でもビルマ(現ミャンマー)のアカとタイのアカ、西双版納州のアカでは月の呼び名も異なる。それぞれに諺があり、それはエヴァンス＝プリチャードが「生態学的時間」として区別した時間意識[エヴァンス＝プリチャード1978 (1940)：3章]とも微妙に一致しないし、月の呼び名にもあまり規則性がない。アカの儀礼は表10でミャンマーの例をルイスの辞書から挙げたが、こちらは西双版納でも言い方はよく一致している(実際はあまり行なわれてはいないが)。祭りが行なわれる月や日にちはそれぞれの村ごとに日どりを司祭やズマが占って決めるのでアカ種族でも一致した見解はない。

　一方、元陽のハニ語で日常生活に使う月の名は単に1月、2月、3月…の数字を言うだけのことであって、qiqla, niqla, saolla…のように「数字＋la (月(天体と時間の両方)を表すba'laの省略)」特に変わったものではない。私たちが「睦月、如月、弥生…」と呼ぶような少し古めかしい月の名は儀礼の時に用いられる。須藤護は元陽で表12のような月の名前を聞いており、このことは後に議論する。

　儀礼の際の宴席の一応のマナーとしてはまず、その席の最長老が挨拶とともに定型化した歌を歌うのが普通である。それは村では数十分にも及ぶ時もある長い淡々とした歌で、客を讃えるとともにハニ＝アカ族の生き方を説明するような歌である。正月には前述の『四季生産調』のような歌が歌われこうした酒席の歌はハバhabaqといい、ラバlalbaq (古歌：酒を飲まずに歌う)とは区別されている。サーイーサの掛け声で全員乾杯した後、あまり守る人はないが、正式なやり方だと最長老に酒を1献注ぎ右回りに注いでいって最後に長老にもう1度注ぐのがよいとされている。竹製の水タバコsuvbaolも同じで、タバコは同様に右回りに回され、最後は最長老に再び回ってくる。逆に葬送儀礼の宴席では左回りであり、長老にもう1度回すことはしない。主役の長老はもう旅立っているのである。いずれも宴席は男女分かれるのが正式であり、客である女性と高齢の女性以外は男たちと酒を飲んではならず、男たちが女性の輪に入って酒を飲むのも本来はよくないことである。客は男女ともに男性の輪に入れられるし、儀礼の場でなくともそれは日常的にも女性と男性が同席することは少ない。

第 4 章　祖先祭祀

表10　アカ種族の月の名称の比較

太陽暦	ビルマのアカ	ビルマのアカの諺	タイのアカ	農暦	格郎和(西双版納)	格郎和での諺
1月	Tanqla	新年の月	Tanqla	9月	Tanqla	倉庫がいっぱいになる。
2月	Jaoqla	結婚の月	Jaoqla	10月	Genqla	イートーホーの葉が落ち始める。
3月	Genqla	道具を準備する月	Genqla	11月	Hoqsseil	イートーホーの花が落ちて結婚、正月の準備が始まる。
4月	Byuqzo	焼畑に火入れをするために木を切る月	Byuqzo	12月	Hoqsiivq	翌年の準備
5月	Ganqla	焼畑に火入れをし、狩猟をする月	Hoqsiivq	1月	Byuqzo	キクイムシがいないので家を建てられる最後の月である。
6月	Hoqsiivq	陸稲の播種と雨への感謝の月	Cuqngao	2月	Caqngao	地面が潤い始め植物が芽をふき始める。
7月	Caqngao	発芽の月、森へ菜を獲りに行く	Ganqla	3月	Ceilla	ブベアエの花が咲き始める。
8月	Caoqla	草取りと野菜の世話の月	Ceilla	4月	Ganqla	ブベアエの花が枯れ、種蒔きの時期となる。
9月	Zaoqla	物を売ったり植えたりする月(かつては牛をこの月に殺していた)	Caoqla	5月	Caoqla	種が発芽しはじめる。
10月	Ceilla	稲が実って、新米を食す月	Zaoqla	6月	Zaoqla	1年が1周する。
11月	Siivqsseil	稲刈りの月	Siivqsseil	7月	Siivqsseil	稲が実り脱穀をしはじめる。
12月	Nanlsseil	新年の準備の月	Nansseil	8月	Nansseil	鶏、豚に食べさせられるほど実ってくる。

＊農暦とともに格郎和の話者は話したので農暦を挙げたが、太陽暦とは大幅にずれている。
＊タイのアカの情報はカレンダー：Akha Associationで公刊されているもの
＊ビルマのアカの情報はLewis (1989: 705) から

表11　アカ種族の年中儀礼 [Lewis 1989: 709]

1. ガタパ	Galtanlpal	新年の祭り
2. クンシー	Hmsiivq	狩猟の祭り
3. クンミー	Hmmi	司祭の祭り
4. ツェカ	Ceilkal	陸稲の播種の祭り
5. イェク	Sseilkul	女の新年　村のブランコの祭りで健康を願う
6. ヨララ	Yaoq la la	豊作の願う祭り
7. ヤチチ	Yaciq ciq	鶏をむしる祭り
8. カイイエイェ	Kal yeiq yeiq	悪霊を追い出す儀礼
9. ツェニュム	Ceilnml	新米祭り

表12 ハニ種族の年中儀礼と季節（須藤2013: 148-149，黄紹文2011（2007）: 81-97より作成）

ハニ族の暦	農暦	季節		紅河県墥美村の重要な農事と祭事	元陽県全福庄の重要な農事と祭事
古い年が終わる月 Hoq'yul	9月	sseilhhol ba'la→ceivqgavq ba'la	移行期	水田、畑の耕作、麦、豌豆、蚕豆の種まき　集会を開き新年の日取りを決める　年越しの準備	水田、畔、用水路の補修、耕作　トウモロコシ、ダイズ、青菜の種まき、穀倉神祭（籾を穀倉に移す）
新年が始まる月 Neiqse	10月	ceivqgavq ba'la	寒い季節	ハニ族の新年、祝賀儀礼が多い、薪作り、青菜の種まき、婦女裁縫	十月年（ハニ族の新年 Zalteil teil (Ceilla huvqsiivq zaq)）、餅、ブタの屠殺、薪作り、冷季の期間は機織、裁縫、茶摘みを終える
苦桜桃が咲く月 Hheiqla	11月	ceivqgavq ba'la	寒い季節	ソバ用畑の耕作（現在は植林地）プマトゥ（村神の祭り）	霜神祭、家の増改築、建材の準備
Zaoqla	12月	ceivqgavq ba'la	寒い季節	家の新築、改築準備、火のカミの祭り、中豆、瓜などの苗植	年越し（漢族）家の増改築、大根の収穫
あらゆる生物が目覚める月 Byulssoq	1月	ceivqgavq ba'la→hholduv ba'la	移行期	家の新築、改築、薪作り　種籾を水に浸す　苗代田の準備、ソバ畑地の準備、1月の節日なし	春節（漢族）、水神祭（ハニ族）水田の耕作、整地、種籾まき、トウモロコシ、豆類の種まき
暑くなり始める月 Calngoq	2月	hholduv ba'la	乾燥する季節	ソバ畑を焼く、ソバ種まき、南瓜、サトイモ、ジャガイモなどの植付、スラク（魂を呼ぶ儀礼）	アマト節（村祭り、火のカミ、土地のカミ、水のカミの祭り、苗代田の祭り、この年生まれた子供の健康祈願）、薪作り
太陽が大地を照りつける月 Miltil	3月	hholduv ba'la	乾燥する季節	田植、老鼠豆、黄豆、トウモロコシ、種まき　各家で黄色のおこわを作る、デロホ Dei'laoq hoq（田地の祭）	アマト後茶摘み始まる、山のカミの祭り、カオプ祭 Kalhhopo（田植えの儀礼）
クザザの月 Ku'la	4月	hholduv ba'la	乾燥する季節	用水路の清掃、水田に給水、薪作り、クザザ節、回転シーソー、ブランコを作る、農閑期	ミネナ祭 Miqnieiq naq（ウシの休養日、水浴、洗濯、家の掃除）、水田の耕作、整地、種取り、水の管理、スラク（魂を呼び戻す儀礼）
Sella	5月	hholduv ba'la→sseilhhol ba'la	移行期	雨季の開始、田の草取り、農閑期	薪作り、水の管理、豆類の種まき
六の月 Ko'la	6月	sseilhhol ba'la	雨の多い季節	稲の出穂、用水路、畔などの除草、鼠害を防ぐ、村のネ（精霊）を追い出す儀礼	クザザ節（回転シーソー、ブランコ作り、牛の屠殺）、水の管理、田の草取り
黒い水の月 Colnav	7月	sseilhhol ba'la	雨の多い季節	除草、脱穀船の準備　この月をネ（精霊）の月という、家の改修・10歳以下の子供の理髪禁止	村からネ（精霊）を追い出し村門を作る、大根の種まき
白い水の月 Colpul	8月	sseilhhol ba'la	雨の多い季節	稲刈り、トウモロコシ、大豆の収穫、結婚のシーズン	棚田神祭、チェシザ Ceilsiivq zaq（新米祭）、道の補修、稲刈り、脱穀、籾винж選び

（採集地：雲南省紅河州紅河県、作成：李学良，2002年5月／採集地：雲南省紅河州元陽県、作成：須藤護2002年12月）
須藤2013:148-149，ハニ語の修正は筆者による（黄紹文2011（2007）: 81-97と照合して一部改変）

表13　元陽の年中儀礼

1. ザテテ	Zalteil teil	正月
2. アマト	Hhaqma tul	
3. カオポ	Kalhho po	田植え前の儀礼
4. ミネナ	Miqnieiq naq	「仕事」を休む儀礼
5. クザザ	Kuzaq zaq	六月の祭り
6. チェシザ	Ceilsiivq zaq	新米祭

　普通女性たちは客に食べ物を出す役割に徹しており、客と男たちが食べ終わってから別室（女性の部屋）で残ったおかずと米飯を食べることが多い。

　この宴会のやり方は彼らの時間意識をよく表している。siqが円を表現しつつも全くの1周ではなく元のところに戻ることで螺旋的に時間が進むことと、葬送儀礼において死者とのsiqが途切れていくことを象徴的に表している。この点では彼らの時間意識は少しずつ進んでいく意識であり、何ら永遠に繰り返す円環ではない。卓に呼ばれた客は故人の旅立った輪の切れ目を見ながら、自分がその前に座っていることを自覚し、乾杯（ジバドJilbaq dol）を繰り返す。年中儀礼は世帯→村落→「国」を作ることを儀礼的に表現しており［Tooker 1988, 李克忠 1998: 518-557］、それは実際には移動しなくとも自身を始原の世界から長く不可逆的な「歴史」の中に位置付けるものである。

　しかしながら、イデオロギーと認識を分けなければならないのは、前述の黄紹文のミスリードに端的に表れている。それは別の理論的問題への導入なのである。神話を上部構造とするならば構造マルクス主義者が言うように下部構造との関連性を考えなければならない。ハニ種族の環境に応じた3季分類と朱小和の歌にある4季分類はこの裂け目を露呈しているのである。つまりこの矛盾は単なる間違いではなく、実践側に立つ伝統主義的な研究者と中華的近代主義をイデオロギー的にとる司祭の奇妙な矛盾を露呈した苦渋のミスリードなのである。

　註17で述べたようにイデオロギーの再生産には「呼びかけ」が重要である。この「呼びかけ」がなされる場こそがモピの徒弟制度である。次にそれを検討してみたい。

徒弟制度

　元陽では前述のズ、ハ、ピの役割は姓集団としてのリネージの中から選抜される傾向が強く、白姓のリネージはピマが多いが厳密なものではない。このピの範疇は、アカではボェマbyuqmaと呼ばれる。元陽ではモピmoqpilと呼ばれ、700人ほどのA村には43人のモピがいた。

　1997年の12月、雲南省元陽県の有名なハニ族の知識人である蘆朝貴に連れられて元陽県のA村に筆者は来ていた。そこにはこの辺りでは有名なモピ（司祭）であるB氏がおり、モピの最高位であるピマアボpilma aqbolと呼ばれていた。当時76歳というのに足腰はしっかりしており、山歩きでは筆者が遅れをとる始末であった。筆者は黒い布（モピの正装の布）1反、雄鶏1羽、酒1ビンを慣例に従って持参し、彼の弟子ピザpilssaqとなった。弟子といっても僧修行などとは異なり、何をしてはいけないということもなく、B氏に薦められるままタバコを吸ったり、酒を飲んだりしながら半年を暮らした。その間あちこちの葬式に彼と一緒に行った。家では何という修行もなく、ただ彼の息子（第2夫人の子でB氏には2人の妻があった）に時折、葬式の文句を教えていた。43人のモピのほとんどは筆者と同じピザの位にある。筆者たちピザは葬式の夜に繰り返されるこの葬歌を横で見て覚えるか、兄弟子に習う。だんだんできるようになってくるとピマアボから地面を叩く竹の葬具ボドゥbaoqduをわたされ、言い間違えたり、失念してしまったりするまで葬式を司るようになる。ピマアボ自身は自分で葬式で暗誦することは滅多にない。この暗誦は夜を徹して行なわれ、司祭は水以外ほとんど口にしない。そしてこの葬歌の暗誦ができるようになってはじめて一人前のモピと見なされるのである。この意味でスピヘゼSIILPIL HEIQZEILという葬歌はモピの資格試験と言ってもよいテキストである。

　葬送儀礼の実践は徒弟制であり、特に練習のようなものはなく、実践のほとんどは葬送儀礼の本番で行なわれる。人口700人のこの村では人口学的な計算上、月に1〜2度、司祭の活動は周囲の村も含むので月に3度くらいの葬送儀礼がある。その度に1回2〜3日、つまり毎月6日〜9日ぐらいは葬送儀礼に立ち会う機会があることになる。「正当的周辺参加」は先述のように容易であるが、葬送儀礼を任されると一人前であり、グビgeepilと呼ばれる。モピはその習熟度に応じて3段階に分かれる。習熟度という文脈では葬式をできないモピはゴ

ピhhaol pilと言い、葬式が「歌える」という意味でグピ geepil、葬式を「できる」という意味でニャピ nial pilであり、ニャピが日常的にはピマアボと呼ばれる。ピマアボに対して遜っていう時は、ピザということになる。ピザという語は謙譲語であって、ピマアボも祖先の前では自身のことをピザと呼ぶのである。ピマアボはピザが儀礼の手順を間違えたり、テキストを間違えたりすると訂正し、他のピザに代える。ピザ同士ではお互いに教えあいピマを目指す。習熟してくるとモピとしてのアイデンティティが確立してくる。彼は若いピザに教えながら自身がピマに近づいたことを認識する。

こうした徒弟制はレイヴとウェンガー(1993(1991))が「実践コミュニティ」(community of practice)と呼んだ集団における学習プロセスで維持されているコミュニティであって、ピマの息子が跡を継ぐことが多いものの世襲制ではない。かつては頭のよい子供の就きたい地位であったが、報酬の少ない今日は純粋に死者のために受け継がれている学習の方法である。[*24]

ピマアボのB氏は民国当時、土司の家で系譜を朗詠したことがあると言い、5代続いたピマとしての彼の家系は土司に仕えたと言う。ピマアボの職は終世続くが、A村ではB氏の前妻の長男と後妻の末男が修行中であり、前妻の次男はほとんど葬送儀礼に参加しない。恐らくは長男と末男のいずれかがピマアボの死後継承するであろう。西双版納のピマはタイ族王権のため、土司に仕えることはない。かつてのシプソーンパンナー王国にはジョバ jaobanlと呼ばれるタイ族王権から任官されたアカの頭目がおり、ズマの中にはジョバと姻戚関係を持つものもいた。ジョバの位は中国革命の時に消滅しており、その痕跡すら見つけることはできなかった。対してハニの地域のイ族やハニ族の土司たちは共産党の地方官吏として活躍していた者も少なくない。

モピは死者と周囲のモピに強力に繰り返し「呼びかけ」る。実践はほとんどの場合、練習ではなくて本番に参加させるという方法で行なわれる。兄弟子は弟弟子が間違えるまでそれを暗唱させ間違えると大きな声で訂正して交替するというやりかたで伝えられる。カセットテープもモピは最近よく使う。間違えたくないからである。

その内容を変更してよいのはピマアボだけである。朱小和もまたその位置にある。朱は元陽で最も尊敬されたピマアボであり、ハニ族知識人である黄紹文

は逆らうことができない。それと同時に黄は社会科学者であり、元陽の農民の子なのである。彼は元陽にあった2つの認識カテゴリーを同時に表明せざるを得なかったのだと推測する。モピは土司への納税期限を守るために1年が4季であることを繰り返し「呼びかけ」ており、民衆は自然の摂理に従って3季なのだと抵抗していた。『四季生産調』はその矛盾を「1巡は13、1年は12」という不自然な文句で繰り返す。『四季生産調』は農暦10月から1年が始まるが、caoq（冬）、hhaol（春）、sseil（夏）、cuv（秋）という3季とはかなり異なる季節名を挙げて歌っている。しかしながら、漢語の借用では全くない。

須藤護は、元来ハニ族は1年を10ヵ月に分けていたとする［須藤 2013: 150］。もしも、それが正しいとすると、9月（Hoq'yul）と10月（Neiqse）が新たに加えられているように見える。つまり、Hoq'yulとはそのままでは「古い年」を意味し、漢語の「過年」をハニ語に直訳したように思えるし、Neiqseは須藤が記すように「年首」の借用語であろう[*25]。同様に表10のアカ種族の間でのミャンマー、タイ、西双版納でも、それらはどれもカレンダーを作っているような権威ある配列であるにもかかわらず、微妙に前後したり入れ替わっていたりするのが見て取れる。名称も儀礼のようなものもあれば、数字を言っている月もある。確かに、規準をどうとるかによるが、2つほど多いような気がする。須藤には何か正しい「ハニ暦」があって、それが地方差で朧化しているような前提があるようであるが、そうではない。国家のない人々の暦が統一されているほうがむしろ不自然なのである。そこに四季という中華的近代主義イデオロギーを加えようとするのが『四季生産調』なのである。

少なくともアカに関しては年中儀礼そのものが新たなる旅への予行練習である限り、時間意識は円環的ではなく過去の移動と結びついている。そのため、祖先から現在の村への物語の延長であって物語は終わらないし繰り返しているわけでもない。ハニ種族の場合も過去志向であり、形式的には同じなのであるが、定住生活が長い。しかし、数百年も集落は移動していないにもかかわらずハニにもたくさんの村の創設者の説話や長い遷徙の物語が伝えられている。彼らは『四季生産調』のように毎年繰り返す年中儀礼の歌を歌いながら、繰り返さない「歴史」の旅を歌う。これこそがスコットが言う国家から逃れながらも自律した社会を維持しようとする人々が発達させた社会構造を維持する時間意

識なのである。月の名称の不安定さはそのことをよく表しているのである。つまり、それは日本で見るような飼いならされた定住民の年中儀礼ではない。いざとなればいつでも逃走する準備のための年中儀礼なのである。

　ハニ＝アカの時間意識は円環ではなく、螺旋である。しかし、アカ種族の場合シプソーンパンナー政体との矛盾は少なかったのに対して、ハニ種族の場合は「近代性」を標榜する中華政体のイデオロギーがここに関わっていたのだと考える。さらに言えばビルマのシャンの市場は五日市であったし、シャンの暦もまたアカとは一致しない。中国の革命前の土司は監獄を持ち、貢納を怠ると残酷な刑罰を処した。それは商工業的なリズムと農民への搾取を遂行するため春夏秋冬という中華的価値を叩き込むための身体への「呼びかけ」であり、その中で生きる智慧だったと考えることができる。しかし、ハニ族農民はそれによって単純に同化されたのではない。彼らは中華政体とは似て非なる強い祖先イデオロギーを再生産していたのである。次節はそれを検討したい。

写真33　ザテテの餅つき（紅河楽育　1996年）

写真34 ミネナで祀られる道具(黄紹文撮影)

写真35 アチョ小屋(シーソー横の小屋)の屋根葺き(黄紹文撮影)

第4章　祖先祭祀　　　　　　　　　　　　195

写真36　小屋（アチョ hhaqqaol）と広場　中央はシーソーの支柱（元陽　2003年）

写真37　シーソー（アジョ aqjaol）
　　　　（元陽　2003年）

写真38 ブランコ（アグ alhhe）
　　　（墨江　2003年）

写真39 シーソーへの祭祀（黄紹文撮影）

第4章　祖先祭祀

写真40　シーソーの競技（黄紹文撮影）

写真41　オズとシピに作物を守ってもらうため案内する（黄紹文撮影）

写真42 チェシザ、新しい稲穂を捧げる　供物台(上)　祭壇(下)（元陽県全福庄　2003年）

第4節
葬送儀礼と祖先

　ハニ＝アカ族が中国革命以前に民族＝種族的範疇を名乗る理由があるとすれば、それは既述の系譜によるものである。しかし、この系譜が暗唱される場面がほぼ葬送儀礼に集中して見られるということが重要なのである。この点についてB.アンダーソンの『想像の共同体』に関して、内堀基光がナショナリズムの起源と死の問題に着目したことは興味深い［内堀 1989: 37 cite. アンダーソン 1997 (1991): 24-27］。本書ではアカ種族とハニ種族の葬送儀礼を対比的に記述する。

　結果から言えば、ハニ＝アカの場合、ブロックが『祝福から暴力へ』で述べたこととは逆の結論が導かれる。ブロックは数百年間のマダガスカルのメリナにおいて割礼儀礼が形式的には安定しているのにその儀礼の発するイデオロギーは時代によって変わっていることを示した［ブロック 1994 (1986)］。それは儀礼というものが時代やイデオロギーの変化を超えても社会を再生産することを示したのである。ところがハニとアカはかなり異なる儀礼実践にありながら結局は同じイデオロギーを再生産するのである。ここが国家を持たなかった民の社会構造の再生産のあり方であり、それはメリナとは根本的に違う点である。彼らは死をもって国家を祝福しないし、国家は彼らの死を使ってその正統性を主張したりはしない。

　ハニ種族とアカ種族の葬歌は後に述べるように驚くほど類似しているが、葬送儀礼の実践にはかなりの違いがあり、そのことは前述の生態系と政体の違いにも起因している。ハニの知識人やアカの知識人が往々にして一方を古く本来的と考えがちなのは発展段階説と伝播論の恣意的な適用のためであり、いずれも歴史の中にある。共通する部分はむしろハニ＝アカにあるイデオロギーのためであり、それが古い部分などと考える伝播論を支持する必要はない。儀礼はいくつかの段階に分かれており、その段階自体に違いはないので各段階に分けて対比的に記述したい。ただし、筆者はハニの葬送儀礼に参加したことは何度かあるが、アカの葬送儀礼について参加したことはないことを最初に断っておく。

　まず葬式を表すハニ＝アカ語であるが、直接全体を指すような言葉よりも大方は自分が参加する儀礼の一部を言うことが多い。例えばアカ語でツオハバパ

colhav bavq paq といえば、埋葬の部分であり、それをするのは親族だけであって、普通は hhoqzaqzaq という宴会の部分に参加するのでそう呼ぶのである。ハニの場合は毛佑全がいくぶん詩的な願いを込める意味でモチョチョ moq coqcoq という語を広めたのでハニ族の葬式と言うと「死者が踊ること」と言うのだと勘違いされている。後述するように確かにハニの葬式は死者に再生を促すところが何度もあるが、モチョチョ自体は儀礼の一部であり、「死者のために踊ること」である。人はこの踊りを見に行くので葬式の代名詞となっているに過ぎない。元陽ではダマミイガオ dama miqyil hhaqaol と言っており文字通りには「父母のために力を尽くすこと」であってもちろん子孫しか使わない。親族は埋葬を手伝うので colsil bavqduq「死者を埋葬すること」と言うであろうし、弔問に行く人や踊り手は mol caoq caoq「死者のために踊ること」と答えるだろう。

　西双版納のアカと元陽のハニにおける葬式の手順を簡潔に述べておきたい。なぜなら、これらの諸段階には本研究のテーマが集約されているので後に議論する箇所を示しておく必要があるからである。聞き書きで確認する限り基本的にはルイスの報告と大きな違いはない。儀礼とは形式のコミュニケーションなのであって順序や形式こそが最も重要である。まず、葬送儀礼を主体別に概要をまとめてみる。

　まず、ルイスはアカの葬送儀礼を儀礼執行者の主体の違いによって全体を4つの段階に分類している。アカ種族とハニ種族を対比したこの整理を**整理Ⅰ**としておこう。**整理Ⅰ**は儀礼の主体が異なるので単純に時系列ではなく、一部重なって同時進行しているところもあることに注意されたい。

アカ：①死体の処理と棺の準備：ズマが儀礼をコーディネイトし指揮する。
　　　②供犠と暗唱：司祭が行なう。
　　　③埋葬：老人たちのみが参加しズマと司祭の参加は禁止される。
　　　④埋葬後の儀式：死者の世帯のみで行なう。踊りがある。

　上記を対比してハニ種族の葬送儀礼を整理するとハニの場合は次のように

なる。
ハニ：①死体の処理と棺の準備：司祭が指揮し家族が行なう。
　　　②供儀と暗唱：司祭が行なう
　　　③村落全体での踊りと宴：村落
　　　④野辺送りと埋葬：喪家を中心に全員

　まず、ハニとアカでは埋葬の段階が異なる。どちらも踊りが重要なのであるが、アカの場合それが埋葬後なのに対してハニは埋葬前なのである。このことは踊りと死体の関係が大きく異なることになる。また、アカの場合ズマが重要な役割を果たすのに対してハニではミグは葬送儀礼に関与しない。
　アカ種族の葬式のデータはルイスの1960年代のビルマでの記述を中心にしている［Lewis 1969-70: 396-514］。断らぬかぎりその記述はルイスの記述と筆者の聞き書きによる若干の情報を加味したものである。ルイスの記述した葬式は裕福で子孫も多く、高齢で正常に家の中で死んだ理想的な葬式の1例である。実際葬儀には非常に費用がかかり、特に供犠される牛の数は5頭が理想であるとされる。ちなみにルイスの挙げる比較的立派な葬儀にかかる総費用は1966年のレートで3000～4000米ドルにものぼったという［Lewis 1969-70: 435］。同様に元陽のハニの場合でも1990年代の相場で、普通でも3000～5000元で多い時は2万～3万元かかるという［白・王 1998: 117］。
　一方、元陽ハニの葬儀の段階を元陽の女性のハニ族知識人である蘆文静は以下のようにまとめる［卢文静 2005］。ここで「女性」を強調したのは男性とは役割が違うので記述が女性の観点から書かれていることを示すためである。それを補ってハニ語を加えるためルイスと白碧波（2002: 93-111）の緑春の記述を対照すると次のように段階が整理できる。これを**整理2**としておこう。

　　棺作り（alzaol dev男性のみ）、水牛の供犠（yaqmoq diq男性のみ）、女性：臨終（気を継ぐ）、空砲を鳴らす、剃髪清拭（molciq lavqjuv aol）と死に装束を着せる（moqli peilhaoq bi dao）、死者に食事を出す、葬式を報せる、魂呼び（sullal kul huvq）、入棺、死者に道を説く（neivqtul tul, galma meiq）、母方オジへの礼（aqhhyuq hoqbiol lol）、殯、家からの出棺、弔問と礼拝、服喪、出棺の日選び、

泣き歌、野辺送り、埋葬

　もちろん蘆文静の元の記述が中国語の文章であるせいもあるが、こうまとめてみるとかなり中華的な形式に見える。これは見た目にも漢族と似た印象を持つであろう。また、葬歌のテキストは全く漢語の借用は見当たらないが、儀礼実践には中華的な文化要素を端々に見ることができる。また、筆者は見たことがあるのに、蘆は母方オジについては何も言っていない。最も漢族と違う点はハニもアカも死体や墓自体には儀礼の後はほとんど関心がないことである。これらを念頭に置きつつ葬送儀礼を以下記述する。記述の仕方としては**整理1**を基に各儀礼の段階を**整理2**に準じてアカとハニを対比的に記述していく。以下引用は盧文静2005＝LU，Lewis1969-70＝LE，Lewis and Bai 2002＝LBと略記し、筆者自身の調査データと同じ内容の場合は引用符をつけていない。

死者の区別

アカ種族：まず、死に方により葬式の形式が異なる。第1にシャ shaと呼ばれる異常死である。一般に村の外で死ぬこと、ならびに溺死、獣による咬死、落雷による死、自殺などを挙げるのが普通であり、特に村の中での異常死は村の移動を含む一大事に発展することが多かったという。この場合の葬送は家族と司祭のみで行なわれるが、その占いの形式は様々あり、例えば溺死の場合その溺死した川なり、池なりの水を汲んで流れる方向を見て埋葬場所を判断するという。もしこのような死者を正常死した死者と同様に墓地に埋葬したいのであれば、それは司祭の儀礼によって可能であるが非常に多くの供犠獣を必要とするのでめったにそのようなケースはない。

　筆者が南糯山に滞在中にもある男がトラクターで山から街に出る途中、転落死した。その話を聞いたとき筆者は葬儀を見る機会ができることを不謹慎にも喜んだのである。しかし、同じ席にいたアカ種族の若い教師たちは、ついさっきまで学校教育がいかにこの地域で成功し、迷信が撲滅されたかを熱っぽく語っていたにもかかわらず、その葬式を見に行くことをついに許してはくれなかったのである。理由は転落死した男の死んだ場所が村の外であり、きわめて不自然な死に方をしたということにあった。彼の葬式はその転落現場で司祭と家

族のみで行なわれたといい、その亡骸は村の公共の墓場ではなく司祭の占いの上、現場近くの山に埋められたという。このような死に方をした死者の魂（サラ）は必ず悪霊となるといい、それが村に持ち込まれるのを恐れているのである。現在でも高齢の者が街の病院で死ぬと公共の墓場に入るには司祭の一定の祭祀が必要であり、決して良い死に方であるとは考えられてはいない。

　命名を済ませていない乳児の場合の葬儀はまったくなにも行なわず、亡骸を竹に詰め、村門からやや外の墓地とは異なる決まった所に埋められるという。それは残念なことではあるが、泣くほどのことでもないと話者は語る。この埋める位置そのものの意味するところは、すぐに生まれる前の世界に戻すということである。結婚前の子供の葬儀もこれに準ずる。司祭を招いて行なわれるが、かなり簡略化されたものである。ここには命名を済ませていないと冥界に送り出すことができない、子供を持っていなければ一人前とみなされないという意識がある。

ハニ種族：元陽である女の子が街に出て工事現場で働いていて、レンガが頭に落ちて亡くなった。その時も村はずれで葬儀が行なわれたが、葬儀に参加することは許されなかった。この場合、司祭が特別な儀礼をして墓地に葬られたという（写真85）。一般に村の外で死ぬこと、ならびに溺死、獣による咬死、落雷による死、自殺などを挙げるのが普通であり、路上で死ぬ、吊るされて死ぬ、ひき殺されて死ぬ［『哈尼求福歌』：231-232］などが挙げられている。他に元陽や西双版納などでよく聞くのは、落雷による死、水死、名前を付ける前の乳児の死、動物に咬み殺された死などを挙げ、これらについては無条件にシャ（悪死）とされる。一般に村の外で死ぬことはたとえ病院であってもシャとみなされるが、村のはずれで特別の儀礼を施すことで正常死とすることもある。ハニの場合、命名前の子供の死や妊娠中の女性の死（必ず胎児を取り出して母親とは別にした上で）はこれに含めない場合があるというまた、後に述べるように戦争による死もシャではないが「上の道」を通る別種の悪死であるという［LB: 111］。

①死体の処理と棺の準備
- 棺作り(alzaol dev男性のみ)：空砲を鳴らす

　　ハニ＝アカ　ハニは心臓が止まった(sil ceiv)呼吸が止まった(savq ceiv)ことで

死を判断する。ハニはこれを「馬に乗って行った」(moq li e)、と丁寧な言い方で言う [LB: 95]。死の判断はアカでも同じである。アカの場合は、死者が出るとズマがその日程、役割分担等を指示し葬儀があることを村内外に報せる。その導きに従って家族は死体を洗浄し、洗浄した衣服を死者に着せ手足の親指を結ぶ。そして死者の系譜の暗唱が行なわれる。これは息子が行なうのが理想であり、なければ近親の男が行なう。女性の場合は結婚していれば夫が行ない、結婚していなければ父親が行なう。アカの場合、棺の切り出しに参加する男が饗宴の中で選ばれ、彼らの大半は尊敬されている老人であるという。しかし、この作業にはズマは「慣習」上参加しない。棺はアカ種族では丸太を割り貫いた蓋付きのものである。

次にハニの場合について記述する。息子は死を知ると空に向かって、ライフルで空砲を3発撃つ。1つ目は70のマラリアを追い払い、2つ目は人の寿命を天に報せ、3つ目は寿命を地上の人に報せる [LB: 95]。盧は、1発目は天に、2発目は祖先に、3発目は近隣の村落の人々に死を報せる [LU: 383-384] としている。ともかくも、近隣の村の人々はこの空砲で葬儀があることを知る。石が1つ家に持ち込まれ、ナイフを使わず、この石で鶏 (死者が男の場合雄鶏、死者が女の場合雌鶏) が頭を叩き殺される (lolha diq「儀礼の鶏を叩く事」)。モピは空の竹筒をこの石で叩き、死者が本当に死んだことを天に報せる [LB: 96]。

棺材を切りに行くこと (alzaol dev男性のみ) は重要である。丁寧な言い方では「年寄りの家を探しに行く」(colmoq lahyul qo li) と言う。ツォマ (coma) と呼ばれる告げ人が村人に呼びかけて、死者の息子と斧や鉈を持って集まり、死者に一礼して山に切りに行く。木は卵を肩の位置から落として割れなかった木を選ぶ。家の前で棺材が板にされ、息子 (理想的には長男) が左手にナイフ、右手に松明と卵を持ち、3回棺のまわりを回って、松明を投げる。この儀礼をセデデ (sevdev dev) と言う。夕方、豚が1頭殺され棺を作るのを手伝った人全員に振る舞われる。この費用は死者の娘とその夫が支払う (ssaqmiq siqtov bavq) [LB: 99-100]。こうして棺が貼り合わされ完成する (写真44)。司祭が集まり (写真45)、葬具を作り始め (写真47)、チャルメラが用意される (写真46)。

●臨終(気を継ぐ): 剃髪清拭(molciq lavqjuv aol)と死に装束を着せる(moqli peilhaoq bi dao)

死者の湯灌をする。この時の水は特別な泉の水で、竹筒を通常とは逆に竹の

根元側の節を抜いて上の方の節を底にした入れ物に入れて運ぶ。死者の性別にかかわらず、衣服を年輩の女性が脱がせる。2種類の木の枝 (aolbiq (「蜂蜜花」) と miaoqlaol 不明) を3本ずつ供えて、「自分で拭け」と唱える。死者が何もしないことを確認すると、年寄りが替わって拭く。新しい服 (死装束) を着せる (moqli peilhaoq bi dao)。女性には赤いターバンと脚絆、男性には黒いターバンを付ける (lavq seiv wuqqtov)。男性は剃髪する [LB: 96]。剃髪しないとあの世で動物になるかもしれず、司祭は一刀で今までの困難、二刀で今の苦難、三刀でこの世の未練を剃り落すと唱える [LU: 384]。

　死者の付けている指輪や腕輪などの装飾品を口の中に入れ、子供たちも自分の装飾品を入れる時もある。両手の親指を重ねて赤い糸で縛り (lavqma cavqpavq pavq)、両足の親指を同様に縛る (aqkeel seiqmav pavq)。そして布で死者をくるむ (moq li e peilhaoq yoja)。必ず灯りを絶やさぬように1人か2人の (通常は息子) が見張り番をする [LB: 96-97]。長男か末男が最後の息を吸い、死に装束は白い上下の下着に黒か青の綿の上下の上着を着せ、紙銭を入れる [LU: 385] (写真43)。蘆の報告するケースでは米は牛にではなく、卵とともに死者の枕元に置かれ、それを「福気」(おそらく gaoqlaoq) として息子たちが受け継ぐ [LU: 382]。筆者の観察したケースもそうであった。

●死者に食事を食べさせる：蘆は最後に煮た雄鶏と酒、米飯を捧げて、小さなおにぎりを死者の口に入れる [LU: 386-387] と言う。この時に司祭は最初の系譜の暗誦を竹製のポドゥ (baoqdu：写真47、56) と呼ばれる葬具を地面に同じ調子で叩きながら唱える (baoqdu taoq)。最初に hhaqxoqxoq というこれから何時間も続く暗誦に力を得る儀礼を行ない、喪家に埋葬までの手順を伝える。葬式を報せる：「黄飯花」という花を喪家の門の前に挿し、白い布で旗を立てる (写真48、49)。告げ人が指名されて、死者の友人や親族に葬儀を報せる [LU: 387: 388]。

②供儀と暗唱：司祭が行なう

●水牛の供儀 (yaqmoq diq 司祭と男性のみ)

　この儀礼は1日目に司祭が中心に行なうものである。葬式の規模は殺された水牛の数で評価される。息子が3人あれば最低3頭の牛が供される。殺された牛の頭が門の前に置かれ、それによって弔問客は盛大さを知る (写真50)。牛は

彼らにとって最も重要な財産であり、豚のように多産ではないし、農耕にも不可欠な家畜である。そのため、死者の子供はそれが最後で最大の孝行と考えて牛を差し出すのである。

牛を殺すところはあまり他人に見せたがらない。司祭は牛を呪術で殺すともいう時もあり（実際には槍で突き殺す）、それが1回で突き殺せずに牛がもがき苦しむようなことになるのを見られることを嫌う傾向にあるからである。しかし、司祭は次のようにモミに向かって唱え、それを公明正大なものとして祈る。

　　　私は太陽の下でひっそりと牛を殺すのではない。私は月の下ひっそりと牛を殺すのではない。私の祖先も祖父もそうしてきた。私は牛を殺す、邪魔をしないでくれ、力を与えよ。牛は目を閉じるが、星と天は閉じない。牛は息を止めるが、山の風は吹き続ける。太陽と月よ、来てこの牛を殺せよ [LB: 103]。

そう唱えると。牛を殺す役の司祭（sil laoq huvq）は槍で牛の喉を切って、咽に水を流し込む。血をたらいに受ける。海の貝（heqsiq 子安貝）が四肢に付けられ米が頭に撒かれる。

　　　お腹がすいていれば、これを食べよ。
　　　お腹がいっぱいなら、これを撒いて育てよ

喪家は幸せを祈る（gaoqlaoq sal）と、牛から糞を取り出す。死んだ牛の喉に更に水を押し込んで竹で腹を踏みつけ糞を取り出そうとする。
「我々は幸せと祖先の加護が欲しい。お願いだから助けて下さい」
糞が取り出されるとそれを服に付けたりしてその一部を持ち帰り、息子は祖先の祭壇に供え、娘や孫娘はそれを家の扉の後ろに置く。牛は皮を剝がれ、解体されて大鍋で煮られる [LB: 104]。肉はしばしば弔問客の手土産として持ち帰られる。

●魂呼び（sullal kul huvq）
　　hhaqxoq xoq の後に霊の呪文（nevqtul tul）を始め、死者に行くべき村の名前を

与え (puvmiaol hovqmiaol eil) 死者をあの世に導き始める。司祭は魂 (前述ho) のいくつかが戻ってくることを期して、死者の名を呼ぶ [LB: 98]。この儀礼は日取りが決まっており、深夜に行なう。喪家は旗を立て、時には屋根の上に登り、死者が男であれば名を3回、女であれば「〇〇の母」と叫ぶ。子供が「帰ってきたか」と叫び、皆で「帰ってきた」と叫ぶ [LU: 388-389]。魂呼びが終わると、司祭は2階のベランダ (deikaq) で他の悪い霊と死者を分離する儀礼 (nilzaq pieiv) を行なう。これが終わると死者の前の石に竹の葬具 (baoqdu) を打ちつけて「お前は死んでいることをまだ知らない。でもお前は死んだのだ。お前が死んだことがわかるようこれを打つ」と死者に語りかける [LB: 98]。

●入棺、死者に道を説く (neivqtul tul, galma meiq)

　死者が好きだった物や貝貨、36元6角6分 (この時は6が吉数) の金銭などが棺に入れられる [LU: 390]。棺には綿が敷き詰められる。死者の鼻、口、耳に綿が詰められ、手足の親指は縛られている。前もって買ってきた絹の着物が着せられ、女性たちが刺繍した靴 (haqpal seivqnaov) が履かされる。息子が頭を持ち、娘が足を持って次のように歌う。

　　息子は親の頭を持つ
　　息子は木の根のよう
　　娘は親の足を持つ
　　娘は木の葉 (結婚したら別のリネージに属する) のよう

　安置後 (写真57) に司祭は2度系譜をスミオから辿るが、この時初めて死者の名が加えられる (gaqma meiq 後節のシピヘゼ参照)。その後1度だけ死者からスミオへ遡る。そして棺蓋が置かれる。棺を新しい家としてそれを温める儀礼 (xaoldav dav) が行なわれ、棺が蠟などで黒く塗られる [LB: 101-103] (写真58)。釘が打たれる。一釘で人畜繁栄、二釘で豊作、三釘で村は平安。釘が打たれた後に、息子は更に3元6角の入った紅包を、釘を打った老人に渡す [LU: 389-390]。蘆は棺を古くは最低3日、生き返ることを期した殯の期間として置かなければならなかったことを述べており [LU390-391]、家族全員の吉日まで置かれることになる [LB: 105]。

ここまでの過程はアカもズマが中心に行なうことと、紙銭などの中華的要素を除くとあまり大きな差異はない。次の弔問客のすることには若干の差異があるが眠らないことには違いはない。

アカのやるチェスのようなゲームは葬儀に集まった人々同士で行なわれる博打であるが、愉快に楽しくやることによって死者も同じゲームを死後の世界で楽しめるようになるのだという。このとき司祭はアカ種族の失われた最も「古い文字」を書くと聞いている。この「文字」は司祭だけがその意味を知っているとされ、一般の村人は知らないという。また、女性が集まって泣き歌を歌いながら、死者の行く道を隠喩する板の線を皆で棒を持ってなぞることはハニの場合には見たことがない（写真68）。

ハニの場合でもアカの場合でも、葬送儀礼において人々が実践の領域で、行なっていることは、男は儀礼を遂行すること、女は泣くことである（写真55）。これは儀礼の観察において最もはっきりした特徴である。男はほとんど泣くことはなく、食卓の準備をする。これは日常を転倒させたというわけではなく、ハニ族の社会では食卓の準備は男女とも行ない、特に肉に関することは男が中心になる。葬送儀礼に使う大量の牛肉や豚肉の処理は男たちによって行なわれ、女は給仕を行なうがこれは日常の延長にある。

ハニでは特に女性は傘を半開きにして弔問をする。どうしてそうするかということを聞いてみたことがあるが、はっきりとした答えを持っていた人はほとんどなかった。ある話者は前述のネと人の対照の話をひいて、あの世はこの世と違って雨が降っていると説明したものもある。

女は弔問に来ると「泣き歌」を歌い泣く。これは感情でもあるだろうが、どう見ても彼女たちは儀礼的に泣かなければならないのである。それはかつての「泣き歌」の名人のカセットテープをラジカセで流してでも泣かなければならないのであって、予め期待されている行動なのである。

また、司祭を初めとして弔問客は喪家では寝てはならない。一晩中起きていなくてはならない。これは、ハニの場合でも人々は棺桶の脇でビデオの香港映画を見たり、トランプや麻雀を打ったりなどして一晩中起きている（写真60）。

アカ：③埋葬：老人たちのみが参加しズマと司祭の参加は禁止される。④埋葬

　　　　後の儀式：死者の世帯のみで行なう
ハニ：③村落全体での踊りと宴：村落
　　　④野辺送りと埋葬：喪家を中心に全員／③村落全体での踊りと宴：村落

　ハニの場合ここで家から出棺して広場や家の前で次の段階に入るが、アカの場合まず埋葬してから次の儀礼が行なわれるところに大きな違いがある。

　アカ：埋葬が行なわれる。これには村の老人のみが参加し、司祭やズマは参加しないという。「家を分ける」儀礼と呼ばれる出棺の儀礼が行なわれる。死者の使っていたコップや前述のチェスのようなものが副葬品として運びだされる。それから死者の使っていたベッドや衣服が焼却される。そして、棺が年寄たちと家族によって墓穴に納められ長男から土をかぶせる。「聖なる蔓」と言われるものを頭のあたりに土の上からさして「耳を開ける」ということがされる。それから周囲を清めるための唐辛子がまかれる。運びだされた副葬品がその上に置かれる。そこに死後も淋しくないようにと犬と馬が繋がれる。これらは埋葬後、縄を切って村に帰ってしまうがそれは構わないようである。それから一行は村へ帰る。死者が付いてこないように「ついてくるな」と呼び掛け、後を見ないようにして帰る。村の門につくと用意された水で身を清めてから村に入る。
　それからしばらくたって司祭は死者が無事に冥界についたかどうか占いを行なう。その後、死者から見てアゴエ（母方オジかその代理）を善い精霊、アシャン（父方のオジFBまたは父方平行イトコFBS）を悪い精霊に見立てて、分離のドラマが演じられる（写真67）。アシャンは、日常は禁忌とされている斧を左肩に担ぐ行為をしながら、死者の家に入る。この時は村人も家族も彼がまるでそこにいないかのように無視するという。そしてアシャンはこれから生者には危害を加えないと宣言し、ペニスを誇張したアゴエの勝利でこの儀礼は終わる。この過程はハニとは全く異なる。司祭はこの後、祖先の祭壇を開ける儀礼を行なう。トゥッカーの言う祖先への転換はこの過程である。
　埋葬後の儀礼は死者の世帯のみで行なわれる。まず、世帯の畑のごく一部を区切り死者が祖先として戻ってきてもそれを耕すことができるようにするという。そして最後に鶏の粥を中心にした饗宴が行なわれ葬儀は終了する。

ハニ：出棺の日の朝、白い鉢巻をして死者との別れの朝食をとる。同一リネージの親族が棺を家のまわりを右回りに3周、左廻りに3周回して道の真ん中に置く［LU: 391-392］。

　母方オジ（ahhyuq）を迎える儀礼（ahhyuq duv）をする。この場合の母方オジは死者の本当の母方オジであるか、既に亡くなっている場合は代理でも構わない［LB: 105］。喪家は地面に額ずき、母方オジの家族が持ってきた白い鉢巻と喪家の黒い鉢巻を交換し、母方オジ一家に交通費などを返して、最後の酒を飲む（写真70、71、72）。母方オジは多くの儀礼で最も敬意を払う相手であるが、これは長年助け合ってきたキンドレッドの終焉を意味するのである［李期博n.d.］。

　その後モチョチョ（moq coq coq：死者のための踊り）が踊られる。踊り手は女装しており、供えられた籾と米を歯に持ち上げる。その後は踊りを踊る。ここでは司祭への謝礼が米の上に置かれた飾りの上にあるのでそれと肉などの礼を貰い、司祭の仕事は終わる。

野辺送り：空砲が3発鳴って墓地までの行進が始まる。棺を親族で持ち上げる。途中で泣いている女性の集団が飲み物と食事を置いているところと数ヵ所に棺を置く台が用意してあり、そこで棺を降ろす。村の見える場所で死者に村から遠ざかることを報せながら歩く。途中で獅子舞などをしたり、爆竹や空砲で悪霊を追い払ったりするので賑やかである。最後の埋葬は親族と若い友人などで行なうので埋葬までは行くなと言われる。もうそこには何もないのだという。

　墓は予め占いで決めてあった場所で、道の途中だったりする。ある程度墓地としてまとまりのある場所であるが墓誌銘は刻まれないことが多い。筆者のいた村の最も古い漢字の墓誌銘はキリスト教徒で1950年代のものだった（写真83）。

第4章　祖先祭祀

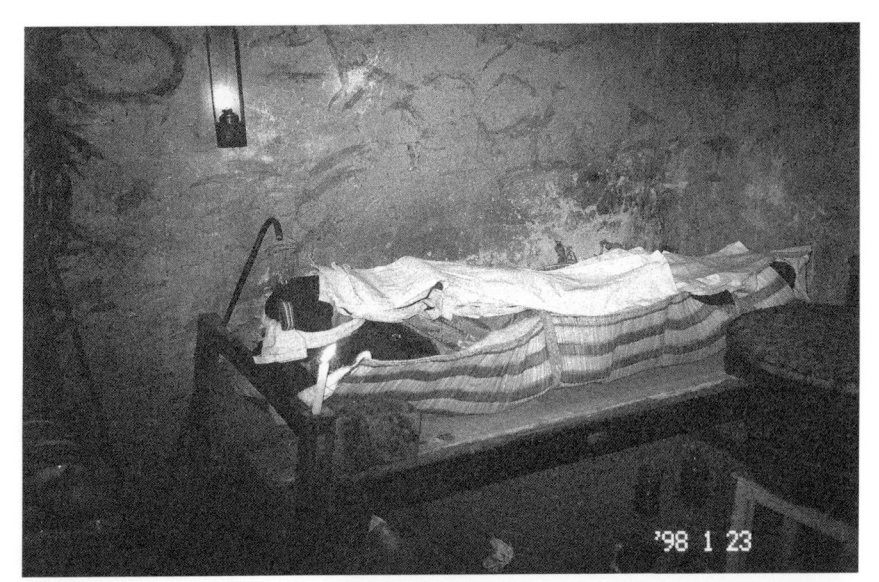

写真43　納棺前

写真44　棺桶を作る

212　第2部　祖先祭祀における「民族」

写真45　司祭が集まる

写真46　チャルメラ

写真47　葬具を作る

写真48　喪家の旗の下での祭祀

写真49 喪家の旗

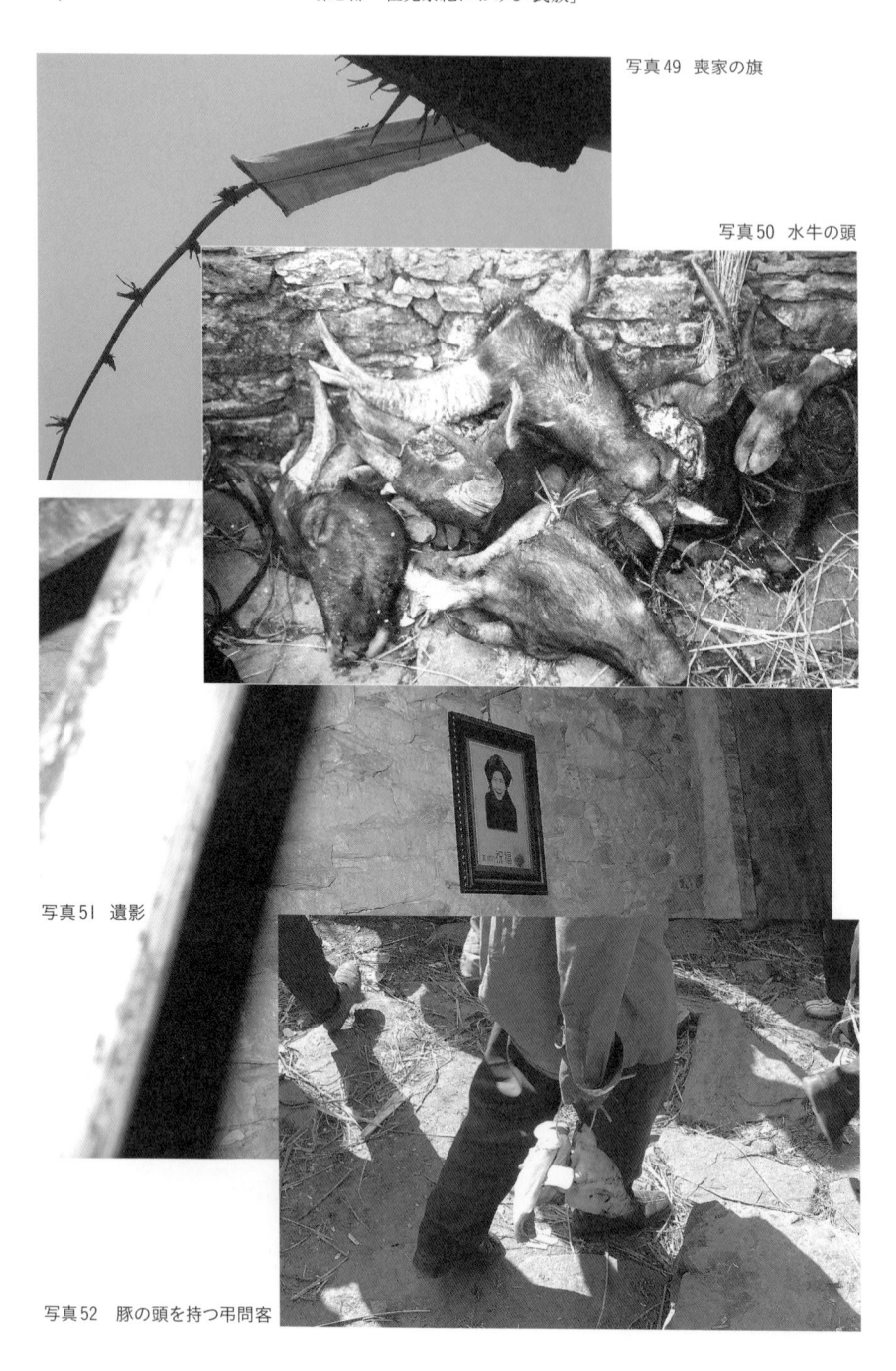

写真50 水牛の頭

写真51 遺影

写真52 豚の頭を持つ弔問客

第4章　祖先祭祀　　　　　　　　　　　　215

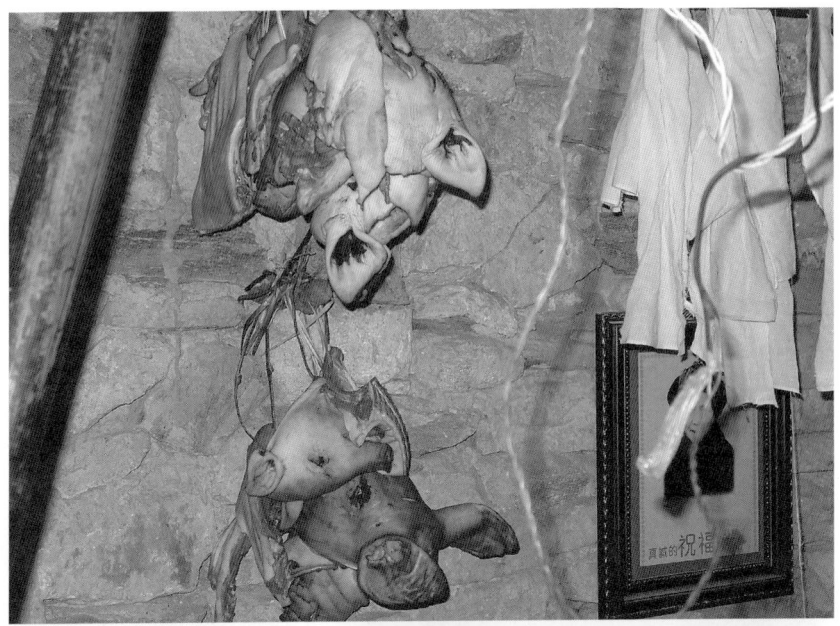

写真53　棺の傍らに捧げられた豚の頭

写真54　女性の弔問

傘を半分ひらく(下)

写真55　泣く女性

第4章　祖先祭祀　　　　　　　　　217

写真56　系譜の暗謡

写真57　納後の儀礼

写真58　黒く塗られた棺

第4章　祖先祭祀

写真59　棺の周りに呪具が置かれる

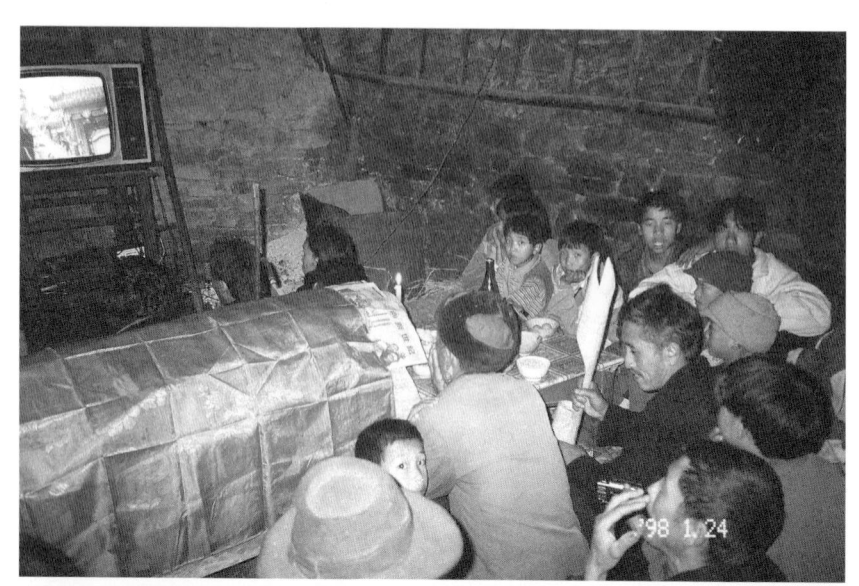

写真60 徹夜の男性　VCD映画を観る(上)　トランプをする(下)

写真61　霊に捧げられた生肉

写真62 精米、籾、酒、茶と踊り手

第4章　祖先祭祀

写真63　女装した踊り手と女装していない踊り手

写真64 水牛の肉鍋と共食

写真65　生肉の碗

写真66　喪家と司祭

第4章　祖先祭祀

写真67　アカの「母方オジ」
[Lewis & Lewis 1984: 236]

写真69　アカ：葬儀の時の博打
[Lewis & Lewis 1984: 236]

写真68　アカ：死者を導く歌を歌って道をなぞる
[Lewis & Lewis 1984: 236]

写真70　アゴエへの礼

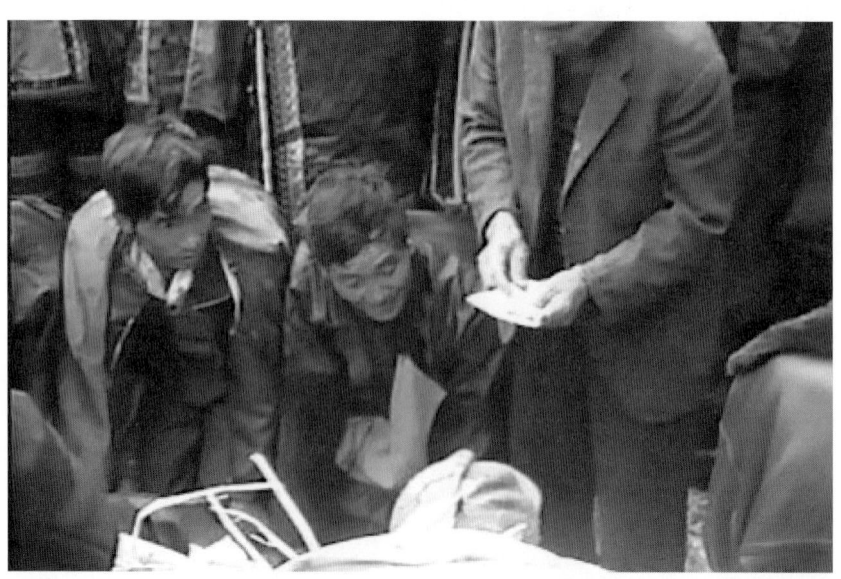

写真71　アゴエに金銭を贈る

第4章 祖先祭祀

写真72 喪家の白鉢巻とアゴエ家の黒鉢巻を交換する（喪家が白をもらってアゴエに黒を付けている場面）

写真73 空砲と爆竹で悪いネを追い払う

写真74 最後に村を見せるための台に置かれる棺

写真75　獅子舞

写真76　棺が出された後

第4章　祖先祭祀

写真77　野辺送りの一行

写真78　墓地になる場所の選定

写真79　埋葬

写真80　埋葬

第4章　祖先祭祀

写真81　棺を納める

写真82　墓誌銘は書かなかった

写真83　1950年代の基督教徒の墓（元陽）

第4章　祖先祭祀

写真84　納楼宗祠（上）・納楼土司の墓（下）
［杨国荣 2005］

写真85　村の外での葬儀

写真86　スラク(祖先を呼ぶ)

この後のアカの祭祀についてルイスは述べていないが、『社歴』によれば翌年の8月にアシジと呼ばれる儀礼がある［社歴: 140］。この形式がクンシーと同じであるというのは重要である。この時に祖先と共食されるのは大きな茶色の鶏であり、一般に葬式で使われる白い鶏ではないのである。つまり、このアシジあるいはクンシーが死霊から完全に祖先に変わったと認識される共食儀礼と考えられるのである、またクンシーは田植え前の儀礼であり、それから1年で最も「再生」が意識される儀礼である。

 元陽では秋にスラクsulal kulという儀礼が各世帯でしばしば司祭を招いて行なわれていた（写真86）。スラクは「霊魂を呼ぶ」という意味であるが、実際には祖先になった霊を呼ぶ。筆者の師匠にあたる司祭に、夭折した子供の霊は「呼ばないのか」と聞いたところ、「呼ばない」と言っていた。この儀礼は収穫期に各世帯の事情で日を選んでやるもので、各世帯はアヒルと鶏のヒヨコ1羽ずつと、雌雄の成鶏、酒、米、茶などを用意し、司祭を招く。司祭はそれぞれの鳥の首をナイフで切り、血を酒に垂らして呪文を唱える。終わると、司祭は5元ほどの謝礼を家族から貰い、その世帯の床下に置かれた祭壇にいる祖先と家族とともに共食をする。

 諸個人はこれらの過程を経ていくつかのテーマを自覚することになる。つまり祖先の苦労の末にこの地へやってきたという神話の中に、死者を通してのライフコースの確認とその「歴史」への位置付けが行なわれる。そして亡骸を公共の墓地へと葬ることで、それが諸個人の個人的な系譜への統合から村落への統合にすり替えられる。死者は自分の村から離れて、門をくぐって「故郷の村」へと統合する。特徴的なのはこの儀礼が埋葬に対してパフォーマンス性がなく、埋葬された所には墓標のような象徴的建造物があまりないということである。村においてどこが墓地であるのかは誰もが意識している。しかしいったん村を移動してしまうと、それがどこであるのかはわずかに司祭やズマの行なう建村儀礼において墓地でないと卵を割って占いをするという行為によってしか認識されない。生前の死者の威信は埋葬以前の諸儀礼の盛大さや供犠に供された牛の数、それによって村人すべてが持ちかえる肉の量で表現されるのであり、一度埋葬されればそれは平等な扱いを受けるのである、死者の霊が度々強調される異常死した霊と区別されることで逆に遺族は村落への自己の帰属を確認する

のである、そしてそれは青藏高原から個人へとつながる「歴史」を通じて日常では知覚されない範疇としての「民族」を意識することを意味するのである。次にあげる死者に捧げるアカ種族の葬歌のテキストはそのことをよく示している。

　　　［前略］（死者はここまでで9つの山と9つの川と9つの道を越えてきている）
　　　9つの門を叩くだろう、
　　　こうして9つの金銀の鈴が鳴る。
　　　聖地に向かう道の途中で絶対に振り向いてはいけない。
　　　路傍の悪い精霊を呼んではいけない。
　　　君が第1の門にたどりつくと
　　　左右に18人の「神」が立っておられる。
　　　彼らは君に尋ねるだろう、
　　　君は何族か？
　　　君は答える。
　　　私はヤニザだ（註：アカ種族を表す儀礼言葉）。
　　　私は祖先の聖地を探している。
　　　牛の背中に乗せたお礼の品で
　　　どうか神官よ私を前に通してください。
　　　祖先は君に尋ねるだろう。
　　　そんなふうに教えてくれた人は何人いたか？
　　　君は答える。
　　　3人が私に教えてくれました。
　　　1にズマ、2にシャーマン、3に司祭
　　　　　　　　　　　　　　　　　　　　［门图・高和 1992: 137-38、原文中国語］

　次に祖先の問題を考えるために、紅河県のハニ種族に近いラミ種族のモピが葬儀の際に歌う葬歌のうち、死者を他界に送る「道を教える」という出版されたテキストを用いる。なおハニ語表記は中国の新ハニ文の表記を用いている。この葬歌は同じハニ＝アカ族といっても非常に多様な彼らの民俗の中にあって、他の地域のハニ族やタイの言うアカ族に至るまで比較的蓋然性のあるテキスト

である。モピがこの歌を歌う場面は通常2〜3日ほど続く葬儀のうち最後の埋葬の前日の夜である。また、この葬歌は彼らの「古語」であるため、その内容を理解しているのはモピとその弟子たちに過ぎず、一般の人はこのテキスト自体は部分的にしか理解していない（とはいえハニ＝アカ族のハニ＝アカ語の古語の理解は日本人一般の仏典に対する理解度よりは深い）。また、この葬送儀礼のテキストに関する限り、彼らの文化の中心的な部分はなんらの文化変容も受けていない[*26]。まさに、この点にイデオロギーとしての葬歌語りの論点がある。

GAQMA MEI	道を教える
(1) Ei---tuq!	エートゥ！
(2) Dawuv neivq dei shiiqjei galbi baq,	あの世のネの、死んで到る平たい道
(3) Neivqjol qiq dei aqhao baq,	ネのいる1つの場所で
(4) Noq maq puq gaq loq saolkeel puq lal,	お前は出会ったことのない道、3本に出会う
(5) Noq maq sal hholqi qiqkeel ssuq li.	お前は恥ずかしがることなく真ん中の1本を歩け
(6) Deegee qiqkeel noq maq ssuq qiv,	上の方の1本をお前は歩いてはいけない
(7) Deenia qiqkeel noq maq ssuq qiv.	下の方の1本をお前は歩いてはいけない
(8) Deegee qiqkeel noq hhossuq loq,	上の方の1本をお前が歩けば
(9) Lol'eil aqma noq ba hol lal.	ロエアマがお前を呪い罵る
(10) Deenia qiqkeel noq hhossuq loq,	下の1本にお前が入っていけば
(11) Shaq'eil aqma noq ba piav lal.	シャエアマがお前を掴まえる
(12) Noq maq puq eeq loq saol biv puq lal,	お前は出会ったことのない3つの井戸に出会う
(13) Deegee qiqbiv noq hhodol,	上の1つの中の水をお前が飲むと
(14) Lol'eil aqma noqba hol lal.	ロエアマがお前たちを呪い罵る
(15) Deenia qiq biv noq loq hhochuv,	下の1つのものの中の水を汲んで啜ると
(16) Shaq'eil aqma noq ba piav lal,	シャエアマがお前を掴まえる
(17) Noq loq hholqi qiq biv dol li.	お前は真ん中のものを汲んで飲め
(18) Maq puq miq loq saol daol puq lal,	見たことのない薪に使う木に3本出会う
(19) Noq loq mee e hholqi qiq daol heivq li.	お前は良い真ん中の木を切れ
(20) Deegee qiq daol noq loq hhoheivq,	上の1本をお前が切ると
(21) Shaq'eil aqma noq ba hol lal,	シャエアマがお前を呪い罵る
(22) Deenia qiq daol noq loq hhoheivq,	下の1本をお前が切ると
(23) Lol'eil aqma noq ba piav lal.	シャエアマがお前を掴まえる

(24) Maq puq haq loq saol daol puq lal,	見たことのない竹に3本出会う
(25) Hholqi qiq daol noq loq ssyuq li.	真ん中の1本をお前は使え
(26) Deegee qiq daol noq loq hhossyuq,	上の1本をお前が使うと
(27) Lol'eil aqma noqba hol lal.	ロエアマがお前たちを呪い罵る
(28) Deenia qiq daol noq loq hhossyuq,	上の1本をお前が使うと
(29) Shaq'eil aqma noq ba piav lal.	シャエアマがお前を掴まえる
(30) Maq puq lo loq saol puq lal,	見たことのない川3本に出会う
(31) Noq loq mee e hholqi qiq lol xoq li.	お前は、良い真ん中の1本を渡れ
(32) Deenia qiq lol noq loq hhoxoq,	下の1本をお前が渡ると
(33) Lol'eil aqma noq ba hol lal.	ロエアマがお前を呪い罵る
(34) Deegee qiq lol noq loq hhoxoq,	下の1本をお前が渡ると
(35) Shaq'eil aqma noq ba piav lal.	シャエアマがお前を掴まえる
(36) Tyuqba maq puq xollol saol xol puq lal,	そこで見たことのない家3軒に出会う
(37) Noq mee e hholqi qiq xol jol li.	お前は良い真ん中の1軒に居なさい
(38) Deenia qiq xol noq loq maq jol qiv,	下の1軒にお前は居てはいけない
(39) Deegee qiq xol noq loq maq xavq qiv.	上の1軒にお前は泊まってはいけない
(40) Lol'eil aqma noq ba hol lal,	ロエアマがお前を呪い罵る
(41) Shaq'eil aqma noq ba piav lal.	シャエアマがお前を掴まえる
(42) Tyuqba milnil puvma saol puv mol lal,	そこに赤土の村が3村見える
(43) Deegee qiq puv noq loq tav tee,	上の1つの村にお前は入ってはいけない
(44) Deenia qiq puv noq loq tav li,	下の1つの村にお前は行ってはいけない
(45) Noq loq hholqi qiqpuv tee li.	お前は真ん中の1つの村に行け
(46) Dawuv milnil puvma saol zaol ba,	あの世の赤土の3つの村には
(47) Keeqkovq keeq loq saol zaol jol,	咬む犬が3匹いる
(48) Ha tuv ha loq saol zaol jol,	つつく鶏が3羽いる
(49) Hhavq kovq hhavq loq saol zaol jol,	咬む豚が3頭いる
(50) Moq bivq moq loq saol zaol jol,	壊す(人を蹴る)馬が3頭いる
(51) Niuq taoq niuq loq saol zaol jol.	頭突きをする牛が3頭いる
(52) Tyuqba keeq kovq keeq loq saol zaol jol e,	そこには咬む犬が3匹いる
(53) Noq li nei maq kovq lal,	お前は咬まれない
(54) Ngaq li loq kovq la baq.	俺は咬まれる
(55) Hhavq kovq hhavq loq saol zaol jol e,	咬む豚が3匹いる
(56) Noq li nei maq kovq,	お前は咬まれない

第4章 祖先祭祀　　　　　　　　　　241

(57) Ngaq li nei kovq lal yaq.　　　　俺は咬まれる
(58) Ha tuv ha loq saol zaol jol e,　　つつく鶏が3羽いる
(59) Noq li nei maq tuv,　　　　　　お前はつつかれない
(60) Ngaq li nei tuv lal yaq.　　　　俺はつつかれる
(61) Oq yevq oq loq saol zaol jol e,　咬むアヒルが3羽いる
(62) Noq li nei maq yevq,　　　　　お前は咬まれない
(63) Ngaq li nei yevq lal yaq.　　　俺は咬まれる
(64) Ngol yevq ngol loq saol zaol jol e,　咬むガチョウが3羽いる
(65) Noq li nei maq yevq,　　　　　お前は咬まれない
(66) Ngaq li nei yevq lal yaq.　　　俺は咬まれる
(67) Dawuv shiiljei gaq bil ba,　　　あの世の、死んで到る平たい道に
(68) Dawuv milnil puvma saol zaol ba,　あの世の赤土の村が3つある
(69) Tyuqba chiiv taoq chiiv saol zaol jol,　そこには頭突きをするヤギが3頭いる
(70) Noq li nei maq taoq,　　　　　お前は突かれない
(71) Ngaq li nei taoq lal yaq.　　　俺は突かれる
(72) Moq bivq moq loq qiq zaol jol,　壊す(人を蹴る)馬が1頭いる
(73) Noq li nei maq bivq,　　　　　お前は蹴られない
(74) Ngaq li nei bivq lal yaq.　　　俺は蹴られる
(75) Niuq taoq niuq loq saol zaol jol,　頭突きをする牛が3頭いる
(76) Noq li nei maq taoq,　　　　　お前は突かれない
(77) Ngaq li nei taoq lal yaq.　　　俺は突かれる
(78) Dawuv shiiljei gaqbil baq,　　　あの世の死んで到る平たい道
(79) Dawuv neivq jol qiq dei aqhaoq baq,　あの世のネのいる1つの場所
(80) Biv'aol aqzhuq yavtil saqtaq.　龍のイモムシのいる音が満ちている
(81) Biv'aol ollol lol'aovq hhyuq caoq yav taq.　龍の蛇の9つのとぐろがある
(82) Shoq loq bosel hhyuq dama,　朝おまえを産み喜んだ父母[が待っている]
(83) Noq loq keelbaoq aqpeil leilyeiv yav,　お前の脚絆には梨の花の[刺繡]がある
(84) Noq loq seiqnao aqdaol wuv'qyuq yav,　お前の靴の羽根[の部分]には尖った帽子がついている
(85) Noq li nei maq caov,　　　　　お前は刺されない
(86) Ngaq li nei caov lal yaq.　　　俺は刺される
(87) Dawuv shiiljei gaqbil tav nei li,　死んで到るあの世の平たい道の上を行け
(88) Noq li nei maq cyuq,　　　　　お前は妨げられない
(89) Ngaq li nei cyuq lal yaq.　　　俺は妨げられる

(90) Dawuv shiiljei gaqbil baq,　　死んで到るあの世の平たい道
(91) Noq lidiq limei qiq jol li baq,　　お前はひたすらに1人で行け
(92) Noq teediq teemei qiq jol tee baq,　　お前はひたすらに1人で入れ
(93) Aqnia ceilniq hhoma paotil saqyi baq,　　上の12の大門が開く音が心地よい
(94) Shiivqceil hhoma paoqpo zhaqyi baq.　　70の大門の開く音が美しい
(95) Diqmaol zhaovqboq seel e aqsul maq,　　ディモの鍵を持っているのは誰だ
(96) Diqmaol zhaovqdul seel e haqtal maq?　　ディモの錠はどこにあるのか？
(97) Muqma shiiqzyuq Peiqdee keeqma seel,　　天の母の息子の嫁で「死の王」であるペディが待っている
(98) Miqma shiiqpil Peiqlaoq ssaqmiq seel.　　地の母の娘で「死の司祭」であるペロが待っている
(99) Ngaq yiuvqlavq zhaovqboq lavqtav maq heil,　　私は右手に鍵を持っていない
(100) Qallavq zhaovqdul aqlavq maq niv aqdei,　　左手に錠を掴んでいない
(101) Muqma shiiqzyuq Peiqdee keeqma loq,　　「死の王」であるペディという天の母の息子の嫁さんよ
(102) Milma shiiqpil Peiqlaoq ssaqmiq eiq laq,　　「死の司祭」でペロという地の母の娘よ
(103) Ngaq li nei hol lal yaq.　　俺は[ペディとペロを]呪い罵りに来た
(104) Noq li nei bihhyul.　　お前は[彼らを]喜ばせろ
(105) Ngaq li nei diq lal yaq,　　俺は[彼らを]叩きに来た
(106) Noq li nei ciil lal.　　お前は[彼らを]選べ
(107) Diqmaol maolzhaoq paoyi bei saq,　　ディモの長い鍵で[門が]開き始めた
(108) Ceil niq hhoma paotil saq baq,　　12の大門が開く音が心地よい
(109) Shiiqceil hhoma paopo zhaq yiq,　　70の大門が開くところが美しい
(110) Noq li nei pao lal,　　お前は開けろ
(111) Ngaq li nei piq lal yaq.　　俺は閉める
(112) Noq li nei tee li,　　お前は入っていけ
(113) Ngaq li nei duv yiv baq.　　俺は出て行く
(114) Qiqceevq hhoma paotil saq yil bei saq,　　1つ目の大門の開く音が心地よくし始めた
(115) Niqceevq hhoma paopoq zhaq yi bei saq,　　2つ目の大門の開くところがが美しく始まった
(116) Saolceevq hhoma paotil saq yil,　　3つ目の大門の開く音が心地よい
(117) Yuvqceevq hhoma paopoq zhaq yi,　　4つ目の大門の開くところが美しい
(118) Ngaqceevq hhoma paotil saq yil　　5つ目の大門の開く音が心地よい
(119) Kuvqceevq hhoma paopoq zhaq yil,　　6つ目の大門の開くところが美しい
(120) Shiivqceevq hhoma paotil saq yil,　　7つ目の大門の開く音が心地よい
(121) Xeivqceevq hhoma paopoq zhaq yil,　　8つ目の大門の開くところが美しい
(122) Hhyuqceevq hhoma paopoq zhaq yil.　　9つ目の大門の開くところが美しい

第4章　祖先祭祀

(123) Hhyuqceevq hhoma tavba noq loq joqtil saqqav ba,　　9つの大門の上にお前はいて心地よい
(124) Hhyuqceevq hhoma tavba noq loq joq duq mee baq,　9つの大門を開けたところはとてもよい所だ
(125) Noq hhyuqciivq aqpyuq tyuqba joq sheeq.　　お前の9代の祖先がそこにはいる
(126) Noq fubial aqpyuq tyuqba xavq sheeq.　　お前が最期を見取った祖先がそこにいる
(127) Hhyuqceevq hhoma paotil saq sol baq,　9つの大門は全て開いた
(128) Noq aqpyuq ciivqgee paotil qav baq,　　お前の祖先の1門のところが開いた
(129) Aqma lahao Peiqdeel pao ssavq qav baq.［お前の］母の家をペディは開けた
(130) Noq teewuq bei e maq ngeel,　　お前が最初に入ったのではない
(131) Teemiq leevq e noq loq maq ngeel,　　最後に入ったのはお前ではない
(132) Teewuq bei e Yivdiq Diqmaol sheeq,　最初に入ったのはイディ・ディモだ
(133) Teemiq leevq e Yivshuq Shuqsheil sheeq. 最後に入るのはイシュ・シュシェだ
(134) Noq hhyuqceevq hhoma ba paotil saq qav,　　お前は9つの大門をすべて開けた
(135) Noq shiiqtee shiiqmei tee a qav.　　お前は死んでそこに入るのだ
(136) Ngaq naoqduv naoqmei duv yil movq baq,　　俺は上に上がってここから出て行きたい
(137) Noq shiiq caoq caoqyo wuqhol bial qav.　　お前は死んで生は終わった
(138) Pilssaq naoqcaoq caoqyo wuqhol leevqyil movq baq.　ピザ（司祭の謙遜語）はまた生活をしたい
(139) Noq aqpyuq aqbol laqgul joqtil saq qav,　お前の祖先よ彼を居やすくしてくれ
(140) Noq aqpyuq laqgul meipol qav baq.　　お前の祖先よ彼をお腹いっぱいにしてくれ
(141) Noq aqbol laqgul meipol qav baq,　　お前のお爺さんよ彼をお腹いっぱいにしてくれ
(142) Noq e hhyuqciivq aqpiq aqbol joq sheeq, お前の9代のお婆さんお爺さんがいる
(143) Noq e bosel dama kevq sheeq.　　お前を産んだ父母もその中に混じっている
(144) Hhyuciivq aqpyuq aqbol eiq,　　9代の祖先たちよ
(145) Noqyaq xiqtal ba gav la aqzaq biq laol,　寒ければ火を［彼に］与えよ
(146) Mivq la aqhoq bi zaq eiq laq.　　［彼が］空腹であれば飯を食べさせよ
(147) Bimiq sulcol maq ngeel sheeq,　　［彼は］外地の見知らぬ人ではない
(148) Aqcyuq col loq maq ngeel sheeq,　　タイ族ではない
(149) Aqniyul col loq maq ngeel sheeq,　　漢族ではない
(150) Haqhhol col loq maq ngeel sheeq,　　イ族ではない
(151) Noq e qiqciivq niq e ceeq'eil sheeq,　お前の1つの系譜に属する近親の1門（リネージ）だ
(152) Noq e qiqbol niq e ssaqssyuq sheeq,　お前の「1人の爺さんの子種」（子孫）だ
(153) Hhyuciivq aqpyuq aqbol hhahaol bi aq, 9代の祖先よ彼に力を与えよ
(154) Noq bo'la aqpiq aqbol hhatoq bi aq,　　お前を産んだ祖先よ導きを与えよ
(155) Dawuv liyo salssil hhoq baq,　　あの世の異常死した霊のところへ行く

243

(156)	Tyuqgal liyo yoyuq peq qav baq.	そこに行くと骨が朽ちている
(157)	Pilssaq naoqdiq hhuvq movq baq,	ピザは上に帰りたい
(158)	Aqnia saol nee ngaqba tav dal.	上で3日間俺は何も頼らなかった(何もできなかった)
(159)	Ngaq xo'aq haqlaq mosseil ngeel aq,	俺は雄の虎のように力強い
(160)	Aqda xojil haqlaq meiq teiq ngeel aq,	父親である男というものは口が虎のようだ
(161)	Gafu neivq yi col yi bilwul qiq nee,	昔々ネと人が別れたその日
(162)	Neivq kavq nav kavq wul qiq nee,	ネと人が別れたその日
(163)	Neivq doq col loq maq nal haq qiv,	ネの話を人は理解できない
(164)	Col doq neivq loq bi nalhhaq qiv.	人の話をネは聞く(信じる)
(165)	Neivq eil col loq maq qeeq,	ネの話を人は信じない
(166)	Col eil neivq loq bi qeeq movq aq.	人の言った事をネは信じたい
(167)	Neivq loq aqnil,	ネは年下のキョウダイ
(168)	Col loq aqyivq dei yaq.	人は年上のキョウダイ
(169)	Pilssaq naoqcaoq caoqhhuvq movq baq,	ピザは上に帰りたい
(170)	Ngaq wuqduq geehuq shaolhuq qyuq aq,	俺の頭には銅と鉄の兜がついている
(171)	Yohhyuq geeda shaoldaq piq aq,	自分の体を銅と鉄で覆っている
(172)	Ngaq aqkeel geeteil seiqnaovq yav.	俺の脚には銅の靴がついている
(173)	Noq zyuqssaq ba tav dal la hhoq,	お前は3役を頼るな
(174)	Noq pilssaq ba tav kul la hhoq,	お前はピザを呼ぶな
(175)	Diqmaol hoqloq tav zaq hhoq.	ディモの飯を食べてはいけない
(176)	Shiiqshuq zhiiv loq tav dol hhoq,	シシュの酒を飲んではいけない
(177)	Aqzhiil byuqmoq qiqpil tuq,	鳥のモピが1羽唱える
(178)	Ngaqshaq byuqmoq qiqpil tuq,	魚のモピが1匹唱える
(179)	Fuchav byuqmoq qiqpil tuq,	ネズミのモピが1匹唱える
(180)	Yeqba kul li yeqba qo'li,	そこで[彼らを]呼び[彼らを]探しに行け
(181)	Ngaq e piltaoq tav ciil,	俺を引っ張るな(選ぶな)
(182)	Lavqtovq tav niv hhoq leiq,	[俺の]肩を動かすな
(183)	Ngaq aqhuq guvq'al paltaol caoq tee.	
	俺は父方の叔母さんが刺繍してくれた[モピの道具の入っている]カバンを持って帰る
(184)	Pilssaq loq caoq hhuvq movq baq,	ピザは帰りたい
(185)	Kaqtoq kaqmei toq yil,	作物を守りに行く
(186)	Kaqhaol kaqmei haolyil movq baq.	作物を大きくしたいのだ
(187)	Buqluvq buqmei luvq yil,	人を守りに行く

第4章　祖先祭祀

(188) Buqtoq buqmei toqyil movq aq,	人を守りたいのだ
(189) Zheiqtoq zheiqmei toqyil,	家畜を守りに行く
(190) Zheiqhaol zheiqmei haolyil movq baq.	家畜を大きくしたいのだ
(191) Ngaq loq ssaqmee boq dei qiqcol ngeel aq,	俺は子供を守る1人の人間だ
(192) Miq loq boq dei qiq col ngeel aq,	妻を守る1人の人間だ
(193) Ngaq miqbo ho loq tov,	俺の妻にある魂よ帰れ
(194) Ngaq ssaqbo ho loq tov.	俺の子供にある魂よ帰れ
(195) Miqmee ssaq nei xoho tov yi,	良い妻は夫の魂を呼ぶ
(196) Xomee ssaq nei miqho tov yi,	良い夫は妻の魂を呼ぶ
(197) Pamee ssaq nei ssaq ho tov yi,	父母は子供の魂を呼ぶ
(198) Qiqma niyuqbuvq aqdaol nei,	1羽の雌鶏の羽根を使って
(199) Qiqpyul dav aovq jeiqzhaq nei,	1羽の雄鶏の雄々しく綺麗なのを使って
(200) Sseiqseq ho loq tov,	足の爪の魂よ帰れ
(201) Sseiqniyul ho loq tov,	足の指の魂よ帰れ
(202) Aqkeel paqhhol ho loq tov,	足の裏の魂よ帰れ
(203) Jaqnee ho loq tov,	踵の魂よ帰れ
(204) Shiilnia puqluq ho loq tov,	脇と上腕の魂よ帰れ
(205) Moqhho ho loq tov,	腸と心臓の魂よ帰れ
(206) Peelceev ho loq tov,	ひざの魂よ帰れ
(207) Paqdul ho loq tov,	腿の魂よ帰れ
(208) Qikyul ho loq tov,	肋骨の魂よ帰れ
(209) Wuvsheel wuvyeil ho loq tov,	手首、手のひらの魂よ帰れ
(210) Neema siqssaq ho loq tov,	手指、爪の魂よ帰れ
(211) Shaqpoq ho loq tov,	肺の魂よ帰れ
(212) Shaqcheeq ho loq tov,	胆嚢の魂よ帰れ
(213) Neehha ho loq tov,	胸の魂よ帰れ
(214) Lavqbav ho loq tov,	肩の魂よ帰れ
(215) Lavq lo ho loq tov,	肘の魂よ帰れ
(216) Lavqnyul ho loq tov,	手の指先の魂よ帰れ
(217) Lavqseq ho loq tov,	手の爪の魂よ帰れ
(218) Leeciiv yonil ho loq tov,	手首の関節の魂よ帰れ
(219) Meideeq ho loq tov,	顎の魂よ帰れ
(220) Lassaq lama ho loq tov,	舌の魂よ帰れ

(221) Meibaoq ho loq tov,	口の魂よ帰れ
(222) Seq loq milgil ho loq tov,	歯の魂よ全部帰れ
(223) Nalmeil ho loq tov,	鼻の魂よ帰れ
(224) Miavssaq ho loq tov,	目玉の魂よ帰れ
(225) Naqbol ho loq tov,	耳の魂よ帰れ
(226) Nieiqdel ho loq tov,	額の魂よ帰れ
(227) Wuqduq ho loq tov,	頭の魂よ帰れ
(228) Caolkeel ho loq tov,	髪の毛の魂よ帰れ
(229) Pilssaq hholmol meidei tov leeq baq,	ピザの体よ全部帰れ
(230) Pilssaq shiivq loq tovdeeq baq,	ピザの血よ満ちよ
(231) Hhaqma milseel ngaq ba haol baq,	アマよ私を守り育てておくれ
(232) Chuvma milseel ngaq ba boq baq,	井戸の母よ私を守っておくれ
(233) Puvtav puvlaol ngaq ba boq baq.	村の皆さん私を守っておくれ
(234) Ma nei niv yo maq yivq aqnil,	大きな家は暖かく、外には行かない
(235) Ciiv eil lavqtoq yohee ngaq ba boq,	同じ1門の皆さん私を守っておくれ
(236) Hhyul soq zaolbei leiqqoq ngaq ba boq.	心温かいご近所の皆さん私を守っておくれ
(237) Hhyuqzyuq dama shiivqchav yul'al ba,	親愛なる父母が[出産で]血を流したそこのところだ
(238) Hhyuqzyuq dama qavqpivq duduq ba,	親愛なる父母がへその緒を埋めたところだ
(239) Da nei cuv al xolma golzhol ba,	父が建てた大きく清廉な家だ
(240) Milma geeqba yil yo hhuvq yiv,	大地の下へ行って帰ってきた
(241) Muqzeil milzeil li yo hhovq lal ba.	天の端から地の端まで行って戻って来た

[『斯批黒遮　SIILPIL HEIQZEIL』:403-414　[　]内筆者挿入、(　)内筆者意訳]
＊なお『斯批黒遮』はハニ文対照本としてはごく初期のものであり、音節の区切り方などが現在のものとは違う点があるのでその点と若干の誤植について原文を修正した。

　まず (1) 〜 (45) で死者は道→井戸→木→竹→川→家→村という行程で、それぞれ3つの選択に迫られ、その正しい選択は3つのうちの真ん中に必ずある。この中庸主義ともいえる論理についてはタイのアカ族においてヘサウが指摘したものと同じである [Geusau 1983]。ハニ族は一般に3とその乗数である9を好むというのはこのためであると考えられる。
　それぞれ真ん中以外の2つの選択にはロエ・アマ lol'eil aqma とシャエ・アマ shaq'eil aqma という2人の妖怪が待ち受けている。ロエ・アマは文字通りには

ロlol（儀礼）のアマaqma（母）であり、原註によれば「官人」（儀礼的村長であるミグMilguを含む役人）や司祭（モピ）などの一定の身分のある人とある [『斯批黒遮』: 159]。戦争や内乱で死んだもの（diq tov zaq）も「上の道」を通るとされており、彼らもまたロエ・アマに呪い罵られるのである。この点でこのテキストは一種の階級化の否定と平和主義をイデオロギーとしてもっている。注意したいのはこのテキストを語っている司祭自身も死ねばロエ・アマに呪い罵られることになると自覚しているということである。

シャエ・アマは文字通りにはシャsha（悪死）した者のアマaqma（母）である。悪死はハニ族内部でも様々なバリエーションがあるが、同じ話者のテキストによれば、路上で死ぬ、吊るされて死ぬ、轢き殺されて死ぬ [『哈尼求福歌』: 231-232] などが挙げられている。他に元陽や西双版納などでよく聞くのは、落雷による死、水死、名前を付ける前の乳児の死、動物に咬み殺された死などを挙げ、これらについては無条件にシャとされる。一般に村の外で死ぬことはたとえ病院であってもシャとみなされるが、村のはずれで特別の儀礼を施すことで正常死とすることもある。

続く（46）〜（92）において死者はイヌ、ニワトリ、ブタ、ウマ、ウシ、アヒル、ガチョウ、ヤギ、イモムシ、ヘビなど普段慣れ親しんできた家畜や動物に行く手を阻まれる。ここで司祭は躊躇することなく前進することを執拗に勧める。そして「お前は咬まれる」「俺は咬まれない」という表現を繰り返すことで、死者に自分が死んで特別な力を持っていることを何度も繰り返し自覚させる過程であることがわかる。この他界への行程を阻む者どものモチーフは同じチベット＝ビルマ語系の人々の間でもよく見られ、特に『チベット死者の書』などでも見られることを考えるとチベット人にとってもこのイデオロギーが仏教から来ているのではないという可能性を示唆する。

（93）〜（134）において死者は70もの門（上に12大門というのはこれに含まれるかどうかは文面から判断できない）を見ることになる。このことは漢訳では省略されている。しかし、死者が開けるのは自分の祖先の待つ9つの門である。ハニ族は長いもので80代もの系譜を暗誦することで知られているが、死者の面倒を見るのは9代に限られていることがわかる。また、ディモという最初に死んだ者とシュシェという最後に死ぬべき者とがおり、死者の世界が無限にあるわけ

ではないことがわかる。

　(135)～(241)は死者をあの世の祖先に送り届けたモピがこの世に戻ろうとする部分である。現世の様々な悩みを死者の世界の祖先が解決することが述べられている。モピが「上に」帰ろうとする((157)(158)(240))ことから他界が地下にあると観念されていることがわかる。またタイ族(Aqcyuq)、漢族(Aqniyul)、イ族(Haqhhol)、が排除された上で自分のリネージが強調されていることは彼らの民族としての帰属意識を考える上で重要であろう。

　ここまでモピは死者とともにあの世の入り口まで行ってその後は必死になって現世に戻ろうとすることが強調されている。死者に自分を頼りにしてあの世に引き戻されぬよう念を押した後、自分の身体部位のそれぞれを魂(ho)として呼び戻すのである。この「魂」という語は通常sullalというものであるが、身体部位のように非人格化されたものについてのみ使われるのがhoである。生者でありながら死者の世界に途中までいってしまったモピの魂は鉄や銅の防具を付けながらも、ばらばらに引き裂かれる。そして彼の魂は足の爪から頭の頭髪へ下から順にこの世に戻る((200)～(230))。この過程の凄まじい恐怖感は漢語訳からは伝わってこないが、この恐怖感こそがこの「道を教える」という語りの核心的なイデオロギーであろう。

　なお、同じGaqma meiのテキストの緑春で取材されたバージョンによると、このテキストには天の母オマAoqmaから最初の人間であるスミオSulmil'yulを経て死者の父まで66代の祖先に死者をモピが紹介する部分が付け加えられている［李克忠主編 1999: 518-532］。筆者が元陽で葬儀に参加した時も、葬具で地面を叩きながら確かにこの部分をモピが暗誦していたのを観察している。その部分を若干加えておく。

Yil tyuq!	イートゥ！
Aoqma	オマ（天の母）
Mavqhhaol	マオ（天の母の息子、以下父系の祖先名）
Hhaolheeq	オフ
Heeqtaol	フト
Taolmavq	トマ

第4章　祖先祭祀

Mavqyaol　　　マヨ
Yaolneivq　　　ヨネ
Neivqbei　　　ネベ（オマからネベまでは神霊）
Yil　tyuq!
Sulmil' yul, Piu'qivq lal wul yil
　　　　　　　　スミオ（人間の祖先）よ、ピュチ（死者の名前）が来たよ
Yultyuqli, Piu'qivq lal wul yil　　オトュレよ、ピュチが来たよ…
　　　　　　　　（55代省略）
Laoqjei, Piu'qivq lal wul yil.　ロジェ（死者の父）よ、ピュチが来たよ

[李克忠主編 1999: 518-532]

　あの世の世界とこの世の世界はネと人の世界という鏡像のイメージによって画されている。この2つの世界を繋ぎつつ分断するのが葬送儀礼である。トリックスターであるモピは死という免れない事実を死者とともにあの世の門の前まで行くことによってその区切りを構造的に示し、自身の恐怖を示すによってその構造を強化することになる。一方でネと人間がキョウダイでネ（しばしば頭の悪い年下のキョウダイとして表象される）の世界が死者にとって住み良いところだということを示すことによって、あの世が人にとって恐ろしいところであることとネと死者にとって住み良いところであることを矛盾なく説明しようとするのである。
　モピの持っているイデオロギーとしてのハニ族の他界は、70の門のある世界である。そこまでの道のりは度々3つの選択に迫られる道であり、日常見慣れた動物が恐ろしい様態で襲ってくる道である。死者のみがそこを通って死者の面倒を見てくれる9代の祖先の待つあの世へ到達することができる（それ以上の祖先には挨拶をするにすぎない）。9代の祖先の待つ他界は正常死し、かつモピや村長のような役職に付かなかった者だけが幸せに暮らすことができる世界である。
　このようにハニとアカの葬歌のイデオロギーはきわめてよく一致している。他のテキスト（アカ [Hansson 1983, Scholz 1993]、ハニ [李克忠主編1999]）と比べてみても同じである。ところが実践という面から考えるとハニとアカには大きな違いがあることに気付くだろう。アカでもハニでも司祭は祖先の教えた通り、実践しているのだと答える。彼らは他の民族集団のやり方にはほとんど価値を置

かない。カメラーがアカのことを「ボアズ以前の相対主義者」と言ってみせるように、他民族集団のやり方がよいとも思っていない。彼らの実践はモミやミエから変わらないとするが、ハニ＝アカ族内部での差異については祖先の違いだと説明するし、統合する気は全くない。

　ハニとアカの実践の最も大きな違いは埋葬の段階とアゴエへの礼である。ハニの場合広場の大勢の面前でアゴエの一家に対して喪家は平伏して迎える。非対称性を表現するのである。対して、アカの場合は埋葬後にアゴエが来るので、それは私的な空間となる。そこでアシャンとアゴエのドラマが始まる。そこでアゴエが勝利して、非対称性が強調されるのは同じである。しかし、アカの場合は一目見て男性性のセクシュアリティが強調されるのに対してハニの場合は一見して儒教的とも言える礼である。もちろん儒教は母方のオジを尊敬せよとは言っていないが、その表現形式である。他方、アカの場合は儒教とは全く相容れないし、この姿を見て伝播論的に思いつく文化要素（タイのバラモン教やチベットの古宗教など）もない。アカのアゴエの劇は死というものを生へときわめてドラマチックに転換する。それは私的で神話的な解決であり、アゴエの生殖力を賛美しかつ死者の子孫にそれを伝えようとする。

　こうしたハニ＝アカ族の葬送儀礼の研究の多くは伝播論ないしは文化変容論として論ぜられてきた。1つは「漢化」の問題として論じられてきた。例として戴琇峰（2002, 2003）があるが、これらの論文はハニ族が火葬から土葬に変わったことをもって「漢化」と見る。そもそも「漢族」として括られる人々の葬法自体も全く一様ではない[cf.ワトソン＆ロウスキ編 1994（1990）]。戴琇峰より以前に、元陽ハニ族出身の知識人である白玉宝は儒教が早くから葬送儀礼に影響を与えていたと主張していた[白・王1998: 130-133]。しかし、葬歌のテキストには漢語の借用と思われる語を筆者はほとんど見出すことができなかったし、そもそも漢族とは「漢文化」を担っている人々ではない。確かに白が主張するように漢族の流入は既に清代には少なくはなく、1997年の調査当時70代の話者たちは民国期に昆明で漢語の初等教育を受けた者も少なからずいた。また、「土司」と呼ばれる支配層も進んで四書五経に学び、風水説による中華風な豪華な墓を建てた（写真84）。しかし、葬歌のテキストには漢語からの借用はほとんど見られず、テキストはハニ語の古語でほぼ構成されている。儀礼のテキストが漢語で

構成されるというと、ユーミエン（ヤオ族）の場合は日常的な会話はミエン語であり、むしろ儀礼言葉が漢語であるということが逆に同化されてしまわない民族的境界を形成するという例もある［竹村編1994］。韓国や日本で考えてみても儀礼言語の中に漢語があるのはむしろ普通のことであって、ハニ語のテキストにそれが起きていないのはどう考えるべきであろうか。確かに、ハニ族の文化には祖先崇拝、中庸主義、長幼の序、男性優位といった一見して儒教的に見える文化要素が見られる。こうした特徴が儒教によるものであると仮定したとしても、儒教が彼らに与えた「影響」は、言語を介したものではなく、儀礼などの非言語的なものであるということになる。

リーチは早くからこの雲南に近い高地ビルマにおいて儀礼的行為が少なくともカチン山地全体に民族＝言語的集団を越えるコミュニケーションであることを指摘していた［リーチ1987 (1970): 318, 1981 (1976)］。リーチはこうした儀礼行為が少なくともビルマのカチン山地に共通した儀礼「言語」だと述べており、それが実際の言語を越えてある理解を異民族間でもたらしていたことを述べている［リーチ1987 (1954)］。

前述のようにハニ族にとって、墓はもう何もないところであることが強調される。もう死者の魂sullalはあの世daqwuvqにいるのだからそこには何もないのである。少なくともハニ族の死に対するイデオロギーにおいては、戴琭峰 (2002) が「漢化」の事例として挙げる火葬から土葬の変化などはハニ族にとってどうでもよいことであり、そこの死体にはもう何もないのである。しかし、人間の感情はやはりそう単純ではなく輪廻転生を信ずる上座部仏教徒でも祖先の存在や死者の骨を寺のパゴダに入れてしまえずに家に置いておくように、死体に未練が残る者もいるのである。そこに近年の中華風の墓の受容が見られる余地がある。ごく少数であるものの清明節などを行ない、墓参をする者もいるし、キリスト教に改宗して死者を弔う者もいる。儀礼が強く発しているイデオロギーの分析においてはハニ族の死者について他のイデオロギーが入り込む余地はなく、そこには何もないことが繰り返される。感情が儀礼自体を変えていく可能性を示しているということもできると思われるのである。

もしも、アイデンティティなどという語が指し示すような個人に帰着するような記憶の問題として系譜観念が存在したとするならこれ程広範で深い記憶は

残らなかったであろう。それは個人の死とともに祀る子孫を持たない人々によって忘却されていくからである。こうした父子連名制はチベット＝ビルマ語系の少数民族、イ族、ナシ族、ミャオ族などにも見られ、南詔大理の系統［cf.白鳥1985, 林謙一郎1999］を示すものとして史学上は知られている。父の名前の最後の1音節を子供（男女別なく）の最初の1音節につける尻取り式の命名法である。ハニ＝アカ族はチベット＝ビルマ語系諸族の中でも特にこのやりかたを強く保持している。

　こうした父子連名制のイデオロギーと「漢族的」な儀礼的コミュニケーションには直接的な儒教イデオロギーによる文化変容を考えることはできない。それはそれぞれの主体のイデオロギーを同時に満足させてしまうような見せかけのコミュニケーションなのである。漢族には少し儒教的なものを理解した「化外」の発展途上の人々に見えるだろうし、タイ族には「野蛮」すぎて近づくこともできないような人々に見えるだろう。この見せかけのコミュニケーションこそがハニ＝アカ族が他の政体に巻き込まれながらもある程度距離を保ちつつ同化されてこなかった理由でもある。

　ハニ＝アカ族の系譜はほとんどと言ってよいくらい政治経済的な機能を持たない。墓や祠堂のような象徴物でそれを維持もしなかったし、村落以上の政治経済的組織を発達もさせなかった。後節で述べるように系譜はただ自分の肉親を霊界に送ることと祖先から受け継がれてきた危機の回避の智慧の保持のためだけにあった。

　このハニとアカの全く異なる実践から前述のブロックのイデオロギーと実践の問題が考察される。ハニとアカは明らかに同系統の人々であるが、外面的な実践の有り様は全く異なる。ブロックはマルクスに従ってイデオロギーが土台によって決定されることを検討するが、そうではなく儀礼実践はイデオロギーが代わっても安定的に社会を再生産することを述べている。しかし、ハニ＝アカ族はそれとは異なる。実践は異なっていても同じイデオロギーを再生産するのである。つまり、これがスコットの言うゾミアの民の社会構造であり、外面的には異なる政体に順応してみせつつも大きな社会構造の変革を伴わずに逃げていくという彼らが発達させた特殊な社会構造なのである。次節ではそれを検討したい。

第5節
集合的記憶としての系譜

　本節では前節の葬送儀礼が生み出す「歴史」が「民族」を地理的に位置付けていく結果である系譜を集合的記憶として捉える視点から整理する。筆者の調査した6例を含む118の系譜例を検討しているが、紙幅の関係上データと詳細な分析は別稿［稲村 2012a］に示したので、本節では系譜例は最小限に留めて集合的記憶としてのハニ＝アカ族の系譜を論じることにしたい。

　系譜はそのすべてについてではないにせよ、ハニ＝アカ族自身には研究者も含めてそれは史実なのであって、死んだ親や祖父母については紛れもない証言なのである。そうしてみると、系譜の仮構性の問題は系譜全体ではなく、それがどの程度なのかということになる。つまり、問題はそれが史実であるかどうかではなく「歴史」がどう作られるかということになる。「歴史」を単に出来事の連鎖として捉えるのではなく、何が「歴史」となり何が「歴史」とならないかという問題である。この問題は歴史が作られる瞬間、つまり人々の眼前の事実としてある出来事がどのように「歴史化」するかという集合的記憶の問題と重なってくる。

　まず、ハニ種族とアカ種族の生態学的適応の相違がまず重要な点である。しかしながら、これら全く別の国々の民族集団 (ethnic group) を1つの「民族」としてみなす有力な根拠になっているのが、本書で扱う父子連名制の系譜である。ハニ＝アカ族は歴史を通じて別々の国々に少数民族として適応することだけを旨として存続してきたにもかかわらず、なお共通の系譜を保持している人々なのである［Geusau 1983］。もちろん、漢籍上知られている7世紀〜10世紀の南詔国や13世紀の羅羅といった古代の政体や口頭伝承に現れる首長国トゥムラン Tmlanl などを歴史学や考古学が証明することも可能なのかもしれないが、今のところ対照すべきハニ＝アカ族の内的な歴史的記憶が十分解明されているとは言い難い。アカについてヘサウは既にこうした検討を行なっている［Geusau 2000］ものの、欧文で発表された東洋史研究に頼りすぎており、漢籍や中国語文献そのものに当たっていない。この論文はヘサウの晩年の論文であり、歴史として検討するには彼は稿を急ぎすぎた。今後、ヘサウが示した「内的歴史」

（口承史）と「外的歴史」（漢籍）の対比が再検討されるべきであろうが、本書では漢籍による検討をひとまず除外して、系譜の分析に集中したい。この問題はいったい誰の歴史かという問題にかかわっており、中国人研究者の描くハニ族の歴史も断片的な資料に基づくエンゲルスの発展論への当てはめに過ぎず、記憶を記憶として検討しないまま史実とみなして記述する過ちを犯していたと言える。今後、口承史を体系的に再検討した上で漢籍と対置すると双方の語られない部分や「歴史」についての本質的な論点も見えてくるはずである。

　清水（2004）とTooker（1992）を除くと系譜はこうした民族誌的研究では前提の一部としていくつか触れられるに過ぎず、系譜を記憶の問題として検討した論文はほとんどない。また、中国の研究者の多くは先験的にこれらの系譜を史実として扱っており、記憶の問題としてみていない。また、こうした研究を維持していく動機として、タイ・ミャンマー側からしてみると故地にあたる中国側の資料がないためうまく集団の分岐などが説明できず、研究としてはハニ＝アカ族知識人の大きな関心の的になっているにもかかわらず、低調になってきている。中国側から資料が出てなかったわけではないが、断片的で専ら歴史を説明しようという意図で書かれているため数例の紹介にとどまっていた［e.g. 簡史］。本節ではその空白を大きく埋めた楊六金・于蘭（2010）の資料を使うもののその解釈は楊とは異なる。

ハニ＝アカ族の個人名

　ここではまずハニ＝アカ族の個人名について概説的に述べる。その上で系譜の分析に入りたい。漢字の名前は、中国では学校教育の普及のため今日ほとんどの男子は持っているが、西双版納州などのアカの人々の名前はしばしば漢字2文字で、漢族とは明らかに違った当て字のような文字を使っている。例えば、大学の掲示板などで「墨明」とか「格朗」といった明らかに漢姓ではない名前が貼ってあると決まって西双版納州のアカの学生であることが多い。これは、まず「公的」と考える名前と「私的」と考えられる名前をどう使い分けるかという問題と関わっている。まず、姓1字名2文字というような漢族風の名前を「公的」と考えるとハニ＝アカ族は日常的にも葬送儀礼の時にもこの漢字の姓名を用いることはほとんどなかった。「墨明」などの名は漢語の通称と言ってよい。

そういう意味でこれら漢字の名は「公的」と言うより「書面語」であり、筆名（ペンネーム）と言ってよいほどの名前に過ぎないし、管見によれば漢字を用いない国でこの漢族風の名を使うハニ＝アカ族はいない。

彼らの個人名は単に漢族名とハニ族名という以上にいくつかの名前がある。そのことがまず、単純に彼らが漢族風の姓名を「公的」な名前とみなしていない理由であり、漢族から見ると違和感のある名前になる原因でもある。これは中国を基準に考えるからそうなるだけのことであって、ベトナム、タイ、ラオス、ミャンマー（旧ビルマ）でも彼らの系譜が文字に記録されたことは前述の羅常培が英語と中国語でこのシステムについて発表した1944年以前にはまったくなかったと言ってよい。

ハニ＝アカ族は普通いくつかの個人名を持っている。ここでは名前の付け方についてルイスの記述 [Lewis 1969-70: 701-707] と筆者の知見を総合して主なものだけまとめておく。実際には名前を7つぐらい持っているという人もいる。

(1) 系譜名　colmial mialma(アカ語) colmiaol miaoltaoq(ハニ語)

系譜に出てくる名前は日常あまり使われない。父の名の最後の音節を子供の名の最初の音節に付ける。これには男子女子とも関係はなく、女子も父から1音節を引き継ぐがその女子の名は1代限りである。ABC→BCD→CDE またはAB→BC→CD というように3音節の名前の場合後ろの2音節、2音節の名前だと最後の1音節を子供につけるのが標準的である。この名前の付け方は長い系譜の語りではリズミカルに暗唱され、日常的に畳語表現の多いハニ語アカ語では暗記法としても重要である。

尻取り式という暗記法はある祖先の名が次の祖先の名を想起させるという暗記法で極めて強力かつ合理的な暗記法であるが、当然弊害もある。それは繋がらない場合は想起しにくく、また似た語などに惑わされることがある。その点が本書の1つの論点でもある。

系譜名が父と連名しない場合はいくつかの原因がある。筆者が知る限りのことを列挙してみたい。系譜例にはその例が出ている。

①男子がなかなか生まれないときには pi という名を女子に付ける。

②父親が変死したら母親から連名する。
③出産時の「異常」
 Lan～ 子に臍の尾が絡んだ場合
 Sa～ 前の子が死産ないし早く死んだ場合、次の子に付ける（健やかさを意味する）。
 Pi～ 子供に何らかの異常があって、シャーマンに付けてもらった場合
 Hhyu～ 子供に何らかの異常があり母方オジに付けてもらった場合
 Mee～ 街で生まれた場合
 Ga～ 道端で出産した場合

(2) あだ名 colmial mial pao(アカ語) miaolcavq colmiaol(ハニ語)

　これはハニ＝アカ族が日常呼び合う名前である。これには身体的な特徴や国や出自を言うものなど様々なバリエーションがあり、しばしば系譜名とも関連する。男の場合A～、女の場合Mi～と言うのが一般的である。

(3) 学校名

　学校で付けられる名前であり、漢族風の名を付けられる場合もあれば、あだ名や系譜名を漢字に改めただけの場合もある。紅河州のハニ族はほとんど姓名で成り立つ楊・王・李・白など漢姓を持った名前を名乗っており、西双版納州では一部の知識人を除いて学校でも漢姓を名乗っていない場合が多い。西双版納州のアカでも自身の漢姓を知っている場合が多いが実際に姓名として使っていない場合が多い。

系譜の概要

　本書では系譜を祖先の名前の連鎖、つまり固有名詞の連鎖と捉える。つまり、系譜に名のある死者を祖先と呼ぶことにする。まず、祖先＝系譜というシステムは死者を分類するシステムであるということが重要である。それぞれの祖先には英雄譚や苦労話のような物語が語られ、それは現在の彼らの生活にも大きな影響を及ぼしている。

　ハニ＝アカ語の系譜は普通男子であれば知っておくこととされているが、必ずしも全員が知っているわけではない。村の司祭は葬送儀礼の際にこれを暗唱し死者を「冥界の村」に送り届ける責務があり、暗記しておかなければならな

いが、村の中の人々の系譜は一様ではない。そのため死者の子供たちは死者の系譜についてある程度予め暗記する必要がある。その役割は通常は系譜に連なることになる男子である。また女性は既婚の場合夫側の系譜を辿り、未婚の場合は父方の系譜を辿る。そうして冥界に送られた後は彼女の名は系譜からは排除され、社会的に忘却される。司祭たちは村の中の複数のリネージの系譜を暗記しているが、葬送儀礼の際には死者の近親の司祭が系譜の暗唱を担当することが多い。葬送儀礼の時に司祭はこの系譜を唱え、各々の祖先に死者が新しく加わったことを告げる。尻取り式なので古い祖先から死者本人までが何度も唱えられるが、1度だけ死者本人からスミオ Sulmilhhol までを遡って唱える。理想的には長男が葬送儀礼の時にこれを暗唱することになっており、できなければ次三男ということになる。少なくとも村の司祭 (pilma) はこれを暗謡しなければならない責務がある。別稿で検討した118例の系譜のうち最長のものは76代、平均56.5代であった。仮にこれを「史実」と考え、1代20年とするとざっと1300年以上ということになる [稲村 2012a]。[*28]

　系譜は司祭の語る「歴史」Pilma doq として語られ、それは彼らにとっても「古い言葉」であり、彼らの日常語ではない。それは祖先の言葉であり、韻律があり、形式だっている。語られるときは始めから「不完全な」知識として語られ、儀礼の参加者に間違いを訂正してもらうことを司祭は人々に請う。しかしながら、尊敬される正司祭のみが正しい知識を伝えているとされており、その場で訂正するのは若い司祭が正司祭に注意される時がほとんどである。正司祭も自分の知識が間違っていないか他の村の正司祭とそのチェックを怠らない。

　系譜は知っておかなければならないが、日常口にすることはタブー視されている。清水は「人が死んだときでなければ口にすべきでない」[清水 2004: 63] というアカ族の言を説明しており、同じように筆者も聞いていて、これを聞くときはかなり特別なことだと聞かされる。一方で、口にしないものを記憶することはできず、彼らは機会あるごとにこれを学び伝えているのである。

　系譜の発達を機能主義的にとらえてリネージ体系に付随するものという見方は正しくない。棚田を営むハニはアカよりも土司などの地位や棚田の所有などいくらかの所有物があるものの系譜は特に階層とは関係がない。M. フォーテスは「単系出自集団が最も目につくのは、ある程度技術が向上し、耐久財産の

権利に価値が置かれているような比較的均質的で前資本主義的な経済をもつ中間部分である」[フォーテス 1981 (1953): 75] と述べているが、ハニ＝アカ族に限って言えば、この見解は当たっていない。また、彼らは墓にはほとんど関心がなく、土司家系を除いてリネージには共有財産はほとんどない。

　後述するように財産のあるハニの地域でも焼畑を営むアカの地域でも系譜は同様に存在しており、むしろアカのほうが遺漏が少ないということさえできる。また、どの地域のハニ＝アカ族の村落も3つ以上のリネージがないといけないとされており、特にアカの場合は儀礼の中でもリネージを否定し、村落以外の社会組織を認めない傾向が強い。それでも彼らは系譜を伝え続けてきたのである。

　系譜（ツciiv）の最も重要な機能は死者儀礼についてであり、経済的機能、社会的機能などは脆弱である。アカにおいては、父系リネージは存在するが、外婚単位（7代遡って同じ祖先がいると不婚で、通常は儀礼を行ない、リネージを分ける）である以外の機能をほとんどもっていない。これは、村落内の平等を強調するため、世帯と村落以外の社会組織を認めない平等主義的イデオロギーが顕著なためであり、リネージは村落が分裂する時以外は機能せず儀礼もない。

　このようにハニ＝アカ族の系譜は祖先の物語とともに記憶され伝承されてきた。階級差はないとはいえ、当然それは男子をもうけ正常に生を全うした男の物語の連鎖に過ぎない。とはいえ、系譜には表れてこないものの女性も祖先 apyuq としてしばしば言及されることは付け加えておかなくてはならない。

　女性の系譜に関しては次のことがある。

(1) 20代目のタパマ（トポ）は女性の祖先と伝えられており、このことは神話上よく知られている。
(2) 女性が祖となっている不連続な系譜は恥じるべきとされているが、よく見られる。理由としては、男子が生まれなかった場合に婿養子をとった場合がある。父系の養子縁組や系譜の変更・改変などは普通認められない。ただし、系譜そのものを他人から引き継ぐことはある。

　また、ハニの場合は、姓集団の形でリネージを形成し、村落儀礼などもまず姓集団が先に行ってから村落全体で祝うといった形式をとることが多い。リネージはアカと同様、外婚単位となっているが、漢族やコリアンのような政治経済的な機能はほとんどない。また、墓はあっても近代のものであり、それにつ

いての祭祀はほとんどない(清明節をやるところも近年若干ある)。

　職能分化については姓集団の場合、白氏が司祭、芦氏は司祭にはならず政治をする傾向があるといったことはある。しかしながら、ハニ＝アカの系譜語りでは中庸を勧め、政治家や司祭になることもまた戒められており、社会階層化は「土司」を除いて少ない。

　「異常」な出産や死の場合にされる儀礼をhhaoldao soqといい文字通りには「内側を清めること」である。これは辞書的には別名としてTaoqpaoq ssaqzaol ceilと言い「トポに子供を選んでもらうこと」ということになる。トポ(タパマ)という系譜上の上代にあって、人とネの母として表象される。その姿は前に人間の吸う乳房が9つ(7つの場合もある)、後ろにネの吸う乳房が9つという異形の祖先であり、かつ例外的に女なのである。このトポ信仰が父系を続けながらも偶然起こる様々な系譜の断絶を説明する安全弁になっている可能性があると思われる。

　双子を含むこうした子供が生まれた場合にする儀礼はTaoqpaoq ssaq zaol ceilであるという。その際にミグが唱えるのは「すべての人間の子はトポによって生まれた。エサ(Yeilsal：天神と訳されている)はすべての子に与える者だ。今日生まれた子は他の子と違う。この子たちは他の人間の子とは違う。我々は清浄な山羊を捧げる。あなた方2人に雄鶏と雌鶏を与える。あなた方2人に清浄なアヒルを捧げる。私たちは2人に清浄な羊を捧げる」[LB: 61]と唱える。双子を含むこうした子供が生まれた場合にする儀礼はTaoqpaoq ssaq zaol ceilであるという。その際にミグが唱えるのは「すべての人間の子はトポによって生まれた。エサ(Yeilsal：天神と訳されている)はすべての子に与える者だ。今日生まれた子は他の子と違う。この子たちは他の人間の子とは違う。我々は清浄な山羊を捧げる。あなた方2人に雄鶏と雌鶏を与える。あなた方2人に清浄なアヒルを捧げる。私たちは2人に清浄な羊を捧げる」[LB: 61]と唱える。ルイスと白はこの子を結局殺すかどうかは書いていないが、トポ(タパマ)がこの父系の系譜イデオロギーにおける例外の信仰的な受け皿になっていることは考えられる。

集合的記憶論とハニ＝アカ族の系譜

　集合的記憶論を提唱したM. アルヴァックスの『集合的記憶』によれば人間

の記憶はまずもって社会的なものであり、集団によって維持されている［アルヴァックス 1999 (1950)］。ある出来事は個人に記憶されるがそれは過去の写しではなく集団にとって重要な事柄が選び取られ、叙述の形になって、想起される。それは自己が経験をしたことのない出来事であってもそれが現在の人々に再解釈され共有されていくというものであった。

ハニ＝アカ族の系譜は全く口頭で伝承されてきたものであり、集合的記憶である。アルヴァックスは記憶が社会的なものであり、集合的に認知されることによって記憶されていくことを強調している。もちろん、記憶は個人の頭の中に存在するものであってアルヴァックスの言う集合的記憶とは比喩的な表現に過ぎない。

ハニ＝アカ族は次のように言う。「天の教えを漢族は紙に書いたので燃えてなくなった。タイ族は芭蕉の葉に書いたので腐ってなくなった。ハニ(アカ)族は牛の皮に書いて食べてしまったのですべてはお腹の中にある」

この記憶は確かに集合的で社会的であり、年寄りが多く知っているというだけで自分が証言できる記憶は数代に過ぎない。それより上の系譜については子も孫も同じ位置にある。こうした記憶は囲炉裏端で受け継がれ、葬送儀礼に語られ、年中儀礼で繰り返され伝承されてきたものであり、それを責務としてやってきたのはモピと呼ばれる司祭集団である。

司祭が伝えているものは、前述のように内面的なものではなく、「行なう」ものである。こうした知識は天がハニ＝アカ族だけに教えたものではなく、人類一般に与えられた知恵として語られる。そしてそれを背負っているハニ＝アカ族のみが伝える「歴史」として語られるのである。つまり、この知識は自己の来歴だけを知るのではなく他人の来歴をも記憶することが求められている。もちろん、実際には村落内の自分とは異なるリネージの集団の系譜のことであるが、少なくとも態度としては人類一般の「歴史」なのである。

例えば、ジェジョ・アカとかジョゴエ・アカといった女性の頭飾りに代表されるような慣習の異なる集団もジェジョとかジョゴエといった祖先の名を付けているものの、個人はジョゴエ・アカの村にいるだけでその個人の祖先がジョゴエであるとは限らない。つまり、これらの「歴史」的記憶は学習されることによってモノのように運ぶことができると考えられているのである。

親や祖父母の死は誰にでもやってくるものである。それはまさに証言なのであり、目の前の否定できない社会的事実である。この記憶は初めから個人的でも社会的でもあって、それは自分が見たこともない大きな集団と結び付けられることによって「祖先の記憶」となる。私たちの社会ならそれを文字にし、墓石に刻み、仏壇に祀り、過去帳に記すだろうがハニ＝アカ族の社会ではそれを記憶として後世に語り継ぐ。アルヴァックスは歴史の始まりを次のように述べる。「一般に歴史というのは、伝統が終わる地点からしか、つまり社会的記憶が消失するか分解する時点からしか、始まらないからである。想い出が存続する限りは、それを書くことによって固定することも、純粋にまた単純に固定することも必要ない」［アルヴァックス 1999 (1950): 86-87］。しかし、それは自分の実際の祖先でなくとも語り継がなければならないのである。私たちの社会ではそれを「歴史」と呼ぶだろうが、それは書きつけられることはなく注意深く語り継がれ、その語りを責任とともに「背負わされて」きたのである。その意味でこのモノのように扱われる歴史語りを集合的記憶と呼ぶことにしたい。この記憶は自己のアイデンティティの確認のためだけにあるのではなく、ハニ＝アカ族が引き継いできたいわば目には見えない「遺産」なのである。その集合的記憶は父系のラインを通じて記憶されるが、階級差はなく膨大なものである。ハニ＝アカ族の記憶は通常、伝説や神話の形で継承されていく。それはアルヴァックスのいうように空間に結び付けられ、地名と人名が交錯する形で記憶されている。しかし、これらが単純に自己の出自としてのアイデンティティと結びついているわけではない。つまり、アカは自己の系譜にはない人々の物語もよく知っており、むしろそれを記憶することでアカにもなるし、また放棄もする。このことが逆に系譜の記憶を個人に閉じ込めてしまわない安全弁にもなっていると思う。

例えば、表15系譜2の話者は筆者が最もよく知っている話者であるが、彼はいつもジョゴエ・アカとして筆者に伝説や習慣を教えてくれた。ところが、彼の祖先にはジョゴエという始祖は見当たらない。彼はジョゴエとは繋がらない系統の人間である。しかし、彼はジョゴエの子孫の村落に属していたし、ジョゴエ・アカの習慣とジョゴエ・アカの伝説をきわめてよく知っていたし、全くジョゴエ・アカとして振る舞っていた。トゥッカーがこの女性の頭飾りの異

なる集団をリネージやクランとはせず、亜部族（sub-tribe）としていた理由もここにある [Tooker 1988: 19]。そのため系譜は理念的に父系であるものの、生物学的な血縁を意味しない。なお、女性の祖先のある系譜は良くないとされるが、絶対的なものではない。

　以上のことから、この系譜と系譜に関する知識についてアイデンティティ、宗教という概念で捉えることは不当であり、神話、伝説という概念も部分的であることがわかる。彼らの目線で捉えれば「歴史」が最も妥当なものであるが、文字に書きつけられていないということからさしあたり集合的記憶と呼ぶことが最も妥当であるということができる。

　アルヴァックスの集合的記憶について関一敏（1983）が論じるようにそれが「接ぎ木」されていくイメージで理解されるということであれば、楊六金の系譜の整理の仕方には問題がある。楊は系譜の始祖、つまり上代の系譜の一致を基準に系譜を整理したが、そうではなく後代の系譜の一致がより重要であり、上代の系譜は後からの別の記憶が混入しやすいのである。つまり、自分の親、祖父、曾祖父というように自己から遡っていく部分は記憶としてより信用できるが、上代に行くにつれそれは纏まったイデオロギーとして構築される。それは楊の著書の題名が示すように『古代血縁的標志』として構築されるが、それは血縁であるとも古代であるとも思われない。もちろん、全面的にそれが間違っているわけではないが、上代の系譜はより合理化され英雄視されているが故に記憶は流入しやすいと考えなければならない。そうすると系譜の整理の仕方は上代に辻褄が合わなくとも後代の一致を重視しなくてはならないということである。

　ここで神話と集合的記憶を区別しておく必要がある。神話は世界や物事の始まりを説明する物語であり、ハニ語では〜bei（始まる）という語で説明される。こうした系譜は天地開闢からの膨大な神話の登場人物であり、最後は少し前まで生きていた自己の親や祖父母の記憶へと繋がる。彼らの神話は線形性のある歴史語りとして存在する。伝承者にはそれは真実であって物語は天地開闢から始まる。この物語を神話として分析するのであれば上代から分析すればよい。

　しかし、集合的記憶としてこうした物語を分析しようとする分析者の側からすると、この神話を上代から分析するのは方法的に間違っており、後代の一致

がより重要になる。自己の親や祖父母の死はまさに証言なのであり、近い親族との付き合いなど日常生活においても後代の一致は社会的に機能する。記憶は社会的に確かめられ伝承されていくのである。上代の一致はよりイデオロギー化され、個々の具体的で生々しい物語よりも文化的に重要な要素が強調され、洗練されていく。そしてハニ＝アカ社会という巨大な社会集団の再生産に向かって機能していくのである。よって、こうした物語がどのように継承されていくかという問題を明らかにしようとするときにはより最近の物語が重要になる。言ってみれば、遡及する歴史なのであるが、ハニ＝アカ社会ではこれらはすべて口頭伝承であるため、より後代の祖先の一致を手掛かりにするしかないのである。

　系譜を表すツciivという語は「竹の節」と同じ語であり、外婚単位でもある最少リネージはパpavqやアパalpavqといい、木などの葉を意味する。アカではしばしば祖先の祭壇アプェポロapyuq baolloqは竹でできており、祖先を呼び出す葬具なども竹でできている。また、村落儀礼であるアマトHhaqma tulなどの樹木祭祀は村落を木に喩える。リネージが強調される村ではリネージごとに樹木を持っているのである。紅河地域でいわれる姓集団の父系リネージはチボザqiq bol ssaq（1人のお爺さんの子供たち）と呼ばれ、このbolはお爺さんを示すアボaqbolであるが、樹木を示すalbolとは諧音の関係にある。また実を示すalsiqもまた「丸さ」や「回ること」を示す量詞のsiqの諧音である。こうしたことからも系譜は竹や木などの大きな植物のイメージがあるということができる。また、人間個人にも「木」があって、それが枯れると人は死ぬという［LB: 93-94］。

　多くは個々の祖先の名とともにその物語を含んでおり、英雄譚であったり苦労話であったりする。そうした物語は当然のことながら代を重ねるごとに増え続けるためどこかで忘れられたり、不正確なものになったり、他の話と混同されることがあるであろう。しかし、これまで筆者が会ったどの司祭も自身の記憶には自信があり、間違えることを恐れる。祖先の物語は混乱させてはならず（maq buvq）、それは増え続けるしかないのである。人間は世代を超えてどのくらい伝承することができるのか。ハニ＝アカ族はこの問いに答えようとするだけの資格がある。歴史が文字資料を基本とするならば、人類学は非文字資料の

うち口頭伝承を扱う。口頭伝承とはそんなにいい加減なものなのであろうか。

本書で扱う系譜は単に祖先の固有名詞の羅列に過ぎない。集合的記憶としてはそれぞれの祖先がやってきたこと、つまり膨大な人々の生涯を文化的に要約した物語の連鎖であり、後述する『哈尼族口伝文化译注全集』全百巻でも収めきれない記憶である。本書はその祖先の名前を扱うに過ぎないが、今後そうした膨大な記憶について扱う際の基礎的な作業としてその整理の枠組みを検討することを目的としている。具体的な祖先の物語は『哈尼族口伝文化译注全集』の出版を待ってからにしたい。それはほとんど国家からの正当化を受けず語られてきた「歴史」なのであり、祖先の生々しい生き様と死に様の連鎖としての「歴史」であるはずである。

系譜の分析

何が典型なのかを言うことはできないものの1つ例を挙げて説明する必要がある。まず、こうした系譜の知識が中華の公的な権力による漢字で保持されていなかったことを示そう。表14の55代からの漢字の人名は漢籍に記載されている思陀土司と呼ばれた家系の系譜である。これは、歴史家の龔蔭がいくつかの史書を繋ぎあわせて編纂したものであり、彼はハニ族の土司だとしている[龔蔭 1992: 505]。『古代血縁的標志』には他にも落恐土司や左能土司の系譜が載せられているが、子孫への配慮のせいか近代部分が省略されているため、対照することができない。思陀土司はハニ族としては有力な家系であり、土司とは当地の管理を漢族以外の土着の異民族に統治を任せた、つまり中華権力からは間接統治、ハニ族側から見れば一種の土候国の「国王」saolpa とみなされた家系である。土司の中に戦前日本に留学すらしたものもおり、彼ら自身の民族識別以前の意識は「漢族」であったことも多い。土司は共産革命の時に放逐された者もあるが、共産党員として名誉を回復し、重職に就いた者も特に紅河州の場合は多い。第70代の李呈祥（1900～77）は、末代土司として民国国大代表・紅河州副州長を務め、中国の公定民族の名称としてのハニ族（哈尼族）という民族名称を1953年に決議した時の代表でもあった（写真5右）。そういう意味で前述の落恐土司や左能土司と異なりはっきり名誉を回復した人物である。

系譜を対照してみると55代の遮比と Zeqbiv に明らかな一致が見られる。遮虧

第4章　祖先祭祀

表14　紅河思陀土司系譜

1	①	Muqhhol	38	31	Kapu	
2	②	Hholheq	39	32	Puhheiq	
3	③	Heqtuq	40	33	Hheiqmuq	
4	④	Tuqma	41	34	Muqzal	
5	⑤	Maxoq	42	35	Zallaoq	
6	⑥	Xoqniq	43	36	Laoqzeq	
7	⑦	Niqbesil	44	37	Zeqtev	
8	1	Silmiqyul	45	38	Laqhheil	
9	2	Yultyuqlyuq	46	39	Hheilceiq	
10	3	Tyuqlyuqzyuq	47	40	Lallaq	
11	4	Zyuqmol'e	48	41	Laqhhol	
12	5	Mol'e'qa	49	42	Hholbuq	
13	6	Qativsiq	50	43	Buqsseiq	
14	7	Tivsiqli	51	44	Sseimao	
15	8	Liboqbei	52	45	Maokao	
16	9	Boqbeio	53	46	Kaonia	
17	10	Omuqzaq	54	47	Niazeq	
18	11	Muqzaqzaq	55	48	Zeqbiv	遮比
19	12	Zaqtaqpaq	56	49	Bivzaol	(遮虧)
20	13	Taqpaqzyuq	57	50	Zaolniuv	(虧習)
21	14	Zyuqxilnuq	58	51	Niuvgoq	(習宗)
22	15	Nuqnav	59	52	Heiqlaoq	(宗白)
23	16	Navli'eel	60	53	Laoqdeq	(白祥)
24	17	Eellipyul	61	54	Deqjil	(李泰華)
25	18	Pyulliyuq	62	55	Jilsal	(李承覚)(絶)
26	19	Yuqmuqsil	63	56	Salgaq	李世克
27	20	Muqsilkuq	64	57	Gaqjyuv	李世元
28	21	Kuqqimoq	65	58	Jyuvlaoq	李経國
29	22	Moqdusuv	66	59	Laoqsal	李兆龍
30	23	Suvpuqheiq	67	60	Salbol	李瑞
31	24	Heiqmunia	68	61	Bolkeeq	李煕
32	25	Niamuqziil	69	62	Keeqjyuv	李紹先
33	26	Niaziil	70	63	Jyuvzeq	李呈祥
34	27	Ziihheil		A		B
35	28	Liguq	紅河県　元思陀土司李氏			
36	29	Guqxo	A 出典：
37	30	Xoka	杨・于2010: 65-68

cite 黄世栄1987: 35-36

B 出典：龔蔭1992:505

は父子連名制の原則から息子ではなく遮比の兄弟であり、土司の地位は兄弟に継承されたようで、62代の李承覚の時にこの家系は途絶えたとされる。そのため、表の56代から62代はハニ語名と漢語名はそもそも別人で一致するはずはない。その後、李世克（本人は継がず息子から）のリネージが土司を継承し李呈祥に至る。この表では李呈祥本人が父子連名制系譜として記憶している人物と土司として記録されている人物とは64代李世元以下しか一致していないが、漢字名をどう読んでもハニ語の名前とは一致しない。おそらく遮比＝Zeqbivの時代には口頭の系譜名と漢字を合わせようということはあったようである。しかし、その後この習慣はなくなり、漢字の名はより漢族風になるとともにハニ語の口頭の名は一致しなくなったということができる。漢字で系譜を記録した例はわずかにこの土司の系譜が

表15 ハニ＝アカ族の系譜例

世代数 *	系譜1	系譜2	系譜3	系譜4	系譜5	系譜6	系譜7	系譜8	系譜9	系譜10	系譜11	系譜12	系譜13	系譜14
①		Aopyuma xilbxildidieil							Aoqtixildildieil					
②					Hholxixildildieil	Mxilxildildieil			Miqpxildildieil					
③		Xildiqduqloqdeil			Xildiqildileiqoqdeil				Xildildevlooqdieil					
④					Deiqleildileiqmildieil				Loqleqildoqmildieil					
⑤		Daqleoqngoindieil			Duqmillooqvaldieil				Duqmillooqvaldieil					
⑥		Ngoiyuqdieil			Loqialwuqmadieil				Loqyalaoqmadieil					
⑦		Jyulssoqdieil	Hhoqma	Aoqma	Wuqmaq				Muqma					
⑧	Muqhbol	Lotodieil	Hhoqbol	Aoxhbol	Wuqgal				Muqhbol					
⑨	Hholheq		Hhoibei	Hhaolheoq										
⑩				Hholjoreq										
⑪				Jowqneivq	Galneiq				Hholniq					
⑫				Nievqqol	Neiqssoq				Niqyo					
⑬	Heqtuq			Colwu	Sseitoq				Yoyel					
⑭	Tuqma	Tomadieil		Wudol	Toqma				Yeltaol					
⑮	Maxoq	Mayoqdieil		Dolma	Toqma				Taohma					
⑯	Xoqniq	Yoqdieil		Mayaol	Mayaol				Mayaol					
⑰	Niqbesil		Niqbei	Yaolnievq	Yaoqdieil				Yaolniq					
⑱		Belsol	Aqpiq		Dieilbel				Dieilbel					
⑲					Belsol				Belsol					
1	Silmiqyul	Sumilhhol	Solmil	Neivqba' aqpiq/sulmiyil Coltolwuq	Solmilhhol	Solmilhhol	Sulmilhhol	Solmilol	Solmilhhol			Sulmilhhol	Sulmilhhol	Xilmil'ol
2	Yulryuqlyuq	Hholryuqlyuq	Wultuqli		Hholryuqlyuq	Hholryuqlyuq	Hholryuqlyuq	Olryuqjyu	Hholtuqli			Hholryuqlyuq	Hholryuqlyuq	Ol'ryuqlyuq
3	Tyuqlyuqzyuq	Tyuqlyuzm	Tiqizano		Tyuqlyuqzao	Tyuqlyuqzo	Tyuqlyuqzm	Tyuqlyuqzo	Tuqlzo			Tyuqlyuqzm	Tyuqlyuqzm	Tyuqlyu'zm
4	Zyuqmol'e	Zmmoyeil	Zomiyil		Zaomooqyal	Zomoqyil	Zmmoyeil	Zolmiqyeil	Zmmoqyil			Zmmoyeil	Zmmoyeil	Zmlmiqyeil
5	Mol'e qa	Yeitmoqqaq	Miyrlca		Moyaljav	Moqyilcol	Moqyeilqa	Miqyeilqa	Moqyeliqaq			Moqyeriqaq	Moqyeriqaq	Miqyeri'qav
6	Qatisviq	Qatisiq	Cateiqsi		Javtiqsiq	Colteiqsiq	Qatiqsiq	Qatiqsiq	Xilteiqsi			Qatisiq	Qatisiq	Qatsiqsi
7	Tivsiqli	Tivsiqlul	Teiqsiwul		Tiqsiqli	Tiqsiqli	Tiqsiqli	Tiqsiqli	Teiqsili	Tiqsiqli		Tiqsiqli	Tiqsiqli	Tiqsiqli
8	Liboqbei	Lulpaoqbeiq	Wulbolcetf		Liboqbe	Liboqbei	Lilpaoqbeiq	Lilpolberv	Liboqbei	Liboqbei		Lilpaoqbeiq	Lilpaoqbeiq	Lilbanbeiq
9	Boqbeiru	Paoqbeiwu	Bolbeifiwul		Baobewu	Boqbei'o	Paoqbeiwu	Poqbeiwu	Boqbeiwu	Boqbeiwu		Paoqbeiwu	Paoqbeiwu	Banbeiqwu
10	Omuqzaq	Wuniuqsaq	Wulhoqssaq		Wuniuqssaq	Wulnyusaya	Wuniuqssaq	Wuruyuqsaq	Wuniuqssaq	Wuqnussaoq		Wuniuqssaq	Wuniuqssaq	Wuruyossaq
11		Nioqssaqcol	Hoqssaqcol		Niuqsaqcol	Nyuayacaol	Niossaqcol	Nyoqsaqcol	Niuqsaqcol	Nissaqcol		Nioqsaqcol	Niossaqcol	Nyossaqcol
12	Muqzaqzaq									Zaolracaq				
12										Tacaqbal				
12										Halmoqzoq				
13		Colmoqheil	Colmoqyil		Colmoqheil	Caolmoqyil	Colmoqheil	Colmolheil	Colmoqyil	Zoqmoqyil		Colmoqheil	Colmoqheil	Colmoyul
14	Zaqtaqpaq	Moqyilzeyq	Moqyizeq		Moqhteilzyuq	Moqyilzeq	Moqhteilzyuq	Moqhteijyuq	Moyilzeq	Moqyiljiq		Moqhteilzyuq	Moqhteilzyuq	Moqyuljoq
15	Zyuqtanpan	Zyuqtaqcqwul	Zyuqtaqpaq		Zyuqtapaq	Zeqtaqpaq	Zyuqtaqpao	Jyuqtanspanq	Zeqtaqpao	Jiqtapq		Zyuqtaopao	Zyuqtaopao	Joqtoqpaq
16	Taqpaqryuq	Tapaqman			Taqpaqma	Taqtaqmoq	Taolpaomaq	Tanqpaoqmanl	Taqpaqmoq	Taqpaoqma		Taolpaoqmoq	Taolpaoqhee	Toqpoqqol
17	Zyuqxtinuq								Muryiqyel	Muryiqyel		Molmiaoq	Heeqmol	Qol'muqla
18	Niqpav	Mahaoqtanl			Mahaqtal	Moqhataol	Mavqhaltaoq	Mahaoqtanl	Moqhatlul				Mollaq	Muqlabileq
19	Navi'eel			Wuqlaqbil					Moqhataol	Yelnaq		Miaoqdaol	Liqhal	Bil'eq'oq
20	Eeilipyul		Wullipil											Ol'sal
21	Pyallryuq	Haoqtanpieq			Hataljieiv	Hoqtaolta	Haqtaoqiq	Haotanljeiq	Haltaolzeq	Saoljeiq		Daolpeiq	Halbeiq	Sal'ol
22	Muqpilkeq	Jeiqlimaol	Pilmoqdaol	Bilmadaol	Jiervilqnia	Tateiqnyuq	Jeiq'lei'myosq	Zeqlieslryuq	Lyuqqillaq	Naqlithoq		Peiqzaol	Bul'eiq	Ol'zeel
23	Kronomm	Niao'qi'laq	Moqdaoljiyuq	Madaodaq	Niaojilaq	Nyusqillaq	Nyosqilaq	Nyosqilaq	Lyuqqillaq	Hhoqilpil		Zaohyaoq	Caoqlaol	Zeel'mee
		Innovmuteil		Daqolwul	Laoranchia	Lagravchia	Laqranlnba	Laoranchia	Laoranheyr	Pilli'yeq		Yaolliaq	Gelceiq	Mre'ioq

第4章 祖先祭祀

		Moqduuv	Walsulutuq	Sudu	Talbelsul	Laolbnui	Laolbaapyuq	Janlbeguv	Laolbersyut	Meqpyuqzoq			Deeqpyul	Joq'zol
24	Surpuqbeiq	Belsyullieiq	Dahhel	Duceil	Belsullieiq	Wuqxillieiq	Biapyullieiq	Bequv'leq	Biersyuflieif	Calmoqteoq			Zyuqboq	Haoya
25	Heqmunia	Leiqlaobo	Hheljiv	Ceilmuq	Leiqlaoqbo	Leiqnaoqbol	Lillaoqboq	Leqlomlbol	Lieriflalqil	Moqtaosul			Bollao	Yapol
26		Boyiqnaol	Jyvhal	Mqhaoq						Sulbuvla				
27	Niamaqznil	Noalmoqbol	Halsul	Haoqsu	Bomoqpol	Bolmoqteiq	Bomoqbo	Bolmanqpuv	Boqmoqboq	Hamoqzao			Laolzyuq	Polhal
28	Niaznil	Moqbolhihi	Suljpzil	Suhha	Moqboqti	Moqboqti	Moqbopti	Manqpovril	Moqbopti	Zaomoqril			Zyulgaq	Evlhal
29	Zzihheri	Hherlyvq	Colbel	Aqbil	Tilsalbuai	Tisalbi	Tigsaqbiao	Tilsalbsev	Moqboqsof	Moqyilpul			Gaqsaol	Poissol
30	Liguq	Yuqdanl	Belja	Bilbeq	Biaolmazani	Bimazeq	Biaolmazani		Sofyaol	Pulha				Saolno
31	Guqao	Danceil	Jadaol	Beqlleq	Zalzeq		Zaqzeiq	Zanlzeq	Yaollieiq	Loqji				Saolno
32	Xoika	Mosgeil	Daolbai	Heqzeil	Zeqhheil	Zehheiq	Zeqhheil	Zeqhheil	Yaolzel	Jihhel				No'lao
33	Kapu	Geilceriq	Balxol	Zelisuq	Hheiljieil	Hheijieil	Hhelllssiq	Hhenlzreeq	Zelpenq	Hhellal				Laoqya
34	Pulheiq	Ceiqdanl	Xolfi		Jielissaq	Zelsseiq		Zeeqxeel	Penqdaol	Lalhhoq				Ya'lo
35	Hheiqmuq	Dancan	Fudaq	Qoqmeil	Saaqzaoq	Sseiqpo	Lilma	Xeelmavq	Daolsal					Lossoq
36	Muqzail	Caisyaol		Melizaol	Zaoqbiaol	Zobiaol	Malmiq	Mavqmiaovq	Salpul	Hhsoqniu				Ssoqpe
37			Dabel	Zaolbei			Laoqqiq	Lanliqleq		Ceisuq				
39	Zallaoq	Yoqpieil	Belfi	Beigaq	Biaollieiq	Biaollieiq	Qiqbaol	Qeiqmeiq	Pulcol	Sueqieil				
40	Laoqzeq	Peilyuq	Fufeil	Gaqmuq	Lieiqssal	Lieiqpao	Biaolmeiq	Meiqssev	Colhhel	Qeridul				
41	Zeqtev	Yuqhhyuq	Fellboq	Muqzaol	Saalceil	Yaoqli	Meiqaq	Sserbei	Hhelboq	Duljiq				
42	Laqlbheil	Hhyuqlanq	Boqlhhol	Caolbel	Ceilmeiq	Qlilmuq	Jallaoq	Beiq'iml	Boqmuq	Jiqlhel				
43	Hheilceiq	Lagssanq	Hholsseiq	Beluul	Meiqdaq	Muqdaq	Laolmoq	Lmi'ko	Muqteiq	Hhellaq				
44	Lallaq	Ssanlhul	Sseiqmuq	Sulsiq	Daqjelv	Daqjil	Xaolsseq	Xo'kei	Teiqpi	Laqhhoq				
45	Maso	Muqzil	Siqkeeq	Pilyiq	Pil	Pil	Sseqjaol	Sei'lal	Xiyif	Yifdaq				
46	Lhoilbuq	Qlilmiaq	Keeqlao	Lapeil	Pilzeq	Pilzeq	Jaolbeeq	Lahav	Pilzo	Buyjiq				
47	Buqsseiq	Ssovldeeq	Miaqdaol	Laobeq	Peijiq	Zegqieiq	Belqsseq	Tayanl	Zosol	Jiqlhoq				
48	Saeimao	Deeqya	Daolsei	Hegpol	Jisseiq	Qleiqleq	Ssellqiq	Janllhhoovq	Sollev	Hhoqpol				
49	Maokao	Yaqtul	Zeqmenq	Colhiv	Nevrpaol	Teqpu	Qlqmeiq	Hhovsgpaq	Develul	Tolsal				
50	Kaoma	Tuqssynq	Melqseil	Bivzav	Hheilkenq	Jyuqwuq	Meiqeq		Ceilma	Salyaol				
51	Niazeq	Ssyuqsol	Seilzeq	Zavkol	Keigial	Wuqxol	Zeqbeq		Mazyq	Hoqsal				
52	Zeqbiv	Soltuq	Zeqaq	Kolbeq	Jalkeel	Xolseil	Beqlao		Laisyuq	Sallaoq				
53	Bivzaol	Cyuba	Gaqheq	Benqha	Keeibal	Seilzo			Saapze	Jihhoq				
54	Zaolnuv	Baxanl	Hegzo	Hhassil	Zulgaq	Zoqaq	Solseq		Zebiq	Zalceiq				
55	Niuvgoq	Xanjyul	Zolmeiq	Sseilbeq	Gaqssaav	Jaqpil	Seildaq		Biqcol	Sisqeel				
56	Heiqlanq	Jyuqsa	Meilsseiq	Hegpil	Saavcaq	Zilxol	Duqpiaoq		Bigal	Hoqceiq				
57	Laoqdeiq	Salsuq	Seiqzel	Yilsal	Salzeq	Xoljaq	Piaolsoq		Jalkeeq					
58	Degjil	Seiqlol	Zeqlaq	Salzaoq	Zeqloq	Jaqpleil	Solmenq		Keeqzeq					
59	Jilsal	Lolza	Salzanq			後2代			Zeqlpol					
60	Salgaq	Zal g uq							Bolziq					
61	Gaqlyuv	Gugpol							Ziqko					
62	Jyuvlanq													
63	Laoqsal													
64	Salbol													
65	Bolkeeq													
66	Keeqyuv													
67	Jyuvzeq													

調査地	紅河県 元思陀 勐思陀 哈尼族猛控村 元陽県蘇鐵控村 ベトナム・ライチャウ省メオソトン県 李和さん	元陽県蘇鐵控村 主氏	ミャンマー・チェントン州アトウラさん	ミャンマー・チェントン州シンツー村山武ミマコさん	タイ・ドン村メンソン さん	タイ・チェンライ県スコさん	タイ・アパタチ村 ツェヒコさん	元江李和子	元江県文史資料 1998（内部）	タイ・メーナーブ村ガンさん	タイ・ミシュンマタ村 大べさん
出典	黄世栄 1987: 35-36 楊・干 2010. 65-68	楊村 楊・干 2010. 119-121	楊・干 2010. 269-270	ミャンマー・チェントン州アトウラさん 2004.81-86 (内部) 楊・干 2010.176-159	楊忠明 楊・干 2010. 152-154	楊・干 2010. 221-223	黄愛生 楊・干 2010. 159-160	楊・干 2010. 189-191	楊・干 2010. 200	楊・干 2010. 204-205	楊・干 2010. 210-211	楊・干 2010. 196-197

あるのみであり、しかも系譜全体からするとごく10数代にすぎない。一般民衆は口頭で系譜を伝えているものの、それを文字で伝えることはなかった。そのわずかな例外であるはずの土司の系譜にしても漢籍記録によって系譜を保持しているわけではほとんどないと言ってよい。また、対外的には漢族を名乗ったり、自ら四書五経に学んだりした彼らもハニ語の名前を捨てることはなかったということがわかるのである。

　表14の①〜⑦と表15の①から⑲の系譜はネツneivqciivと呼ばれ、通常口にしない系譜である。集合的記憶という面から考えると、まずこの上代の系譜は人によっては調査者に話さない人もあり、そもそも話者が知っていても収録されていない場合が多いと思われる。また、人によってかなりの偏差がある。そのためいったんスミオSulmilhho以下とは切り離して扱う。中国で出版されている書物の多くもスミオを第1代として世代を数えるのが一般的であり、ここでもそれに従うと表15の左端の1〜67の世代番号になる。

　系譜の初めのスミオ以前の系譜ネツneivqciivは「神」とされており、葬送儀礼以外の場では言及されない。そもそも話者はこの部分を暗唱することを避ける傾向にあるため、系譜例で118例中、約半数の61例が挙げられているに過ぎないが、話者が知っている可能性は高い。また、この部分のバリエーションは比較的大きく、長さも3代から17代までまちまちである。

　最も重要なのはウマWuqma オマAoqma ムマMuqmaとされる天の祖であり、前後の祖先についての説明は様々であるがここでは十分述べられない。ウマは「天」と訳すこともでき、ヘサウは「それは祖先には数えられておらず、最初の霊性principle」[Geusau 2000: 147]としており、筆者も同意する部分はあるものの、やはり祖先とするべきだと思う。それは人格を持ち親子関係を表象しているからである。

　霊の系譜neivqciivは集合的記憶としてみると明らかに系統としてはメコン河以西、紅河県、紅河県より南というように特徴的な傾向が地域的にある。メコン河以西ではかなり長い祖先名が並ぶ。紅河県付近では最初の始祖としてムマMuqma系統の語が並んでいるが、紅河県より南ではオマAoqma系統の語が並ぶ。ムマもオマも「天の祖」と訳してもよい。

　しかし、これらの祖先の系譜はかなり様々で世代ごとに整理しにくく、消え

たり付け加わったりする傾向がある。それぞれ神話があり、世界を作った役割が増えたり減ったりするのである。とはいえ、人間の祖であるスミオ以下の「人の系譜」が整理しにくいのに対してこの系譜ははっきり地域的な傾向を示す。ここから分かれる子孫があるハニ＝アカ族はいないのである。つまり、この系譜は普段は口にしないためバラバラになる傾向が強いが、はっきりした集合的記憶の特徴を持っていると言うことができよう。これらの記憶は集団的に保持されているものの、普段は間接的にしか語られていないために個人によって相違がある部分であると言えよう。

　スミオはSulmilhhol、スミユSilmiqyul、スミイSulmilyil、スミXulmiq、スィニSilniq、エニEilniqなどの発音のバリエーションがあるものの他に比べてかなり一致している。Neiqba'apyiq'sumilyilなどの表現は「精霊と人の祖スミオ」といった敬称を付けた表現である。通常このスミオから系譜は唱えられ、ここからが人間の系譜だという。しかしながら、スミオからタポマTapaoqmaまではしばしば神格化され、人間とは思えない異形の祖先の物語とともに語られる。神格化されているとはいえ、絶対的に崇められているわけではない。実際、系譜例にはスミオを欠いた系譜がある。スミオは、創造神アプミエApyuq Milyeil（ハニの場合モミMolmil）が与えた穀物の種を兄弟の分まで盗んでしまったため天界を追放されてしまった、すべての人間の祖とされる［Lewis 1969-70 I : 20］。スミオ自体はハニ族やアカ族の始祖ではなく、すべての人間の始祖であり、他の民族集団はそれを忘れてしまっただけだとアカは言う。しかしながら、彼らもハニ＝アカのみがスミオの子孫だということは自覚している。また、こうした失楽園型の神話のためスミオ自体は儀礼の中で祀られるようなことはほとんどなく、エスノナショナリズムの象徴的な存在にもなっていない。系譜は通常スミオから語られるがスミオ以下の系譜は118例中最長で65代、平均56.5代であった。

　アカの場合、スミオからズタパまでの15代は比較的一致している。整理の都合上第15代はズタパとしているが実際には足りなかったり多かったりする。もちろん、それが「間違っている」というわけではなく、むしろそれが「史実」であるならばここまで1人の傍系もないのは不自然なのであって、変則的な系譜が正しいことも考えられるが、理解しにくいのでズタパは第15代というこ

とで固定して考えることにしたい。もちろん、それが史実だと言っているわけでも正統だと言っているわけでもなく、説明しにくいためである。

　しかしながら、この15代までの斉一性はむしろここまでの系譜のイデオロギー性を物語る。この15代とその後の16代目のタパマはアカの間ではしばしば完全に人間ではないと説明される。タパマはネneivq（霊）と人間colの母であり、前に9つ（7という人もある）後ろに9つの乳房を持つ異形の母として説明される。これがアカの伝統的な家屋が男の部屋と女の部屋に分かれ、村落空間にもそれが及ぶコスモロジーとして説明されている［Kammerer 1986: 282-284］。

　タパマを共有していない集団も楊の挙げる例にはたくさん挙げられており、このタパマの物語は共有されていない可能性が高い。しかし、スミオからズタパまでの物語はどの地域でも多く語られている。また、この15代が上記の例外を除けば、すべて兄弟のない系譜である点も重要である。つまり、この15代の物語がハニ＝アカ族全体を再生産するイデオロギーとしてけして強いとは言えないものの、作用していると考えられるのである。

　アカの場合16代目のタパマTapaqmaを始祖としている場合が多いが、筆者が勐海県のアカで調査したところ彼らの中でも珍しい系譜としてタパサTaqpaqsaの系統があり、この系統は雲南省東部のハニ種族でよく見られる。この例はラオスのアカでも村の半数以上がこのタパサの系統なのにアカ種族である村すらあった。ズタパには6人の子があり、この6分枝が比較的大きな系譜の分かれ目と考えられている。

　ヘサウはこうした集合的記憶の問題に気がついていたようで、ズタパの6人の兄弟の話はモン・クメール系の人々がアカに加わって来た時にできた話ではないかと推測している［Geusau 2000: 148-149］。しかし、これらの物語を歴史と見る限り真偽が問題となりその証明は難しい。ここでは真偽ではなく、まず記憶として分析することが重要なのである。

　しかしながら、タパサの系統にはこの15代が抜けている系譜が多い。これについて興味深い問題は11代か12代目に現れるニュザツォNiuqssaqcolとかホザツォHoqssaqcolとその中間形であるオムザOqmuqssaqやムザツォMuqzaqcolなどのいくつかの祖先名である。ニュザツォは「牛食う人」とか「牛の子の人」、ホザツォは「飯食う人」ないし「飯の子の人」と訳すことができる。本来は固有

名詞であるが、ここに意味が出てきてしまうところにまた、記憶の問題が関係してくる。前述のタパマと同様にmaという女性を表す接尾語がイマジネーションを呼び神話を形成するが、ホザツォ、ニュザツォもまた神話を作り出す材料となり易いがために他の記憶を攪乱してしまうのではないかと推測する。牛と飯はいずれもハニ＝アカ族にとって最も重要な文化的主題となりうるものである。

　神話が儀礼を説明し、儀礼が神話を繰り返すという定義においては、この15〜16代目までが神話という用語で考えることができる。ハニ＝アカ族は主として年中儀礼においてここまでの神話を繰り返すことによって社会を再生産してきた。ところが、この系譜は実際の死者と繋がっており、具体的な集合的記憶と繋がっている。以下、スミオ以下の集合的記憶を検討する。

　まず、系譜2〜8が15代タパマ Taolpaoqmavq の子孫と考えられる系譜である（タパマを欠いているものもあるが後代の一致から判断した）。これは多くはアカの系譜であるが、タパマの子孫でないアカも少なくない。つまり、アカという民族的範疇は特定の始祖のクランではないのである。

　系譜に以下、ABC→BCDと連名すべきなのに、ABC→CD (E) と連名してしまうために起きる系譜の省略を「3−2省略型」と呼び、発音が変わって飛ばしてしまう省略を「変音省略」と呼ぶことにしたい［稲村2012a］。

　こうしたことを考慮して、ハニ＝アカの系譜を検討すると次の図15〜22のように、彼らの移動経路が再構成可能である。

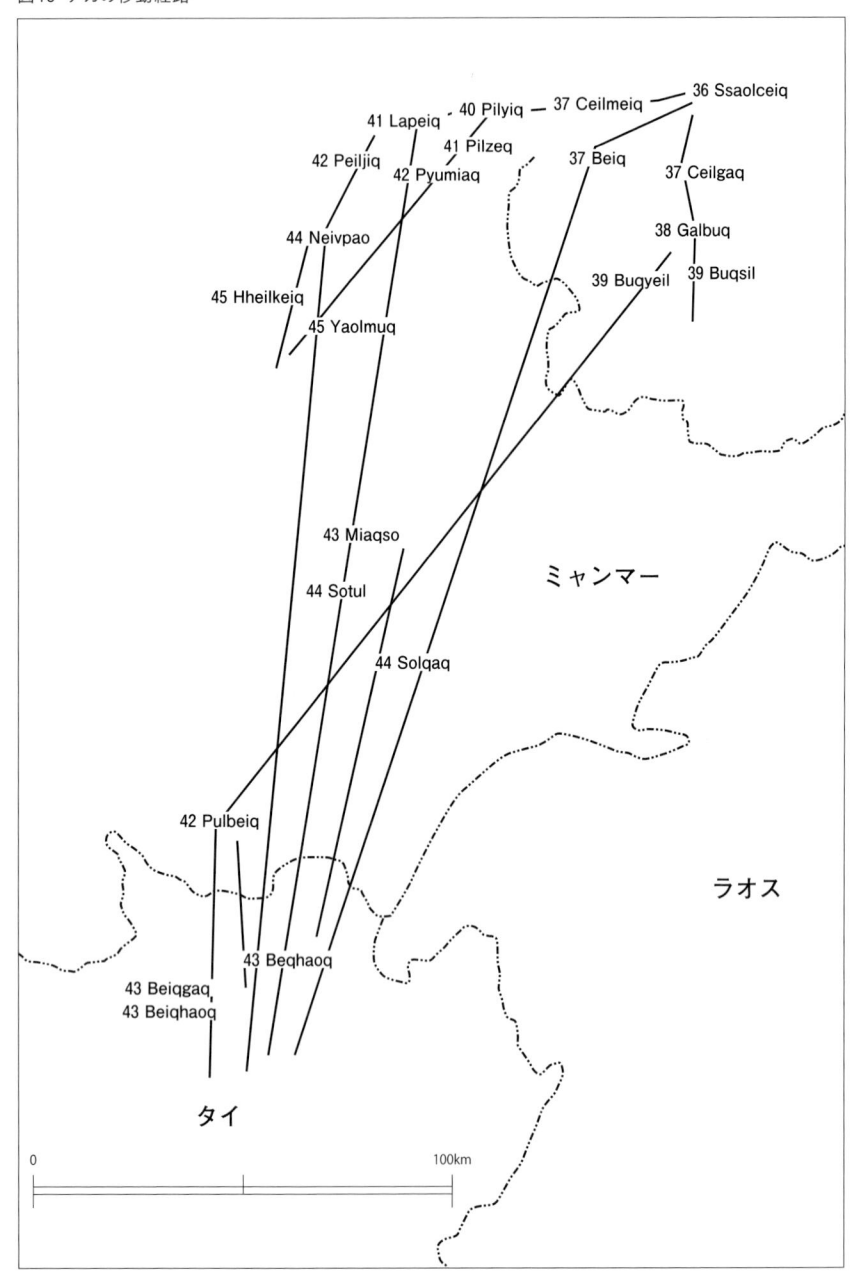

図15 アカの移動経路

第4章　祖先祭祀　　　273

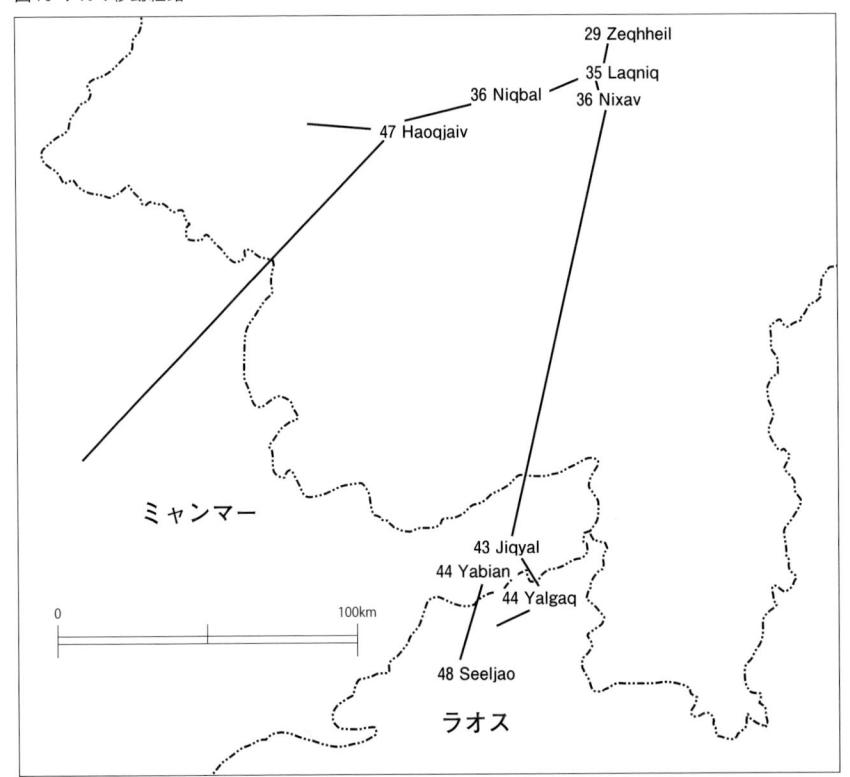

図16　アカの移動経路

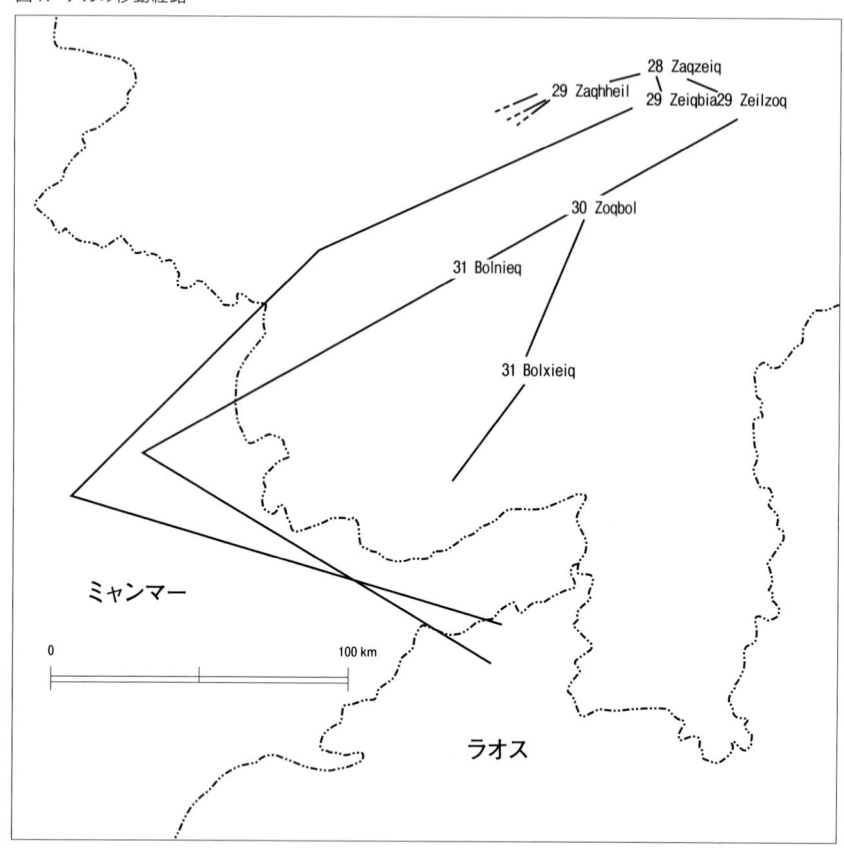

274　第2部　祖先祭祀における「民族」

図17　アカの移動経路

第4章　祖先祭祀　　　　　　　　　　　　　275

図18　アカの移動経路

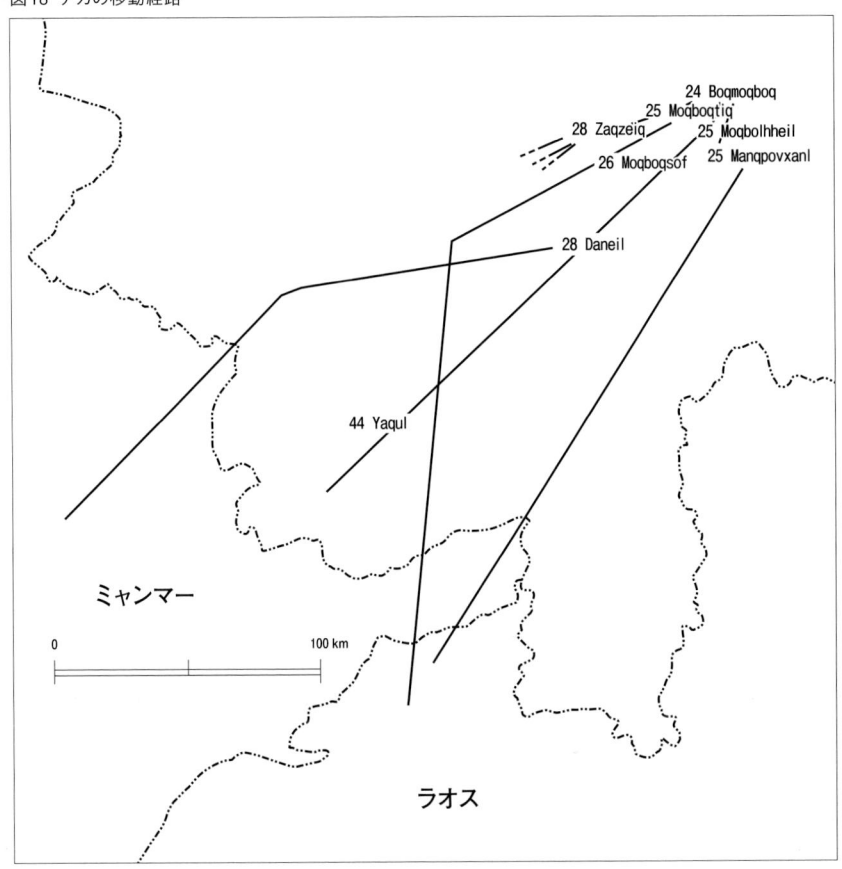

24 Boqmoqboq
25 Moqboqtiq
28 Zaqzeiq　　25 Moqbolhheil
26 Moqboqsof　25 Manqpovxanl
28 Daneil
44 Yaqul

ミャンマー

0　　　　100 km

ラオス

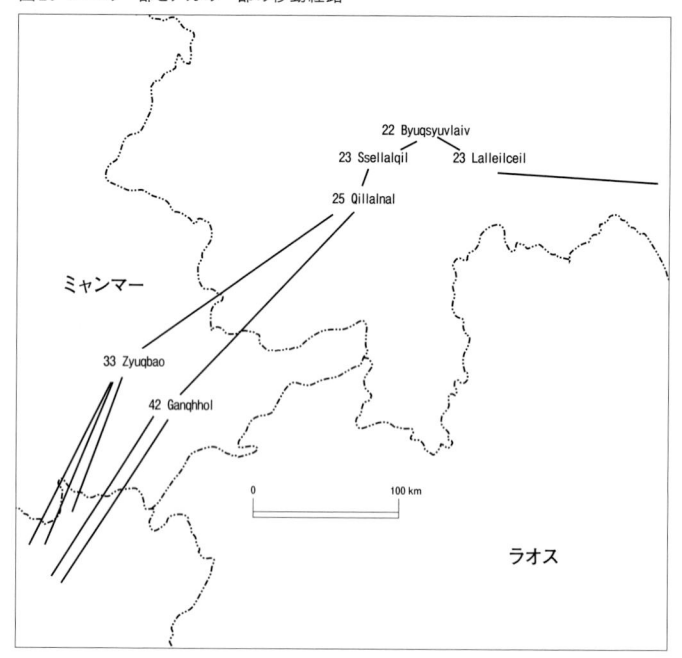

図19 ハニの移動経路

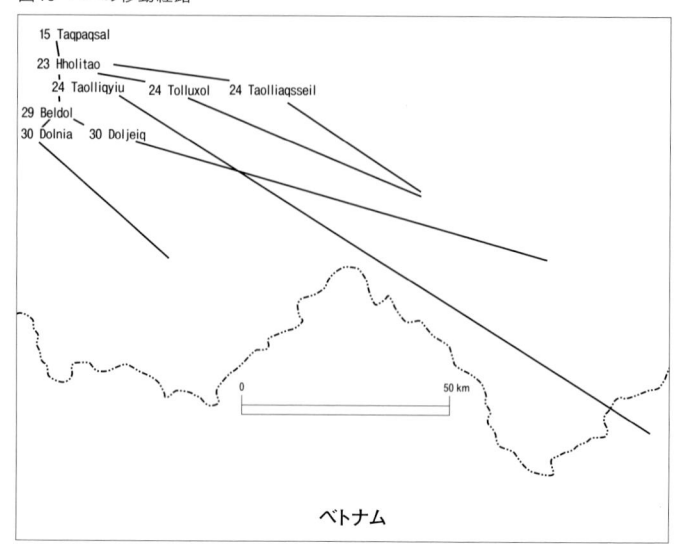

図20 ハニの一部とアカの一部の移動経路

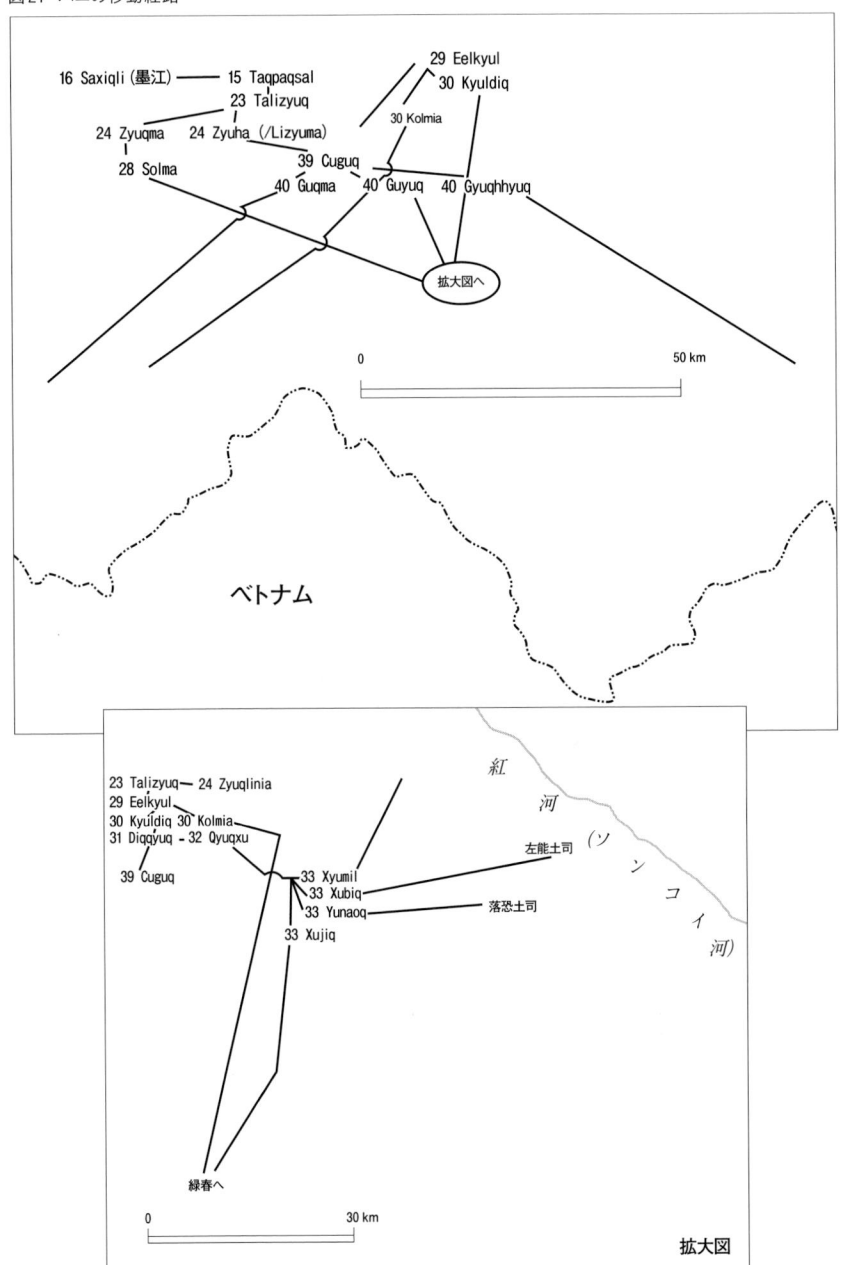

図21 ハニの移動経路

図22 ハニの移動経路

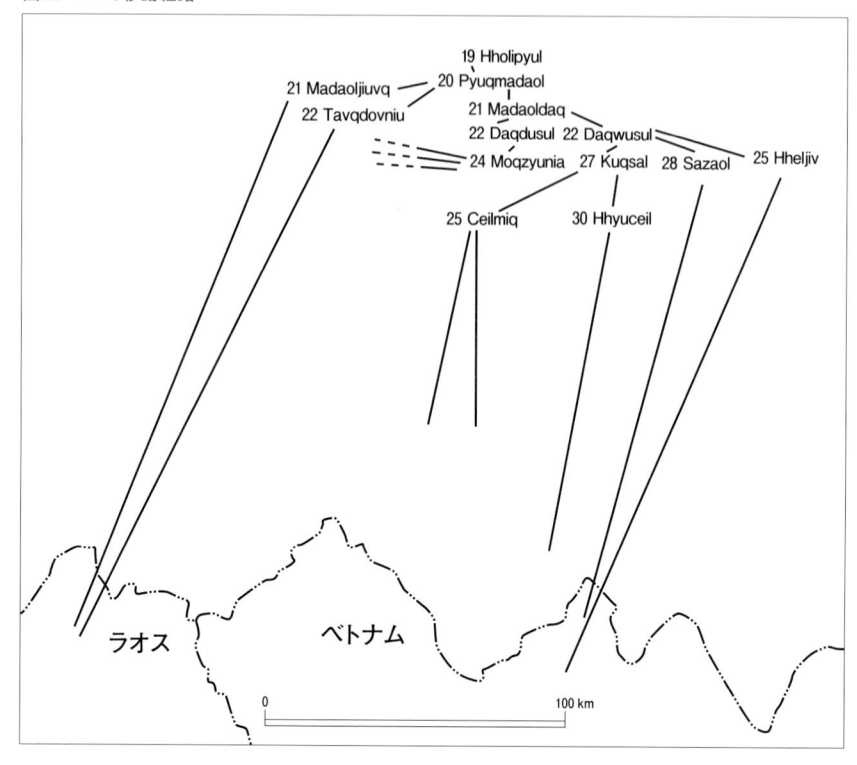

　集合的記憶としての系譜を後代の一致を規準に整理しなおすと楊とはかなり異なる見解を得ることがわかった。記憶の問題として考えると3－2省略型、変音省略、脱落、祖先の挿入など、尻取り式の記憶法に独特の問題がある。しかしながら、これほどの一致は驚異的とも言うべき記憶法であるということもできる。系譜は引き継ぐこともできるわけで逆に言えば、この系譜を伝えている人々がハニ＝アカ族なのだと言うこともできる。彼らはいつでも系譜を捨てることができたはずである。

　かつて10数年に1度は移動を繰り返していたアカの人々は村落の移動が実際には分裂と新たな村の創設であったにもかかわらず、非常によく系譜を「背負って」いたことがわかる。彼らにとってこの集合的記憶は村落の司祭組織に

よって維持されているにもかかわらず、それは移動のたびに忘却の危険を伴っていたはずだ。村落には3つ以上のリネージがないといけないというのがアカの村落の掟であるため、村落の司祭は少なくとも3つ以上の系譜を記憶しておかなければならず、さらにそれは人が死ぬ限り増え続けるしかないのである。アカはこうした記憶を墓誌や文字のような記録手段に頼ることなく保持してきた。村落は集合的記憶を維持する唯一の社会組織であるにもかかわらず、分裂への安全弁として常に彼らは村落外のリネージと情報交換をしていたことが窺える。

　集合的記憶として彼らの「歴史」を検討していくと、確かに記憶の間違いと思える点を分析することができる。しかしながら、彼らの集合的記憶における正当化や系譜の辻褄合わせといったことはきわめて少ないということができる。平均56.5代の生死の物語はこの尻取り式の記憶法によって文字などの記録媒体に頼ることなく保持されてきた。口承の系譜としては、筆者はこれより長い系譜を他に知らない。

　系譜の記憶はそれを支えるリネージや土司政治制度などによって継続しているわけではなく、ただ肉親の死をもって村落の中の司祭集団によって支えられているのである。

第6節
政体の記憶

アマトゥとミサチュサロー
　ハニの人々の間ではアマトゥ hhaqma tul と呼ばれる大きな儀礼があり、アカの人々の間ではミサチュサロー milsanlquvqsanl lol と呼ばれる儀礼があるが、この2つは儀礼の時期やその象徴的形式からもほぼ同一の儀礼と考えることができる。これを「山稜交易国家」にあった元陽や緑春などのハニの人々と、「盆地連合国家」にあった西双版納のアカ、タイのアカの儀礼と比較してみたい。特に供犠される豚の肉の分配は、単なる食物の分配というよりは象徴的に社会構造を確認する作業として見るべきである。

まず、ハニのアマトゥについて述べる。アマトゥは、新暦だと大体2月ごろ各村の「12獣」のある日に行なわれる村落儀礼である。ただし前に葬儀があった場合12日後の日を選ぶ。村ごとに儀礼の日取りは一致しておらず、日取りは司祭ピマアボpilmaq aqbolと宗教的村長ミグmiqguqが占いも含めて話し合って決めている。アカにおいてもミサチュサローはその前のゾクディエ（世帯の儀礼）から村門を作り直すロカンドゥとともに一連のものとして行なわれ、儀礼の時期はほぼ一致している。

　大まかな流れは1日目に村の上方にある樹木への拝礼を行ない、2日目と3日目は饗宴となる。饗宴は最初の日は村や街の大きな道を挟んで、片側が前日に各世帯の卓を用意し翌日酒と酒菜を出す。その翌日は反対側の世帯が同じように酒と酒菜を用意するという形式になり、これを漢語では「長街宴」と称している。

　1日目、タイのアカではズマが特別な樹木に向かって儀礼を行ない、1日目は大きな豚を1頭屠り、各世帯に均等に肉を分配する。ハニの間でもミグと呼ばれる宗教的村長が中心になり、鶏とアヒルと豚を屠り、豚の肉を分配する過程が特に宗教的に重要な儀礼である。ズマやミグの役割をモピmoqpil、ピマpilmaと呼ばれる司祭が代行することも多い。

　アマトゥの性格を村落儀礼とし、村落神への祭祀と見ることはごく一般的に見られる［e.g.李克忠1998］。しかし、紅河県楽育郷然仁の哈脚での調査でも、プマアボpuvma albolと呼ばれる樹木は村に2本あった。筆者が1996年に調査した元陽県のA村でもアマアボhhaqma albolと呼ばれる樹木は1村落に6本あり、それぞれ白氏、馬氏、李氏、羅氏、楊氏、芦氏のものだという。これらの村落では、アマトゥは同じ日に行なわれているものの、祭祀はそれぞれの姓集団（父系リネージ）のアマアボを祀っており、各リネージは豚を別々に用意し、各リネージの樹木でアマを祀り、豚を殺して各々のリネージで分けて食べていた。また元陽県全福庄でも元々2本あったものを1本に統合したという。これらリネージの祀る樹木への拝礼は他のリネージの成員には許されず、筆者が参加したことも1度だけしかない。

　これらの事例からアマトゥは単に村落儀礼なのではなく、各リネージの儀礼という側面も持っていることが理解される。もちろん、各リネージの成員は同

じ日に行なわれる儀礼であるので、各リネージの祭祀が済んだ後は相互に酒を飲み村としての結束を固めることになる。また、元陽県の俄扎では大きな豚を全村で1頭解体した後、その肉を秤で量って各リネージに均等に配分していた。アカでは儀礼での肉の平等配分が世帯を基準にしており、各世帯に均等に配分されるのに対して、元陽県の俄扎ではリネージがその配分の単位になっていることは興味深い。アカが村の中のリネージの存在（もちろん現実には存在する）を理念としては村の中の派閥として否定し、儀礼を世帯単位のものと村落単位のものだけにする傾向があることと好対照である。

　これらは原始共産制とか社会の発展段階といったものとは関係がない。より州都昆明に地理的に近く、漢字のかかれた位牌を持つ墨江のラミと呼ばれる人々は地主制段階に入っていたとされているが［簡史:84］彼らのフマトゥ humaq tul（アマトゥにあたる）と呼ぶ儀礼では全世帯が雄鶏を1羽持ち寄り、それを一覧表に世帯主の氏名を書きつけすべての世帯が持ってきたかどうかを確認していた。

写真87　アマアボ、村にアマアボが複数ある(元陽県A村 1997年)

写真88　アマアボ(元陽県俄扎郷 1997年)

第4章　祖先祭祀

写真89　アマトゥにおける豚肉の分配
豚肉をリネージごとに秤で量って均分に分ける（元陽県俄扎 1997年）

写真90　村に複数アマアボのある村での一つのリネージ（白姓）の宴会（元陽県A村 1997年）

写真91　墨江のフマトゥ　鶏を各世帯で1羽ずつ持ってくる（2005年）

284　第2部　祖先祭祀における「民族」

写真92　ミサチュサ（タイ 1995年）

ミサチュサの中の構造物→

第4章　祖先祭祀

写真93　各世帯で均等分配する(チェンライ 1995年)

タイではミサチュサローについて東南アジアの政体論からの分析がされている。トゥッカーはこの儀礼を「世帯」「村」「くに」の建設過程を象徴的に繰り返すものと捉えており、このことはハニにおける李克忠の分析とほぼ一致する。これには3つのレベルがあり、家の建設（ゾクディエzaolkuldi-e）村の建設（門の立替：ロコンドlaolkaqde-e）、「くに」の所有者への儀礼ミサチュサmilsanlquvqsanlであり、それらの「建設」を象徴的に示すがトゥッカーはこの儀礼について詳しく述べていない[*29][Tooker 1988: 320]。ミサチュサ儀礼は明らかに近年シャンから借用されたものであり、アカ語で高位の神格を表すヨサンyaolsanlはここでは使われず、サオパというシャン語あるいはビルマ語を用い[Kammerer 1986: 280]、時にシャン族を招くこともあり[Lewis 1969-70: 259-261]、ズマはターバンを脱いで、タイ風のお辞儀をすると言い、プミポン国王が祀られていたこともあるという[Geusau 1983: 250]。ミサチュサmilsanlquvqsanlは文字通りには「土地と水の主」ということになり、これは土地と水を支配していたかつての「くに」の王侯ないし、現所有者への祭祀ということになろう。これについて比較的詳しく述べたのはカメラーだった[Kammerer 1988: 280-282]。

　しかし、西双版納などにおけるミサチュサ儀礼は、筆者自身も実際に見たことはなく、わずかに1950年代の資料[社歴: 136]に見られるだけで、その後の調査によってもほとんど報告例がなくなっている。現在の西双班納のアカの人々に聞いてみても記憶のなかから消滅してしまったようにも思える。この違いについて中国におけるこの儀礼の解釈の変遷が考えられる。筆者の知る勐海県の報告ではミサチュサローではなく、ガサロ[*30]ganqsanl lolと呼ばれていたという。

　2014年に南糯山でラオスで撮影したミサチュサの写真を見せて聞いてみたところ、80代の男性は懐かしそうにミサチュサと言ったと語ってくれた。文化大革命後に生まれた40代の世代は誰も見たことがなかった。ミサチュサがかなり徹底的に否定されたことがわかる。

　確かにこの儀礼の後に狩猟が解禁されるのであるが、これは「土地と水の主」に許しを請うてから狩猟がされるということであって、報告にあるように「山神」に祈っているのではない。近年のわずかな報告では、狩猟の神への祭祀として西定にのみ存在する[门图 2002: 46]とされている。文化大革命期のころの

回顧録には、このミサチュサアボ（原文は「竜樹」）を、間違って切ってしまった［胡鴻章・唐家寿 1993］とか、切らないように注意した［金丽生 1993］とあり、1950年代には「竜樹」は迷信ないしズマの象徴としてあった。切ると豹に襲われると言われていたという。つまり、シプソーンパンナーなどのタイ族政体を失った地域では、これらは単に原始宗教ないし迷信の烙印を押されており、廃絶されてしまったということである。この当時の「迷信打倒」の象徴的な対象としてこの樹木崇拝と双子を殺す習慣がよく挙げられている。

　トゥッカーは1988年の博士論文ではこのミサチュサを、「くに」、村落、世帯を順に模擬的に建設していく儀礼の1つとして触れていた。しかし、2012年の著書ではミサチュサは全く触れられていない。1988年には師のタンバイアの銀河系的政体論がタイ族（Tai）を超えてアカにも適用できることを証明しようと躍起になっていた。2012年にはスコットのアナーキズム史観に触発されてミサチュサの事例を放棄したものと思われる。ところが、比嘉政夫は森林を主題にしたプロジェクトで9つの異なる少数民族の村落の森林を検討した結果、ダイ族と他の民族的集団が共同で同じ神を祀ることを記している。

　「勐海県の曼来というダイ族の村では、村の西側の岡の上の神樹の下でDiu La Wangという村神祭祀が行なわれる。村神の祭祀は龍巴頭｛ダイ族の宗教的村長｝が執り行ない、期日はダイ族暦の11月11日である。南甫河付近の曼勒村、曼開村、曼尾納村、さらに上流の曼来老寨と曼来新寨の2つのハニ族｛アカ種族｝でも、毎年南圃河の水源の林の中の2本の榕樹（龍樹）｛ミサチュサと思われる｝の下で、村を越えて「勐神Diu La Long」（地域の神）への祭祀が行なわれる。時間はダイ族暦の8月8日の前後で、毎年2回行なわれる。曼来老寨のハニ族｛アカ種族｝の村では、村神はLa Kang｛神霊ではなく村門のこと｝と呼ばれ、毎年祭祀が2回、Diu La Longが終わった後3日間行なわれる。吉良というプーラン族の村では村神はDa Ba Shuangといい、ダイ族暦の4月15日と8月15日の2回の祭祀が行なわれ、龍樹の下で丁重にお祀りをする。臨滄県の勐旺大寨と臘東村のダイ族は村神をDang Seと称しており、村神を表しているのは龍林の中の1本の大きくまっすぐな松の木である。祭祀を司るのは龍巴頭であり、仏僧が祭祀を補助

する。勐旺大寨では毎年5回の祭祀、臘東村では2回の祭祀が行なわれる。時間は農暦2月と7月の最初の子（鼠）の日である」［比嘉ほか2006: 78-79、｛　｝内筆者註］

「勐海県の曼来というダイ族の村では東西に2つの村門Pa Du Geng Mengがある（昔は東西南北に4つの門があった）。村の出入り口の両側には木の柱があって、その間には縄があって竹で編んだターレオを結んでいて、木製の剣と矛が門を立てることで村門とされている。村門の祭祀は高僧Du Longが司り、3年で1度ダイ族暦の正月の中旬に行なわれる。祭祀では、高僧は経を読んだ後、村門の前に泥製の動物の像と不浄な物を持ってきて村の外に捨てる。村の内側に戻ってきて、今度は村の中心の儀式を行なう。風水思想の影響を受けて、当地の人々は村落の構造を人体のように見做し、人体の中心は心臓、村の中央を村落の中心とみなしている。村の中央には村落の中心の柱Zai Wanが皆建てられており定期的に祭祀が行なわれている。村落の中心には磁製タイルでできた円形の壇があり、壇の中央に台座が作られ、その上に「且」の字の形をした村の中央の柱が立てられる。そして、円に並べられた壇の内側に10本くらいの竹や木でできた剣や矛が挿されている。村の中心の祭祀の前の日は、仏寺でSong Gaoを作る。Song Gaoとは2mくらいの4本の竹竿をその上部を縛ったものである。使う時は、その4本の縛っていない方の脚を地面の上に置いて広げ、人はその下に座る。祭りの日の午前中、各世帯は少しばかりの食事を用意し、自分で編んだ竹製の莫蓙の上に置いて、村の中心に捧げる。高僧が経を読む時、祭りに参加したり、Song Gaoの所に座ったり、礼拝をしたりしている。儀礼が終わった後、祭品を村の外に持って行って投げ捨て、戻ってきてから村人同士で食事をとり、歌ったり踊ったりする」［比嘉ほか2006: 81-82］

これは日本で言えば大晦日にあたる「空」の日に行なわれる儀礼でソーンカオ（songkao）であり北部タイの事例とほぼ同じである［Davis 1984: 101-118］。つまり、それは4月のタイ族正月ソンクラーンの儀礼の一部である。比嘉の言うような風水思想の影響があるとは全く思えないが、タイ族のSong Gaoという構造物

とアカのブランコ (laqqeil, alhhe) に「文明」の表象としての中心という意識があることは [Tooker 2012: 81 cite Davis 1984: 83] 言えるかもしれない。また、タイ族側からすると、ピー・ヤック征服譚のように山地民征服・馴化を象徴的に示す民族間関係を示す儀礼と捉えることもできる [長谷川 1993: 234-239, 田邊 1993]。

ここではムアン (国) が生きていたことを示している。もちろん、実際の政治権力のある小さな「くに」などではもはやなく、人々の間の集合的記憶あるいは「民俗」として生きていたのである。これはほぼトッカーが黙殺してしてしまった社会的事実であって、銀河系的政体の残存である。

そういう意味でアカは象徴表現の上ではタイ政体に服属しており、物質的にはゾミアの民として移動する人々なのである。隙間だらけの政体の統治に形式上服属しているのであって、デイビスが「ムアンの形而上学」[Davis 1984] と呼んだ儀礼の深いコミュニケーションを見ることができる。

言葉の面からするとタイ・ルー語とアカ語が共通の言葉を作り出しているように見える。こうしたムアンの儀礼について、朱徳普は唯物論的な為政者による陰謀的な統治戦略として征服した先民をムアンの神とすること、政略結婚、王の象徴的な「金の傘」に入れて官位を与えることを山地民への「統治策略」とする [朱徳普 1991]。しかしそれはそうではなく象徴的に「隙間」を作り出しているのであって、彼らは大惨事を回避しながら表面上の服属を装い、大きく空いた山の生態学的ニッチへと逃れていくのである。

つまり、「山稜交易国家」においては、リネージの卓越があり、村落はいくつかのリネージの連合として儀礼的に表象される傾向がある。その中で有力なリネージが村落を1つのものとして表象する場合も見られるが基本的にリネージの連合体である。対してアカにおいては少なくとも儀礼の場においては、リネージを否定し、世帯と村落と「くに」を儀礼は表象する。西双版納などの中国国内のアカでは、この「くに」のレベルの儀礼が消滅している。

アマトゥの解釈

ハニ＝アカ族は前述のような巨大な系譜システムの卓越のために、霊的存在や村落の歴史や神話を祖先をもとにして考える傾向があり、仮にある霊的存在の系譜関係が不明だとしてもそれは忘れてしまってわからなくなっているだけ

で、本来はあるべきだとされる。特にこうした系譜関係の不明な祖は「女神」として記憶される傾向にあり、父系の祖先ではないが、自分たちの祖であるという言明として語られることが多い。ゆえに、彼らの言う例的存在は祖先か擬似祖先なのである。

アマhhaqmaは文字通りには、「力」(hhaq)と「母」ないし「源」を示す接尾辞maの合わさった語で、「力の源」と訳すことができる。アhhaqは例えば、hhaq aoq aoq=「力」を売る（つまり、「労働する」）というように用いられ、人を数える時の数量詞でもある。数量詞の場合でも1人qiq hhaq、2人niq hhaqといえば、暗に「人手」を意味している。

アマhhaqmaとは通常、村の上部にある区画された特別な林で、そのうち1本ないし複数の神樹をアマアボhhaqma albolという。アマトhhaqma tulは文字通りにはこのアマをtul＝立てる、という意味であり、tulには「儀礼を行なう」という意味がある。

アマについてしばしば「女神」という説明がなされ、毎年娘を要求する妖魔

写真94 「長街宴」この時は700卓並んだ（紅河県甲寅郷 2004年）

第4章　祖先祭祀　　291

写真95　緑春県建県50周年を祝う「長街宴」(2008年)

写真96　3070卓並んだことを示すカード(2008年)

に対してアマという「女神」が息子を女装させて村人を救ったという説話を使って説明をされることがある。これは前述のように系譜にない女性の祖を用いて説明する1つのやり方であると考えることができる。また、アマトゥの時に男性が女装をして舞う踊りがあり、その説明としてこの説話が用いられるのである。

　これはいわゆる形式性(formality)→役割転倒(role reversal)→乱痴気騒ぎ(masquerade)という祭りの構造的解釈［リーチ1974（1961）］のうち役割転倒と見ることもできる。しかし、この女装の場面はアマトゥにおいてそれほど重要視されているところではなく、筆者の知る限りやっているところは非常に少ない。この女装して行なう踊りはむしろ葬送儀礼において行なわれるのが普通であって、アマトゥでは役割転倒の部分にあたる儀礼的場面はあまりない。この役割転倒という社会劇は転倒することによって社会構造を可視的に確認する場面であるが、むしろ肉の分配の場面がその役割を担っているように思われるのである。

　前述のようにハニの場合、アマが村落全体の祖として表象されたり、各々の父系リネージの祖とされたりするのは村落構造の問題である可能性が高い。筆者の調査ではミグが大きなリネージから出ている場合は村落全体の祖とされる傾向があり、弱小リネージから出ている場合は村落に複数のアマアボがあるという印象を受けた。

　祭礼としてのアマトゥはこの図式の最後の乱痴気騒ぎの部分と言ってもいいであろう「長街宴」の部分を肥大化させる傾向が年々強くなってきている。小さな村なら数卓というところもあるこの部分が、大きな村では中国の経済の好調さも伴って年々長くなってきており、2008年のチェラフシザceillaq huvqsiivq zaqと呼ばれる緑春県の正月行事では3000卓以上の卓が並んだ。これは観光の脈絡の中で大きく宣伝されており、1つの観光資源と考えられている。

　このアマトゥという儀礼は、しばしば「祭龍」と意訳され、そこで最終日に行なわれる食卓を数百も並べて行なう宴会は、見た目にも龍のように長く卓が並ぶこともあってか漢語では「長龍宴」と称されることが多かった。今日では、学者の書く文章の中にはこれらの名称は少なくなり、「祭寨神」（村神の祭り）あるいは「祭竜」[*31]または「昂瑪突」などと音訳をしている場合が多い。ただし、学者以外の間では現在でも「祭龍」という漢語はよく使われており、観光業者な

どの宣伝文にもよく見られる。

　また、「長龍宴」も現在は「長街宴」と書くことが多くなってきた。この宴会は元陽のハニ語ではアマロベバ hhaqmaq lolbeil bavq と呼ばれているが、これには龍に関する概念は含まれていない。また、これは筆者が「長街宴」は、ハニ語でどういうかという聞き方をしたため得られたものであって、ハニ語そのものの文脈では単に「酒飲みをする」zilbaq dol ないしは ziiv zaoqzaoq（「卓を並べること」）としか聞いたことがない。次に、このように中国語訳が変化してきた過程を検討していきたい。

　2008年当時、観光ブームとエコロジーブームが重なって、「生態旅遊」といった語が流布され、かつまた棚田の世界遺産登録へ向けて、ハニ族のアマアボはエコロジーの象徴となっていた。これらの翻訳語の変化は中国の中央政府のイデオロギー的変化と連動しており、「龍」という国民国家への象徴的統合から、「民族文化」復興に伴う「民族精神」あるいは「村落文化」への回帰運動、その後のエコロジー、ツーリズムブームへと変化している。

　現在の急激な市場経済化は「生態」（日本語だと「エコ」という言い方に近い）という語を、生産者側の生態保護というよりは消費者側の安全な食品というイメージにしてしまったように思う。「生態」的な食品は現在の環境の悪化した中国の消費市場では人気を呼び、ハニ族の食品は雲南の自然な食品としてブランド化される傾向にある。しかし、急激な商品作物の生産はそれまでの生態的なバランスを破壊してまでも富を求めるような風潮を生み出しており、「生態」的な食品の増産のために「生態」を破壊せざるをえないような皮肉な状況をも生み出しているのである。

　その中でハニ族のアマトゥは大きくクローズアップされ、「生態」の象徴としてますます「長街宴」をエスカレートするようになってきている。緑春県ではここ数年、ギネスブックに載せようと3000卓を越える卓が並ぶようになってきており、それは政府、マスコミや観光客に視覚的にアピールするためのものであろうが、ハニ族の文化的資源として年々大きくなる傾向がある。

儀礼の意味と政体の記憶

　近年の「土司」に対する評価はかつての搾取階級としてのものではなく、「歴

史遺産」として名誉が回復されつつある。「土司」やその末裔たちは中国革命から文化大革命などを経ても、実際には県や郷級の要職に就いていたことが、今となってはすべてではないにせよ、堂々と展示されるようになった。また、出版物にしてもそうした回顧録の出版は盛んであり、それは「民族文化」の「歴史遺産」として認識されるようになっている。

ハニ＝アカ族の記憶は彼らの父子連名制を中心とした系譜にある。彼らの神話的故地であるノマアメ Naoqmaq Aqmeil から様々な場所を移動して現在に至るという物語は彼らのあらゆる集合的記憶の基礎になっている。ハニ＝アカ族はそれぞれの土司や場所の記憶をこうした父子連名制の系譜の記憶と結びつけて想起する。

中国革命前のアマトゥのあり方について『哈尼族簡史』は次のようにまとめている。

「紅河南岸および内地のハニ族はアニミズムが主である。主な神には、天女オマ aoqma、地神アオ aqhhuv、山の男神ツォソー caoqsaol、山の女神ラビラサン、龍樹神アマアツォ hhaqma acaoq、家の神フシャニシャ huvqsaolniqsaol などがある。オマは最大の神で万物の創造者とされており、龍樹は人類の守護神である。ある家族は自分の龍樹を持ち、村落にも共同の龍樹がある。毎年陰暦の2、3月の間、各村落、各家族では「祭龍」が盛大に行なわれる。ミグ milgu は家畜を殺して祀り、村人は2〜3日間、酒を飲み歌い踊る。女性は「祭龍」に参加することはできないが、元陽の主魯というところでは祭りを行なう人は女装する。これは「祭龍」が遥か昔の母権制時代に生まれたということかも知れない。この他に、3月の山の祭り、6月の水の祭り、7月の天の祭りなど、その他臨時の「竜日」も少なくない。

この地区のミグは「祭龍」の執行者であるというだけで、他の権力を持たない。少数のベマ pilma が迷信の収入で生活しており、個別の「御用」巫師となって、土司の家族の家譜を暗誦する。ある土司は天神が降りてきたとか言って、土司の稲が実らないと雄鶏が鳴かないなどといったインチキ話をして人民を愚弄している。自然への崇拝に対して、スト（思陀）地区

写真97　元陽県B村のアマトゥの一場面(2005年)

の「祭山」のように、既に階級的烙印を押し、土司の統治する忠臣の「牛牘」（木簡）を祀り、もともとミグ（龍巴頭）の田でやっていた儀式を、土司のところでやるように改めた。宗教的な迷信活動を統治者が思想的な道具としていたのである」[簡史: 110]

　女装から母権制を考え、祭竜を土司が人民を愚弄するためのものだったという解釈は、この当時の粗雑なマルクス主義から来るモルガン的単系進化論と一種の陰謀理論によっているが、アマトゥが土司の権力の正当化の作用を持っていたということは信頼してもよいだろう。そもそも、儀礼が土司と関係のないものでなければこの記述はほとんど書く必要のないものである。

　上述したようなアマトゥ／ミサチュサ儀礼は、土地の主への服属を意味するものであった。それは、大きく見れば現在のタイ（Thai）の王室に対する服属でもあり、かつての土司政権への服属と見てもよかった。とはいえ、ゾミアの民の服属は見せかけのものであり、年中儀礼や葬送儀礼のところで見たようにこ

の文化は外面的に服属しながら、次の脱出を狙う文化なのである。ところが、文化大革命の迷信撲滅はそれにもまして根本的な変革であり、すべてをいったん停止させた。その後に記憶から復活したこうした儀礼は中国についてはその前のシプソーンパンナーのようなタイ族政権への服属の意味合いが西双版納では否定され、そのまま儀礼の消滅に向かった。逆に中華的な政体であった紅河流域のハニ族の地域では、「民族文化」「歴史遺産」「生態文化」といった脈絡でその儀礼はますます肥大化してきている。

　この写真97の女性たちは村のアマアボの1本に向かって歌を歌っている。この村のアマアボは数本あるが、外からの党の幹部たちとテレビ局を迎えてアマトゥを行なうこととなった。しきりに携帯電話で連絡をとる行政的村長とその傍らでスケジュールに目を通しながら催し物の段取りを確認する書記長が写っている。左端にはそれを黙認するモピの姿も見える。このアマアボの横には公衆トイレがある。ハニのアマアボはこうした儀礼の際には「清浄」(ヨソyosol)にしなければならないが、私たち日本人が思うほど平時は聖俗の分離がされておらず、傍らに便所のあるところも少なくはない。とはいえ、少なくとも儀礼の時は清浄にしなければならなかった。ここに公衆トイレを作ったのは永らく儀礼が行なわれなかったためである。ここには「民族文化」の復活とともに儀礼を再開した幹部たちのドタバタ劇が集約されている。

　つまり、アマトゥは文化大革命のころの中断から復活する中で、宗教的聖性をあまり伴わずに「民族文化」の名の下に復活してきた。その中で祭りの社会的機能、つまりリネージや村落の結束という部分が強調されている。もちろん、儀礼の参加者モピや党幹部や踊りを練習してきた女性や子供には全く別の意義があるのである。そうした様々なイデオロギーを象徴の多義性の中に達成してしまうのが儀礼という特異なコミュニケーションなのである。

儀礼の意味の変遷

　アマトゥとミサチュサの儀礼を比較することによってその意味がどのように変わってきたのかをまとめる。アマトゥもミサチュサも語彙のレベルで考えれば一貫してそれはアマへの祭祀であり、ミサチュサローはミサチュサへの祭祀であった。しかし、何がアマであり、何がミサチュサであるかは時代と主体に

よって異なる。アマトゥもミサチュサも実在のあるいは抽象的な存在としても「土地と水の主」に対する祭祀であった。それは中国革命前の「土司」のカリスマ的権威を高めたこともあったであろうし、シプソーンパンナーなどのタイ族王権への服属でもあったであろう。儀礼はそうした記憶を保持したまま受け継がれ、プミポン国王の像のように現代的な読み替えもなされていた。

その後、文化大革命前後には「迷信」という文脈が成立し、西双版納州のアカの間ではこれが「迷信」として消滅させられ記憶からも排除されることとなる。一方ハニの間では新しく「民族文化」という脈絡を獲得した。

「民族文化」という脈絡の中で神樹は宗教的な文脈から国家的な「祭龍」という解釈を漢族側から与えられるがこれはハニ族側から否定され、村神の象徴や「民族精神」とされる。その後、観光ブームの中で「生態」の象徴とされるに至った。その中でアマトゥは祖先祭祀の部分よりも祭礼としての「長街宴」という部分を肥大化させている。

しかし村の中でのコミュニケーションとして生きていたのは祖先祭祀としてのアマトゥであり、村の漠然とした祖先としてのアマという解釈と個別の父系リネージの祖という解釈がハニの地域では残り、新たな「民族文化」の脈絡の中で復活したと考えられる。他方、元々祖先ではなかったタイ政体への服属という脈絡は否定された後も西双版納のアカの間では復活しなかったと考えられる。

前述のスコットの議論を敷衍するとこれらの儀礼は要するに「見せかけの」コミュニケーションである。つまり、彼らは儀礼によって一見服属したかのように見せかけ、ハニ＝アカ語では逃げ延びるための準備を繰り返してきたと言うことができるのである。まさにそれは「儀礼的」であり、儀礼は視覚的にそうした効果を演出する。それは儀礼というものの本質の1つとして一般化することもできよう。彼らが見せかけの「中華化」や「タイ化」を儀礼の上では見せるのは逃げ延びるための智慧の意識的無意識的な集積であったと考えるとこれまでの記述が理解できる。祖先は戦わずして「勝つ」方法を教えてきたのである。

つまり、これはゴッフマンのいう「回避儀礼」に近い集団的儀礼なのである。ゴッフマンは「回避儀礼とは、敬意表現があっても、行為者が受容者から距離をとっていて、ジンメルのいう受容者のまわりにある『仮想の領域』を侵さない場合の儀礼」［ゴッフマン 2002 (1967): 63］としている。この「仮想の領域」こそ

がハニ＝アカ族が自治的に保持してきた平等主義的組織体系が持つ価値なのであり、まさに「儀礼的に」みせかけの儀礼を行なうことで統治から逃れるための術だったと考えられる。これを「原始共同体」と考えた為政者もエンゲルス主義の学者もその術にまんまとはめられていたことになる。これをゴッフマンはこうした儀礼を1対1の場合で考えており、本書ではこうした他の集団との摩擦を避ける儀礼の類型を「集合的回避儀礼」(collective avoidance ritual) と名付けておきたい。

　これまで見てきたようにハニ＝アカ族の儀礼は葬送儀礼を中心にそれを祖先の膨大な「歴史」へと位置づける。それは儀礼の面では政体への服属を示しながらも逃走する儀礼であり、史料にも墓にも名前も何も残さない儀礼である。こうした文化が綿々と受け継がれていくには司祭を中心とした徒弟制のシステムがあり、この階層化を拒むシステムを祖先からの智慧として維持し続けてきた。それはスコットの言うゾミアの民としての生き方の典型とでも言えるものである。これらの死の儀礼と祖先祭祀は彼らの集合的記憶を再生産し、定住的ではない物語へと収斂させることで彼らに「民族」という物語を個人のアイデンティティや政治権力としてではなく、集団の「歴史」として再生産してきたのである。系譜の機能はハニもアカもこの宗教実践上の機能といつか来るであろう村落の解体や災害・戦争などの危機へのセーフティネットとしての機能しかほぼないと言える。文化大革命以前のハニ＝アカ文化の多くは国家から逃れるために発達してきた文化なのである。しかし、安定的で更に強大化した共和国政体においては、今日の彼らは国家を生きなければならない存在になった。さらには鄧小平政権後の国家主義市場経済体制においてはそうした文化を生かしながらも客体化された「文化」を資源として活用しなければならなくなった。こうした文化がグローバリゼーションの中の中国で「文化」として道具化されていく過程を第3部では検討したい。

第2部 註

＊1　生態学的ニッチ（ecological niche）とは「全体環境の中にある集団の場所およびその資源と競争者との関係」[Barth 1956:1079] と定義される。

＊2　雲南省の「伝統的な」焼畑については尹紹亭（2000）を参照。尹のこの本の出版から年数が経っていることと尹の調査資料が1950年代のものが多いことから「伝統的」という語を使うが、尹の主張は焼畑が「原始的」でも「不合理」でもないことにあることを断っておきたい [尹 2000: 164-187]。焼畑が先か、棚田が先かという論争について、ハニ＝アカ族資料がこの問題を解明するのに恰好の口承史資料を提示しているが、ここでは深く立ち入ることができない。単線的な史的唯物論の支配的な中国で焼畑を原始的でないないとする尹の主張は重要である。尹によればハニ族（アカ種族）の焼畑は2年間の耕作の後、7～8年の休閑期間のある「短期輪作焼畑」である [尹 2000: 11]。タイ、ミャンマーのアカ種族は茶をほとんど栽培しないが、尹は南糯山の焼畑を「陸稲─綿花─茶」の類型としている [尹 2000: 16]。ただし、筆者は茶が焼畑の作物であるとは思えない。尹の調査が間違っているとは思わないが、同時期のタイと比べてみて、少なくとも筆者は集落移動を伴う焼畑という意味での焼畑を中国で見ることは1980年代からなかった（写真13）。スタージョンは焼畑（shifting-cultivation）について定義しておらず、また中国とタイのアカの生業を主題としているにもかかわらず中国領内のプーアル茶産業についてほとんど触れていないが、耕地の輪作という意味での焼畑ならば今でもいくらか見ることはできよう [cf.Sturgeon 2005: 142-173]。

＊3　地形図は中国では国防上の理由から「国家機密」とされており、書店などで販売されてはいない。技術的には1980年代でも地形図はバス停や共産党幹部の家などでは普通に壁に貼ってあるような「国家機密」であり、現在ではインターネット上でも見ることができる。特にアメリカのグーグル社のGoogle Mapsでは無料でこの地域の衛星画像を閲覧することが中国国外なら問題なくできる。中国はGPS用の人工衛星の打ち上げにも成功しており、中国国内でもカーナビゲーションではこうした地域の地図は見ることができるが、日本製のカメラのGPS機能は妨害電波で遮断されているといった具合である。外国との合弁事業やインターネットの発達した現在、国防上どれほど意味のある法令であるかは甚だ疑問があるが、ここでは相手国の法令順守という学術側の立場から、1990年代に目測などで作成した地図を掲載する。これらの村落は現在この位置にはもうないため、法令上の問題

があるとは思えない。Google社の地図は2012年現在でも2004年の衛星写真と地図を載せている。2008年の実地調査でこの村がもうこの位置に存在しないことを聞いた。衛星写真が更新されればこの画像も程なく消えることであろう。

＊4　現在ではラオスでも中国でもナヌは携帯電話のことを指すようになっている。

＊5　雲南史における「馬幇」の役割を政体との関わりで論じたのは栗原悟（1982, 1991）である。栗原は「壩子」（盆地）に発達した種族連合の問題としてこれに着目しており、その観点も重要であるが、本書では特に山稜の役割に注目している。確かに支配の範囲としての「壩子」という捉え方も重要なのであるが、タイ系政体との対照性を考えると、これが山稜を中心に発達したという生態学的捉え方に別の可能性を見出したいのである。また、タイのアカのキャラバン（Akha Caravan Trader）に注目した豊田三佳の論文がある［Toyota 2000］が、タイでも雲南人がキャラバンを率いており、アカのキャラバンとは言い難い。知る限り革命前に馬やロバを、キャラバンが組めるほど所有していたアカを筆者は知らない。彼女の主張する越境ネットワーク論は近年のアカの間にある動きであるものの、革命前の状況でハニのキャラバン（本論で述べるようにハニのキャラバンとも言い難い）をアカのキャラバンと読み替える主旨には賛同しかねる。革命前のシプソーンパンナーの「馬幇」について詳しい調査をした加藤久美子にも山地民の関与の記述はほとんど見あたらない。タイ・ルー族商人の牛のキャラバンが、チェンマイまで達していたというのは興味深い［加藤 1998: 252-253］。たしかに、婚姻によって所属集団を拡散させながら社会的ネットワークを広げる戦略はハニと呼ばれた土司にはよくある。また、アカの中にも雲南人に連れてこられてタイに来ているアカがいることは筆者もよく知っており、それに雲南人が関わっていることはよく知られている［e.g. 王柳蘭 2008］。第3部で述べるように台湾には国民党が連れてきて入植させられたアカがおり、近年は台北で「雲南菜」（雲南料理）を掲げる店の看板を見かけるが、その中にもアカはいるだろう。また、婚姻によって「華商」化して東南アジア各地に移住したアカもいる可能性はある。

＊6　例えば、『元陽県志』では稻吾卡土司の龍済光（1867-1925）はその息子である龍健乾（1907-1949）とともにハニ族だとしている［元陽県志: 663-664, 670-671］。新中国以前の土司は、この「土司」という中国語のイメージとはほど遠く、コスモポリタンな人々が多く、それはタイ系土司の刀安仁［武内 2008］のように日本に留学した者、イ族系といわれる龍雲［石島 2004］を挙げてみても明白であろう。ハニ族に関してもクリスチャン・ダニエルスが明らかにしたラオスに逃れた土司の家系［ダニエルス 2009: 78-79］を見ると、ホー（雲南人）と呼ばれたこの傳一族は、ハニ族、日本人、カンボジア人、ベトナム人と婚姻を結び、国際情勢のリスクを分散

させていることがわかる。タイ族の国といわれたシプソンチャウタイの土司の出自にも漢族の血が入っている可能性が高い［武内2003: 689-694］。タイ族は父系制ではないので、もともと父系出自で正当性を問うのもおかしいのである。むしろ、「土司」とは元来何族のとは言えないところに特徴があると言うべきであろう。

＊7　対照的に、これらの人々はイ族では上層階級として記述され実際、この階級は彼らの奴隷制と関連している。ハニ種族とアカ種族の神話の中に「三種能人」という話がある［唐、彭 1988: 332、王正芳 1990: 215-240］。これについて最もよく研究したのは傅光宇（1993）である。傅光宇はジョルジュ・デュメジルの言う三機能体系の印欧語族起源への反論としてこれを書いた。

＊8　タイのアカ種族でもこの規則は同じである［Tooker 2012: 83, Lewis 1969-70 IV: 825］。

＊9　特にカメラーはルイスが「長老会議」という語を使うことについて、それがあたかも制度のような印象を受けることから反対している［Kammerer 1986: 118-120］。『社歴』は階層的な頭目のジョバと老人が集まって開くムガガンという会議が開かれていたという［社歴: 108］。『社歴』の著者はこれがルー族の模倣であるとしている。北部タイのセーンチャルーンガウ村では少なくとも長老の会議があったし、そのための建物もあった。西双版納では大きな村なら集会所を持っており、筆者の1990年代の調査の時は映画館を兼ねており、マルクス主義の勉強会などにも使われていた。格朗和には1960年代に右派分子を糾弾したステージが残っていたが現在はもうない。2000年代に公路沿いに移設された南糯山の村の中に「永存寨」という以前にはなかった名前の村ができた。この村には新南糯山の村落群の集会所ができていた。村落名が示すようにこれ以上移動したくない村民の願いが窺える。「長老会議」は確かに制度でもなく、何歳からといった規定もないが、参加しているのはaqbol colmoqと呼ばれる男性の長老のみである。

＊10　多文化主義が自明になった今日の世界では、「民族的アイデンティティ」という概念自体が、抵抗のイディオムというより、既成の国家的秩序の再確認にみえる。前提になっているのは多数者からの強制的な同化であって、少なくとも中国南部において、表面上はそうしたことはない。また、第3部で扱うように今日の民族的アイデンティティの議論は社会科学一般においても、彼らの権利主張においても「民族文化」の主張と同義になりつつあり、筆者は社会科学の概念としては扱わない。

＊11　この分節に亜種族（第1部註10）が対応するのか、あるいは亜種族という概念に対応する民俗的概念があるかどうか（トゥッカーはないとしている［Tooker 2012: 34］）には議論がある。

＊12　招婿による婿自身の地位はハニ種族の中では婚資を払ったものと、婚資を払っていないものの格差が激しいが、アカ種族の場合、婚資の額面がそれほど多額ではないのでそのことで問題になることはないようである。カメラーは、女性は結婚すると夫のリネージに属することになる［Kammerer 1986: 151］と述べているが、これにはやや注釈が必要である。それは、女性の名前にもやはり忌み名があり、それは日本のイエ制度のように結婚後、変わったりはしないからである。名前が変わらないということは、漢族など広く見られるものであるが、帰属からすると葬式などにおいて特に重要な要素をなすものである。ルイスは子供のいない妻が夫に先立たれたとき、「あなたと別れる」と宣言し、魂を亡夫が連れていかぬようにすると述べている［Lewis 1969-70: 58］、女性のライフコースの諸段階つまり結婚、出産、閉経などそれぞれの段階において、彼女が夫のリネージに属することが強調されるのは、逆に経済的には彼女が死ぬまで完全に夫のリネージあるいは世帯に属してしまわないことを意味している［see Tooker 1988: 93-94］。反対にトッカーは、女性は離婚後は実家のリネージに戻ることを簡単には許されず、できれば他と婚姻をさせるようにしたり、村から出したり、ズマの家に一定期間住まわせたりするなどしなければならないことを観察している［Tooker 2012: 84］。

＊13　この点については漢姓を最初に名乗った始祖が知られている場合と知られていない場合があり、漢姓とリネージが事実上関係ない村落もある。特に始祖に英雄的な人物がいた場合は関係がなくなる傾向が強い傾向があり、今後彼らの口頭伝承とともに検討すべき課題である。元陽でも7代経てば結婚してよいことになり必ずしも同姓不婚とはならない。

＊14　アカザンについて典型的な例を1つ挙げておく。1996年に北タイのセーンチャルーンガウ村で聞いた事例である。それはある女が麻薬中毒の夫に愛想をつかして、若い男と駆け落ちしたときの村の長老会議（ズマ、ピマ、ハマ、ブセ、プーヤイバーンらの職能を中心に行なわれた）の裁定についてである。アカザンはこのような裁定の根拠という用法について最も普通に使われている。これらの長老たちは過去にどのような裁定が行なわれたかを互いの記憶を辿って思い出し、最終的に次のような裁定になった。それは元の夫の家族に対して5ガ（ga）、村に対して30ガ（ga）を支払い、新しく結婚式をとり行なうことであった。この1ガ（ga）は2.5英領ビルマ・ルピーに相当するといい、それはルイスの記述でも確かめられる［Lewis 1989: 171］。しかし、ルイスの記述はそこまでで具体的にそれが何を示しているのかは不明のままである。おそらくこのガというのは雲南の「半開」と呼ばれる硬貨である。『雲南簡史』によれば清末の光緒31年（1905年）もともと湖北省で鋳造されていた「龍元」を雲南省で鋳造しはじめ、1元、5角、2角、1角の銀貨が鋳造

されたという。その後の民国期の1917年以降、財政が逼迫したため5角のみが鋳造された。これが「半開」と呼ばれ、雲南省独特の貨幣となったという［马曜編1991: 301］。この「龍元」は硬貨の裏側に龍があることからその名がある。西双版納には1912年以前には銀貨はなく、ただ円形の銀片が使われていたという［陈翰笙 1984 (1949): 50-52］。

　センーチャルーンガウ村の司祭はこの単位は確かにいつも使っている単位であるが、師匠の司祭に習ったとき、それが具体的になにを指しているのかは教えてもらわなかったという。そして実際に支払われた金額はルピーでさえなく、相手の家族に対して450バーツ、村に対して3500バーツとブタ1頭、結婚式の資金のため5000から1万バーツが支払われたという。

　こうした祖先の下した裁定の判例の歴史的記憶がアカザンの典型例である。彼らはタイの裁定について英領ビルマと雲南の100年の歴史を思い出しているのである。こうした深い歴史的記憶があるからといって彼らが単に保守的なわけではない。新しい事柄について祖先が何も言っていない場合、彼らはそれを受け入れるのに特に抵抗はない［Geusau 1983: 257］。

*15　北部タイでは清水郁郎はアカザンという言い方よりもザンサンホという言い方が一般的だとしている［清水2005: 287-336］。筆者の知る限り西双版納州ではアカザンが用いられている。この語は文化や伝統を指す語であるが、2008年の緑春の国際ハニ＝アカ文化学術討論会では文化をyeillulと訳してあった。確かにyeilは何らかの伝統を指す語であり、これがアカ語のザンに相当するように思われるがもう少し用法を確かめる必要がある。

*16　「祖先の伝統」(ancestral tradition)という語について本書がこれを採用しないのは、タイと中国の「近代化」の違いに部分的には関連する。タイの「近代化」とは国王と仏教とともにある仏教国家主義的「近代化」であり、中国の「近代化」はおおまかに言えば毛沢東主義（中華的国家社会主義）、鄧小平主義（中華的国家市場経済主義）とすれば、アカザンはタイでは非仏教的、非キリスト教的な種族的「伝統」として客体化された。公的領域にこの文脈は中国では成立しなかった。アカザンは「ハニ族文化」という公的な文脈において1つの「支系」の「言い方」に過ぎず、儒教や道教とも対立する文脈がないため、アカザンとして客体化しなかった。毛沢東主義においては「迷信」であり、鄧小平主義においても地方的な「民族文化」に過ぎず、「祖先の伝統」を他（キリスト教、仏教、他の民族的集団の伝統）と「伝統」として区別しなくてはならないことはなかった。トゥッカーの言うように訳すことは可能ではあるが、「伝統」という語が「近代」と対立し、それぞれの国の特殊な「近代」と対立するある守るべき客体化された領域という意味で「伝統」という語を用いるの

だとすれば、中国では「近代化」の概念自体が異なる。中国での客体化は「アイニ族文化」や「アイニ族風情」として起き、キリスト教や仏教と同列に並ぶことはなかったし、非近代的領域を「伝統」という概念で特別に括る必要もあまりなかった。ただ、ひっそりとアカザンという語が伝えられて守られてきただけである。その意味で、本書では「祖先祭祀」という語を用いることで客体化以前の知識と実践を示すことにしたい。

* 17　イデオロギー ideology という語を虚偽意識という意味で使うようになったのは20世紀の皮肉である [e.g. イーグルトン 1999 (1991)、ギアーツ 1987 (1973)]。イデオロギーという語自体がマルクス主義によって広められたため、マルクス主義を採らない国々の語法ではそれ自体にある種の嫌悪感がつきまとう。しかし、人々の生活を維持あるいは変化させているある種の観念が人々を主体として巻き込む様子を分析するのに、「文化」、「伝統」、「宗教」、「信仰」といった語を上記のキリスト教、儒教、道教、仏教、神道、共産主義、国家主義、家族主義といった語に当てはめて考えてみれば、いかに我々が自文化中心主義的な判断に基づいて語を選択するかがわかるであろう。これらが人間の生活一般に及ぼす作用を分析的に言い表すとすればイデオロギーという語を使わざるを得ない。ここではイデオロギーという語をまず、マルクス主義者のアルチュセールに従って「イデオロギーとは、諸個人が自らの現実的な存在諸条件に対してもつ想像的な関係の『表象』である」[アルチュセール 2005 (1995): 353] と定義しておこう。アルチュセールもまた、イデオロギーを産業社会にのみ存在し、未開社会に存在しないものと考えていたが、ハニ族社会は近代史が明らかにするように「未開社会」や「原始社会」などではない。この父子連名制による想像的関係はチベット＝ビルマ語系の一部の人々にとってキリスト教や儒教、国家イデオロギーに匹敵するほど強力な「呼びかけ」を行なう点でむしろイデオロギー的であり、「文化」や「伝統」という曖昧な語より分析的視角を与えてくれるものである。イデオロギーをマスコミ用語として人々を偽らせるような観念と考え、それを悪とする通俗的理解さえ停止すれば、社会や文化を変化させている要因を分析的に論ずるための適切な分析概念となりうるのである。むしろ、近代史の複雑な過程を経てもなお持続的にハニ族の文化社会全体を維持してきた強力かつ緻密な体系的観念について、それを単にエキゾチックな対象物とみなすのではなく、我々の文化の中にも内在しているものと同列に論ずるために、イデオロギーと呼んでいるのである。この伝承の仕方は確かに強力なものであり、文字にも頼らず革命後、土司制度と呼ばれる封建制が崩壊した後も強力に知識を伝承し続けてきた。伝承は強い父系イデオロギーを生み、父子連名制と呼ばれる尻取り式の父の名の最後の音節を子が継承するというやり方で

連なる平均56代にも及ぶ口頭の系譜を維持する。このやり方はハニ＝アカ族が卓抜しているが、イ族、ヤオ族、ミャオ族などチベット＝ビルマ語系諸族に広範に存在する。また、このことがここでイデオロギーという語を使う第一の理由でもある。

　江戸時代までの儒教（朱子学）や仏教、明治以降のイエ主義、戦後の血統主義というように日本人の祖先は様々なイデオロギーの変化によって多くの祖先の名を失ってしまった。私のように祖先の名を数代しか知らない日本の平民家庭に育った者にとってハニ＝アカ族のように決して裕福とは言えない人々が数百年もの間の祖先の名を記憶し続けていることは驚異でもあり、また彼らは祖先を否定する仏教や紙に名を刻みつける儒教や道教とも無縁だった。儒教の祖先崇拝は一見類似しているように思えるが、彼らの神話や儀礼のテキストに「忠」「孝」「仁」といった儒教の主要概念である漢語の借用語彙を見出すことは全くなかった。ハニ＝アカ族の父系イデオロギーは中華的イデオロギーに親和性を持つだけで、まったく別個のものである。筆者はそうした強い排他的一貫性と「呼びかけ」を繰り返し100万人以上の人々を数百年もの間導いてきた観念の体系を尊崇の念を以てイデオロギーと呼ぶ。

*18　近年の人類学では「祖先(ancestor)とは、記憶されている先人(forebear)」[Bloch 1996: 43]とされており、より広い意味でかつ社会心理学などに議論を開く形での定義もなされているものの、本書で扱うハニ＝アカ族の場合どちらでもよい。ハニ＝アカ族の場合、はっきりと系譜関係を記憶しており、フォーテスの定義のほうがより、問題を明確化できるであろう。祖先概念についても田中真砂子による祖先の定義は「祖先崇拝において、子孫の崇拝の対象となる先行世代の死者」とし、祖先崇拝を「ある集団の現成員の生活に先祖、すなわち死亡した特定のカテゴリー（範疇）の先行世代の成員が影響を及ぼす、また及ぼすことができるという信仰に基づく宗教体系」[田中2005: 292、293]とした日本のイエ社会を念頭においた難渋な定義がされているが、本書に限れば、フォーテスの定義のほうが、分析的に有効である。もちろん、夥しい祖先を記憶するハニ＝アカ族についてそれが適用できるだけであって、一般論として述べているわけではない。

*19　こうしたcult＝祭祀の用法は、かつての社会人類学ではよく見られた用法であったが、構造機能主義の衰退と英語のcultが「狂信的な」というニュアンスを持つようになって人類学一般にはあまり意識的でなくなっている。問題は明らかにしようとする事象を分析する概念的な有用性にあるのだが、父系祖先の観念の顕著な奄美沖縄では比較的こうした用法が見られ、「祭祀研究」として研究が蓄積されてきたことは留意する必要があろう[田村2013参照]。

*20　この女のネはミロミロ・アマ Miqlo miqlo aqma といい、筆者も西双版納で聞いたことがある。彼女は門の外近くにいて、全身が赤毛で覆われ虎のような牙があり、物凄い勢いで走るという。同様の報告をカメラーもしており、彼女が前の恋人を諦めるように性行為を模したロカンモコという木像を建てるのだという。よくある豊穣の象徴という解釈ではなく、木像は邪悪な者を排除するためのしあわせの象徴である。

*21　図示するとどうしても円環にならざるを得ないが、カメラーはこの図を書くときに何度も円環ではないないことを強調した図を重ねて書いた上でこの図を書いていることは記して置かなくてはならない。むしろ、アカの時間意識が円環でないことを最初に指摘したのはカメラーである［Kammerer 1986: 254-255，および260, 275, 279の図］。

*22　『四季生産調』は再版が重ねられているが内容は、1998年版を見ても変わりはない。歌手は記載されてはいないが、朱小和であろうというのは筆者の推測である。原題は Haniq Huvqpeiq Lapeiq puv であり、「ハニの年初め」と訳せるもので正月に歌う歌ということになる。題名には「4季」という意味は含まれず、歌自体にも4という数字はまったく出てこないが、3ヵ月という語は何度も出てくる。3はハニ＝アカ族の吉数であるため3が多用されていると考えられる。「1巡は13の昼夜 Qiq huvq ceilniq aqla hev ssol 1年は12の月 Qiq yei ceilsaol miltivq yoqyavq」［四季生産調 p.5=117, p.113=201］というくだりが2回出てくる。アカの場合は月も13数える。

*23　年中行事という語が日常語としては一般的であるが、この語は例えば運動会のように世俗的なものも含まれる。ハニ＝アカ族の場合、世俗的／聖的という分け方はしにくいがほとんどは儀礼であり、儀礼の後には世俗的な饗宴がある。しかし儀礼のない純粋に世俗的な活動はこの節には含まれないし、それぞれの行事の目的は儀礼にあるので年中儀礼と呼んでおく。また「年周儀礼」(calendrical ritual) という語も本論で示すように「周」という語が間違った印象を与えるため年中儀礼と呼んでおくことにする。

*24　ピマアボがもらう報酬は1997年の観察では葬送儀礼の際に脱穀したコメの上に載せられた銀の腕輪に挟んである5元のみだった。葬送儀礼ではどこでもモピには酒と肉が振る舞われるし、喪主はその準備にほとんどの費用をかける。ピマアボは筆者に「モピは肉が食べられるのがいい」と語ったことがある。しばしば、ピマアボは水牛のあばら肉を囲炉裏で干したものを喪家からもらって帰り、筆者も翌日から数日間のおかずとして食べさせてもらったが報酬はそれだけだった。

*25　須藤は李学良の作成した表の「12月と5月に月の名称が記されていないが、一年10ヵ月制と何らかの関係があるかもしれない」［須藤 2013: 150］としながら

Zaoqla (12月)、Sella (5月) と自分で書いているのは理解に苦しむが、この月の名称に何か意味がないといけないと思っているようである。Zaolqaは「材木の月」と推定できる。そのことは須藤自身が自分で聞いていることであるし、Sellaはおそらくsiivqlaの聞き違えと考えると「7月」と言っているだけでクザザのクが「6」で「6月」なので次の月である。筆者は元陽の月の名称は記録できなかったし、知識人の李学良(為則)が簡単に答えられない程、多様だということでもある。

＊26 「漢化」などの文化変容acculturationを論点とした論文がある。戴瑢峰はハニ族の葬法が清代に火葬から土葬に変わったとし、これを漢化ないし漢文化の受容とした。ここでは問題点を明らかにするため戴と阿羅の議論で代表させたい。戴は葬送についての論文の中で、ハニ族の神話研究者である阿羅の所論を引いて次のように言う。「ハニ文化は独立した形式として存在し、ハニ文化は儒教文化、道教文化、仏教文化の影響を受けず、キリスト教にも影響されず、千数百年以来自らの存在方式で存在している」[阿罗1989: 84]。これに対して「多くの民族が共に生きている中国社会、或いは漢族が主な部分を占める中国社会の中でほかの民族の文化、特に漢族の文化を受けていない民族が存在するのだろうか」[戴瑢峰2002: 43]、「阿羅の言葉は、ここで否定することができる。漢族が主な部分を占める中国社会の中で、漢文化を全く受けていない民族は存在しない」[戴瑢峰2002: 57]と主張する。

戴瑢峰が批判する背景には漢族側から見た中華民族一体論が見え隠れしている。むろん、戴が述べるように異民族からの影響を受けていない民族などこの世界に存在している可能性はほとんどない。しかし、神話や伝説の研究に生涯を捧げたハニ族知識人の阿羅がこう言いたくなるのも十分首肯できるほどハニ語のテキストは語彙の面でも形式の面でも漢語の影響を受けていないのである。特に葬送儀礼のテキストには漢語の影響を形式上も語彙の面でもほとんど見ることがなかったことは、遠い島国に育った日本人の葬送儀礼のテキスト(経文や弔辞など)を考えてみれば、皆無と言ってよいほどであるのは驚くべきことであり、神話伝説に限って言えば、阿羅の意見に全く同意できる。戴はハニ語のテキストを全く検討していないし、ハニ語を理解しようとした形跡もない。しかしながら、墓や儀礼が少なくとも外見上は今日漢族と呼ばれる人々が担っていると考えるある種の「文明」の影響下にあることは明らかである。つまり、ここにコミュニケーションとしての儀礼の問題があるのである。

ブロックの儀礼によるイデオロギーの再生産論には確かにいくつかのメリットがある。まず、戴瑢峰などが論じる「漢化」といった平板な文化変容論を回避することである。

*27 『斯批黑遮SIILPIL HEIQZEIL』（スピヘゼ）は全部で5,000行30,000語ほどの葬歌のテキストであり、紅河州洛恩という比較的漢族居住地域に近い場所にあるラミと呼ばれる種族のテキストである。この中にも漢語の借用語はほとんどなく、他の儀礼のテキスト『哈尼阿培聡坡坡 HAQNIQ AQOYUQ COL POLPOL』（ハニアペツォポポ）などでも同様である。

　日常のハニ語で儒教的といえる借用の可能性として2つの検討すべき語彙がある。1つは親族名称で、兄（algo）姉（aljeil）叔父（alsuq）などの語であるが、これらは神話のテキストにはほとんど見られない。

　もう1つ検討すべきは「死」という語である。シsilという語は声調こそ違うが、確かに借用と言ってもよい程度に漢語の「死」と類似した語であり、動詞としても名詞としても用いるという点で漢語と同じであり、葬歌のテキストには当然ながら頻出する。葬歌の神話テキストに言われる「人類最初の死」を迎える人がデモDiqmaolであるという話［スピヘゼ Hasson, Scholtz］をハニ族が信じているならば、彼らはそれが漢語の借用であると言うだろう。なぜなら、デモの「死」の前には人類には「死」は存在しなかったのである。もちろん、「死」という言葉が借用であろうがなかろうが「死」が存在したことは疑い得ない。

*28　ハニ＝アカ族は比較的早婚であり、中国の晩婚奨励政策以前だと10代で子供を持つのが普通であった。しかし、系譜に挙がる祖先は長男とか末男とかいった規則はないため20歳くらいに設定するのが無難であろうと思われる。ちなみに、世界最長の系譜としてギネスブックにも載った『孔子世家譜』では現在直系の子孫は83代目であり、孔子の生まれたとされる紀元前551年が正しいとすると、孔子生誕から現在で2563年であり、1世代31歳くらいの計算になる。

*29　正確に言えばトゥッカーは中心と周縁というテーマで個人、世帯、村落レベルに分けてその中心と周縁を描き出そうとしたのであるが、「くに」のレベルはほとんど書いていない。もちろんアカには「くに」がなかったのであるが、ミサチュサには可能性をわずかに示唆しているだけで「くに」のレベルの祭祀については論じていない［Tooker 1988］。

*30　トゥッカーは村の祭祀林にある構築物をガチャラチャ gaqqanllanqqanl と記しており、ガサロのガサはこれに近いのかもしれない。トゥッカーはミサチュサについてこれがシャン政体と関わるため1988年の博士論文では触れていたが、2012年の論文では自説を覆したためかほとんど触れていない［cf. Tooker 1988, 2012］。むしろ、この儀礼をシャン政体との関係で詳述したのはカメラーだった［Kammerer 1986: 280-282］。

*31　中国語の「竜」には想像上の動物の意味はあまりなく、ただロンlongという音

のみを示すのが普通である。強いていえば「竜」は「龍」の子を意味する。

＊32　ゴッフマンによるジンメルの引用によるここでいう「仮想領域」とは「この領域は方向によって規模もいろいろであり、関係する人によってさまざまであるけれど、この領域は侵されてはならない。侵されないことでかえってその人の人格的価値が損傷をこうむる場合を除いて、侵されてはならないのである。この種の領域は、その人の名誉によってその人のまわりにつくられる。『近くに寄りすぎるな』という言葉が人の名誉に対する侵害を鋭く指摘している。いわば、この領域の半径の線が、これを踏み越えると相手の名誉を踏み越える境界になる」[ゴッフマン 2002（1967）: 63 cite Simmmel 1950: 321] としている。定義的な説明ではないが、ハニ＝アカ族が発達させた服属をみせかけた異民族間の特異なコミュニケーションとしての儀礼のあり方を考える上で示唆的である。ただし、ゴッフマンは一対一の人間間の「あいさつ」のようなコミュニケーションとして「回避儀礼」を考えており、本書の事例とはその点は合わない。このコミュニケーションはそれぞれの個人には「回避」をしている意識があってもなくてもそれを集団的に儀礼的に執行することを想定している。

第 3 部
資源の民族誌

第5章
表象される「文化」

第1節
「文化」の客体化、実体化、資源化

　第3部では文化を無意識なものとしてではなく、意識化され政治経済の中で使われるモノとして境界づけられるプロセスとその効果について検討する[関本 1994, 1998参照]。換言すれば、第3部の課題は「『民族文化』を語ることを語ること」であるということになる。第2部において論述してきた生き方としての文化ではなく、操作される対象としての「文化」である。ここではその重要なアクターとしてハニ族知識人が重要になる。まず、本書における客体化、実体化、資源化についての概念を示しておきたい。

　太田好信によると「文化の客体化」とは「文化を操作できる対象として新たに作り上げること」[太田 1993: 391]であり、それは主として観光という文脈の中で論ぜられることが多かった。観光業者、政治家、郷土史家、あるいは人類学者も含めて、それが「操作され作られること」と、そうして「操作」された「文化」が正当なものとして本質化されること、あるいはそれが彼らの生活自体に作用することとはかなりの違いがある。もしも、フィールドワークをする人類学者が「文化の客体化」という問題を扱う必然性があるとすれば、フィールドの他者の生活に「客体化された文化」が作用してしまう政治経済的な要因が介在しているということにほかならない。「客体化された文化」がそこの人々の認識に直接に影響を及ぼしていると考えるのは、大局的に見て「客体化」という現象を大きく見積もりすぎている。観光あるいは本に書かれた「文化」を意識していない人々が地球上の大半であり、好んで観光地をフィールドにしない限りそうした問題は1つの要素にしか過ぎないと言ってもよい。

　例えばハニ族は一夫一婦制の婚姻を行なう「民族」として民族誌上は知られており、この記述は中国で出版されているほとんどの民族誌的記述の中に見出

される。しかし、私の知る限りハニ族の一夫一婦制はいわば理想であって、一夫一婦であればそれはそれでよいことであるが、様々な理由で一夫多妻となることはあったしても規範としてそれが禁じられているわけではない。タイでアカ族について調査した諏訪哲郎によると42世帯のタイ北部の村のうち4世帯が一夫多妻であった［諏訪 1992: 350］。またそれは西双版納州のアカ種族でも見られたし、元陽県のハニ種族の村でも見られたことである。中国の婚姻法において少数民族の婚姻は例外規定ということでそれぞれの習慣に基づく婚姻が認められているが、公定ハニの場合民族誌上は一夫一婦制なので、これらの複婚は重婚として処罰の対象となる。西双版納州の勐海県では1950年から1985年の間に重婚として処罰されたハニ族の事件は150件にのぼり、同県の重婚事件のうちの93.8%を占めたという［張錫盛 1990: 488］。若い世代には一夫多妻の人がいないことは事実であるが、一夫多妻が起きるのは文化的には男子の出産の偏重と寡婦の地位の低さが原因であり、彼らが年を取った時にどうなるかはわからない。とはいえ、処罰されるならば一夫多妻婚は減っていくことであろう。

　これはごく単純な例であるが、文化を表象することの政治性が単に民族誌的な「虚構」としてではなく、実際の人々の生活に影響してしまうというのは応用人類学を標榜する中国の民族学・人類学においては珍しいことではない。それは文化的な事柄のいかなる部分が強調され捨象されるのかといった問題も含めて重要性を持っている。中国において民族表象の問題を人類学がフィールドワークも含めて注意深く検討しなければならない理由がここにある。一夫一婦制という記述は「間違って」はいない。しかし「部分的に」しか正しくない。もちろん、クリフォードの言うように人類学的記述は「部分的真実」であって、絶対的真実ではありえない［Clifford 1986］。そうした「部分的真実」としての民族誌的記述が実際の人々の生活を規定してしまうような事態が「文化の実体化」と筆者が呼ぶものであって、中国ではそれが特に顕在的に起こりうるということである。

　第3部では現代中国において「客体化」された「文化」がどのような政治力学に支えられているかを考察し、それが「実体化」する可能性を探ることを目的とする。そうすることで民族誌的記述の読解あるいはフィールドの人々の言語環境や政治経済の変化に視点が与えらえるはずである。

また、こうした客体化された「文化」は資源として国家や国際機関から認識されるとマクロな政治経済の対象となりうる。第3部第5章第2節ではこうした動きを考えてみたい。特に、中国における人類学、民族学、民俗学は、最初から応用性を持たされ、政治と無縁であることはむしろ許されなかった。このことが中国の民族誌的記述において「客体化された文化」が重要な政治経済的作用を持つという状況が以前から国家の問題としてあったが、グローバリゼーションやIT化が進んだ今日はますます重要性を帯びるようになってきている。そうした中で「文化」には一種のパッケージ化が起きる。第2部で見たような文化ではなく、境界づけられ1つの民族に1つの文化があるようなモノとして扱われ、それには固有の資源があるように装われ、かつそれが実体を生み出す。次に「文化資源」という概念を考えたい。

ここではまず「資源」という語について、それを学術用語としてではなく、行政用語ないし日常語彙としておいて、この語にまつわる問題系とは何かということを考えてみたい。その上で「資源」という語を使うことで見えてくるものを学術用語にさし戻して論じるというやり方をとる。果たして「資源」という語を用いて従来にない領域が見えているのだろうか。

日本語の「資源」はその原義からすると、天然資源など物質的なものを中心に考えられており、特に天然資源の少ないこの日本においてそれは「稀少で守るべきもの」であることが多い。訳語の元となったと思われるresourceは非物質的なものも含んでおり[ダニエルス 2007: 76]、近年日本においても「人的資源」「観光資源」といった用法が定着している。何かを「資源」という日本語で言い換える必要性があるとすれば、それは利用のイディオムであり、利用可能な保護すべき何物かであるからである。

中国語の「資源」は「伝統的には『財源』の意で『財富』の源」[李安民 1994: 15]であるという。つまり、元来は「源」に力点があり、それは富をもたらすもので、元来、発見され開発すべき「財富の源」であったものに、外来語の「資源」resourceの意味が付与されていることがわかる。中国語の「資源」にも日本語と同様に「保護すべき」という意味が含まれているものの、力点は「財富の源」にある。近年の急激な経済発展の中で、世界中の「資源」を開発・獲得しようとする中国政府の態度にもこうした露骨な戦略性を感じることができよう。後

に述べるが1989年の環境保護法制定以降、環境政策が重視されるようになり、それに伴って「資源」という語も「有限の」といったニュアンスが加わるようになってきているとはいえ、環境は「保全」しても「資源」は「開発」する対象なのである。

　チベット＝ビルマ語系のハニ語にこれらにあたる語があるかどうか考えてみると、1つはゴロ gaoqlaoq（アカ語ではガラ geeqlanq）がある。この語は通常、「祝福」「福気」などと訳され、gaoqlaoq meeq（ゴロがよい）というと、人が集まっているときの一種の挨拶言葉のように、「祝福あれ」というように使われるし、文脈によっては「幸せ」とか「ありがとう」というような意味にもなる。ゴロのイメージは水が湧き出るような「源」のイメージであり、その意味で「資源」に近いが、物質的なものではない。

　もう1つはゼマ zeiqma であり、通常は「資本」「元手」「母の家畜」（子を産む家畜）を指している。母ブタとか母ヤギは彼らにとって「殖える」財産であって、それは子供を意味するゼザ zeiqssaq を産み出す。それと同じように金銭である預金の元本は、利子を生み、商店の元本は商売をすることによって殖える「資本」なのである。普通この語は土地などには用いられず、家畜と金銭のみに用いられるが、このことは現在完全なる水稲農耕民であるハニ種族における古羌族的（牧畜民的）な文化要素として考えられている。この概念はどちらかといえば「資源」よりも「資本」である。

　このように「資源」をめぐる問題系とは、「資本」をめぐる「所有」や「帰属」のイディオム、発見や獲得に関する「開発」のイディオムと関わっている。1992年からの中国の「社会主義市場経済」というトップダウンの政策転換は、タテマエと本音の間を揺れ動く。「資源」にまつわる問題系についての中国的な特徴は、まずこれがすべて国家的なものであって、その抵抗も国家的なものであることである。つまり、国家からの技術師的思考と国家の下部機関のブリコラージュ的な思考との対立軸である。日本においても「資源」の問題が戦前の植民地主義における公有化と戦後の民主化に伴う資源配分の可視化の問題であった［佐藤仁 2007］。このことは「社会主義市場経済」という一見して相矛盾した中国政府の立場においても当てはまる。民主化や市場経済の名の下に公有化を図ることも、社会主義の名の下に地方や民族にそれを帰属させることも可能なので

ある。この「資源」という問題は単純な意味での資本主義化ではないけれども、むしろ我々の想像以上に強力に推進されている「市場経済化」という近年の中国の問題と大きく関わっているという点も重要である。

「資源」とは何か。逆に「資源」にならないモノとは何かということから考えてみたい。ゴミと資源の関係を考えてみるとリサイクルのシステムがあって初めてゴミは資源となる。資源とゴミを分ける発想は、工場労働など近代的システムを例にとれば、原材料(source)から製品(products)を作り出す過程で出てくる廃棄物(waste)と資源(resource)の峻別であることが看取されよう。かつての農や漁の生業においては、「ごみ」とは塵芥などの目の前の邪魔な存在だけで、今日ゴミとカタカナ書きするもののかなりの部分には別の利用可能性があった。ハニ語でもドゴdaoqgaoqといえば、塵芥のことでそれは箒で掃いて床下に落とせばよいだけのものである。産業化していく現代社会におけるゴミという大問題をこの「資源」という問題が内包している。つまり、こうした近代的システムの経済学的アナロジーが「資源」という発想自体に内在しているのである。

日本語にせよ、中国語にせよ現在の我々の言語環境には「資源」という語が溢れている。1つには地球規模の環境問題、国際的な資源の争奪といった国際問題や市場経済における資源の共有化の問題などがある。2つ目は産業化が進んで、前述した産業社会の経済学アナロジーが蔓延しているということである。3つ目はインターネットの技術用語としてのresourceの翻訳語が特に中国では広がっているということがある(日本語の場合リソースとカタカナ書きしているそれである)。

学術用語・行政用語としての「資源」から見た問題系

ここで「資源」という語を学術用語に戻して、この語にまつわる問題系を考えてみたい。近年我が国では内堀基光を中心に「資源人類学」という語が用いられている [内堀 2007]。また、資源という語が学術用語として意識されていなかったにせよ観光人類学、生態人類学などはこうした資源の問題を扱ってきた。内堀の総括する『資源人類学』シリーズ全体に「資源」という語を定義的な分析概念としてではなく、「文化」と「資源」をめぐる関係性の問題を論じており、その意味で「文化資源」という用語を、「資源化」の問題を明らかにするための説明概念として用いようとしている [e.g. 内堀 2007, 山下 2007, 佐藤健二 2007, 森

山 2007, 名和 2007]。「文化」、「資源」という語を定義的に扱ってしまうことから生じる広大で漠然とした問題から、論じるべきことを考えるのではなく「資源化」の問題から行為者志向のアプローチをとることが学問的に意味あることなのである。つまり、誰が、誰の「文化」を、誰の「文化」として、誰を目がけて「資源化」するのかという問題を論じることが「文化資源」という語を用いて論じることということに尽きる［森山 2007］。また、渡邊欣雄の言うように持続性を「資源」という語を使う条件として考えるということも重要であろう［渡邊 2007］。

「資源」という概念を導入した場合、「利用」の問題が先鋭化してくる。つまり森山工の4つの相から考えると、「誰の『文化』を誰の『文化』」としてという「帰属」ないし「所有」の問題と、「誰にむけて」という「手段」「消費」「利用」「開発」といった側面が強調されることになる。

「資源化」のプロセスとは、日常生活では小さなブリコラージュであったものが、知恵の総和としてシステムを形成することもあれば、行政や団体が技術を主導し、資源化を図る場合もある。つまり、「資源化」の過程はブリコラージュと技術師的思考のうち、ブリコラージュを技術化するプロセスでもある。もちろん、ブリコラージュは初期的な資源化であり、日々営まれる小さな資源化である。しかしながら、ここではブリコラージュから発するものが、様々な他の資源と結びつつ系をなしていく過程が「資源化」の問題なのである。

その一方で「資源化」は、「資源にならないモノ」つまりゴミという範疇を生み出す。有用性や目的性をあるコンテキストに置くと、あるものは不要なモノとなる。この「不要なモノ」がどうなっているのかを見極める必要がある。「資源化」は今まで価値のないとされてきたものにエンパワーメントを与える一方で、ある世相の中で価値の見出せないモノを切り捨てていく過程でもあるのである。言葉は良くないであろうが、「文化資源」という概念を成立させるためには「文化的廃棄物」、「文化ゴミ」といった学術用語を確立する必要があると考えられる。この「資源化」のプロセスの中で何が切り捨てられているのであろうか。

このように「資源」にまつわる問題系とは、基本的に「資源化」の問題である。「資源化」は国家や世界システムなどマクロなシステムが争奪し、配分し、開発するような上からの政治経済プロセスの問題と、人々がブリコラージュを行なっているものの中からそれを制度化し技術化するプロセスの2つを含んでいる。

これをポランニーの言う「離床」と比べてみると [ポランニー 1980 [1977]: 104-129, 1983 [1957]]、「資源化」のプロセスが「市場経済化」と重なり合う部分が多いことがわかる。つまり、「社会に埋め込まれていた経済」が制度化し生活から離れていくプロセスが「離床」であり、「市場経済化」であるわけだが、「資源化」は市場メカニズムのみを指しているわけではなく、国家化、私有化など様々な「主体」を想定しており、「資源」という語で問題となるのはその「主体」が何でそれは誰に向かって「資源化」されるのかということである。

　ここでの重要な問題は、ハニ族が世界システムに接触したのは、社会主義中国以前であるのか、この「市場経済化」以降なのかという点である。封建的システムは世界システムの周縁として清代・民国期にも既にあり、一見「原始的」にも見える彼らの社会は既に世界システムとは無縁ではなかった。しかし、その後の社会主義化は経済システムをむしろ離床させぬままにもう一度社会に埋め戻した。今始まっている「市場経済化」こそが本当の意味での「離床」であり「市場経済化」であるのだと言うこともまた可能なのである。このことを検証するには彼らの近代史を検証する必要がある。

　また一方で、西部大開発による公共事業の効果に過ぎないとも言えるものの、中国の強力な市場経済化、特に観光産業の隆盛は雲南の辺境を記号で溢れさせている。うまく政府の方針と観光客のニーズにあったイメージ、ブランド、事業名目といった記号を獲得した企業や団体は巨額の利益を得るようになった。ハニ族社会のほとんどはそれとは無縁であるとはいえ、彼らはボードリヤールの言う消費中心の「後期資本主義」の世界に対処せざるをえなくなっている [ボードリヤール 1979 (1970)]。こうした記号の争奪が、大きな政治的経済的動因を生むことは、少なくとも知識人たちには敏感な問題として意識されていることを近年よく感じられるようになった。

　以上のことから、「民族文化資源」をめぐる問題とは何かを考えてみると、①主体形成の問題（民族、国家、個人、研究所…）②主体の行為の問題（開発、政治化、市場経済化、離床化…）③帰属ないし所有の問題（資源の争奪、名目の争奪…）④利用の問題（観光、管理、保存、分配、消費…）といった点であると考えられ、それは「資源化」の問題なのである。

中国における「文化資源」

　中国の学術領域において「文化資源」[*1]という語はどう使われているか検討してみたい。中国語では「文化豊富」のように文化を量で示すような表現は以前からある。しかし、「文化資源」という語が学術用語として厳密に使われているわけでも、日常語として定着しているわけでもない。「人力資源」(人的資源)「旅遊資源」(観光資源)なら日常語と言ってもよい。「文化資源」という語がどのように使われているか『云南文化資源研究与開発』(云南民族出版社1994)を手がかりに考えてみたい。

　この本はおそらく「文化資源」という語を書名に用いた初期のものであると思われる。その意味では学術的な「資源」の使用はかなり早い。この本は雲南の麗江を中心に行なわれた「雲南省首届文化資源研究与開発研討会」の論文集で、会議は1994年に行なわれたようであるが、あまり詳しい情報が書かれていない。会議の協賛団体を列挙すると、中共麗江地委宣伝部、東巴文化研究所、麗江地区文化局、麗江県博物館、麗江報社、雲南省史学会、雲南省博物館、民族文化報社、雲南民族村、雲南歴史文化資源研究所[*2]である。大きく言えば、政府機関の宣伝部門、博物館、新聞社・出版社、学会である。この論集の巻頭論文は歴史学者の謝本書によるものであり、彼の説明では「文化資源」という概念は「文化」という語が百数十にも解釈できるため、学術的には更に検討が必要だとしながら、個人的見解として次の分類を挙げている[謝本書 1994: 1-2]。①科学技術の成果、自然風光、考古文物、古跡遺跡、書籍、石碑などの形態に文化的形式のある物質文化資源、②理論、学説、思想、観念、道徳などの抽象的な精神文化資源、③図画、舞踏、音楽、劇、映画などの形象性のある芸術、である。

　同書は会議で集められた100本以上の文章から選択された60本くらいの比較的短い文章からなっており、扱われている題材を発表順に並べてみると次のようである。トンパ文化、ナシ族古楽、モソ人母系制文化、図書、企業精神、舞踏、化石、考古遺物遺跡、史跡、人文景観、古道、音楽作品、地名、建築、町並み、観光村、特産品、温泉、宗教思想、文字、研究成果、儀礼、生態文化、葬送文化、婚姻文化、壁画、服飾などである。それぞれ著者の「資源」という語に対するイメージや整理の仕方はまちまちで、ここに列挙したものも抽象度を変えれば細かくもなるし、大まかにもなる。全体の印象としては観光資源と

歴史史料の保護が意識されていることが多い。

　同書の中で、黃啓後 (1994) の文章がこの会議の政治的背景を窺わせる。それによると1993年2月に「中国西南地区経済発展与対外開放国際会議」が昆明で開かれ、21ヵ国の政治家や学者が参加したが、この会議で出された33本の論文の中で観光資源について書かれたのがわずかに1本で「歴史文化資源」の開発利用について述べた論文はなかったという。黃はこのことを嘆いており、タイの観光資源開発から学ぶべきだと述べている［黃启后 1994: 69］。こうしたことがおそらく契機になって「文化資源」についての会議が企画されたように思われる。

　また、同書では「区域文化資源」「民族文化資源」という語が対立的に用いられており、ローカリティとエスニシティの問題として「資源」を地域に帰すべきか「民族」に帰すべきかという問題が意識されている。「資源」という語が帰属のイディオムを生み、よりその争奪への政治性を生み出したということができる。このことについて中国の学会は一般に積極的に文化を資源化することを目指しており、同論集は政治家、学者、企業がその可能性をブリコラージュしたものと考えると興味深い。このように中国の「資源」概念は初めから技術師的にトップダウンに考えられたものではなく、麗江という一地方で多様な主体によって政府からの方針を材料に自分が詳しい材料を使って何ができるか考えたということであろう。しかしながら、この会議の開かれた麗江ではおそらく同日 (1994年11月) に観光資源に関する「雲南省西北部観光計画会議」が挙行されており、その背景には当時の政治経済的状況があるものと推測できる。

　その後に麗江の旧市街そのものが世界遺産に指定され、観光地のモデルともなったことを除けば、この本自体がその後の中国の学術に大きな影響を与えたようには思われない。とはいえ、特に2000年代から「文化資源」という語を論文などでよく見るようになった。学術分野でも「文化経済」「旅遊人類学」(観光人類学)「文化産業研究」などの語は流行していくが、意識的に「文化資源」という語を学術用語として定義した影響力のある論文などは見当たらない。特に雲南省の場合、1999年の「西部大開発」の決定により、「旅遊資源」(観光資源) という語の流行とともに「文化資源」という語が使われるようになってきたように思われる。また、これは環境問題の深刻化 (→「自然資源」(天然資源)、「生態資源」)、市場経済化 (→資源開発)、2001年のWTO加盟 (→知的資源) といった「資

源」の意識化とともに、方針や法令などの政治文書に「資源」という語が用いられるようになり、インターネットにもresourceの訳語として技術用語としての「資源」という語が氾濫してきたからであると思われる。「民族文化資源」という語も学問的な名詞というよりは、こうした「民族」+「文化」+「資源」という接合の中で出てきた語に過ぎないかのように思われる。

近年は「民族文化資源」という語も学術語として論ぜられるようになってきている。中国の社会科学は応用研究という宿命から、社会発展論を目指すが、その中でも「民族文化資源」とか「文化資源」という概念は歴史学や民族学のような人文科学的な研究と経済学を直接に結びつけるという学問内部の活性化と市場経済化による格差解消を同時に図るものとして注目されている。「文化資源」という概念について馬と呂がまとめたものについて、ポイントを列挙すると①「文化資源」は「文化経済」の一部である②「文化経済」が発展するには「文化資源」が一定程度利用・開発されなければならない③「文化資源」は自然科学と技術、人文的な資源などの広い範囲を示している④「文化資源」は非独占的で動態的なもので、再生可能な精神的な財富であり、保護に力点がある［馬・呂 2007: 114-115］という。また、唐徳彪は「民族文化」の資源化について論じており、同様に市場経済化における「物象化」としてそれを捉え、資源化の条件として持続可能であることを制度化するべきとしている［唐 2008］。他方、西部少数民族の「文化資源」について具体的な例を挙げて論じている来儀らの「民族文化資源」概念は開発と利用に力点がある［来仪 等 2007: 12］。

こうした中国の学術の動向は、市場経済の促進と「小康社会」「緑色経済」といった政府の基本方針に準じて論じられており、学術界の論調は持続可能性をもって「資源」とし、特定の民族の「資本」とすることに反対するといった処方箋として論じる傾向が強い。

以上の観点からいくつかのトピックを検討し「民族+文化+資源」がどのようなプロセスの中にあるのか検討したい。ここでの重要なアクターはハニ族知識人であり、彼らの動向を見極めながら論じることにしたい。まず、2000年までの出版を見ることによって「民族+文化」がどのように表象されてきたのか。次に翻訳を取り上げることでその政治経済的プロセスを見る。その上で構築された「民族文化」を利用する「民族文化+資源」としてプーアル茶、棚田、

土司遺跡、植物知識の問題を検討する。その上で構築された「民族文化資源」の外に置かれたラオス台湾の状況から中国の文化の政治を検討することにしたい。

第2節
出版から見た「ハニ族文化」

出版されたハニ族「文化」の表象主体

　「客体化」され、「実体化」する可能性のある「文化」がいかに語られるか関本照夫の警みに倣って中国における「文化」の語用論を考えた上で「文化」の表象主体の変遷を追ってみたい [関本 1994, 1998]。

　中国語の「文化」という言葉は、日本語の「文化」あるいは英語のcultureと同じようにきわめて流行性の高い言葉の1つである。中国語の「文化」は元来、「人文」と同じような意味から派生して「武化」に対置する言葉として「人々を文をもって教化する」といった意味合いを持っている [張文勲 1993]。中華民国成立前後に、生活様式としてのタイラーの定義が日本を通じてもたらされたようである [麻国慶 1996: 333]。前者の意味から派生して現代中国語では日本語とは異なる意味がある。例えばハニ族に漢語で話をしていると「私の母には『文化』がない」などと言われることがある。この用法では、「私の母は初等教育を受けていないから漢語の読み書きができない」という意味になる。つまり、現代中国語では「文化」には教育、漢語のリテラシーという意味合いを含んだ上で、タイラーの定義が用いられているということである。このことは「文化」のない「化外の民」に中国語を教えることを促進し、そのためにたくさんの出版物を生み出すことにも繋がったと筆者は考える。また、a cultureとしてのタイラーの定義は同時に、文化を「1つの統合体」として表象しようとする作用を持つ。それは1つの集団が1つの「文化」を持つという用法を形成することになる。

　中国の「民族学」は国内の少数民族研究を指すが、第1部で見たように1950年代の「民族識別」と言われる「民族」の画定作業とともに発達してきた。1950年代には大規模な調査団が中央の指導の下に組まれ、その作業は主に言語学と要素主義的な人類学的調査によって進められた。1954年に初めて「哈尼族」と

いう漢字名称が正式に決議され、ハニ族という「民族」が政治主体として画定し、1979年にチノー族がハニ族と別であると判断され中国の56の「民族」のうち56番目の「民族」として識別された時点で、「民族識別」の学としての「民族学」はほぼ使命を終える。ここまでの「文化」の表象主体は北京の学者、政治家であったと見てよい。1958年にハニ語のローマ字表記が緑春県のハニ語を標準として制定されたものの、現在に至るまでほとんど普及してはいない。しかし、この緑春県の標準語制定が紅河州、とりわけ緑春県出身の言語学者とその後の出版に大きな影響を及ぼしている。李期博は50年代当時を述懐して、北京から来た大学生たちがハニ語を覚えて伝説等を翻訳しようとしていたが、作品にできる段階にはほとんどならなかったと言っている［李期博 1990: 211］。

　大躍進、文化大革命などの学問、出版の停滞期を経て、1980年代に民族学は復活する。この当時、ハニ族に関する民族学の主役は毛佑全、李期博などの自身がハニ族である知識人であった。80年代の民族学は中国一般にハニ族を宣伝することが主流で、紹介記事やいわゆる「風俗習慣」の記述、神話伝説の翻訳が大半を占めている。50年代の調査記述が機密であったり、学者と政治家だけのものであったりしたのに対して、80年代の記述は漢語の読める読者に対する読み物としての性格が強い。理論的にはモルガンの発展段階説以外に視点がなく、「原始的段階にある民族」として自らを描こうとしていたと言ってよい。80年代には昆明の雲南社会科学院、雲南大学、雲南民族学院（現雲南民族大学）と紅河州建水の紅河州民族研究所がハニ族研究の中心的機関であった。

　90年代には表象主体は多様化する。学者同士の交流も盛んになり、「国際ハニ＝アカ文化学術討論会」のように、現地の小学校の教師からハーバード大学の人類学者まで参加させた討論会が開催されるようになり、郷レベルから国レベルに至るまで文学、歴史、教育、文化、経済、社会、観光など多岐にわたる分科会、研究会が組織され、出版物を発刊するようになってきた。「文化」を語ることはもはや誰の特権でもなくなり、それに従ってハニ族の知識人たちも非常に多様化した反面、民族研究所などの経済的基盤も脆弱化してきた。

　1990年代の民族学は政府の出版補助も少なかった。当時の民族研究所のある研究員は「物価も高くなって自分の田舎に帰っても鶏1羽も土産に持って帰れなくなった。原稿料とはいっても30元くらいのもので、1回書いたらいくつ

か載せてもらわなければ自分の家ですら調査などできない」と嘆く。また若い学者についても進学や就職などに出版物は重要性を増し、親戚から金を借りて本を出版したという話も聞く。90年代の出版物の多くは80年代に調査したものを複数の媒体に発表したものが少なくない。一方で民族学や人類学の専門教育を受け、地元で論文を書いている若い学者も増えてきてはおり、モルガン理論以外の理論的立場をとることも可能な状態になりつつある。90年代の出版の政治環境は80年代より複雑化しており、出版をする機会は様々な機関に分散したものの、出版費用を得る機会がそれに応じて増えているわけではない。

　2000年以降の出版事情はかなり異なる。1つは学術が専門化し一般の図書と専門書を分けるようになり、読み物としての民族学は書店から消えていく。インターネットが普及するようになり、学術雑誌類の電子化が急激に進んでいくことになる。

「ハニ族」文化の表象

　2000年までに筆者が把握しているハニ族について書かれ、かつ中国国内で出版された出版物は2281件（ただし、1つの文集で10人書いた場合10件と数える）、総ページ数5万1224ページに上っている。地方の新聞などはより重要だが、わかっているものは多くない[*4]。現在は2000年からかなり時が経っているが、それ以降について統計をとってみてもあまり意味がない。2000年以降の出版は2000年までの状況と違って、インターネットを念頭において出版を専門家だけのものと一般市民向けのものとに分けており、出版物があることの意味はまるで違うからである。そのため、本節では2000年までの統計に留めておく。

　2000年に人口125万人であった、無文字の少数民族にこれだけの記述が生産されているという事実があってそれが急激な増加をし続けていることは理解しておくべきであろう。まったく触れられたことのない集団や習俗などはまずは皆無に等しいと考えるべきである。中国では先行研究を精査した上で新しい視点があるかどうかということを問うような論文の処方はまだ馴染んでおらず、かなりの部分同じような記述が書物の大半を占めている。だからといって無視してよいというものでもないのである。

第3部　資源の民族誌

図23　出版件数と出版総ページ数

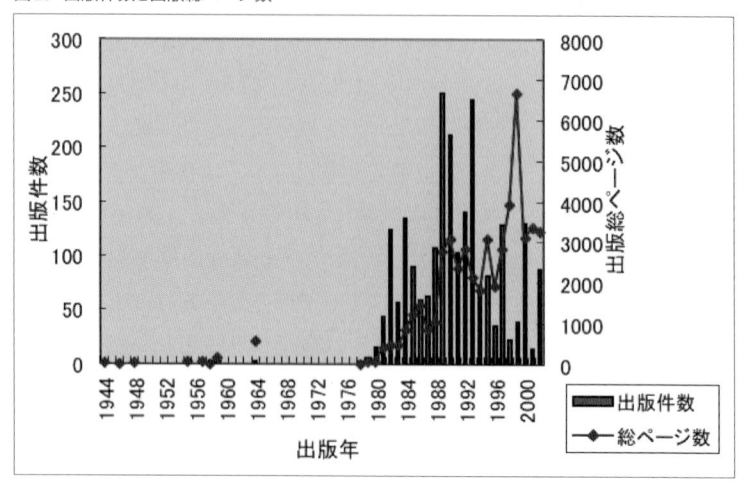

図24　口承文芸と文学

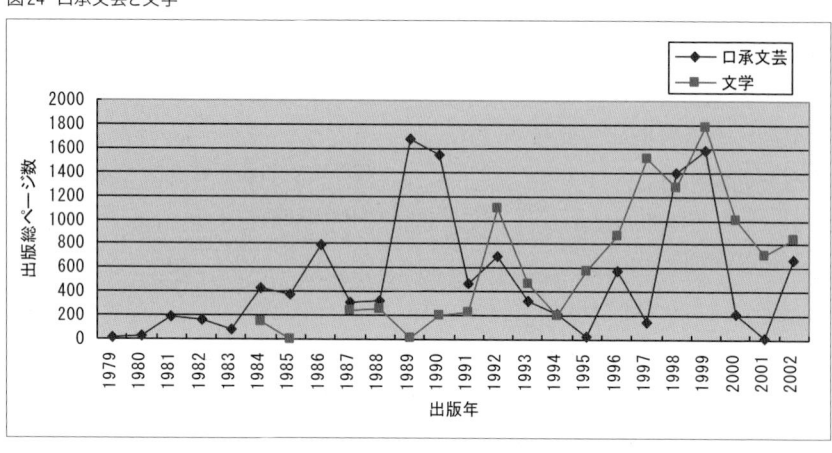

第5章　表象される「文化」

図25　3つの支系の出版比較

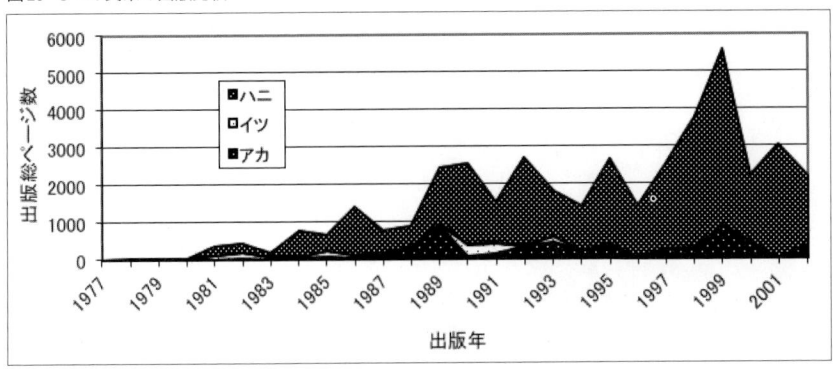

図26　紅河州3県の出版比較

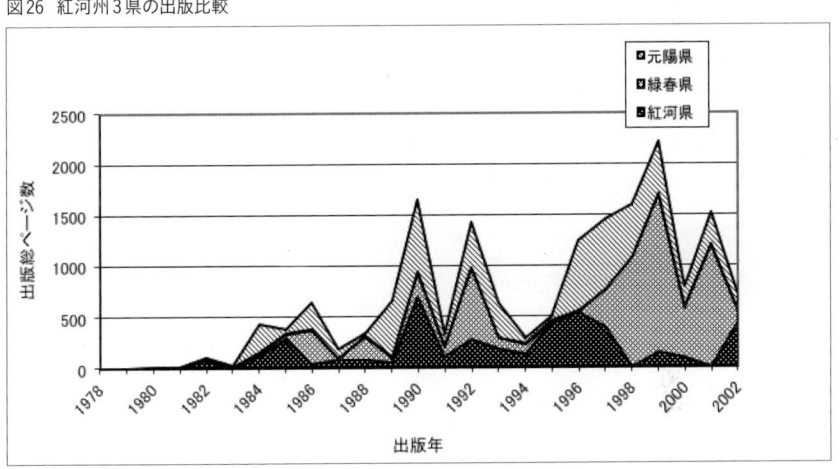

図27　紅河州と西双版納州の出版比較

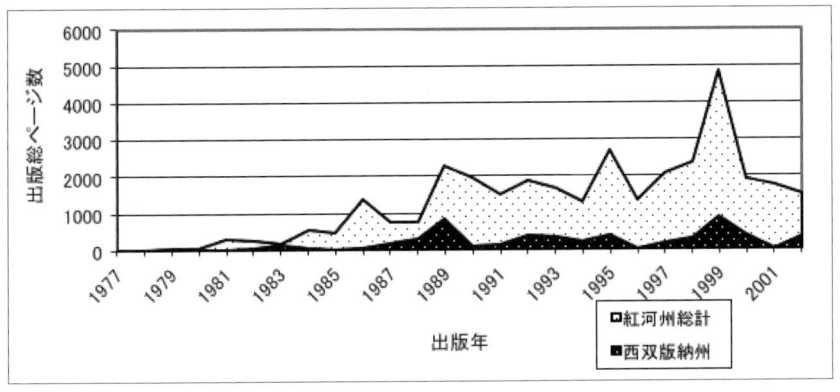

写真98 イツ支系の女性の服装(出典：刘体操・张玉胜等編 1996)

　図23に示すように中国における「民族」に関する本や雑誌の出版は一般に考えられているよりはるかに新しい。本格的にそうした書物が出版され読まれるようになったのは1980年代からである。とはいっても1つの「民族」についてその出版されたものを全部把握することは難しいほど今日では夥しい数の出版物がある。ここではハニ族についてのみ把握した統計を挙げるが、他の文字を持った「民族」に比べるとその出版量はまだかなり少ない。しかし、統計を作るのにはかなりの作業量が必要であり、1人で作る1つのケーススタディとしてはほとんど限界に近いものである。

　図23から最近の出版の傾向を読み取ると出版件数は少なくなりつつあるが、総ページ数は増加傾向にあり、年々本の大型化が進んできていることがわかる。これは以前の分量を少なくして雑誌の掲載本数をできるだけ多くするというスタイルが廃れてきて、1人で1冊本を書くというスタイルが広まりつつあることによると思われる。また、90年代に総ページ数が多くなっているのは文学作品が増えてきているということも1冊本の増加に関連している。

　図24によると口承文芸(神話、伝説、諺、歌などの翻訳)は1989年と1999年にピークがあって相対的には減少傾向にある。1989年ごろのピークは地方の知識人によって書かれ雑誌に掲載されていたものを集めて編集したりした時期で、1999年のピークはハニ語と漢語の対照された神話や歌がまとまって出版され

てきたころである。対訳本は半分以上がハニ語となるため漢訳本に比べて分厚くなる傾向がある。

　文学については1990年ぐらいまで、上記の口承文芸と筆者が呼んでいるものは「民間文学」とか「民族文学」と呼ばれてはいたものの、多くは全くの創作ではなくてハニ語で伝わってきたものを指していた。創作活動として作家が小説を発表したり、随筆を書いたりということが徐々に広まり、1990年代後半にはかなりの数のハニ族作家が漢語ないしハニ語の翻訳を付けた小説、随筆、詩集などを発表している。これらはまたハニ族知識人の漢語の運用能力の向上に起因するものでもあり、特に民族的なものを感じさせないものも多い。

　図25は第1部で説明した「支系」と呼ばれている下位範疇についてその出版数を表したものである。人口比を勘案しても圧倒的にハニ「支系」つまりハニを自称する集団のものが多い。イツ Yilce（またはイチェ Yiceil）は毛佑全の出身でもある紅河県と元江県にまたがる地域に住む人口約7万の人々であるが、読む側としてはグラフ上の数以上にイツの記述が多い印象を受ける。これは毛佑全の記述が全体的に短く重複も多いということもあるのだが、非常に多媒体に掲載されていたことや、白い三角頭巾にホットパンツのような衣装がハニ族のものとして紹介され、強く印象付けられてきたことによっている（写真98参照）。この服装はイツだけのものであり、ハニを自称する人々の服装はかなり多様で、近隣のイ族と区別のつかない地域も多い。『民族画報』のように1950年代から『民族画報』などで取り上げられ80年代は博物館展示や絵葉書などに盛んにイツの服装が紹介されていたが、それは毛佑全の文筆活動とハニ族の特徴を他から明確にしたいというものであったように思われる。しかし、90年代になるとチノー族に似たイツの服装は80年代のほぼ独占状態から次第にハニ族の中の1つの服装といった扱いを受けるようになった。

　図26は紅河州のハニ族の集居している主要な3県の比較である。緑春県はハニ語の標準語が定められた県で北京の学者とのつながりも深いが、経済的には貧しい県である。これでみると「支系」よりも県ごとには比較的均衡を保って出版されていることがわかる。ただし、金平や思茅地区などのようにハニ族の「支系」が多様な県ではむしろ出版は少ない。

　図27は州単位での比較であり、ハニ支系の多く住む紅河州とアカ支系の多

く住む西双版納州の比較である。西双版納州はダイ族（傣族）の自治州であり、アカ支系の出版物の多くはダイ族の出版物のシリーズに収められたり、付随的な性格のものが多いが、90年代の西双版納州の観光開発［長谷川 2001］に従って増えてきている。2000年に西双版納州で開催された「国際ハニ＝アカ文化学術討論会」はそれ以前の紅河州のものに比べてかなりの規模で行なわれ、西双版納州の経済発展を強く印象付けさせるものであった。

ハニ族「文化」の政治学

　「文化」について最初の問題に戻りたい。「文化」という語は中国語でも1つの集団には1つの「文化」という構図を作り上げる。それは1つの「文化」に対応する集団を想定して、それ以外の集団を排除するという政治を含んでいる。

　本、雑誌名、文章の題名に表れるハニ族関係の「〇〇文化」という言葉には以下のものが見られた。順序は見られた頻度順であり、括弧内は日本語の翻訳である。「哈尼（族）文化」、「哈尼／阿卡文化」（ハニとアカの文化）、「紅河文化」、「梯田文化」（棚田文化）、「稲作文化」「村寨文化」（村落文化）、「体育文化」、「舞踏文化」、「服飾文化」、「茶叶文化」（茶の文化）、「火塘文化」（囲炉裏の文化）、「貝幣文化」（貝貨の文化）。

(1)「哈尼（族）文化」、「哈尼／阿卡文化」

　この問題は第1部でも触れた。まず「哈尼（族）文化」、「哈尼／阿卡文化」は、大きく見るとハニ族の文化的要素を規定してしまう強力な政治言語である。第1部で論じたようにハニとアカという民族名称は政治的に操作されてきた。ハニ文化、アカ文化、ハニ／アカ文化という言い方も研究や会議の名称にも関連しているが、中国ではアカ文化という言い方は成立せず、常に「ハニ／アカ文化（哈尼／阿卡文化）」か「アイニ文化（爱尼文化）」である。

(2)「紅河文化」「梯田文化」

　「紅河文化」は雑誌名であるが、紅河州ないし紅河流域という地域名であり、無論紅河に住むハニ族以外の「民族」も含むが、紅河以外に居住するものを含むものではない。これは「梯田文化」（棚田文化）と微妙に重なっており、棚田の世界遺産登録という文化行政とも関連している。「梯田文化」の場合は金平など

のゴジョと呼ばれている焼畑農耕を営む者を排除する。また、西双版納州のアカは紅河ではなくメコン川流域に住んでいるが、彼らも政府によって指導される以前は焼畑を永らく営んできたし、棚田を自らの問題とは捉えないという意味で、繋がりを持っていない。ここでの説明にはモルガンの段階説が用いられる。つまり、共和国成立前にはアカは焼畑などの「原始的」農法を行なっていて、ハニの方がより「進んだ」集団であるが、これらは生産力の違いに過ぎず、言語が近接している以上 1 つの「家族」であると言うものである。

(3)「稲作文化」

「稲作文化」という言い方は一般的なものであるが、これによってハニ族全体は農法の違いなどを無視してすべてを包含しうる。陸稲であれ水稲であれ、稲作をしないハニ族は職業として街に出ているものなどを除けばないと言ってよい。しかし、問題はこれがハニ族だけの特徴ではまったくないということである。この語は特にハニ族を特徴づけるという意味ではなくて雲南省などの上位の集団を想定した時により有効な概念になっている。

(4)「村寨文化」「体育文化」「舞踏文化」「服飾文化」「茶叶文化」「火塘文化」「貝幣文化」

「村寨文化」は無論、分析概念として導入されたもので村落をめぐる文化複合といった意味合いで使われている。よって、これは「文化」の部分集合として捉えられており、ハニ族全体を説明しようとする意図のあまりないものである。同様に「体育文化」、「舞踏文化」、「服飾文化」、「火塘文化」、「貝幣文化」もまた同様であるが、問題は、これらは「文化」と銘打たれた以上、保護されねばならず、かつ観光などにも「資源」となると認識され意識化されているということである。この点、こうした「文化」の記述はその有用性と歴史性などが強調されている。

また、西双版納州の南糯山の樹齢千年を超えるとされる茶の木が発見されると、かつて茶を植えていなかった地域でもハニ族は「茶叶文化」の継承者ということになり、茶の生産が行なわれるようになっている。後述するように、南糯山に茶が植えられた時期にアカ族がそこにいたとは考えられず、彼らが茶の生産に関わるようになったのは 19 世紀の世界システムの広がりと深く関連している。

出版から見た「文化」という言葉をめぐる政治的「やり取り」と「やり繰り」

を考えてきた。出版の問題を総括すると全体としてハニ族の「支系」の問題は「地域」の問題にすりかえられており、このことは第1部の民族識別と人口統計の問題でも論じた。「ハニ族」を一体のものとする政治力学は日常的な「支系」の問題を隠しながら、あたかも「国家」と「民族」と「地域」だけが存在するかのように出版を組織し、また出版の力学もまたそのラベルでしか働かないように作り上げられている。出版について言えば民族区域自治とは、この階層性を作り上げることであったと言える。その階層性は90年代になって表象主体の複雑化と共に変わりつつあると考えられ、さらにインターネット時代に入った今世紀はこうした分析ができない程複雑化している。次節ではこうした出版に見られる政治力学が翻訳という場でどのように表象されているかを検討したい。

第3節
翻訳の政治経済

　本節は中国雲南省南部に居住する「少数民族」であるハニ族について、彼らの間で話されているハニ語の世界と、出版されている書物の中の中国語の翻訳の間に引き起こされた意味の変化をめぐって、そこから読み取れる政治経済的状況を考察するものである。このことは日常彼らが使っている身近な語彙が、「経験から遠い概念」［ギアーツ 1991 (1983): 100］、に置き換えられ、「離床」［ポランニー 1983 (1957)，ギデンズ 1993 (1990)］していくかという彼らの「近代」を考えるための問題でもある。つまり、彼らのローカルな知識が国家や世界システムとの接合をいかに図りつつあるのかを見極める必要があるのである。
　翻訳の問題は、いうまでもなく人類学の中心的課題でもあり、かつ多くの人文科学の中心的課題でもある。我々も日々翻訳をしており、それはハニ族の知識人もまた同じなのである。むろん、完全な翻訳というものもありえないし、翻訳はそれ自体暴力的な行為ですらある。翻訳とは「あちらの枠組みをこちらの枠組みに無理やり押し込めること」なのである。しかし、我々のポジショナリティはある翻訳過程を「肩越し」に見ることであって、それは外部だからこそ考えることが可能なのである。

第5章　表象される「文化」

　中国の「少数民族」の表象を考えることのほとんどは、「少数民族」の世界を「漢族文化」の中にいかに位置づけているかということと同義であると言ってよい。つまり、ここで問われていることは「少数民族」の世界そのものではなく、中国という表象世界の中の表象の「文法」であり、「政治」である。そして、こうした「文法」や「政治」の多くは漢族文化の中の「文法」「政治」であるに過ぎない。

　中国少数民族の世界は少数民族の言葉で表現され、日々の生活がそれによって営まれている。しかし、表象世界においてそれらは漢語の中でしか自由に表象されることはない。中国少数民族の表象の問題とは翻訳の連続的過程であって、そうした過程においてどのような問題が生じているのかを考察することが本節の目的である。

　1980年代から90年代の民族表象は、「中華民族論」に代表されるような、国家の中の多様な「民族」の存在と融和を強調することが主流であった。そのため、テレビや雑誌のレベルでの表象は歌や踊りばかりの実生活とはかけ離れたものであった。しかし、21世紀の今日、メディアの取り上げ方もかなり変化を示しており、中国のテレビは村の中の社会問題まで報道し始め、よりリアリティを求めるようになってきている。また政策的にも中国の経済格差が自覚され、今世紀は雲南少数民族の問題は「西部大開発」といった文脈で捉えられるようになってきている。こうした政治的状況の変化とその対応を翻訳の過程に見出すことが人類学的に重要なのである。

ハニ語と中国語の間

　ハニ語から中国語への翻訳の際、しばしば起きているのは、漢族にとってわかりやすい概念に何の断りもなく置き換わることである。第1部でも述べたが、ロミ Lolmiq とロメ Lolmeil を例に挙げよう。ロミとロメは中国の民族学ではしばしばハニ族の「支系」の1つとされ、ハニ族にはこのような「自称」がたくさん報告されている。逐語的翻訳ではロミとはロ（lol＝大河）＋ミ（miq＝尾、先端）で「河の尾」つまり下流の方であり、ロメとは「河の源」で上流を意味する。ロ lol は「大きな河」であり、雲南東南部のハニ族の間では、紅河あるいはその上流の元江や藤条江を意味している。タイではロミ・アカというアカ族の自称が

知られており、人によっては紅河州のロミの一部がアカの中にいると勘違いしている者さえある。ロミ・アカの指しているロ（大河）はメコン河なのであって、ロミ・ロメは言語的＝系譜的集団を指しているのではない。ロメはロミと会った時、自分のことをロメと言っているに過ぎず、ロメと言っている人々の地域に行けば、彼らはもっと上流にロメがいると言うに違いない。つまり、これは状況的な自己規定なのである。実際、元陽のハニ族とロミ／ロメと呼ばれる人々とは若干の訛りが感じられるものの十分に会話が成立する。

　ロミ／ロメについての説明的翻訳は「元江の東南に住む支系」「元江の北西に住む支系」であるが、そもそもハニ語には「北」と「南」という羅針盤によって説明されるような方位概念はない。東と西についても太陽が昇る方 beelduv pyu、太陽が沈む方 beelya pyu という言い方があるだけで、これらは儀礼的なものにも日常的な会話にもあまり関連しない。彼らの日常的な方位観は上 aqtav 下 aqgee が基本である。

　中国語の体系において、漢族にとって想像しやすく説明しやすいのは人々が漢族と同じような東西南北という世界の中に住み込んでおり、その人々が漢族の「宗族」と同じように「支系」と漢語で言うような人々に分かれて地域ごとに暮らしていることである。実際は、もっと状況的な自己規定や、出身地、階層など父系的自己規定以外の複雑な自己認識を彼らは持っている。中国語には誰にとってとか、誰によるといった挿入的説明をいちいち挟み込む余地は少ない。しかし、この翻訳をした時にはハニ族の理解に重要な文化的文脈は既に失われていることに気付くであろう。これらの文脈は政府機関や漢族の一般読者にとってどうでもよい情報なのである。つまり、翻訳というものは読者を想定して初めて成り立つものであって、ここで想定されている読者は人類学者ではない。そこにある翻訳上の目的とは、彼らを分類し地図上に特定することであり、必要な政治的情報としては、ハニ族がたくさんの自称集団から構成されており、彼らの願望によって「ハニ族」に統一されたという中国の少数民族の概説書の冒頭に必ず出てくる一文に見られる政治的に「合理的」な説明なのである。

　第2部で検討したハニ族の葬歌であるスピヘゼ（『斯批黒遮 Siilpil Heiqzeil』1990年　雲南民族出版社）の翻訳は対訳本としては初期のものであり、それ以前は漢訳のみが発表されていた。スピヘゼの翻訳は筆者の見る限り、かなりの「誤訳」

が見られる。筆者が翻訳しなおした部分［稲村2003a］と原本を見比べてみると、死者の魂を冥界に送るために司祭がその道を教えるという主旨の葬歌であるにもかかわらず、漢語訳では道は大きく簡略化され、順序も変わっている。そこには科学的というよりは、わかりやすさと中国的＝漢語的な文章の美しさが優先されていたように思われる。1990年代後半にはこのような対訳本も増え、編集上の工夫でこうした漢語訳は減ってきた。近年の翻訳はハニ語の単語の下に漢字を当て、意訳を加えることでその過程を示す形式になってきている。こういった工夫にはハニ族知識人の台頭が感じられる。

翻訳はすべて完全なものにはなりえないため、それぞれの時代の政治的イデオロギーが翻訳者の主観の中に滑り込んでしまう。また、いったん定訳が確定した語について、それを覆そうとする意見は、定訳が広まるのに比してとても弱く無視されやすい。いったん広まった定訳は別のリアリティを構成し、逆に人々の生活にさえ作用するのである。以下、前述したアマトという儀礼とネという語の翻訳を中心にその「合理化」の過程を見ていくことにしたい。

アマ hhaqmaと「龍」

アマと「龍」については第2部で検討した。アマhhaqmaは文字通りには、「力」(hhaq)と「母」ないし「源」を示す接尾辞maの合わさった語で、「力の源」と訳すことができる。アhhaqは例えば、hhaq aoq aoq＝「力」を売る（つまり、「労働する」）というように用いられ、人を数える時の数量詞でもある。数量詞の場合でも1人qiq hhaq、2人niq hhaqといえば、暗に「人手」を意味している。

アマhhaqmaとは通常、村の上部にある区画された特別な林で、そのうち1本の特別な樹をアマアボhhaqma albolと言う。また、アマトゥ hhaqma tulとは、前述のように儀礼の名でもある。アマトゥ hhaqma tulは文字通りにはこのアマをtul＝立てる、という意味であり、tulには「儀礼を行なう」という意味がある。

張佩芝らによるハカ方言（ハヤ方言と同じ）の方言対照表［张佩芝编 1998: 62］によるとアマトゥ hhaqma tul は、アマトゥ hhaqma tul（標準語）プマトゥ pulma tuol（ラミ語）アツァト hhacanq tol（アカ語）アマトゥ hhavqma tul（アロ語）アマオ hhaqma aol（ロビ語）という発音上の偏差があるとされている。このうちラミ語のプマ

pulmaは標準ハニ語ではpuvmaであり、文字通りには「古い村」あるいは「母村」を示し、アカ語のhhacanqは「力の所有者」を意味するため、これらは発音の差ではなく、同種の儀礼の慣例的呼び名を示していると考えられる。以下アマトとカタカナ書きすることにする。

　中国語によるアマトの音訳は、「艾瑪突」「埃瑪突」「昂瑪突」などがあるが、これらは音をそのまま置き換えようとしたわけではなく、漢字の表記上「阿瑪」aqma（母の意）との区別をしようとする漢字的修辞である。アマのhhaq [ʁa]という喉の奥から出す音は、中国語にも日本語にもない発音である。また、漢字はハニ語の発音を正確に表現できる文字では全くない。

　このアマトという儀礼は、しばしば「祭龙」（「龙」は「龍」の簡体字）と意訳され、そこで最終日に行なわれる食卓を数百も並べて行なう宴会は、見た目にも龍のように長く卓が並ぶこともあってか「長龙宴」と称されることが多かった。今日では、学者の書く文章の中にはこれらの名称は少なくなり、「祭寨神」（村神の祭り）あるいは「祭竜」（中国語の「竜」には想像上の動物の意味はなく、ただロンlongという音のみを示す。想像上の動物としての龍を示す中国語の漢字は「龙」か「龍」であり、これもロンと発音する）または「昂瑪突」などと音訳をしている場合が多い。ただし、学者以外の間では現在でも「祭龙」という漢語はよく使われており、観光業者などの宣伝文にもよく見られる。

　また「長龙宴」も現在は「長街宴」と書くことが多くなってきた。この宴会は元陽のハニ語ではアマロベバhhaqmaq lolbeil bavqと呼ばれているが、これには龍に関する概念は含まれていない。また、これは筆者が「長街宴」は、ハニ語でどう言うかという聞き方をしたため得られたものであって、ハニ語そのものの文脈では単に「酒飲みをする」zilbzq dolとしか聞いたことがない。次に、このように中国語訳が変化してきた過程を検討していきたい。

　ハニ族の知識人である九米によると、神樹であるアマアボhhaqma albolを「龙樹」と訳したのは著名な漢族の雲南史家である尤中の記した1962年7月19日の『雲南日報』であるという［九米等1993: 20-21］。九米によるとハニ族には龍神信仰はなく、神樹崇拝と龍神信仰は関係がないという。しかし、九米の批判は尤中自身に向けられるのではなく、彼に資料を提供した人物の学歴や経歴を問うている。これは中国の民族調査の有り様に関連しており、社会主義体制の

下、民族調査は地元の知識人の翻訳が当たり前で、翻訳の責任は中央の学者にはないというのが前提となっていたということがわかる。また、龍神信仰との無関係性から「祭龙」「龙樹」という翻訳を否定する批判は他のハニ族知識人からも出されている［为则 1995: 31, 诺哈 1990: 19］。

九米の批判については、実際には尤中が発表した1962年以前にも「龙樹」「祭龙」という翻訳は存在しており、1954年に林耀華らが出した「雲南省民族識別報告」にもその記述は見られる[*5]［林耀華 等 1987 (1954): 11,39］。それによると、この祭りが調査された墨江県では十二支の辰（龍）の日に行なわれるということが書かれており、これを書いた時点で現地のハニ族も調査に参加したとある。つまり、この時点では墨江地区のように比較的漢族の影響の強い地域でたまたま辰日に行なわれていた儀礼に対する当地の漢族の呼び名であった可能性が強いと考えられるのである。

1950年代までの翻訳でしばしば見られた「龙樹」「祭龙」「長龙宴」といった表現は、省都である昆明に近いほうのハニ族地域での当地の漢語名称からとられた可能性が高い。漢族文化の希薄になっていく西双版納などに行くにつれ、4章で述べたような龍と訳されるウロの事例は減り、ベヨのみが残っていくと思われる。西双版納以南のアカにおいてはベヨを崇拝することなどは思いつきもしないことである。[*6]

姜定忠は墨江出身のハニ族の知識人であるが、彼はハニ族の「竜文化」の重要性を主張している。彼は「竜」が単に音を示す漢字であって、想像上の動物である「龍」と全く関係ない字だとした上で、「竜林」、「竜樹」、「竜巴門」、「竜笆」、「竜卓」、「竜頭」、「祭竜」などを挙げている［姜定忠 2005］。しかし、ハニ語のレベルで考えてみれば、これらにロンという音節が統一的にあるわけではなく、もともと文字のないハニ族にこの「竜」という文字で考えられる姜のいうところの「哲学」を見ることはできない。[*7] ただし、我々が留意しておくべきことは「竜」という文字は通常の中国語の文字にはなく、現在の中国のコンピュータ上でもかなり無理をしないと出てこない漢字であるということである。1980年代の漢訳神話などにもわざわざ作字までして、この「竜」を使っていることはよくあり、けっして誤植などではない。少なくともここには「龍」ではないという意識が強く働いていることは間違いない。むしろハニ族知識人としての

姜の論文の興味深い点は、論文としてではなく、彼がハニ語で思考しているのではなく、漢語の文字で思考しているということである。

ここでもう少し広げて漢族がどのように「祭龍」や「祭竜」という言葉を使ってきたか考えてみたい。1948年発行の姚荷生による『水擺夷風土記』には、タイ族のレンピー (len phiː) という陽暦9月ごろの祭りの記述がある。これは確かにハニ族のアマトに類似した儀礼であるが、姚はこの祭りに「祭龒」という漢字を当てている。彼はミャオ族にも「祭龍」(ミャオ族の場合この字を当てている) [姚荷生 2004 (1948): 235-238] があることを記している。可能性としては当時の漢族知識人の認識にはこのミャオ族の龍神信仰があり、それに似た形式の儀礼に「祭龍」と似た文字を当てていたことが考えられる。ただし、姚荷生はタイ族には「祭壟」という文字を用い (「壟」は「田の畦」などの意で、龍とは関係のない音訳) 区別をしている。

このように「祭龍」とは総じて樹木など (タイ族は寺) を中心として村の外側に結界を張るなどして、村からの出入りを禁じて行なう形式の祭りに対して1940年から50年代にかけて漢族知識人が与えた名称であったことがわかる。当初は漢族の知識人においても、「龍」と「竜」を区別するなどして微妙な使い分けがされていたのであるが、それが段々とメディアの発達によって言葉が独り歩きするようになっていったと思われる。文化大革命を経て改革開放路線に転じた1980年代以降、ハニ族研究の主体がハニ族自身に変わることでこれらの翻訳が変わってきたということがわかる。

アマと「寨神」(村神)

次にアマについて「寨神」(村神) あるいは「精神」といった近年見られる翻訳を考えてみたい。アマを「寨神」と訳したのは李克忠が初めてではないが、これについて最もよく知られた書物は李克忠の修士論文である『寨神—哈尼族文化実証研究』(1998年)、である。同著で李はアマのことを「寨神」とした上で、それを「精神」とも言い換えている [李克忠 1998: 26]。

これについて、筆者は2002年に開かれた国際ハニ＝アカ文化学術討論会において、次のように反論した。1つは、村落の中でこの特別な樹が複数ある村がいくつもあり、それぞれを別々の父系リネージ (通常は姓集団) が祀っている

ことがある。村落に1つしかない場合は「寨神」としてもよいが、複数ある場合、アマはリネージの神と考えることもできる。つまり、アマを「寨神」(村神)と訳すのは一面的で、機能的側面から翻訳するとなるとそれは村神とリネージ神の中間にあって、村落によってアマの性格は揺れ動いている[稲村务 2004, 2005]。

それに対して、李克忠は自分自身も大学院に進学しなければモピ(村の司祭)になる予定だった人間でありよく承知しており、これは自分が「典型的な」15村を調査した結果なのだ、と反論した。彼の言っている「典型」とは村に1本しか「神樹」のない村落であり、彼の中ではそれがハニ族の「原始共産村落」なのである。

「精神」について李と議場外で話したところ、アマはハニ族の根源であって、力のある言葉を選んだと話していた。これについて、中国語の「精神」という語には日本語にない「本質」とか「真髄」といった意味合いがある。「精神」は近代語でありつつも、「真髄」といった意味合いを含むため、現在の政治的雰囲気によくあった語だったと考えることはできる。少数民族の「民族精神」は改革開放後の今だから声高に主張しても許される語になってきたのである。つまり、彼はアマについて「民族」の誇りとしてもっと「生気論」的含意を持たせたかったのである。ただし、翻訳としてはアマという多義語を更に複雑な多義語に置き換える操作は分析していることにはならないと李には反論をし、彼も納得していた様子だった(この訳が棚田の世界遺産指定に関連することは後に述べる)。

これらをさらに政治的変化の文脈に置くと、人民公社が解体して、村落の象徴を求める近年のハニ族においてこの神樹を「村の神」あるいは「村の精神」と考える考え方が広まってきているのだと考えることができる。1950年代の記述ではこの「神樹」は「土司」が所有しており[簡史: 110]、革命時期はむしろ資産階級の象徴として切り倒されている。それを現在は李克忠のような若い世代が、新たに「村の神」として原始時代から続く伝統として表象しようとしているのである。

アマと「生態」および観光産業

アマアボ(神樹)について元陽県でどんな木がアマアボとして選ばれるのですかとある知識人に問うたところ、「花が咲き、実がなる木ならなんでもよい」と

言われた。通常そうした木には「イジュ、クヌギ、クリ、サクラ、イイ」[*8]が選ばれることが多いけれども、それは結果に過ぎない。続けて彼は言う。「最近『生態保護』とかいってアマを過大に評価する向きもあるが、『花が咲き、実がなる』というのは子孫繁栄と1年の豊作を祈っているのだ。子孫が増えて、豊作になって『生態保護』になるわけがない」と彼は言う。

　アマと呼ばれる林は大きくとも直径5メートルくらいのもので、それ以外は木を切っても構わない。象徴的な意味では「生態保護」となっていても、これを守ることでハニ族が伝統的にエコロジストであったと考えることはできない。こうした論調は今日しばしば見受けられる [e.g.王清华 2005]。近年、先に述べた「竜樹」という語でハニ族に限らず、タイ族やイ族などの少数民族の伝統的森林保護を述べる論調の報告が目立つようになってきた。彼らの信仰がまったく環境保護と関係ないとまでは言わないが、彼らの儀礼が一様に伝統的森林保護の思想に結びついていたというわけではない。

　江沢民政権下で環境保護が打ち出されてから、にわかに「保護環境」とか「生態」という漢語を目にすることが多くなった。街では「生態旅遊」とか「生態大酒店」といった看板も見かける。かつては迷信の象徴で切られてしまった「神樹」も、今日は環境保護の象徴として保護されるようになってきている。森の木々は1950年代の大躍進の時代にかなりの伐採がされたと聞いており、90年代は禿山ばかりであった元陽や西双版納でも植林された山々を見かけるようになってきた。

　その中で、郷レベルでは森林の木をいっさい切ってはならないとした法令を定めたところもある。これは、今日のハニ族の生活においても歩いていける生活圏に適当な薪や柴を求めないと毎日の煮炊きは不可能であり、現実的には不可能な法令である。前に述べたようにハニ族の聖林は環境保護と直結するほど大きくはない。

　しかし、中国政府が少数民族地区について最も力を入れているのは観光業であり、「旅遊資源」（観光資源）という言葉がよく聞かれるようになった。政府は市場経済の拡大と貧しい少数民族の経済的発展を結びつける方策として観光業を推進している。そこで、元陽県や緑春県の「旅遊資源」として棚田とアマがクローズアップされてきたわけである。

しかし、筆者の感じる限り今のところ伝統文化の危機と声高に叫ばれるほど状況は深刻ではない。モピ（司祭）は前述のように、人が死ぬ限りこれが途絶えていく兆候はない。また、ハニ語が通じないハニ族を筆者は数人しか知らない。彼らは子供の時から街に住んでいる人々であり、農村ではどんなに勉強してもハニ語なしでは生きていけない。しかし、棚田の労働は確かに市場経済の中では成り立ちにくく、米だけの生産に頼ることは難しくなってきている。棚田は魚や里芋のほかにもかなりたくさんの副産物を生んでおり、それが「生態」の流行とともに市場に反映されてきてはいるが、現在の交通の改善はそれを超えて東北から福建からというように物資がなだれ込んできている。夜の酒席の話題はいつも金のない生活はできないといった話である。それに比して若い世代の就職口はけっして多くはない。企業は次から次へと作られては淘汰され、そのスピードは90年代に比べてもかなり速く感じられる。

　以上見てきたように、アマについての翻訳の変化は時代による政治経済的変化を反映しており、大きくはハニ族についての知識人が中央から地方のハニ族へと移ってきたことに起因している。当初の「祭龙」の時代の関心は、民族識別と呼ばれる「民族」の境界画定にあり、これらはしばしばイ族やミャオ族との文化要素の共通性や異質性を説明するのに用いられてきた。文化大革命の間、「祭龙」はしばしば「土司」の権力の象徴となり、打倒すべき遅れた習慣として記載されている。その後、「民族文化」の復興とともに、今度は人民公社に取って代わる「寨神」となり、「民族」の「精神」となり、環境保護の象徴となった。こうした、思想的変化がこれらの翻訳に作用していると考えられるのである。

ネneivqとラペlavqpieil

　ネ（霊）は前述のように現実的な存在であるが、中国語では「鬼」と訳されることが多かった。中国語の「鬼」は日本語とは異なり、亡霊や幽霊を意味し、よい意味合いはない。「神霊」といった翻訳も見受けられるが、元来ハニ語には「神」に対応するような語彙はない。中国語で〇〇神と訳しているもののほとんどはアプapyuqであり、これらは「祖先」と訳すべきものであることは述べた。

　翻訳の傾向を考えると、ネは非科学的という観点を強調する論者にはすべて『鬼』と翻訳される。ネをなんらかの守護的役割を担う存在と考える者は「神」

という訳を使う傾向がある。敢えて悪いネを区別しようとする時は「子鬼」という訳語も見られる。いずれにせよ、ハニ語にはない区別を、中国語の中ではやっているのである。

　この区別は近代的イデオロギーを前提としている。「迷信」には『鬼』が対応し、「文化」には「神」が対応する。例えば双子の問題も考えてみよう。ハニ語でラペlavqpieilといえば文字通りには手の異常を意味する。特に六つ指の子供の出産を意味しているが、実際には双子とその他の肢体不自由児も含んでいる。かつては双子のうち一方は「ネ」であるとか、双子を生むのは人間ではなく動物のすることだという風に、双子を産むことは悪いこととされ、アカの場合だとそうしたことがあれば村を移動することすら少なくなかった。これはネに関するもっとも非合理な考え方として、迷信打倒の対象となった。一人っ子政策で双子は認められるといったこともあり、双子を殺すことは少なくなったように思われる。

　驚いたことに墨江県では、2005年5月に「国際双胞胎節」なるものが開催され、外国からの双子も招いて1500組のべ3000人の双子を参加させた双子祭りなるものが催された。地元で永年にわたってハニ族の民俗研究をしている漢族の知識人に尋ねたところ、「確かにハニ族といえば双子を殺すことで有名だが、墨江県ではあまり聞いたことがなく、それは西双版納だけだろう。けれど三つ子は殺していたと若いころ聞いたことはある」という返事だった。墨江県の水を飲むと双子が授かるという民俗すら報告されるようになり、双子の授かるという泉の周囲には2014年には大きなホテルが建ち並ぶようになった。また、墨江県(北回帰線が通っている)ではこの時「国際太陽節」という催し物も開催され、あまり聞いたことのないハニ族の太陽崇拝の伝説が大きく取り扱われることとなった。この「国際太陽節・国際双胞胎節」は「一人っ子政策」下で人気が高まり、スポンサーとして大きな産婦人科医院がついたこともあって2014年で10回目を数えることになった。

　墓 (lulbaoq, 元陽ではhuqbaoq) は見る限り、かなり新しいものである。彼らは伝統的には墓に対する儀礼はしない。最近、「清明節」の習慣が入ってきて、簡単な儀礼を行なうようになってきた。ネという概念は本来、善悪の区別を内hyulneivqと外nilneivqというように形容詞をつけることで区別してきた。今日、

村の外にある墓地に参ることで、ネという概念は、明らかに「神」と「鬼」に分離してきたように思われる。

モピについて、かつては「鬼主」のように訳されることが多かったが、今日では「祭司」という訳に変化しつつあり「摩比文化」(モピ文化) などと言われることも学術書では増えてきている。

しかし、モピの行なうことが「宗教」あるいは「文化」として「離床」していく可能性は今のところありそうもない。モピの行なうことのほとんどは死と関連しており、見た目にも寺のような施設があるわけでもないので、観光などとはなじまない。これらは全く「社会に埋め込まれ」ており、モピが葬式をする報酬も5元くらいのものであるに過ぎない。

筆者の調査している80歳のモピは時々自分のやっていることは〈南無阿弥陀仏〉だよ」とおどけて見せることがある。ハニ族にはキリスト教徒はいても仏教徒はいないと言ってよい。これは10年前にテレビを買ったせいでよくテレビを見るようになってから、ドラマの中で覚えた語だろうと思う。彼は昔を振り返って、「迷信とか言われて『鶏を殺したらいけない、豚を殺したらいけない』(儀礼をすることを彼はこう表現する) と言われてきた。今は大丈夫、〈南無阿弥陀仏〉だよ」という。彼のこの言い方の中に、禁じられた彼らの儀礼が、仏教と同じように「迷信」の文脈で否定されたことが感じ取れる。

現在は「民族文化」が見直される風潮があり、「文化」の名の下に若いモピも少なくはない。ただ、モピの行なうことはどこも直接に「経済」に結びつくことはなく、また「宗教」の名で保護されているわけでもなく、それはただ「社会に埋め込まれて」いるしかないものである。人が死ぬものである限り、モピの実践はなくなることはないが、近年の急激な市場経済化は彼らをより貧しく厳しい位置へと追いやっていることは間違いない。

ネに対する彼らの考え方はけしてエキゾチックなものでも原始的なものでもない。また、彼らが漢族や日本人に比べて精霊を特別に強く信奉しているというわけでもない。それらは「鬼」と訳されれば迷信となり、「神霊」と訳されれば「民族文化」とされるものである。

「文化」、ゾzaol、ガgal

　アカ語のアカザンAqkaq zanlについては第2部で検討した。ハニ種族の間ではこの語はほとんど聞いたことがない。ハニ語ではザンはゾzaolという発音になるが、これは「習慣」といった意味合いが強いものの、天から授かったものとは考えられていない。ゾzaolはむしろ「する」といった一般動詞に近いものである。

　アカの「ザンを運ぶ」という用法について筆者は今のところ、彼らが移動生活をしてきたことと関連していると考えている。これはアカだけに見られる用法であり、アカは焼畑を禁じられる前は10数年に1度くらいの頻度で村を移動してきた。それに対して元陽などのハニ族は村を移動したのは数百年も前の神話の中の話である。

　中国の元陽でためしに「文化」にあたる語は何ですかと尋ねたことがある。集まってくれた数人は最初考え込み、「ない」と答えたが、ある人はmoqpil doq（司祭の言葉）といい、yolil（礼儀）と答えた者もいた。マナーという意味ならば、「道」を表すガgalという名詞がgalquq（「道」に合っている）という意味で使われることがある。例えばスボsuvbaoq（漢語では「煙筒」）と言われる水タバコを皆でまわして吸うとき、吸いたくなくてもちょっとだけ口につけて横の人にまわすとgalquqと言われることがある。しかし、これらのマナーや礼儀を表す名詞には明らかに「天から授かった知恵と掟」といった意味合いはない。

　彼らはハニ語の文脈でも「文化」という語を使う。それは「遠い経験」に過ぎず、学者や政治家が使う言葉として感じられているようである。この言葉の最大の効用は「文化保護」つまり、「保護されるべき何ものか」という文脈を構成したことにある。知識人はこのままではハニ族文化が消滅すると声高に主張するようになってきた。市場経済化は確かに若者の村離れを促進しており、特に子供の教育費のため村から出て現金収入を得なければならなくなってきている。彼らは一様に、子供に漢語の読み書きを習得させることを願っている。最近はテレビとVCD再生機を街で買い求め、子供が早く漢語を習得することを期待している。

民族工作の変化と表象の政治経済学

　民族工作（民族に対する政策的な仕事のこと）が北京の中央からのものではなく、ハニ族の知識人に委ねられるようになったことが前述の翻訳を検討する過程で明らかになった。1950年代の中央からの「合理化」は主として、「文化」と「迷信」を分離することで、「祭竜」は中央から見た祭りの形式的分類を「文化」として認識すること、「鬼」は遅れた習慣としてそれを「文化」から放逐する作用を持ったと言える。1980年代からの流れは、翻訳の主体を中央から地方に移し、少数民族知識人の育成によってより、音訳や意訳が増えたということである。

　文字による思考と中国の市場経済化が、より文化の全体性を解体し、表象の中にこれらを振り分けているように思える。政府の方針に沿ったものは形を変え、残っていくものの、それに合致しないものは徐々に姿を消しつつある。全体としては、観光資源や環境保護の流れの中に彼らの習慣を位置づけようという力が常に働いているように思われる。「近代化」の中で、「原始的」はネガティブなイメージから「始原的」と言ってもよいポジティブなイメージへ転換され、部分的には環境や観光の文脈へ位置づけられるのである。

　社会主義はその性質上、語彙としては普遍性を求めた。そのため中国の近代化は、きわめてナショナルなものでありながら、言葉の上ではきわめて普遍性を帯びた抽象的な語彙を普及させようとした。ギアツの言う「経験から遠い概念」と「経験に近い概念」の区別は、中国語の中では距離が短い。「市場」「労働」「経済」「党」「文化」といった抽象語は、平均的な日本人の使用頻度からすると、驚くほど日常的に使われる語であって、ハニ語の中にも深く浸透している。これは中国がマルクス主義的社会科学用語を末端にまで普及させた結果であり、そうした上意下達的な教育と実際の政治的変動が経験を通して普及させられていった結果と考えられる。

　ポランニーの言う「離床」は、中国ではいったん文化大革命によって、社会的紐帯と宗教的文脈が分離させられたため、市場経済の中では急激に広がっていくように思われる、例えばタイ族の「水かけ祭り」のように、市場にとって魅力的なあらゆる活動に名前がつけられ客体化され、資源としてみなされるようになる。西双版納のホテルでは、4月にならなくとも毎日タイ族女性と水を掛け合うことができる。

筆者の調査村の隣の、より街に近い村での2006年のアマトは盛大だった。民族幹部を招いてたくさんの歌や踊りが催され、「長街宴」も40卓ぐらい並べられた。しかし、公衆便所の横にある神樹では、ついに祭祀らしい祭祀は行なわれなかった。省級の幹部がやってきて、村の主催者はその接待に忙しく、常に携帯電話を気にしていた。祭祀を行なうべきミグmilguq（村落儀礼の司祭。かつての世襲的村長職）はただ酒を飲んでいただけだった。

　元陽の棚田には毎日、内外から写真を撮りに撮影家たちがやってくる。しかしながら、不衛生な村の中に彼らが長く滞在し観光するようなことは今のところありそうにない。ただ、その中でも唯一、観光として成り立っているのは、ハニ族の飲食慣行であり、特にアマトの「長街宴」が最も観光客の目を引くものであることは間違いない。これが、宗教的文脈を失っていきつつあることが、感じられる。アマトは村によっては、こうした「長街宴」の形ではなく、それぞれの父系リネージごとに祭祀を行なう。元陽では筆者の見る限り、この形が多いように思われる。しかし、隣村で起こったように宗教的文脈は失われ、食卓を長く並べることだけが目的化して行きつつあるのかも知れない。

　かつて、アマはラペと同様、迷信活動の象徴であった。文化大革命のころの迷信の象徴であったアマは切り倒され、今日のアマは「生態保護」の象徴となった。しかし、いずれであろうとハニ族地域の森林はきわめて少なくなっており、彼らの神話に出てくるような動物たちは全くと言っていいほどいない。

　筆者の調査村のアマトは父系リネージごとに行なわれた。その中で、人数が最も多く、かつ政治的にも多くの幹部のいるリネージの宴会の二次会では若者は漢語をしゃべっていた。彼らはみな街で働いており、つまらないといって街に戻ってしまった。彼らの話している商売の話は確かにハニ語では表現できない内容である。

　社会主義化は確かに「迷信」を「文化」から分離しようと、彼らの宗教実践を制限することで国家統合を図ったが、村落の社会的関係はむしろ保たれたように思われる。現在は「文化」の名の下に自由が与えられたものの、市場経済化こそが最も「漢語化」を促進するように思えてならない。

　メディアや教育が作り出す漢語によるハニ族の表象世界は、ハニ語によるハニ族の世界とは別のものである。それは単に間違っているというより、ハニ語

の世界とはまた別のリアリティを構成しているということができる。そのリアリティは顔の見える社会関係を超えて、国家や教育といった抽象的な存在に対する「近代的」存在への信頼を生み出さざるを得ない状況の中で出てくるリアリティである。大きく見ればこれらは、「漢化」とか「中国化」といった文化変容の過程に見えるのであるが、人類学が文化変容と名付けた文化の物理モデルの平板さはこうした現象の理解からは程遠い。むしろこの過程は民衆の中華民族化と知識人の華化の過程である。知識人は「漢族的」文法で「民族文化」を語り、民衆は「中華民族」としての自己を語るように教育されていったと考えられる。その最も重要な媒体が出版であり、出版はそうした鋳型を創り出した。さらに多様なメディアの発達した今日の中国社会においては、漢語世界の構成するある種のリアリティとハニ語世界のリアリティが互いに交錯し、政治経済的に干渉しあう。そうした問題の場こそが翻訳の現場なのである。

第6章
資源化される「文化」

第1節
ハニ族における「民族」+「文化」+「資源」

　「民族文化資源」の生成について考えると、それは「民族」+「文化」+「資源」のそれぞれの項の成立と結びつきの問題であると考えられる。言い換えれば、①主体形成の問題②主体の行為の問題③帰属ないし所有の問題④開発・利用の問題である。特に中国ではそれは持続的な「開発」というイディオムに結びついており、この「開発」の中味が問題であるといえる。

　まず、資源が「主体」によって利用されるものであるならば、その「主体」とは何であるのかが明確化されなければならない。それは「哈尼族」(ハニ族)という主体であり、1954年に初めて正式に公布された民族名称であった。今日の「ハニ族の文化資源」という言い方は、資源が確立してから帰属をあたかも前からあったように当てがうことでなされている。

　改革開放が実質化していく1990年代は雲南の対外開放が始まり、観光化が始まる。とはいえ、それは最初に対外開放地区になった昆明、大理、麗江、西双版納の話であり、観光文化を用意しなくてはならなかったのはハニ族に関して言えば西双版納のアカ種族のみである。西双版納の主民族であるダイ族(Dai)を主体とする観光化が大々的に進んでいく中で、アカ種族の観光資源は後述する「茶樹王」と呼ばれる茶の古木、1990年ごろ観光民俗村となる南糯山山麓の巴拉だけであった。観光村の売りはアカのプリミティブイメージであり、それほど不便でない場所であるにもかかわらず、客にわざわざ河を筏で渡らせて村に入り、食事と歌を聴かせて旅行会社から入園料を取っていた。景洪の街中にも「優尼風情」、「優尼風味」というような「優尼」を冠した店が出ていた。

　アカ種族の観光は西双版納のダイ族の観光のいわばオプションであり、他のラフ族、プーラン族、チノー族などとともにタイ族文化観光を彩る一要素に過

ぎなかった。チェンマイなどの北部タイ観光の影響を受けてトレッキング・ツアーが組まれるようになった。それに伴い、茶樹王や巴拉村もツアーに組み込まれていた。観光の記号としては歌や踊り、山の食材などとともに、マッサージが観光資源化していく。山地の長旅で疲れた老人の脚を女性が揉むことは昔からアカ種族の一種の礼儀としてあった。これが、伝統医療として宣伝され、トレッキング・ツアーのちょっとした売りになった。全体として見ると、アカ種族の観光はタイ族のものに比べて低調であり、トレッキングもそれ程大きな観光には結びつかなかった印象が大きい。

ゲストとホストという関係で観光を考えると、中国観光のゲストは変化している。松村嘉久の整理［松村2009］をもとにゲストを中心に整理しなおすと、中国の観光は①政治的巡礼の時代②欧米や日本などの外国人観光客の時代③中国人観光客と多様な国々からの観光客の時代に分けることができる。

1990年代になると昆明、大理、麗江、西双版納だけではなく、次々に開放地区が増え、雲南省のほぼ全省が開放地区となった。外国人への観光化が促進されるとともに、国内観光客が急激に増えていった［長谷川 2003: 259-260, 松村 2000］。1980年代とは違って、今では過剰なほどに街には商品や観光の広告が溢れている。記号としての観光資源なら積分的に多様化していると言えよう。以下、その中でもハニ族の「文化資源」において特に重要な棚田、茶、土司遺跡を取り上げて検討したい。

棚田の「資源化」──元陽

棚田（「梯田」）は、ハニ族の最も有名な文化要素であり、その文化の中核を占めると言ってもよい重要なものである（写真111～113）。ただし、公定少数民族としての「ハニ族」（「哈尼族」）には、次項で述べるアカ種族のように伝統的には棚田を営んでいなかった人々も含まれていることには注意が必要である。

棚田は確かにハニ種族にとって最も重要な生業であり、彼らの文化的諸要素の大半が棚田と結びついている。食卓には棚田で取れた米飯はもちろん、米で作った酒、魚、水草、タニシ、オタマジャクシ……が並ぶ。ブタ、ニワトリ、スイギュウ、棚田の間にある畑で取れた野菜なども1つの生態系の中にあって、それらが年中儀礼、祖先祭祀などと関連している。もし、棚田がなくなったら

と考えてみれば、ハニ族のほとんどの文化要素は存続できないと想像できる。

こうした棚田の生態性は中国政府にも「資源」という認識を生み、環境政策とも合致し、かつエスニックな観光の資源ともみなされるような文脈を作り出す。2001年承認された「中国国民経済・社会発展五ヵ年計画」の第四篇「人口、資源と環境」には「●人口増加を抑制し、出生人口の質を高める。●資源を節約・保護し、永続的利用を実現する。●生態系の建設を強化し、環境を保護・整備する」とあり、「西部大開発」のおおまかな方針ともなっている。[*10]

棚田も含めてハニ族の研究機関として最も重要な役割を果たしたのは、雲南省社会科学院である。こうした政府の方針に基づいて、具体的な方策を取る責任を負っており「資源化」についての1つの主体と言ってよい。雲南省社会科学院は中国全体の社会科学院の下部組織であるが、雲南では昆明に雲南省社会科学院として研究所があり、ハニ族に関して言うと建水にあった（現在は蒙自に移転）紅河民族研究所は雲南社会科学院の下部組織である。

ハニ族の棚田が文化的に重要であることは社会科学院も早くから主張していた。社会科学院の王清華は1988年に「哈尼族的梯田文化」という論文を発表しており、「梯田文化」（棚田文化）という名詞がはっきり打ち出されていなくとも、それ以前から棚田を念頭においた論文は数多くあった。1996年の第八期全国人民代表大会第四回会議で国家環境保護「九・五」計画が出され、まずは棚田が環境保護として重要だという認識が出てくることになった。1999年には西部大開発戦略を発表され、昆明世界園芸博覧会が開かれ、「緑色経済」ということが言われるようになる。社会科学院の下部機関の紅河民族研究所でも『哈尼族梯田文化論集』（李期博主編 雲南民族出版社2000年）を出版するが、この時点では棚田を観光資源として活用することではなく、「緑色経済」として開発することが言われている。

中国がWTOに加盟した2001年以降、2002年に出版された『哈尼族梯田文化論集』二輯では棚田観光についての主張がされるようになった。この間には棚田の世界遺産申請（2001）がされており、こうした背景が大きいものと考えられる。

棚田の「資源化」に大きな役割を果たしたのは昆明にある雲南省社会科学院の史軍超研究員であった。彼は「文学」を専門として名乗っており、若い時に

は文学作品を発表していた。今日では、作家や評論家といったイメージはあまりない。彼は元陽県出身のハニ族ではあるけれども、幼い頃に郷里を離れており、ハニ語はそれほど堪能ではなく、思考言語は漢語であると言ってよい。

彼が世に知られることになったのは『哈尼阿培聡坡坡』の翻訳であった。元陽の著名な司祭である朱小和の語る長大な神話を録音し、それを地元の知識人の蘆朝貴と言語学者の段貺楽がハニ文に起こし、蘆と史が中心になって漢語訳をつけたものである。蘆自身に話を聞くとあまり満足のいった訳ではなかったらしく、それには史の漢語志向の翻訳が関係している。漢語訳を見るとまるで律詩か絶句のように漢字が揃えてあり、明らかに漢詩を意識していたことがわかる。史はむしろその漢語能力を生かしてハニ族文化の宣伝に務めるようになった [e.g. 史 (編) 1998, 1999]。

彼はハニ族文学を中国にそして世界にというように宣伝しており、台湾の雑誌にも投稿するようになる。昆明の社会科学院には多くの外国人調査者が訪れ、元陽などを案内するようになる。彼の国際的知名度は国内でも影響力を持つようになった。同僚の王清華が早くから棚田を研究していたこともあり、史は「ハニ族の棚田文化」の宣伝役として世界遺産申請に大きく役割を変えていった。

史は1990年代に研究資金難に喘いでいた昆明の社会科学院や紅河民族研究所を救ったと言ってよい。もともとの民族学の役割であった民族識別工作（「民族」を確定する調査研究）もチノー族（1979年確定）を最後にほとんど用済みになっており、生活水準の向上などを目指した応用民族学的研究も政府からの大きな期待はなかった。紅河民族研究所の毛佑全の博覧的な文章群も中華民族としてのハニ族の紹介という役目を終えており、永らく所長を務めていた李期博の研究も真面目なハニ族口承の翻訳や研究であるが、市場経済向きではなかった。その中で、「世界遺産申請」、大型の著作の執筆編集、テレビ出演やDVD、VCDなどのメディアへの露出、大型の会議の企画などの国内外へ向けた史のハニ族文化の宣伝は研究所の再建に大きな役割を果たしたと言ってよい。

棚田の世界遺産申請については後節に詳しく述べるが、発端は欧也納（オーィェナー）（中国語名以外を筆者は知らない）という人類学者を史軍超が1995年に案内した時であるという。史軍超は1999年に構想を発表し［史 2000］、2000年にはアメリカの自然保護協会が元陽を視察しに訪れ、2001年に文化遺産として

正式に申請された。申請については申請委員会や会議が組織され、省や国にも積極的に働きかけていた。

　棚田の保護についてはフィリピンのイフガオを中心としたコルディリェーラの棚田の世界遺産が有名であり、それは危機遺産としての指定であった。ハニ族の棚田は消滅の危機にあるようには思われないが、今後市場経済化とともに危険な状況になることは可能性としてはある。史とともに棚田の研究に先鞭をつけた王清華も、コロンビア大学より助成を受けるなど国際的な注目を集めていると言ってもよい。

　棚田の世界遺産申請についての「資源」の問題は、名目の争奪であった。この問題については孫潔が詳しく論じており［孫潔 2008: 92-101］、ここではごく簡単な経緯について述べる。1つは地域の問題で、棚田は紅河州のどこにでもあり、かつ貴州省や広西省などのライバルも多い。また、紅河州でも紅河県、元陽県、緑春県、金平県など多くの棚田をかかえる県はそれぞれの主張があり、申請においては「核心区」などを設け、広く指定してもらいたいものの、それが広すぎるのであれば「核心区」のみをというように交渉上の戦略が練られていた。

　2つ目は民族の問題である。紅河州のハニ族は確かに棚田の民と言ってもよいものの、他のイ族、ヤオ族なども棚田を営んでおり、世界遺産の言う「普遍的な価値」について棚田の優劣、歴史的、地理的、生態的な正当性などをめぐって激しい議論が戦わされることになった。

　観光客の目線から見た観光的な記号からすると「ハニ族の棚田」という記号は外せないところであり、地元の知識人たちの政治的決着としては民族を特定せず、かつ地域も「紅河梯田」（「紅河州」でも「紅河県」でも河としての「紅河」でもない）という、玉虫色の決着であったと言える。しかしながら、ユネスコはハニ族の棚田と認識しており、変えにくい状況にあった。孫潔は「1日も早く登録することに集中し、それ以外の問題を据え置くことにした。実際のところは、既に『紅河ハニ棚田』として暫定リストに入っており、名称の変更はもっと困難になると予測しうる」［孫潔 2008: 100-101］と述べていた。

　観光資源として棚田観光を考えると、写真撮影という短期間の個人旅行による観光で、あまり大きな経済効果の見込めないものである。そもそも観光は筆

写真99　元陽の菁口村（民俗生態村 2003年）

者のいる沖縄を考えてみても、不安定なもので資源化のコストに対してリスクが大きい。また、観光客の志向も時々の時勢に応じて変わり、かつすぐに「飽きる」のである。元陽政府は200万元［孫潔 2008: 78］をかけて元陽の菁口村を民俗生態村として、観光地の目玉としようとしていた（写真99）。この村は団体の観光客の来る時以外は、普通の村であり、その意味では昆明の民族博物館に飽きた人々からするとより「真性」な村であった。また、ホスト側からしても大きく生活を変化させることなく、付加価値としての現金収入を得られるという利点があった。

　菁口村が民俗生態村となった2000年からしばらく2004年まで多くの観光客が訪れており、まずは「政治的巡礼型」観光が始まった。これは幹部や会社などの団体が村を訪問するもので、収入も多かった。しかし、こうした「要人」の接待は入場料を無視して行なわれるのが通例で、饗応に必要な飲食のための材料は無料で供されることも多い。また、こうした団体は持続的でなく「巡礼」が終わると他地域に行く客である。その後は写真家、学者の調査などを除くと、観光客数は減少し続けている。孫潔の調査したデータによると、菁口の観光客数は2004年をピーク（2万4000人）に2006年1万人強というように下降傾向にあり、2006年の入園料収入は約10万9300元（約164万円）であった［孫潔 2008: 114-115］。民族服や刺繍などの土産物の収入があるとはいえ、入園料のみに関して言えば、順調に入園者が来たとしても建設費用の200万元には20年かか

ることになる。

　ただし、ここの入園料は村の人に用事があったりすると、払わなくてもよく、筆者も会議のエクスカーションとして参加費に含まれていたことを除いて、払ったことがほとんどなかった。それは抜け道という感じではなく、むしろ普通の村が団体の観光客が来た時だけ観光村になるといった雰囲気であって、1人で友人を訪ねていくと払うほうが不自然なのである。もし処罰規定などを設けるならば、途端に村は機能不全に陥るであろう。この村が一時的に経済的に潤ったのは、観光業そのものではなく、建設時に払われた建設投資によってであることがわかる。

　現在のところ近年の中国都市部の環境悪化による「生態ブーム」があり、「生態旅遊」(エコツーリズム)や体験型のツーリズムが企画されており、現在は好景気に支えられていると言えよう。また、宣伝活動はホームページや雑誌などの発刊がさかんに行なわれ、特に映画『婼瑪的十七歳』(邦題『ルオマの初恋』)は棚田の宣伝に大きな効果を挙げたと言ってもよい。元陽とハニ族と棚田をイメージとして結びつけ、中国国内だけでなく国外にも大きな反響を呼び、ハニ族の名を世界に知らしめたと言ってもよいかもしれない。

　ハニ族を題材とした映画はそれまでもいくつかの作品があるが、「民族風情」の名の下にひどくプリミティブなイメージを強調し、不必要なほど踊りや歌のシーンが多いものばかりで、ハニ語をしゃべっているシーンなども全くと言ってよいほどなかった。指揮をとった章家瑞監督は主演をハニ族の娘からオーディションで選び、他の登場人物も本物のハニ族と本物の漢族であった。章監督はハニ族側から出された民俗的なシーンのフィルムを随分カットしたと言っており[鈴木ほか編 2007]、ハニ族側としては不満が残ったかもしれない。音楽を担当したハニ族の白学光は昔の民族映画などにも参加しており、そうした経験から「民族風情」を強調したものを用意していたが、ほとんど採用されなかった。章監督は祭りや踊りではなく、ハニ族自身に語らせようとしたため、むしろ自然なものになったように思う。その意味ではハニ族文化について「真正性」が重要になっているのである。

　内容も単純な意味での観光宣伝とは言えず、観光化に翻弄される少女の感情を描き、観光客のモラルを自然に喚起するものになっている。協賛に世界遺産

申請委員会が関わっているものの、ハニ族の素朴さと棚田の美しさのみが印象的で、観光スポットだとか「長街宴」のように観光的に目を引くようなシーンもあまりない。

「長街宴」は農暦2月ごろの（村によって占いで決めるので日取りは各様）アマト祭祀hhaqma tulやチェラフシザ（正月）Ceillahuvqsiiv zaqの最後の日に行なう卓を長く並べて行なう酒宴であった。西双版納では1988年にガタパganltanl palと呼ばれる正月が陽暦1月2日に決定され、それまで元陽と同様に、各村でばらばらに行なわれていた儀礼は近代化の名の下に統一された［楊万智 1991: 84］。このころには占いで決められていた日取りが生産性向上のため統一され、不吉な日も選ばざるをえなくなった。

観光客に対して発せられる記号としては1月2日というのは分かり易いかもしれないが、参加できる可能性は低くなる。アマトのようにばらばらであるほうがむしろ観光にはよいのである。この点、元陽県では統一化しようとする動きはない。逆に、西双版納のアカは観光資源を1つ失ってしまったと言えるかもしれない。

「長街宴」は近年ますます大きくなる傾向があり、村の中で家々から100卓程度並べられていたものが、政府関連の式典などでは巨大なものになってきている。2008年11月に行なわれた緑春県成立五十周年の式典ではギネスブックに載せるということで3000卓もの食事が並んだ。鶏や豚などの肉類、竹蛆、蒟蒻、フナ、ドジョウ、酒などが並べられた食卓は、折り悪く雨に見舞われ、ほとんど箸をつけられず雨ざらしになってしまったものも多かった。「内需拡大」のスローガンとともに市場経済の市場神話を生み、「消費のための消費」（つまり浪費）が奨励されているとしか思えなかった。

ハニ族は棚田で魚を養殖しており、稲刈りの時も田をいくつか干さずに魚を飼っている。こうした棚田の副産物である魚やタニシ、薬草など［詳細は稲村 2009a］も生態ブームとともにホテルや食堂で大量に消費されるようになった。こうした資源の意識化は現金収入を増していると考えられるが、食堂で大量に余って廃棄されている様子を目の当たりにすると資源の枯渇が心配になる。数字で表すことができないが、このままの状況が続いていけば生態系そのものへの影響も懸念される。

第 6 章　資源化される「文化」

写真100　長街宴（緑春 2008年11月）

写真101　緑春に建設された大型スクリーン（2008年11月）

棚田の世界遺産申請と絡んで、史軍超は「八声部複音唱民歌」と漢語で呼んでいる歌唱報を世界遺産に申請することを考えていた［史 2005b: 136-137］。これは先述のイフガオのハドハドという歌が非物質的文化遺産に登録されたことを受けてのことだと思われる。筆者はこの歌唱法について詳しく述べることができないため、ここでは棚田に関連させた1つの資源とされているという指摘をするに留める。

棚田観光について大きく見れば、資源として持続的な発展をできるとまでは判断できない状況にあると言ってよい。かつては1990年ぐらいまでは馬の隊商すら見ることができた元陽や緑春が大きく都市化し（写真101）、西部大開発の建設投資がいかに大きかったかが窺える。とはいえ、これらが持続的な「資源」となったかはこれからの問題であると言うことができよう。

「資源」としてのプーアル茶——普洱と西双版納

プーアル茶（普洱茶）は、香港ではポーレイ茶として飲茶の定番のお茶であり、日本でも健康茶として既に有名になっている。この茶は完全発酵のものが普通であり、緑茶ではあまり飲まれない。プーアル茶は時間が経てば経つほど良いとされ、2007年の中国バブルの加熱した時期には、広州の競売会で1940年代に作られた茶葉が1グラム3000元（4万5000円）で落札されたという［陳言 2007］。もはや飲むための茶ではなくそれは投機対象ですらあった。まさにこれは資源であり、売る側からすると黙っていても価値の増す「資本」である。かつてはそう意識されていなかったこの茶も最近は何年製造ということが刻印されるようになってきている（写真102）。

プーアル茶はチベット茶の材料でもあり、馬幇交易（馬のキャラバン）によって運ばれていた。近年は「茶馬古道」*11という馬で茶を運んだ道が観光スポットになり、注目を集め、かつ茶自体の象徴的価値も高めている。

あまり知られていないが、茶とハニ族（「黒窩尼」）の関係をはっきり図示し、「黒窩尼」と茶を結びつけたのは、清代の『普洱輿地夷人図説』（嘉慶二四年 1819年）と思われる［cf.武内 2005: 37-51, esp.49］。茶葉を担ぎマーケットに売りに行く夫婦と子供が描かれており、注釈には「黒窩尼の性は拙く、茶を采り茶を売るのはその業である。女子は績縷に勤め、道を行くにあたっても手放すことはな

写真102 プーアル茶の刻印

い。普洱府思茅に居住する」[武内 釈 2005: 49]とあり、はっきりと「黒窩尼」と普洱あるいは思茅と茶が結びついている。ここには清王朝の「蛮人」への認識が窺え、何気ない図ではあるが「黒窩尼」と茶をセットにして理解していたことがわかる。それ以前の文献では六大茶山（易武、倚邦、攸楽、曼洒、曼磚、革登）[*12]や普洱という言葉は出てくるものの、茶とハニ族の関係を示すものは寡聞にして知らない。

アカ種族の茶栽培は古いとはいえ、陸稲ほど古くはない。タイ、ラオス、ミャンマーのアカ族を考えてみてもイネは最も重要な作物であり、年中儀礼や祖先祭祀はすべてイネを中心に考えられている。それに対して茶に関する儀礼はほとんどない。茶はアカ種族全体では西双版納にのみ重要な作物になっており、北部タイのごく近年の商品作物開発の1つとしてコーヒーや茶があるものの焼畑がしにくくなったここ20年ぐらいの話である。[*13]

茶はシプソーンパンナー王国時代に、アカ種族によって作られており、王に対する重要な貢納品であった（写真15）。漢族（あるいは回族）との交易でも茶は重要で、南糯山の茶工場はもともと回族が建てたものである。塩の不足する山

地の生活では茶と塩の交換によって漢族や回族は大きな利益をあげていたという。また、茶栽培はアカ種族のみの専業ではなく、周囲の山地民であるブーラン族、ラフ族、チノー族、ヤオ族も営んでいたが規模は小さかった。六大茶山の1つである攸楽はチノー族の漢語の旧称(「攸楽人」)であり、攸楽の茶は清代の皇帝への献上品として有名でもあった[姚荷生 2004 (1948): 276]。

プーアル茶と市場化の問題を考えるために、歴史を振り返ってみたい。明代にもプーアル茶の名は知られていたものの、明は朝廷への貢納品として売買を制限していたためにあまり交易はされていない。前述のように清代にはプーアル茶は名を馳せ、漢族やタイ族の茶商が活躍するようになる。普洱は普洱茶の集積地として少なくとも1895年当時知られていた[デーヴィース 1989 (1909): 124]。このデーヴィースの探検旅行の5年前の1890年に思茅は開市場となった。

しかし、すぐに世界システムの中に組み込まれたわけではない。デーヴィースはこの茶の味がヨーロッパ人には合わないと述べ、ビルマを抜けていく販路が確立する可能性は低いと述べていた。この当時既に普洱も思茅も疫病などで廃れた街になっており、1935年までは、日中戦争も始まり茶の値段が大幅に下落し生産量も減った[姜 1999: 414-415]という。民国期には茶の集散地としての普洱や思茅も廃れて、茶交易の中心は佛海(現在の勐海)に移っていた[姚荷生 2004 (1948): 52-60]。

1938年に民国政府は南糯山のタイ族頭人の土地を接収して彼らを名義上の公務員とし、給料を支払う形で大茶園を作った。省政府は200万株の茶樹を植えさせたが、市場の需要が十分でなく管理が悪かったため失敗に終わった[陈翰笙 1984 (1949): 65-66]という。この頃の南糯山のアカ族は雇われていただけで、茶園、茶工場、茶商もすべて漢族、タイ族、回族であり、特に大理、江蘇、上海、広東などの商人は遠隔地交易の販路を持っていた。

普洱にはもともと清朝までは「普洱府」が置かれており、古い名称であるが、民国時代は思茅区の1つの県となり、茶の集散地として記憶されることになった。普洱がハニ語であることが近年よく言われるようになった。「水弯寨」と漢語では言われている。普洱に行って確かめたわけではないが、村はプpuvで、おそらくeelhhuvq (水が曲がる)と推定できる。『普洱自治県概況』には古い「部落」(氏族)の名称とあり、普洱がハニ語であるとはされていない。

第6章　資源化される「文化」

写真103　南糯山の茶樹王(1989年)

　2007年4月に思茅市(2003年に思茅地区から思茅市に改称)を改称し、普洱市が市名となった(それに伴い普洱県は寧洱県に改称)。これは古い地名の復活ではなく、市場化への対応として茶の名産地としての改名であった。思茅というところは諸葛孔明が「茅に思んだ」ことにちなんだといい、思茅には諸葛孔明の石像まで建てられている。史実ではないにせよ、その名のとおり漢族の古い町並みを残す街だった。景洪空港が1990年に開港する前は飛行場がここにしかなく、80年代は西双版納に飛行機で行く場合はここで1泊するか、バスで行ってもこのあたりで1泊することが多かった。景洪に飛行場ができて、バスでも高速道路が通って宿泊する必要のなくなったこの町の観光としての資源は有名な茶にちなんだ歴史的地名であったと言ってもよい。
　プーアル茶の起源論争は単なる歴史論争ではなく、「資源」論争に加熱していく。この論争が今日的意味を持つのはブランドとしての問題である。西双版納州勐海県の南糯山の「茶樹王」(樹齢800年の栽培茶として最古の茶樹　写真103)は誰が植えたのかという論争が問題とされた。この茶の木の由来は民間では諸葛孔明がもたらしたという話とサングイというアカ種族の祖先がハクカン鳥の腹か

ら種を見つけたという話の2つが伝わっていた［稲村 1991 132-134］。雲南省農科院茶葉研究所所長であった蔣銓は1957年に「六大茶山」を訪問し、現在のプーラン族、ドゥアン族などに繋がる「濮人」先行説を唱え［蔣銓1988］、「茶樹王」の傍らに看板まで作られた (最後に確認したのは1992年、2014年にはなくなっていた)。

　主な根拠としては、アカ種族の移動史が挙げられ、アカ種族は800年前に南糯山にいなかったということがある。これはアカ種族の神話的歴史の中の矛盾であり、800年という数字は後にもたらされた植物学者らによる科学的計測によるものであった。これに異議を唱えた門図 (1997) や姜定忠 (1999) などのハニ族出身の知識人たちは、現在のハニ族の分布、六大茶山の史料などを根拠に反論する。明清の史料には茶が生産されていたのは生産地としての車里 (西双版納) があり、野生種の茶の古木の分布もすべてハニ族の分布と一致するため、ハニ族の祖先がこれらの茶の木の種を蒔いて回ったとするものである。

　観光資源としての茶は健康、民族文化、生態環境といった記号と結びつけて宣伝するといった主張がなされている ［陸世軍 2007］。西双版納については、六大茶山 (江内) として攸楽山 (基諾山)、大渡崗の大茶園、易武の古い茶荘、勐海の茶樹王・古茶園・茶工場見学、茶馬古道探訪などが挙げられている ［陈红伟2005］。

　西双版納勐海の南糯山はこの10年で大きく変貌した。村は残らず新しくできた勐海と景洪の間を結ぶ高速道路の傍に移動した。1990年の調査では村落移動は1950年代に終わっており、定住化が進んでいるかのように思われた。

　前述のようにアカ種族の移動はもともと積極的な要因で起こるのではなく、焼畑の不足、村の中の不和、宗教的な要因 (双子の出産など不吉と考えられた出来事) で起きており、好んで移動する遊動民とは言えなかった。かつては15年くらいで村を移動していたものの、茶栽培などが固定収入を生み移動しなくてもよくなっていた。

　陸稲の焼畑は南糯山では1950年代にはほぼ消滅しており、水稲栽培へ移行させられていた。水田を山間の沢の周りに作るようになっていたが細々としたものであった。それでもアカ種族の米に対する執着があって、わずかであっても米を作っていたのであるが市場経済化が進んでくると米は買うものとなり、茶栽培が主要な生業になってきた。それに伴い茶の出荷のため、より低地の道沿いに村落移動をしていったという (写真10)。茶の栽培は高地のほうがよく、

茶園は高地にあるのだが運搬や製茶には大規模な施設が必要になった。そのための道路整備のために比較的幹線道路に近いところに村は移動させられた。

村門は村落の象徴であり、村落の中に入る邪悪な精霊（ネ neivq の内）を防ぐものであった。村落が安定し移動しないと毎年村門の建替え儀礼の度に新しい村門が増えていき、幾重にも村門のある村は平和な村であることを示していた。しかし、文化大革命で迷信活動の象徴となり、ほとんどが壊されてしまった。改革開放政策の下、1980年代の「民族文化」の復活とともにまた作られ始めていた。しかしながら、その後も稲作の衰退とともに村落儀礼も減っていき、儀礼としてのロカンドーも行なわれなくなっていた。

新しい村には鉄パイプで作った村門が建っている（写真10-1）。建て替え儀礼のなくなった村には建て替えなくてもよい村門ができていた。市場経済に翻弄される村落は全く別の意味の村落移動を経験した。環境保護の名の下に森林資源は高価なものとなり、よい木材は買わなくてはならなくなった。

茶葉観光に重要な資源である「茶樹王」は1996年ごろ枯れてしまった（写真103）。以前から観光客が幹に自分の名前を彫ったり、葉を摘んで持ち帰ったりすることなどが問題になっていた。今は樹齢800年のものはなくなり、樹齢数百年のものが残っているという。

現在の茶文化観光は省農業科学院茶葉研究所と西双版納陽光茶文化科技園が共同で設置した勐海県の「西双版雲茶源旅遊景区」があり、広い茶畑とともに製茶体験や博物館展示をしている。ツアーとしては景洪から打洛をぬけてミャンマー、タイへと抜けるコースの中に勐海と南糯山の茶園見学が組み込まれている。

2009年格朗和を16年ぶりに訪れた。ここは第1部で述べた1953年にアイニ族自治区が成立し、西双版納でも最初のアカ種族の自治区になった。名称も格朗和ガラホ geeqlanq heeq（第1部参照 資源の多いという意味になる）という場所である。役場の建物が新しくなって道路が舗装されたのを除けば、16年前とほとんど変わらない様子だった。景洪の観光都市としての変貌［長谷川 2008］は目を見張るものであったが、ガラホは観光とも経済開発とも無縁だった（写真104）。

写真104　2009年の格朗和と蘇湖（格朗和郷の中心だった村落）

資源化する「土司」遺跡

　文化大革命によって破壊はされなかったとはいえ、残った廃墟を資源に変えるには、土司遺跡は民族色がなかった。土司は中華風、人によってはフランスの様式を取り入れた家に住み、洋服を着て中華風の墓を作り、別の「民族」の子孫を残した。観光の記号としてはエスニックではなく歴史的なのである。雲南の有名な観光地としての土司遺跡は麗江古城の木府、建水の納楼司署（写真7）、孟連宣撫土司署などそれぞれナシ族、イ族、タイ族の土司のものといってもそうした民族色はなく、きわめて中華風な印象しか残らないであろう。

　雲南の土司研究において歴史学者の龔蔭の果たした役割は大きい。彼は、中国全土の土司制度について研究したが、特に雲南の土司についても造詣が深かった。龔はそれぞれの土司の「族属」を『中国土司制度』の中で記しており、不明なものは不明と記している。しかし、民族名称が確定してくる1950年代以前の人々の意識や漢籍に残されるような父系出自はもっと検討しなくてはならないことがかなりあるものと思われる。これは歴史学的問題であり、筆者にはこれ以上深く立ち入ることはできないが、土司は龔によって現在の民族名称に分類されてしまったと言うことができる。

　表16によると、ハニ族の土司の分布は現在のハニ族民衆の分布より広く、土司が建水、個旧、開遠など役所や鉱山のあったところに住んでいたことがわかる。また、アカ種族の分布する西双版納州などタイ族の支配地域ではチノー族、ラフ族の土司もいたにもかかわらず、アカ種族の土司はいなかったことがわかる。

表16　雲南においてハニ族と分類されている土司（龔蔭1992より作成）

分布している市県	土司名
箇舊市	斗岩寨土寨長李氏
建水市	納更山巡検司土巡検龍氏、六呼掌寨土外委李氏
開遠市	部旧村巡検司土巡検白氏
紅河県	思陀甸長官司土副長官李氏、渓処甸長官司土副長官趙氏、瓦渣長官司土副長官銭氏、左能寨長官司土副長官呉氏、落恐甸長官司土副長官陳氏
元陽県	稿吾卡土把総龍氏、猛丁寨土寨長張氏、猛弄寨土寨長白氏、宗哈・瓦遮寨土寨長白氏
金平県	茨桶壩寨土寨長李氏、馬龍寨土寨長白氏李氏
江城県	鈕兀長官司長官任氏および副長官陀氏
元江県	禾摩村巡検司土巡検李氏

最もハニ族土司が多かったのが紅河県であり、次いで元陽県となる。観光地としては辺鄙なところにある紅河は、かつてはハニ族土司の中心地であった。紅河県出身の政治家である王正芳は特にこの土司遺跡の修築を主張している［王正芳 2002］。

表17　紅河県の土司遺跡[王正芳 2002: 443-449]

土司遺跡名	所在地	状態
思陀土舎	楽育郷楽育村	現在郷政府の事務所として使用
落恐土舎	宝華郷朝陽村	南北ののぼり台のみ残存
左能土舎	宝華郷嘎它村	半分は嘎它村の事務所、半分は左能土司の子孫が居住
瓦渣土舎	甲寅郷甲寅村	1938年放火によって消失
渓処土舎	石頭寨郷石頭寨	ほぼ完全に残存

「土司」遺跡の「資源」としての活用例を元陽の猛弄土司署で見てみよう。土司の経歴などは第1部で述べた。ここでは「資源」の問題に焦点を絞りたい。

元陽県の新街と呼ばれる旧県城のあったところはナロウ（「納楼」）と呼ばれる土司によって治められており、後にモンノン（「猛弄」）と呼ばれる土司に変わった。納楼土司は今日のイ族に分類されている人々の祖であり、猛弄土司はハニ族の系統とされている。これらは比較的小規模な土司政体であった。

第1部で述べた猛弄土司の司署は元陽県の攀枝花郷に2004年に再建されている（写真105）。猛弄土司であった白日新（写真4-2右）が日中戦争時の雲南の遊撃部隊長を務めたことから1984年には州級の文物保護単位になってはいたが、2009年には宿泊や宴会もできる施設として元陽県の観光名所の1つとなっている。しかし、2014年に再び訪れた時は事実上閉鎖されており、ホテルなどが企画している世界遺産の棚田観光ルートには組み込まれていなかった。

猛弄土司司署の遺跡は資源としてみると、民族的というよりは歴史的な文化資源であった。棚田を見下ろす広々とした眺望を楽しみながら、土司の気分になりつつ、宿泊、飲食をするといった施設になっていた。タブー視されていた階級意識を「歴史化」することで、娯楽の対象とすることができるようになっていたのであるが、やはりそれがハニ族らしくなく、観光ルートとしてはハニ族知識人にはあまり好まれなかったのかもしれない。一方で歴史的文化資源としての建造物や石碑などはまだまだ放置されたものも多く、建築資材になりか

第6章　資源化される「文化」　　367

写真105　再建された元陽の猛弄土司署(写真4-1と同じ建物で写真4-2〜6はその展示)(2004年)

ねない状況になっているものも多いことは窺い知ることができる［唐立2008］。
　ハニ族は「哈尼族」という言葉が生まれる前から、民族資本の確立には失敗している。プーアル茶は清代・民国期にあった資本化の機会を失っているし、土司は民族的統合を果たせなかった。観光業の推進は、後期資本主義的な様相を呈し、記号の消費を生み出す。民族資本の確立には至らなかったハニ族は、名目の争奪によって、記号を生産し消費することになった。政治的文脈の作り出した記号を「消費」あるいは「民族」・地域の「財」として「利用」するのである。
　起源論争はしばしば歴史学の問題として戦わされるが、コンテキストが変わると容易に「資源」の問題にすり替わってしまう。知識人たちの主張する棚田の名称問題、プーアル茶栽培の起源、土司の帰属…の大半は「資源」獲得への戦略性はなく、ほとんどの場合誤解の連続である。たとえば、史軍超は棚田の帰属について他「民族」を排除したことはないと言い、茶の起源論争を見ても単純な排除は行なわれていないし、土司論争にしても帰属を1つに決めることは歴史学者が積極的にやっているどころかその複雑性を主張していることのほうが多い。
　問題は記号化される時に生じるコンテキストの変化や誤解から単純化がなされることである。史軍超、王正芳、李期博などが資源としての記号をハニ族のものにしているわけではなく、彼ら自身は慎重に「民族平等」の立場に立って独占に反対をしている。しかし、彼らハニ族知識人たちが文化資源や「民族文化」を表象すること自体が帰属のイディオムを生み出すことに間接的になっているのであり、そのことが悪いわけではない。単一の主体が解釈しているわけではなく解釈し解釈されるプロセスそのものに政治が潜んでいるのであり、「民族文化資源」は社会的に構築されているのである。
　総じて言えば他の少数民族に比べて、ハニ族は記号としての観光資源にはあまり恵まれていない。寺廟、墳墓、民族芸能など一目見て楽しめるようなエキゾチックなものは少なく、あっても漢族とそれほど違いのないものである。来儀らが『西部少数民族文化資源開発走向市場』で挙げているナシ、ペー、ミャオ、ダイ、ウイグル、チベットの多様な「文化資源」の例にはハニ族はほとんど挙がっていない［来儀 等2007］ことを考えると、ハニ族の文化資源はそれほど市場規模が大きくないのだと考えられているようである。現在の状況は総じて

言えば、政府の建設投資中心の西部大開発の中にあって、持続的発展が望める様な「資源」はそれ程ない。逆に現金収入を追い求めるあまり、他の自然資源そのものを枯渇させている懸念のほうが大きい。

　観光化はいったん始まってしまうと、文化を資源化し続けないと観光産業自体の維持すらできなくなる。観光資源の消費者は持続的な顧客ではありえず「文化資源」の生産者は次々にアイデアを練らなければならなくなる。景気のよい現在なら格差の開いていく中国において、貧困問題の処方箋として働くであろうが、一度「資源化」のアイデアが枯渇していくと、観光化の負の側面が浮上してくる。つまり、「資源化」自体も「資源」なのであって、アイデアはもともとの材料が有限な以上、いつかは無理やり作らざるを得なくなる。エコツーリズムや持続的な観光といった題目が繰り返されているが、そうしたアイデアにも増して景気が後退していくとき、暴力団、賭博、売春などのどこの観光地にもある負の社会問題のみが残される可能性もある。

　その中でもプーアル茶の資源化は比較的順調に持続的な開発に向かっているようである。茶文化観光はそれほどの経済的な効果はないにせよ、プーアル茶の資源化は西双版納州のアカ種族にとって比較的安定した生業となったと言える。以前は街で働いていたが村に帰って茶園を経営しているという人に多く会った。

　資源であるかどうかは、材料を使って新しいものを生み出せるかどうかにかかっている。1つは芸術であるが、映画『ルオマの初恋』は成功をしたと言えるかもしれないが、小説などはたくさんのハニ族作家が作品を発表する割には、市場の需要は少ない。社会科学院では『哈尼族口碑全集』全100巻を刊行することにしており、ハニ族の口頭伝承の大規模な出版を期している。本そのものが経済的に効果をもたらすわけではないであろうが、持続可能な「資源」としてハニ族の口頭伝承は最も重要なものであることは首肯できる。文字化することによって文化が維持されるか、創造性を生むかどうかは未知数であるが、これらを彼らは「資源」として選択したのである。

　社会主義市場経済化での「資源化」の模索について考えることは、中国という特殊な「近代」を考えることである。一見資本主義化したかに見える中国は、国家の回路を使って市場経済化していく。「資源化」の問題はこうした国家体制

の中のローカルなブリコラージュを見ていくことなのである。

第2節
紅河ハニ棚田の世界文化景観遺産登録から見る「文化的景観」と「風景」

　前節で検討した元陽の棚田は2013年6月22日に「紅河ハニ棚田」として世界文化遺産に登録された。本節では「文化的景観」の世界文化遺産登録を事例に、ユネスコの言う「文化的景観」を分析する。グローバルなものに訴えてナショナルな資源を獲得しようとする中国政府とハニ族知識人の政治的やりとりから開発を考えたい。なお、2014年9月に筆者は指定後の元陽の棚田を調査している。

ハニ族の棚田の世界文化遺産指定

　カンボジアのプノンペンで2013年6月16日〜27日に開催された第37回世界遺産委員会において、中国雲南省の紅河ハニ棚田 Cultural Landscape of Honghe Hani Rice Terraces が22日に日本の富士山とともに世界文化遺産に登録された（富士山の直前のセッションだった）。富士山の登録があまりに大事だったためか、日本では全くと言ってよいほど報道はなく、外国メディアも中国の新華社を除くとほとんど報道がなかった。

　富士山の登録にあたって、諮問機関のイコモス（ICOMOS: International Council of Monuments and Sites 国際記念物会議）は三保の松原を外すよう勧告しており、その点がどうなるかが焦点であったが、結果的に静岡県側のロビー活動が効果を発揮し、三保の松原を含めた形で登録は認められた。

　その際に問題となったのは「文化的景観」(cultural landscape) の問題であり、世界遺産全体が謳っている「普遍的価値」(universal value) をどう考えるかという点であった。焦点は2つであり、1つは信仰の問題、2つ目は文化的景観である。信仰としてイコモスは巡礼地 pilgrim をイメージしており、聖なる山の世俗とは離れた巡礼地にしては世俗的で、かつ45キロも山から離れた三保の松原が巡礼地であるシステムが見えないことが問題であった。もう1つは三保の松原

自体の距離もさることながら、安藤広重、喜多川歌麿の浮世絵の「普遍的価値」は既に認められるとしても日本人が「借景」として愛でる「風景」が確かに日本中に際限なく広がるであろうということであろう。

ハニ棚田もまた、同じく「文化的景観」による文化遺産としての登録であり、このために10年以上様々な機関が努力をしてきた。富士山と異なるのは、それがハニ族という少数民族を主体としたのものであり、建物がほとんどなく棚田そのものだけということ、浮世絵などの既に認められた芸術的価値を欠いていることなどである。

今回指定された棚田の地域には筆者が1997年～1998年に9ヵ月住み込み調査をした村落も含まれている。急激な変化の中にある中国において、ハニ族の棚田が世界文化遺産に「文化的景観」の名で登録されることの意義について「景観」と「風景」という観点から考えることが本節の目的である。

方法としてはまず、景観および風景の概念を分析概念として定めておいて、イコモスの評価書を中心に、ハニ族知識人側の出した申請書と対照しながらその差異から景観と風景の問題を考える。ハニ族知識人側の申請書にも彼らの戦略があり、実際のハニ族の認識とはズレがあると筆者は考えるが、その点にも適宜検討を加える。その上でより一般的な枠組みの中に置き、ユネスコの言う「文化的景観」という概念が何であるのかを問い、これからのハニ族の政治経済的な戦略とともに将来あり得べき開発について考えてみたい。

先行研究としてはハニ族知識人による政治的論文を除けば、ハニ族については孫潔（2008、2010）が観光人類学の視点で景観を扱っている程度に過ぎない。雲南省に限っては麗江古城の世界遺産について文化的景観を論じた山村・張（2004）などがあり、参考になる。日本においては白川郷、能登、佐渡、石見銀山の研究が若干あり、石見銀山と紀伊は文化的景観が世界遺産指定に関わっているものの、社会主義市場経済という特殊な制度を持つ中国との直接の比較は難しく適宜触れる程度に留める。今後、ハニ族の世界遺産指定をめぐる人類学的研究が増えていくことは予想される。

景観と風景

ここではまず景観と風景という語を整理しておきたい。整理の目的は本書の

問題とする世界文化遺産指定においてユネスコのいう「文化的景観」(cultural landscape) という語を学問的に分析するためである。

　景観と風景という日本語は日常的にも、景観は客観的で風景は主観的という印象を受ける。景観には「景観権」というように法的な対象となり、風景にはそうした公的な条文や権利義務といったものの対象になるようなニュアンスがない。景観が法学、地理学、環境科学といった客観性志向の学問の用語として使われるのに対して、風景は文学、芸術などの主観性志向の学問分野で使われるといった印象が強い。

　さしあたり、この語を最もよく使うと思われる地理学を参考にしながら、本書での使い方を決めておきたい。歴史地理学者の千田稔は『風景の文化誌Ⅰ』という編著の冒頭で「景観という言葉が日本で初めて使用されるのは地理学ではない。植物学者がドイツ語のLandschaftに学術用語としての景観という訳語を与えたものであった。しかしその後地理学において使われることになるが、その概念は明確に定義化されないままに、今日にいたっていると言ってよい」[千田編著 1998: 1] と述べている。訳語であることは日本の人文社会科学一般に多いことではあるが、地理学に景観の定義がないことは人類学に統一的な文化の定義がないように激しい学派闘争を思わせる。千田のその後の記述を読むと、landschaft＝landscape＝景観といった単純な理解はできず、ドイツ景観学派の文化景観 (Kulturlandschaft) 概念と日本語にどうした語を充てるかという問題も含めて激しい論争が見てとれるが本書では学史を追う必要はない。ドイツ景観学派の文化景観 (Kulturlandschaft) 概念は、アメリカにおいて後に文化地理学という分野を形成するバークレー学派の確立に寄与する。この概念を明確化したカール・サウアー (Carl O.Sauer) について、文化地理学の教科書は次のように説明している。「彼 (サウアー) は人間の手の加わっていない景観を自然景観、加わったものを文化景観と呼び、文化が自然景観に営力 (作用因) として働いた結果、文化景観が生まれるとした。サウアーは、文化地理学を自然景観から文化景観への移行過程を説明する学問分野であると意義づけた」[中川 2007: 22] としている。また、サウアーの文化概念が同じカリフォルニア大学バークレー校の人類学者のA.クローバーの「超有機体論」に基づくことを批判されていたという中川正の指摘 [中川 2007: 23-24] は当時の人類学のパラダイム転換と地理学が

共軌関係にあったことを教えてくれる。

　いずれにせよ、ドイツからアメリカへの転換が見られるわけであるが、サウアーまでの文化景観 (Kulturlandschaft) 概念をドイツ語の訳語にしておいて、「文化景観」という語と「文化的景観」という語を区別しておきたい。ハニ族の棚田景観はまさにサウアーのいう文化景観そのものなのであるが、ユネスコの言う文化的景観 (cultural landscape) とは異なるものである。また、千田が言うように地理学でもlandscapeに「景観」を充てるか、「風景」を充てるかは決まっていないのであるが、ここでは風景をsceneryとしておき、景観をlandscapeとしておいて、ユネスコの文化的景観 (cultural landscape) 概念を考えてみたい。

　本書ではさしあたり次のように風景sceneryと景観landscapeを規定しておく。*16 風景とは「特定の文化的集団が間主観的に認識する視覚的構成物」としておく。景観とは「客観的で普遍的価値に基づく視覚的構成物」としておく。「普遍的価値」を定義することは、ひとりの人類学者の意見として、筆者はそれができればすばらしいとは思うが、無理なことであると考える。本節の風景の規定のうちの文化については認識人類学者のグッドイナフに倣って「人々が知覚し (perceiving)、関連付け (relating)、解釈する (interpreting) ための複数のモデル (models) である」[Goodenough 1957: 167] としておく。

　その上でユネスコのいう文化的景観とは何か考えてみたい。ユネスコの文化的景観 (cultural landscape) 概念が出てくるのは1992年の16回世界遺産委員会 (アメリカ・サンタフェ) での「世界遺産条約履行のための作業指針」の改訂においてである。世界遺産は従来自然遺産と文化遺産の2つで審議されていたが、ここに複合遺産の項目を設けたために必要になった概念である。これ以降、文化的景観は複合遺産ではなく、文化遺産に登録されることになる。そもそも文化と自然を分ける西洋的発想が批判され、自然と文化の「複合遺産」(Cultural and Natural Heritage) という世界遺産の項目が設定されたわけであるが、その際に付帯決議として文化的景観は文化遺産として扱うこととなった。

　ユネスコとイコモスが策定したWORLD HERITAGE CULTURAL LANDSCAPES (2009) には文化的景観は次のように定義されており、3つのカテゴリーが設けられ、2つ目のカテゴリーは2つのサブカテゴリーに分けられている。まず、文化的景観とは「自然と人とを結びつける作品 (works) を示す文化的資

産」(cultural landscapes are cultural properties that represent the "combined works of nature and man") とされている [p.7]。ちなみに、日本の『世界遺産事典』では「文化的景観は、人間と自然環境との相互作用によって生まれた共同作品を表している」[古田監修 1999: 13] と訳しているようであるが、「文化的資産」であるという点が文化遺産に含まれるという点で重要であり、combined works を「共同作品」とするのは意訳がすぎると思う。

1. 最も容易に確認できるのは人によって故意に創りだされ意匠された明確に規定された景観である。しばしば（いつもとは限らない）宗教的あるいは他の記念碑的建造物群と結びついた美学的な理由 (aesthetic reasons) によって構成されている庭園 (garden)、公園地 (parkland) を含んでいる。
2. 2番目のカテゴリーは、自然に (organically) 発達した景観である。これは最初の社会、経済、行政、そして（あるいは）宗教的命令の結果が、自然環境とともにまたその対応として組織された現在の形態を発展させている。こうした景観は、その形態と構成上の特徴において進化の過程を反映している。
   2-1 遺物的 (relict) あるいは化石的 (fossil) な景観で進化過程の途中か過去のいずれかの時期（突然にあるいは一定期間かけて）に消滅したものである。その意味深く顕著な特徴が物質的な形態で観ることができるものである。
   2-2 継続する景観で、現在の社会において伝統的なやり方に緊密に結びつけて生きた社会的な役割を担い、それは進化過程にあっていまだその過程にあるものである。同時にそれは長期にわたる進化の意味ある物的証拠を示している。
3. 最後のカテゴリーは複合的文化的景観 (associative cultural landscape) である。自然の要素と、力強い宗教的、芸術的、文化的な複合（むしろ物質的な文化的証拠より、それは重要ではなく、欠いていてもよい）に照らして世界遺産リストに入れることを判断しうる景観を含んでいる。

紅河ハニ棚田はおそらく3のカテゴリーである。2-2も考えられるが、後述するようにイコモスはハニの棚田が人類の進化の一過程の証拠であるという主張を退けた。しかしながら、文化的証拠は重要でないと述べているにもかかわらず、

かなり文化的物質的証拠を求めていると筆者は思う。また、ユネスコの言う文化的景観の定義は本書での風景に近いものの実際の指定プロセスはIUCN (International Union for Conservation of Nature and Natural Resources 国際自然保護連合) の意見もあり、かつ筆者の言う景観を指定してから文化的資産 (cultural property) を組み入れるというプロセスをとるため、それ程文化が重視されているようには思われない。いずれにせよ、3の場合それが複合的に一体的 (integrity) であることが後に述べるように重要である。

前述のように「文化的景観」の定義の中のcombined worksを「共同作品」ととると、ある種の美的価値が想定されているということになる。また富士山の場合もそうであったように、文化的資産が景観に想定されており、その一体性 (integrity) とオーセンティシティ (authenticity) が要求されている。次項から具体的にイコモスの評価書を中心にこれらがどのように審査をされたかを見ることによって文化的景観の問題を明らかにしたい。

ICOMOS評価書、IUCN答申書の問題点

世界遺産指定はイコモスが予備的な評価書をまとめ、当否はこの評価書によってほぼ決定する。イコモスの審査は現地調査→IUCNからの答申→イコモス評価書の策定という手順で進められる。IUCNは生物多様性などの観点から主として自然科学的に答申をまとめ、イコモスはそれを参考にして評価書をまとめる。これらの評価書はユネスコの公式サイトで世界遺産が正式に決定されるユネスコ世界遺産委員会開催の前に公開されている。世界遺産委員会の最終決定報告は通常2年後ぐらいに発行されるので本書では扱うことができない。

本項ではまずこれらの評価書の問題点を考えてみたい。その上で次項ではイコモスの戦略と指定に関わったハニ族知識人たちの戦略についてまとめてみたい。本項でページのみ示した引用はすべてイコモス評価書 (whc13-37com-8B1inf-en.pdf) の参照ページである。

まず、今回指定された紅河ハニ族棚田Cultural Landscape of Honghe Hani Rice Terracesという名称である。正文は英語、フランス語、中国語、スペイン語で出されるため、日本語の正式名称というものはない。中国語の正式名称は「紅河哈尼梯田」である。

英語と中国語の微妙な違いは申請までのイコモスと申請した紅河州の駆け引きの結果である。中国側の主体は「紅河哈尼梯田申報世界遺産委員会」であり、委員会の責任者は白成亮紅河州州長である。申請案を主に策定したのは紅河州紅河県出身で、雲南省社会科学院研究員の史軍超であり、最終的な英語の文案は中国の国家世界遺産委員会が策定しているはずである（年表3参照）。

まず、英語名称が文化的景観（cultural landscape）のみに限定されていることが重要である。これは中国語には反映されていないが、英語では限定が必要だったことがわかる。この点は後で扱う。次に英語がHongheとなっている点である。これは中国側が申請する際に大きな議論となった点に関わっている。Hongheは「紅河」という文字を中国語併音記号にしたものであり、もしも河の意味で使うのであれば普通はRed riverであり、ベトナムではソンコイ河（Song Coi）として知られた河である。ベトナムとの問題もあり、中国側はこれを河の意としてはおらず、イコモスの評価書でも一貫してHong riverと音訳している。州長は世界遺産指定とともに市場経済における戦略として、紅河州（Honghe Prefecture）全体の商品のブランド化を指示しており、「紅河」ブランドの確立を目指して特に「紅」の文字を米、酒、薬などの商品名に付けるようにしている。また、この地域で棚田を作っているのはハニ族が多いとはいえ、ハニ族だけではないので民族平等の観点から特定の「民族」名を入れることは係争のもとであったようである［cf. 孫潔 2008: 85-101］（ただし、孫潔はこれが係争であったという論拠として他の「民族」からの文書を挙げておらず、インタビューとして数人の仮名の知識人を挙げているだけである）。さらに、政治的には以前から紅河県が歴史的な正統性を主張しており、元陽県（Yuanyang County）よりもハニ族としては多くの土司遺跡を持つ紅河県（Honghe County）にも配慮する必要があった。しかしながら、イコモスとの協議の結果、指定を享受されるべき主体を明確化することが、国際先住民宣言を決めた2007年以降の流れであり、指定範囲を狭めるという点でも重要であった。そこでの妥協の産物が「族」なしの「哈尼」という形容詞的用法、「州」「県」なしでなんとなく中国語では「河」を指定しているかのような「紅河」であり、結果的に「紅河哈尼梯田」という玉虫色の名称が中国語で確定したと推測する。イコモスも英訳ではこれを河とはせず地名であることをなんとなく示すようにHongheとして、PrefectureとかCountyを名称には入れずに、説明

の中では明確にYuanyang County（元陽県）としている。Haniはpeople、ethnic group、nationalityといった従来の人間の集団を表す限定はせず、形容詞的にHaniを使うということで「ハニ」、「ハニの」という双方の読み方を是認する形で決着したものと考えられる。

　次に指定地区の面積であるが、イコモスの評価書には1万6603.22ha（およそ1万6600ha）が指定地域とされ、緩衝地帯（buffer zone）として2万9501.01ha（2万9500ha）という指定地域よりも広い面積が付けられた。指定地域は中国側の申請書では1万8410haであり、元の申請よりは1810haほど減っており、緩衝地帯も20万haという申請から2万9500haほどに減らされている[cf. 史 2005b: 130]。とはいえ、広大な指定地域と緩衝地帯が指定されたということができよう。

　ちなみに面積で言えば、ハニ族の棚田の指定地域は富士山の指定地域（2万701.1ha）に匹敵する。沖縄の「琉球王国のグスク及び関連遺産群」の54.9ha（緩衝地帯559.7ha）の約300倍の広さである。[*17]

年表3　紅河ハニ族棚田世界遺産申請の過程

1985年	『哈尼族簡史』(雲南人民出版社)で紅河南岸の棚田の価値を指摘。
1993年3月	第1回ハニ族文化国際学術討論会(紅河州)
1993年	フランス人写真家のヤン・レイマ(Yann LAYMA)による映像「山の彫刻家」(Les sculpteurs de montagnes 1993)がヨーロッパで反響を呼ぶ。
1995年秋、	フランスの人類学者の「辻・欧也納博士」らが雲南省社会科学院史軍超研究員にユネスコの世界文化遺産に申請することを提言。
1999年1月	雲南省政府・雲南省委員会主催「雲南省建設民族文化大省研討会」において「元陽ハニ族の棚田文化奇観の保護と発展基地の建設の構想」(史軍超)論文を発表。
1999年	昆明世界園芸博覧会　1999年12月　西部大開発に着手。
2000年2月～6月	史軍超等は「元陽哈尼族梯田申報世界遺産方案」を作成、「紅河州人民政府元陽哈尼族梯田申報世界遺産組織機構」で委員会を組織し、「紅河州人民政府関於紅河哈尼梯田申報世界遺産的可行性論証報告」を起草。紅河州の領袖より提言があり、名称を「紅河哈尼梯田」と改称された。遺産の項目は「文化および自然遺産」(おそらく複合遺産のこと)であったが、最終的に「文化遺産」として確定し保護区を2段階に設定。
2000年8月	第二回「雲南省建設民族文化大省研討会」(史軍超)にて「対元陽哈尼族梯田申報世界遺産的調査研究」、「打世界頂級品牌―関於建立雲南省申報世界遺産戦略的建議和構想」(史軍超)(世界的ブランドの確立―雲南省の世界遺産申告の戦略と構想について)が発表され州で批准。
2000年10月30日	『紅政報』[2000] 141文書『紅河哈尼族彝族自治州人民政府関於将紅河哈尼梯田申報為世界自然文化遺産的請示』で雲南省人民政府へと報告。
2001年1月	紅河哈尼梯田申報世界遺産辦公室(「紅河哈尼梯田」世界遺産申請事務所)が紅河州建設局に設置。
2001年10月	申請事務所は『紅河哈尼梯田保護管理暫行辦法』を策定。「紅河哈尼梯田」の保護区域と核心区の範囲を明確化。
2001年10月9日	紅河州人民政府『紅河哈尼梯田申報世界遺産文本』予審会」を開催。
2002年の初頭、	紅河哈尼梯田申報世界遺産辦公室が『紅河哈尼梯田保護総体規劃』(棚田保護の総合計画)を策定。
2002年12月	第4回国際ハニ/アカ文化学術討論会(元陽県、紅河県)
2004年6月28日～7月7日	中国の蘇州で開かれた第28回の世界遺産委員会において同棚田は中国世界遺産の準備リストに入った。National Geographic などが取り上げた。
2010年6月18日	FAO(国際連合食料農業機関)世界重要農業資産システム(Global Important Agricultural Heritage Systems(GIAHS)通称「世界農業遺産」)に登録。
2008年3月28日	ユネスコの暫定遺産リストに入る。(この年9月　リーマンショック)
2011年9月	国務院申請に同意。
2012年1月20日	世界遺産センター受理。
2012年9月8～14日	ICOMOSによる現地査察。
2012年12月19日	文化的景観遺産としてIUCNの答申。
2013年3月6日	ICOMOSによる最終申請書提出。
2013年6月22日	紅河ハニ族棚田(Cultural Landscape of Honghe Hani Rice Terraces)世界文化遺産に登録(第37回世界遺産委員会、プノンペン)。

第6章 資源化される「文化」

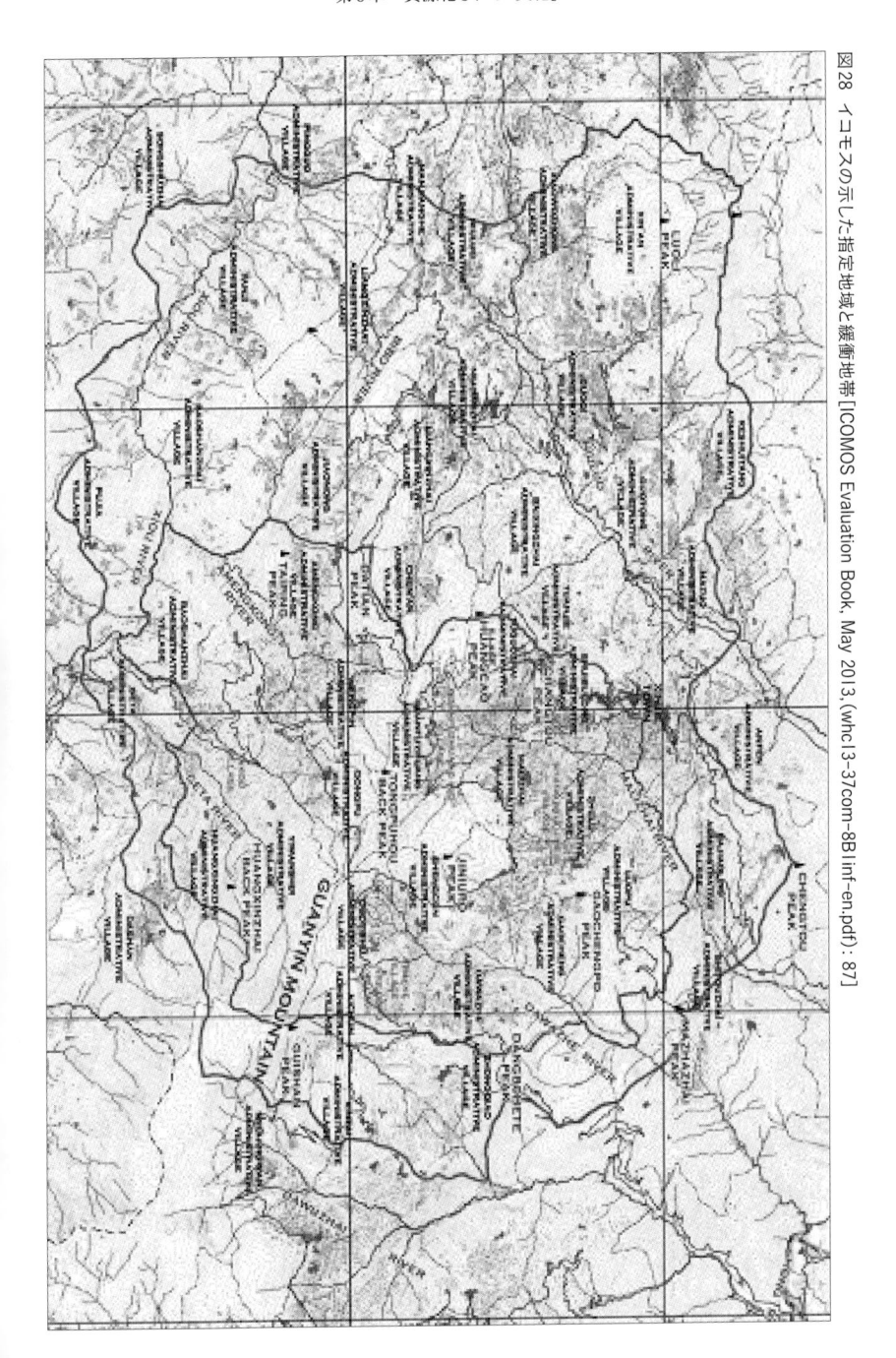

図28 イコモスの示した指定地域と緩衝地帯 [ICOMOS Evaluation Book, May 2013, (whc13-37com-8B1inf-en.pdf) : 87]

図29 評価書の地図を中国語の行政地図と合成した地図(『元陽県志』より作成)

図30 中国側の推薦地域[史2005b]　破線内が世界遺産推薦地域

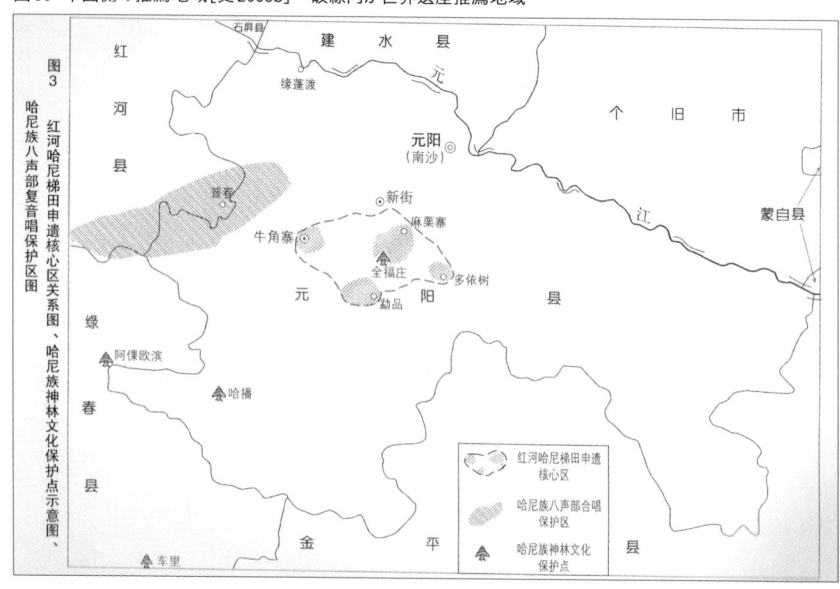

中国側の申請より実際の世界遺産指定地区は1810ha減っているはずであるが、中国側の地図が曖昧なものの、指定地域の西側の地域が削られているように見える。牛角寨を中心とした地域で中国側の申請時の4ブロック（多依樹、坝達、牛角寨、勐品）のうち1ブロックをなしていたが、緩衝地帯に格下げされていることがわかる。

　評価書ではまず、検討基準が示されている。世界文化遺産の基準は以下のとおりである（自然遺産の規準は省略）。訳は筆者による和訳、＊は後に説明する筆者による注記である。

（ⅰ）人類の創造的才能を表現する傑作を表現するもの　＊中国検討要請・イコモス除外
（ⅱ）ある期間を通じてまたはある文化圏において建築、技術、記念碑的芸術、町並み計画、景観デザインの発展に関し、人類の重要な交流を示すもの　＊中国除外・イコモス除外
（ⅲ）現存するまたは消滅した文化的伝統または文明の、唯一のまたは少なくとも稀な証拠となるもの　＊中国検討要請・イコモス検討採用
（ⅳ）人類の歴史上重要な時代を例証する建築様式、建築物群、技術の集積または景観の顕著な例　＊中国検討要請・イコモス除外
（ⅴ）特に回復困難な変化の影響下で存続が危ぶまれている、ある文化または複数の文化を代表する伝統的集落、ないし土地利用、海洋利用の際だった例　＊中国検討要請・イコモス検討採用
（ⅵ）顕著で普遍的な意義を有する出来事、現存する伝統、思想、信仰、または芸術的、文学的作品と、直接にまたは明白に関連するもの　＊中国検討要請・イコモス除外

（自然遺産規準：略）
　1992年以来、人と自然環境の間の重要な相互作用は文化的景観とする。

　中国側は（ⅱ）を除いてほぼすべての（ⅰ）（ⅲ）（ⅳ）（ⅴ）（ⅵ）の規準を適用するよう申請した。（ⅱ）を除外した理由は詳らかでない。史軍超の提出した元の申請書は（ⅰ）（ⅱ）（ⅲ）（ⅴ）であり、むしろ（ⅱ）は主張され、（ⅳ）と（ⅵ）

は除外されていた。イコモスは（iii）（v）を審議事項とし、（i）（ii）（iv）（vi）を世界遺産委員会の審議事項から外すように評価書をまとめた。その理由は次のようである。同じく答申書を訳す（＊は筆者註）。

（i）人類の創造的才能を表現する傑作を表現するもの

　この基準は関係国政府（State Party on the grounds）が、ハニの人々と環境の巧みな相互作用が作り出す景観（landscape）であり、それは壮大な大地の彫刻と見なされ、数千年にわたって発展してきたと判断したものである。

　イコモスは棚田が外部からみて、視覚的に魅力的（visually pleasing）あるいは壮観（spectacular）だとしても、美学的価値（aesthetic value）が棚田を創造した人々による成果であると証明できないと考える。それはいくらか主観的な反応であって、この景観を創りだした何世代もの人々による美学的な創造と関連付ける必要がない。これはこうした芸術的感受性（artistic sensitivity）が存在しないといっているわけではなく、登録において明示されていないということである。イコモスはこの規準は判断しない。

（ii）ある期間を通じてまたはある文化圏において建築、技術、記念碑的芸術、町並み計画、景観デザインの発展に関し、人類の重要な交流を示すもの
　＊中国側が除外したため検討外。

（iii）現存するまたは消滅した文化的伝統または文明の、唯一のまたは少なくとも稀な証拠となるもの

　この規準は関係国によって、棚田の景観はハニの人々の自然崇拝、伝統的生産の仕方を反映し、それは社会構造、用地の選択、集落と建物の構成、水源の保護と水の分配、農期と米作の理解と知識、技術などを含んでいる。また、ハニの人々の文化的伝統は、供儀や祭りの形で、生態系を助けているためである。

　イコモスは、棚田は精緻に農業水利システムに向けられており、それは長期にわたる特徴的な社会─経済─宗教的システムに支えられている。ハニの主作物は稲であるが、彼らは野菜、魚、家禽を育て、森から野生の食物を得ている。

強固に統合された食物生産のシステムにおいて、アヒルは稲の苗を育み、鶏と豚は成熟した植物に施肥をするのに貢献し、水牛は翌年の田植えのために田を鋤く。田で育ったタニシは様々な家畜に食べられる。つまり、稲を育てることはさらに広い農業のプロセスを統合しているのである。このプロセスは精緻な社会―経済―宗教的システムによって持続しており、それは彼ら自身の土地と広いコミュニティへの責務を通じて、人の環境との関係性を強め、自然の聖性を追認する。このシステムは「人と神の一体の社会体系 (Man-God Unity social system) として二元的相互依存的体系 (system of dual interdependence) として知られ、それは棚田の形で物理的に表されたものであり、特別に生きた文化的伝統を形成している。イコモスはこの規準は判断できると考える。

(iv) 人類の歴史上重要な時代を例証する建築様式、建築物群、技術の集積または景観の顕著な例

この規準は関係国が棚田の景観が7世紀に遡り、最も顕著で代表的な成果 (work) であるとともに、深い重要性、広範な影響力、ユニークな特徴と含意を伴う持続的で古くから続く農業文明の例であると判断したものである。

イコモスは、これらの景観がいかに人類の歴史において重要な段階を反映したものとみなすことが示されていないと考える。その価値は歴史の瞬間というよりは長年にわたる持続をよく反映している。イコモスはこの規準は判断しない。

(v) 特に回復困難な変化の影響下で存続が危ぶまれている、ある文化または複数の文化を代表する伝統的集落、ないし土地利用、海洋利用の際だった例

この規準は関係国によって、「紅河ハニ棚田の文化的景観」が森林、水、村落、棚田の4つの要素の完璧な統合 perfect integration を特徴づけ、人と自然の調和のとれた (＊和諧的 a harmonious combination) 結合を示しているとしている。

棚田の景観は環境と調和した統合された農法と水利システムを反映しており、人と神々 (gods) の間の二重の関係を体現する社会―経済―宗教的システムに支えられ、少なくとも1000年の間維持された「壮大な古典」(extensive archival sources) を示すという顕著なやり方であるとこの規準をイコモスは判断した。イコモスはこの規準を判断できると考える。

(vi) 顕著で普遍的な意義を有する出来事、現存する伝統、思想、信仰、または芸術的、文学的作品と、直接にまたは明白に関連するもの

　この規準は関係国によって棚田はハニの人々の特殊な文化的伝統の核心的価値に関連し、ハニ族 (Hani ethnic group) の文化的アイデンティティの重要な象徴であると判断している。イコモスは、ハニの人々の文化的伝統がハニの人々と環境の相互作用によって疑いなく支えられているとはいえ、これらの伝統がいかに顕著な普遍的意味を有しているといえるのかが証明できないと考える。イコモスはさらにこれらの伝統がまずは規準 (iii) に含まれると考える。イコモスはこの規準を判断しない。

　イコモスはオーセンティシティと統合性は満たしており、指定された資産は規準 (iii) と (v) を満たしていると考える。

　人と神の一体の社会体系 (規準 (iii)) とは原文の中国語は何であったのであろうか。史軍超の申請書には「天神合一」[史 2005b: 131] という語が規準 (ii) への主張として出てくる。もしも、英訳者が Man-God Unity と「天神合一」を同一視していたとすればとんでもない誤訳を重ねていることになる。史軍超はそもそも中国文学者であり、「天神合一」は古代中華的イデオロギーを体現しているが、ハニ族の世界観はとは異なっており、また「天」は God ではない。

　評価書についての信仰に関する大きな問題点は霊的存在に対してほぼ一貫して大文字の God が使われていることである (例外として gods が上記中の1ヵ所ある)。英語に翻訳する前の中国語原稿は見ることができないが、明らかにハニ文 (ハニ語のアルファベット表記) のない原稿を使っていることがわかる。例えば村落の守護をする霊的存在を Angma と書いており、soul of village としているが、これは「昂瑪」という漢語の当て字をピンインに直したものである。これは、母を表す「阿瑪」と区別するための漢字の修辞であり、ハニ文で書けば前者は hhaqma、後者は aqma となり、かなり異なる。地の守護をする霊的存在であるミソも Misong となっているが Milsaol とハニ文では書く。また、アマ hhaqma を soul of village とするのは中国側の申請委員の1人である前述の李克忠の意見であるが、筆者は村とリネージの中間であり、必ずしも村の「神」とは限らないとしている [稲村 2004, 2005]。

　こうした霊的存在のほとんどは祖先 aqpyu か、祖先の兄弟や親などの祖先を

拡大した存在であり70代にもおよぶ口頭の系譜に現れる。多神教というよりも祖先崇拝が様々な自然物へ及んだ結果なのであって、一神教を思わせるGodではなくancestorやdeityが妥当なところであり、文脈に応じてspiritも用いられるべきである。これは漢語の「神」をそのまま訳したせいであり、道教的な「神」は中国語では近似的な理解をできるもののGodは誤解を招く。イコモスも彼らが多神教であることは理解しているが、一神教のキリスト教、イスラム教のモデルから自由なのではない。

　そうした中で、「文化的景観」の構成資産として何か祈りを捧げるとか、巡礼を行なうような施設が必要になったのかもしれない。史軍超が用意した『文明的聖樹』[*18]は世界遺産申請に向けて元陽県の魅力を全面的に主張した本であるが、宗教的建物となるとわずかに緑蓬渡の「哈尼王廟」（筆者は聞いたことがない）の道教風の天女のようなレリーフと石獅子が載せられている［史2005b: 16-17］。おそらく、土司の残したものであろうが、ハニ族の文化は感じられない（写真106）。また、同書には既に再建済みであったと思われる土司遺跡にもまったく言及はない。少なくとも、史軍超が申請した時点では土司遺跡は中国革命の残滓に過ぎず、ハニ族文化とは関係のない過去の遺物に過ぎなかったのであろう。このことは紅河県のハニ族とは全く異なる主張である。

　第2章第2節で述べたように中華人民共和国が成立した1949年以降も紅河州の土司は、共産党の役職に就いたり、海外に逃げたりと様々な命運を辿ったようである。近年その歴史が徐々に解明されつつあり、文化大革命などの現代史のタブーが破られるにつれて案外最近まで活躍していたことがわかってきている。紅河州の土司の多くは特定の「民族」に分類できない人々であり比較的不安定な封建制であった。また、国民党側にまわった土司も習近平政権下では名誉を回復しにくい状況が強まっていた。

　イコモスは棚田を指定するにあたって信仰的側面を文化的構成物とみなそうと建物を調査したようで元陽県の2つの土司遺跡（猛弄土司司署と宗瓦寨土司遺跡（原文：Zongwazhai））を関連資産として指定している（写真119）。ハニ族には元来寺廟などの建物はなく、村の神樹や山や林などの自然物に対する祭祀を、前述の拡大された祖先崇拝を基盤とした多神教的体系によって維持している。そのため歴史的な建造物に乏しく、伝統的建物といえばキノコ型家（「蘑菇房」）と呼

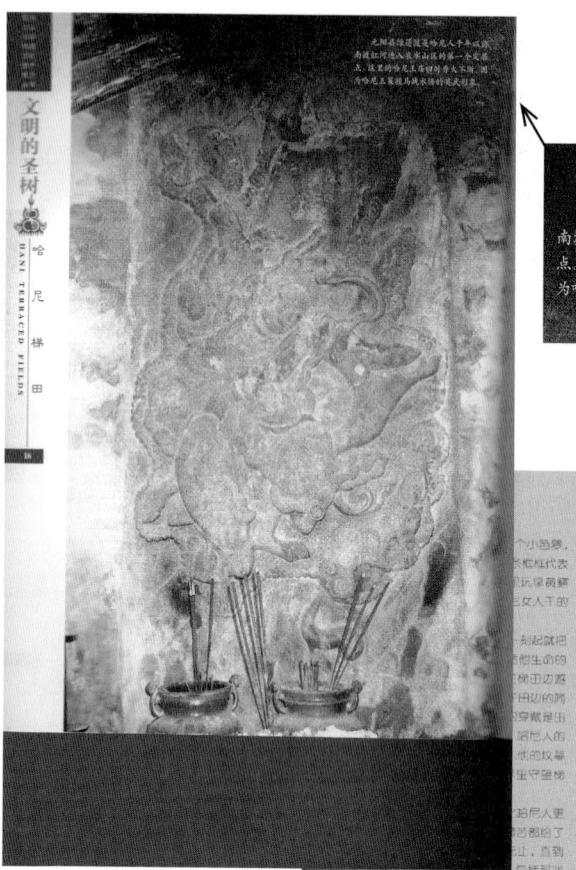

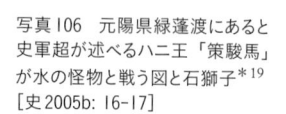

写真106　元陽県緑蓬渡にあると史軍超が述べるハニ王「策駿馬」が水の怪物と戦う図と石獅子*19
[史 2005b: 16-17]

ばれる民家のみである。土司遺跡の多くは土司の居宅や役所（「衙門」）などであるが、これも革命中に破壊されてしまったものが多い。

　土司遺跡は紅河州では圧倒的に紅河県に集中しており、他に観光資源の乏しい紅河県は元全人代の代表であった王正芳を中心に土司遺跡の再建を主張していた［王正芳 2002］。しかしながら、イコモスが指定したのは元陽県のみでかつハニ族に特定されてしまったため、ナロウ（納楼土司：普氏でイ族とされ、国民党側についた）の統治が長かったこの地域でハニ族土司の遺跡を探さなくてはならなくなったと推察する。

　1つ目の猛弄土司の遺跡は前述のように2004年に再建されており、史軍超は無視しているが、おそらくこの世界遺産指定登録を目論んで再建されたものと思われる。

　2つ目は「宗瓦寨」（「寨」は村落の意）であり、これは正しくは「宗哈」と「瓦遮」の2つの土司の村の管轄する政体のことである。官職名は「土寨長」であり、かなり小さな政体の長である。これは馬氏によって始められこの馬氏に対して歴史家の龔蔭は不明としており、その後を継いだ明代の白氏をハニ族としている。清代には白氏と普氏が正になり副になりながら政体を維持しようとするが、普氏が中心になるようになり民国期にはイ族とされる普氏が実質的な土司であった［cf. 龔蔭 1992: 520］。統治した地域は、東南夏娘、瓦灰とされている。

　元陽県において龔蔭がハニ族と判断した土司は、稿吾卡土把総龍氏、猛丁寨土寨長張氏、猛弄寨土寨長白氏、宗哈・瓦遮寨土寨長白氏であり、ハニ族土司の官職としては猛弄土司も宗哈・瓦遮寨も「土寨長」であり、この官職は通常土司に数えない程の末端の長に過ぎない。同じく「土寨長」だった猛丁土司もおり、本来は正式な土司に挙げてよい「土把総」だった稿吾卡龍氏の遺跡はどうなってしまったのか不明である。『元陽県志』では宗哈・瓦遮寨の最後の土司は普国梁でイ族であり、多依樹の人で民国期の1944年に六合郷郷長となり、1949年以降も州政協副主席、省人大代表などの要職を歴任している［元陽県志: 682］。ちなみに、稿吾卡の土司の司署は1949年10月に破壊されたとある［元陽県志: 582］。

　稿吾卡土司と納更土司は同一リネージに属し、稿吾卡土司の末代は龍鵬程、納更土司の末代は龍建乾であり、建乾は袁世凱の孫娘を娶った。共産党の人民

政府は彼らが頭目らを説得することを願ったが結局従わず、別の数人の土司と結託していたが、人民政府は1950年7月27日に金平を攻め、彼らはベトナムのライチャウ省に逃れた［中央第二: 245-246］。その後、国共内戦の間に龍鵬程は国民党の陸軍少校に任じられたが、1983年台湾で病死している［元陽文史1992: 110］。

猛弄土司は日中戦争の烈士に数えられ30代で病気のため夭逝している、妻の張恵仙（夫の姓も付けて白張慧仙とも名乗った）は共産党の要職を務め、2001年まで生きていた人物である。また、宗哈・瓦遮寨の最後の土司である普国梁もまた、イ族でありながらも共産党の要職を務めた。国民党側ではイ族の軍閥を率いて蔣介石とも結び「雲南王」とも称された、雲南省政府主席・国民革命軍第38軍軍長の龍雲と納更土司は結んだ。納更土司と同じリネージの稿吾卡土司（または稿吾土司）、猛丁土司はベトナムに逃れ、名前は辞典などにも記載されているものの、人物自体の名誉回復はなされず遺跡も破壊されたと推察する。

稿吾卡土司の稿吾司署がどんな建物であったのか、今後再建される可能性もあると思うので、『元陽文史資料』から抜粋しておきたい。写真は筆者の手持ちの資料にはないが、元陽文史資料の巻頭には防塁の写真のみが掲載されている（写真107）。

　「稿吾司署には、鉄板の大門があり、門の上には『稿吾司署』の扁額があった。大門の両側と後門には砲台があり、周囲を厚さ1メートル高さ10メートルの石壁に囲まれ、石壁は4つのトーチカ｛小防塁｝に連接していた。稿吾司署は1万余平方メートルの敷地を占め、30余りの石柱、木、土で出来た瓦の建物であった。これは正房｛母屋｝、土司と家族の寝所、各種の召使いたちの寝室、倉（金、銀、大麻、穀物、物品）、屛門｛大門入って両側の門｝、花庁｛客間｝、虎座門｛虎の絵がある門か？｝、男用監獄、女用監獄、大堂｛広間｝、二堂｛中の間｝、土地祠、大食堂、小食堂、鶏舎、アヒル小屋、豚小屋、琴書楼、石卓、石の椅子、石の供物台、池があり、紅白の梅、ラン、イヌマキなどの貴重な花木の植わった花園があった」

［元陽文史: 76、｛　｝内筆者註］

まったくと言ってよいほど中華的な文人趣味的な建物だったことがわかる。2014年9月のフィールドワークでこれらの土司の遺跡はあまり観光資源となっていないことを確認した。習近平政権は全国に共産党史の史跡に石碑を建て

第6章　資源化される「文化」

写真107　稿吾卡土司のトーチカの1つ［元陽文史　1992　撮影年代不詳］

るよう指示し、抗日戦争の烈士だった猛弄土司司署にはそうした石碑が建てられたものの棚田観光のルートからは外れており事実上閉鎖状態であった。宗瓦土司署はこれから数年後を目論んで再建する予定になっていたが、辺鄙なところにあってまだ手が付けられておらず、土司の子孫の住居として使われていた。特に文物の保護などの施策もなかった。他の土司遺跡もなんら再建はされていなかった。

　イコモスは調査の後、IUCNからの評価書を勘案する。次にそのIUCNの評価書を見てみたい。IUCNは生物多様性の観点から、世界遺産指定とともに保護すべき動植物の例としてクロテナガザル(Nomascus concolor)をレッドリストに挙げられた絶滅危惧種として挙げており、絶滅危惧種ではないものの「華蓋木」(和名なし)(Manglietiastrum sinicum モクレン属 (Magnolia))と危機的な「ソテツ類」を挙げている。その他の貴重な動植物の例として シャンハイハナスッポン(Rafetus swinhoei.)を挙げている［whc13-37com-8B2inf-en.pdf］。

　IUCNは現地調査をせず、ほとんどを英語の文献のみを根拠として答申を作成するようである。植物に関しては『中国哈尼族医薬』『西双版納哈尼族医

薬』などがあり、西双版納州は今回の世界遺産指定地域とは関係ないものの英語の翻訳がついていた。しかしながらこれらの本の中身はハニ族地域にある中薬の知識であることは筆者が論証しており［稲村 2012b］これらを参照しなかったIUCN は賢明であったと言えるかもしれない。しかしながら、たった3種の動植物が触れられたに過ぎない評価書が生物多様性の問題に応えているのかといえば甚だ疑問がある。棚田の指定は棚田という独特の湿地（wetland）の生態系としての指定であり、この点早くからラムサール条約に訴えて湿地の保護として棚田の保護を訴えた史軍超の主張［史 2005a］は成功したと言えよう。とはいえ、湿地の生物についての想像力がIUCN の評価書には感じられない。参照された文献はすべて英文の動植物学の文献であり、ハニ族の知識人による文献は黄紹文が協力したと思われる田の魚類の文献を除くと、ないと言ってよい［whc13-37com-8B2inf-en.pdf:162］。

　イコモスの評価書には研究機関としてはなぜか清華大学建築学院のみが中国の研究機関として挙げられており、筆者はこの学院（日本語の学部にあたる）がハニ族の棚田について研究したことがあるという例を寡聞にして知らない。しかしながら、清華大学が今後の建物（実質的にキノコ型の民家のみ）について評価書を策定することになっている。また、動植物の研究が中国の場合、「中医薬」と結びついていることを知っていたのかもしれない［cf. 稲村 2012b］が、従来、生物多様性に関わっている雲南大学、雲南民族大学、紅河学院、熱帯植物園、紅河民族研究所などの機関はまったく挙げられなかった。

　イコモス評価書は灌漑システムのリーダーとしてミグ milguq とモピ moqpil を挙げているが伝統的にもモピ（司祭）は灌漑システムには関与しない。水争いなどではミグが村落を単位とする祭祀とともに仲裁に入るリーダー的な役割を担っていたが文化大革命後のリーダーは共産党の指名する村長であって、ミグには実質的な権限がない。イコモスの評価書は民俗学的説明を現在のものであると誤解している（あるいは故意に誤解している）ようで、村民の意志がミグによって民主的に反映されているかのように受け取れる。これはエンパワーメントと取っておこう。

　次の記述は評価書の記述であるがそのまま引用し訳しておく。

　　「土司制度はいまだ哀牢山の棚田文化の重要な部分であり、2つの土司、

すなわち元陽県の猛弄土司政府と宗瓦寨政府であり、これらは計画地域に含まれている」[p.83, 86]。

こうなるとイコモスの評価の「誤解」はもはや確信犯的と言ってもよいであろう。土司制度が現在形で今も重要であるという記述は2度同じ文章を繰り返して強調されている。この記述は前に述べたように、史軍超も考えていなかったことであり、60年も前の中国革命でなくなった亡霊を呼び戻すことになる。イコモスの「誤解」は深読みすれば、土司の妻で共産党員として2001年まで生きていた張恵仙のことかもしれないが、土司制度が生きているという判断は驚くべき主張であり、それを根拠に土司遺跡を修復するというのはいくら何でも故意に「誤解」しているとしか思えない。

イコモスは伝統的赤米 (traditional red rice) という表現でそれが無農薬の有機栽培であることを強調しているが、ハニ族には赤米以外にも多くの品種があり、黄紹文は28品種を挙げている [黄 2011 (2007): 68]。ここには紅河州のブランド化戦略の影響が考えられる。有機栽培に関しては筆者が調査していた1997年ごろには化学肥料や農薬の袋もよく見られた。中には日本では使わないような農薬もあり、化学知識も十分ではないため、現在の中国全体の土壌汚染の状況を鑑みるといっそブランド化して農薬を禁止するようにしたほうがよいのかも知れない [cf.p.77]。

世界遺産に指定された村落は全部で82村あるが、その中でも「代表的」として5村落ほど挙げられている。Shangzhulu Old Village（上主魯老寨）、Quanfuzhuang Middle Village（全福庄中寨）、Niuluopu Village（牛倮寨）、Azheke Village（阿者科）、Yakou Village（丫口？）（図31）。元陽県は箐口村を「ハニ族民俗生態村」として200万元を投じて整備しており [孫潔 2008: 78, 黄 2009: 116-117]、これを世界遺産の中心に据えたかった（ないしは世界遺産に指定されるために整備した）はずであるが、イコモスは全くこれを無視して新たに指定した。全福庄を除いて、これらの村落を筆者は知らないが今後注意するべきである。記述から読み取れる基準は村落の規模が50〜100世帯、茅葺きの家屋の保存状態、回転シーソー、水車小屋などが挙げられている。ここでは観光客などのためのデモンストレーションの村落として、全福庄が挙げられており、前述の箐口村こそがその目的で整備された村であったものの除外されている。全福庄の政協委員だった知識人

図31 世界遺産指定資産拡大図

図註 □枠が代表的な指定村、六角枠が土司遺跡、〇は箐口村、地名漢字はGoogle Maps等からの推定した。(『元陽県志』をもとに筆者作成)

の蘆朝貴がこれらの仲介役をしたと考えられる。蘆は筆者が調査した2003年ごろには小さな宿泊のできる施設を、故郷の全福庄に私財を投じて建てていたが、それが何らかのアピールになったと考えられる。観光開発として開発を進めようとするとハニ族の場合、観光客を村落に入れるしかなく、こうしたデモンストレーション村落もやむを得ないかもしれない。筆者の知る限り、箐口村は「民俗生態村」としてそれなりに観光客もハニ族文化に触れられる場として機能したと思っているが、イコモスは党幹部の接待用に作られたモニュメント（トーテムポール）や宿泊施設などに反発したのかもしれない [cf.pp.77-78]。

今後、観光村として全福庄と箐口村がどういった観光ルートを開発していくかがポイントとなるであろう。2014年には全福庄にはホテルが建てられていた。現在の棚田景勝地点はイコモス答申でもほぼ変更はなかった。観光においては宿泊が重要であるが、元陽県の観光開発は元々「コンベンション型」[*20]であり、1992年に県城（県の行政の中心）が新街から南沙に移ってからは大きなホテルは南沙に建てられた。筆者はそれ以前に南沙を訪れているが、元はと言えば南（ナーム：水の意のタイ語）が示すようにタイ族の村が点在する小さな農村であった。2000年代にはホテルや銀行などの林立する都市になっている。若者たちの雇用もまた南沙に集中し、村や新街はさびれていった。ここで、イコモスが新街を「情報センター」として指定したことにより、景観を損なわない形で新街に宿泊施設を再整備させようとしていることは観光と行政を分離する上でも一定の評価はできよう。

棚田観光を真の意味での持続的なエコツーリズムとするには、どうしても村落にお金が落ちる仕組みが必要になるものの、農村自体にホテルを建てるのは景観上問題になることは間違いない。また、鶏、牛、豚のいる不衛生な民家に観光客を泊めることも現在グローバル化している疫学上の問題もある。2014年に観察したところ、いくつかの藁葺き屋根のゲストハウスがデモンストレーション村には建てられており、それなりに観光客は宿泊していた（写真118）。ただし、観光客は棚田を写真に撮ることに関心があるに過ぎず、ほとんどの場合翌日には元陽を去ってしまう。1泊でもしようとするならば新街に宿泊し、有機農法の農産物を土産として買って帰るといった観光モデルが現実的と思われる。また、歴史観光ならば既に開発した土司遺跡（猛弄土司署）が宿泊可であり、1つの先行モデルとなっていた（写真105）。新たに加わった宗瓦土司司署（イコモスはZongwazhaiと表記）がある。人があまり行かない多依樹付近に機会を与えたという意味があるかもしれない。2014年に宗瓦土司司署を訪れたが、道路も未整備で司署自体も土司の子孫が住んでいて特に補修などもされていなかった。2014年現在、こうした歴史観光はイコモスの意図に反して棚田観光とは切り離されている状態である（写真119）。

イコモスの判断の中で1つ重要な基準としては一体性（integrity）の問題があった。史軍超らの出した中国側の申請書には「江河」―森林―村落―棚田の「四

度同構」[史 2005b: 130] とあったのが、イコモス評価書では four element system of forest, water-system, village and terrace, となっている。ここでは「江河」という自然の大河である紅河やその支流の藤条江（この川沿いにハニ族は集中している）や紅河の上流の元江などを遺産指定してもらいたい意図があったように思われるが、イコモスの評価書では water-system となり、むしろ棚田の灌漑施設である堰、配水のための分水施設、用水路、水井などが重要視されたようである。2004年に蘆朝貴らが著した『元陽文史資料』4輯は「紅河ハニ棚田農耕文化」特集となっており、これは元陽の政協会議の意向を反映していると思われるが、「江河」から「水系」という表現に代わっており [元陽文史 (四): 2]、用水路、分水施設、水車、農具などについて詳しく述べられている。2007年の黄紹文の文章中では「森林と用水路（「溝渠」）と村落と棚田の四位一体」[黄 2011 (2007): 62] という表現があるように申請に向けて表現を具体的な物質文化に変更して、「同構」から「一体」という統合性の強調が見て取れる。

　もう1つはオーセンティシティ（authenticity）の問題がある。真正性、真実性、権威性、正統性とも訳せるこの語はイコモスの重要な判断基準であった。史軍超の申請書では元陽県に「代表性」があり、農耕技術や慣習法などがよく残っていることが根拠として挙げられている [史 2005b: 130]。元陽県では前述のように映画『ルオマの初恋』）が世界遺産登録に向けて撮影されそれはリアリティを追究した映画だった。観光も菁口村では昆明の民族博物館やその他中国中にある民俗村とは違って、本物の普通の農民の生活を見るという観光にしていた。史軍超の申請書はそうした点には触れておらず、申請書としても勘違いはしていないのであるが、イコモスの考えていたオーセンティシティとは違っていた。この背景には日本の奈良で1994年に開催された世界文化遺産奈良コンファレンスでの合意（オーセンティシティに関する奈良ドキュメント）があり、従来ヨーロッパや中東に偏っていた世界遺産の分布の是正のために「石の文化」だけに偏るのではなく「木や草の文化」にも拡大するべきだという意見に応じて文化的価値の多様性を謳ったドキュメントがまとめられた [文化庁HP]。特に奈良ドキュメントの13条は次のように述べている。

　13条　文化遺産の性格、その文化的文脈、その時間を通じての展開（evolution）

により、オーセンティシティの評価は非常に多様な情報源の真価と関連することになろう。その情報源の側は、形態と意匠、材料と材質、用途と機能、伝統と技術、立地と環境、精神と感性、その他内的外的要因を含むであろう。これらの要素を用いることが、文化遺産の特定の芸術的、歴史的、社会的、学術的次元の厳密な検討を可能にする。

この条文において、ハニ族が主張できるのは、材料と材質、用途と機能、伝統と技術、立地と環境などの比較的客観的な部分のみで、形態と意匠、精神と感性は論文などの文章で主張するしかなく、漢族の常識の範囲を超えにくい。ハニ族の芸術家もいるものの国際的な評価を受けるほどの大きなプレゼンスとはなっておらず、文字がないため文字資料としての歴史を主張しにくい。最終的にはその社会的意義と学術的価値を主張するしかないということになる。それらは国際文化学術討論会などで執拗なほど繰り返されてきたし、その度にエビデンスのための論集が編まれてきた。こうした不利な条件化において、イコモスはオーセンティシティについて、ハニ族のキノコ型家屋の材質のみに論点を絞っており、それが茅葺きであることだけを評価し、近年それがスレートやブロックになっていることを憂慮している。2014年に見て回ったところ指定後の道路整備などで村には公共投資がかなりなされ核心区の村落にはコンクリートの3階建てなどの家が増えたが、屋根には形式的な藁ぶき屋根が付けてあるといった奇妙な景観が生まれていた。

世界遺産指定におけるハニ族知識人・中国政府・イコモスの戦略

ここでは今回の世界文化遺産指定について、中国政府、ハニ族知識人、イコモスなどのアクターがどういった戦略をもっていてその目的は何であるのかを分析してみたい。

まず、ハニ族知識人たちは世界文化遺産申請にかなり周到な準備をしていたことがわかる(年表参照)。特に2010年6月18日にFAO(国際連合食料農業機関)の世界重要農業資産システム(Global Important Agricultural Heritage Systems (GIAHS)通称「世界農業遺産」)の登録に成功したことは、フィリピン・ルソン島のコルディリェーラ山地の棚田群、バリ島の棚田、佐渡・能登の棚田などと比較できる

条件を創りだしたということができよう。

　紅河ハニ棚田が指定されたことによって、中国の中央政府へのプレゼンスが上がったことが考えられる。ハニ族知識人にとって、最も指定を望んでいるのは無形遺産（中国語では「非物質文化遺産」）の指定である［銭勇 2007、白・胡 2007］。ハニ族には、本来は文字がなく彼らが後世に残したい遺産とは、知識人たちが普段から世話になっているモピ moqpil（司祭）の知識である。それはあまりにも長い物語であり、音楽と呼ぶには地味な語りであり、宗教と呼ぶには現実的で具体的であり、葬送儀礼を中心にしているので見世物にはならない。紅河民族研究所は『哈尼族口伝文化訳注全集』100巻の編集を進めているものの、まったく市場での需要に応えられるようなことにはならない。1巻を見せてもらったが、1冊580元（9500円）と中国の本としてはかなり高価で、1セット揃えるとなると5万元（80万円）ぐらいということになる。研究所の話では中国全土の図書館が買い取ることを前提にしているようであるものの出版費用は政府の補助金頼みという感じである。同時にビデオや録音機での資料の収集もかなり行わなければならず、調査費用、翻訳整理料、謝礼も少なくない。

　史軍超は元々『哈尼阿培聡坡坡』などの口承史／神話の漢語表現の整理から口頭伝承に興味を持っている。史は「ハニ族八声部複音民歌」と呼んでいる女性の合唱も世界遺産登録することを目論んでいた［史 2005b 136-137］が、これをイコモスは初めから採用しなかった。やはり、歌の普遍的価値を認めることは難しいのである。

　こうした、ユネスコの世界無形遺産の動向において中国政府も予め国家級、州県級の文化遺産の指定を進めている。ハニ族について 2008 年の報告によれば、第一批国家級第一省級 2 件（民間文学 1 件、民間音楽 1 件）、第二批国家級第一批省級 3 件（民間文学 1 件、民間舞踏 1 件、伝統手工芸 1 件）、省級 5 件（民間舞踏 1 件、民俗 3 件、民族伝統文化保護区指定 1 件）が「非物質文化遺産」として指定されている。これには「伝承人」が指定され、彼らには 1 年で国家級 5000 元、県級 3000 元が支給されている。各プロジェクトには 10 万元の保護経費が政府から 2008 年から支給されるという。「伝承人」には第一批、第二批など等級と部門が指定されおり、「伝承人」に指定されたのは国家級 3 人（第一批文学 1 名、第二批音楽 1 名）省級 24 名（第一批：美術 1 名、音楽 9 名、舞踏 6 名、第二批：代表人物（民俗儀礼などの司

祭）4名、工芸1名、舞踏1名、音楽2名）であった［白・胡 2007: 87, 104-106］。

　司祭の語りは前述のように指定区分としては音楽と言っても文学と言ってもよく、「民間文学」の「伝承人」の1人として選ばれた司祭は『哈尼阿培聡坡坡』を詠じた朱小和であり、それは史軍超が翻訳の一部を担当した元陽を代表する司祭であった［哈尼阿培聡坡坡］。こうした、国家や省による「非物質文化遺産」の指定は、ハニ族は他の「民族」に比べて少ない方であり、知識人たちも悔しい思いをしてきた。建水から蒙自に移った新しい紅河民族研究所は1990年代とは比べ物にならないくらい、立派な施設となった。しかしながら、かつての「民族学」は廃れてきており、国家的な予算を取りにくく「非物質的文化遺産」は民俗学者も含めて知識人たちの競争的資金の的となっている［施2011参照］。

　一方でもっとマクロな観点から中国政府の積極的な文化行政について政治学的問題を考えてみたい。1つは国境防衛と民族問題の安定化がある。中国は地政学上、国境付近に少数民族を抱える多民族国家であり、民族問題の安定化は国境の安定化に直結している［e.g. 毛里 1998］。雲南省の状況については大きな民族問題はなく、内モンゴル、新疆、チベットとは異なる。ハニ族・イ族については先に述べた龍雲などの時期の独立論は過去のものであり、中華人民共和国成立後はエスノナショナリズム的な動きを全くと言ってよいほど見せてはいない。

　とはいえ、近年のウイグル族やチベット族の動向は胡錦濤政権から習近平政権（2013年〜）になっても不安定要素であり、「アラブの春」（2010〜2011年）で起きたインターネットによる革命には中国政府も警戒感を強めている。今回国務院が世界遺産に申請を許可した「紅河ハニ棚田」と「天山山脈」（世界自然遺産）もそうした国家的戦略の中にあるとみてもよいであろう。2013年6月末から7月にかけても、新疆ではウイグル族と漢族の衝突が報じられ、2014年現在も毎日のようにそうした報道がある。世界遺産指定と関わりがあるかどうかの報道はないものの、天山山脈には近年、金鉱が見つかったことや天山山脈が「東トルキスタン」の中心にあることは関係があるだろう。中国政府はユネスコに現在の国境を認めさせたわけであり、ウイグル族の運動をテロリズムと位置付けることを国際的に可能にしたわけである。

　近年の中国の拡大主義的傾向は、琉球・奄美の自然遺産指定準備にも尖閣諸

島問題への敏感な反応として映ったことは記憶に新しい（2013年2月）。カンボジアとタイの国境のプレアビヒア寺院遺跡の世界遺産指定をめぐって2011年タイのアピシット政権がユネスコを脱退（インラック政権では復帰）したことは、世界遺産指定が国境問題と関係していることを常識化させたとも言えるだろう[cf. 山下 2011]。中国政府の大きな戦略としては民族問題の懐柔と国境問題を同時に解決する国際的な方途と見なされているのではないかと、2013年にこの2つだけが申請されたことから読み取るべきではないのだろうか。「中国履行『生物多様性公約』第四次国家報告」、「中国生物多様性保護戦略与行動計画2011－2030」には策定後に問題となってきた南沙諸島、西沙諸島が自然保護区として含まれている（尖閣諸島についての記載はない）[中華人民共和国環境保護部HP]。

対してイコモスおよびユネスコ側の指定の意図とは何なのであろうか。前述のイコモスの「戦略的誤解」から読み取れることの1つは、共産革命の記憶から歴史を遺産として守ることがあるであろう。ハニ族知識人・中国政府が考えていなかった土司遺跡の指定は、共産革命後の生硬なイデオロギー的建前から歴史的建造物を守ることにあったと思われる。

2つ目は自然保護である。国際河川のメコン河ではもっと深刻な土壌流出があるが、紅河（ソンコイ河）でも、元々急流で赤く濁っているためその名があるものの、上流の開発による土壌流出は深刻な問題になっている。棚田はそうした自然のダムであり、土壌流出の堰でもあり、高い保水機能を持ちながら、稲やその他の副産物をもたらす。むろんそれは退耕還林政策で回復しつつあるといえ大躍進による森林伐採からの回復は未だ十分とは言えない。これには住民の参加が必要であり、森林－村落－水系－棚田一体の環境整備とその周知は、従来からある伝統的システム（そのままではないが）を復活させることによって、下流に住むベトナム人をも含めた共存を図ろうとする意図があろう。

3つ目はバランスの問題である。以前からヨーロッパ・中東に偏っていたことで問題となっている世界遺産の指定をアジア・アフリカに広げる意向がユネスコ全体に広がっており、今回の指定は棚田景観のみを対象にしている。それが、自然景観の場合は際限を作りにくいものの「文化的景観」ならば限定的であり、中国に自然景観1件（天山山脈）と文化的景観1件というバランスの問題があったように思う。

イコモスが憂慮している問題は観光開発であり、これまで中国の世界遺産指定で観光地になった楽山、麗江などを考えると大勢の観光客が押し寄せ、マナーの悪さと地元の迎合で無残な結果になっていることを今回の指定は反省したものと思われる。イコモスの戦略で評価できる点は元陽の南沙と新街を分けたことであった。

南沙は前述のように県城が置かれ、既にインフラも十分な状態にある。コンベンション型の観光、飲食・カラオケ・ディスコの中国観光にお決まりの遊興型観光ならば南沙を中心にお金を落としてもらおうという意図があろう。また、どこの観光地にも起きる暴力団、売春、賭博、ゴミなどの社会問題も行政機能を発達させた県城の南沙のほうが政府の管理がしやすい。2014年の南沙は習近平政権が会議費に制限を設けたためホテル業には以前のような活気は失われていた。

筆者が調査した1997年当時、新街はまだ駄馬が歩く古い街であった。町並みには保存しなければならないような歴史的なものはあまりなかったが、勝村などの周囲の街では十二支で回る定期市が立ち、その集散地の中心であった。南沙が県城になってからは寂れており、文革の名残を示すような中央の広場の近くにはうらぶれた感じの元陽県招待所が建っており、そこに宿泊するしかなかった。当時の村の若者たちは、トラクターの後ろに乗って新街に着くと、有料シャワーを浴びて（村には風呂やシャワーはなかった）、屋外ビリヤードやカラオケを楽しみ、酒を飲んで恋を語ったものである。そんな若者も今は南沙に行くか、そもそも村自体にいない。

イコモスが新街を世界遺産の一部とした上でそこを「情報センター」と位置付けた意義は大きいであろう。まず、2006年当時、世界遺産に向けて新街の整備が既に進められていたが、おそらく景観を損ねるような開発はこれで阻止されるであろう。民族色を残した観光と博物館のような情報センターが2014年には建てられており（写真115）、観光ツアーも南沙ではなく新街が起点になっていた。大型バスの入りにくい新街では、ミニバスに多様な観光者のプランに応じたツアーが組まれていた。近年の中国の経済発展に取り残されたこの地域の農村の若者の雇用も見込むことができる。特にトイレや道路などのインフラはかなり整備された（写真116）。調査では入場料の1名あたり200元の入場料

の使途を明らかにすることはできなかったものの現状は元陽の企業に委託する形になっている。

「書割」化、バッファーゾーン、資源としての「文化的景観」

これまでであつかってきたアクターの戦略およびイコモス等の答申の検討を踏まえて、一般のハニ族にとってこの世界遺産指定がどういった意味を持つのかをより一般的な枠組みに置きながら考えてみたい。比較例として同じ雲南省の麗江古城を中心にいくつかの「文化的景観」を指定に含んだ世界遺産を考えることで「文化的景観」の問題に迫ってみたい。

紅河ハニ棚田の指定について将来的に考えるべきことは、1つは観光の問題であり、もう1つは「文化的景観」を資源とすることおよびその保護の代償の問題である。紅河ハニ棚田についてイコモスは将来にわたる様々な条件を付け、不履行の場合は世界遺産を取り消すことを述べている。イコモスの評価書から「管理及び要件」の部分を訳出する。

　管理及び保護の要件
　　この資産は国務院によって示された国家の優先保護史跡 (site) として法律として保護されなければならない。この資産はまた2008年に元陽県人民政府によって保護史跡として明示されたものである。
　　中国で登録された資産とともに、これらの資産は、中国最高人民会議での規定と中国政府文化部によって出された世界遺産の管理と保護についての法令 (Measures) に基づき保護される。計画の管理と保護、特別な地元の法と規定および村の規約にそった法的手段が、世界遺産の特定、保護、管理、監視の完全なるシステムと結合する。これは文化部の要件に従ってこれらの資産 (site) が管理されることを意味する。
　　地元の政府は『紅河哈尼梯田保護与発展規劃』(Measures for Protection and Management of the Villages and Residences of the Cultural Landscape of Honghe Hani Rice Terraces and Guidelines for Conservation)『紅河哈尼梯田管理办法』(Renovation and Environmental Treatment of Traditional Hani Residences in Honghe {正式な文書としては別のものを用意した可能性もある}) を策定している。これら2つの法的文

書は、発展と建設の活動を管理するのに従うべき技術的な雛形となる。これらは、この地域における棚田、森林、灌漑システム、伝統的な村落と住民、伝統的な文化をカバーする。

　これらの法令は世界遺産のための国家的保護活動における義務を定めている。新しい建設プロジェクトについては、省の権限において、この資産を厳格に吟味し統御されるであろう。ガイドラインは清華大学建築学院と協力して策定されている。それは、異なる村々と地域によって尊重されるべき独自の特徴のある建物を予め知る必要を強調している。それは建物が伝統的様式とは整合しておらず(しかしながら全体の景観を深刻に脅かしてはいない)、これらのガイドラインに従って徐々に改善していくであろうことを見通している。

　各々の村落は村民委員会の行政下にある。哀牢山の棚田文化において土司制度はいまだに重要な部分である。2つの土司政府(衙門)、すなわち元陽県の猛弄政府(猛弄土司司署)宗瓦政府(宗瓦土司司署)がこの計画地域に含まれる。ハニの人々の基本的な単位としての村落は自然資源の管理と村落内の不和、他村落に対する不満を解決する一連の慣習法を発達させている。管理計画はこれらの資産について書かれたものである。法的承認を経て、それは、資産の保護、保全、管理のための法的かつ技術的文書であり、紅河ハニ族イ族自治州の都市綱領および街とそれに関する地域の社会経済発展の大綱に含まれる文書として受理されるであろう。この計画は2011年から2030年にわたって有効であり、2011〜2012年の短期、2013〜2020年の中期、2021〜2030年の長期の期間に分けて目標を期する。「紅河ハニ棚田文化遺産保護発展管理委員会」は計画の履行に責務を持つ。これは紅河州の多くの部門からの人員を含む。紅河州ハニ棚田行政は2007年に12人のスタッフで委員会に服務しており、日々の行政が県レベルと地元の関係者との連携によって行なわれているか監視している。

　地元の政府機関は観光業管理、地域発展に特化した計画の策定を2013年末までに終了することが望ましい。棚田とその社会的宗教的構造に関する主要な情報センターを新街に創り、これを2020年までに完成させる。

　確かなものにするため、どうやって持続させ、いかに観光者が全体の管

理プロセスを補助するかについて明確な理解がある。管理計画が、資産と緩衝地区への具体的で持続可能なエコツーリズム戦略、および複合的農法・水管理・ハニ族村落の特徴ある社会経済宗教体系の理解をさせる解説戦略 (Interpretation Strategy) によって支持されていることが望まれる。

追加的勧告事項
- 資産と緩衝地区について持続的エコツーリズム戦略を導入すること
- 複合的農法、水管理システム、ハニ族村落の特徴的な社会経済宗教体系についての解説戦略を提供すること。
- もしも資産を登録しておくならば、2015年2月1日までに、棚田が観光者の増加に直面することを考慮した上で第39回世界遺産委員会によって審議され言及された上記の要求と勧告の履行進捗状況を述べた報告書を世界遺産センターに提出すること。さらに、イコモスは、紅河ハニ棚田がアジアの同様な挑戦に直面している他の資産と共有していると思われる持続的な管理を成し遂げるため、大規模な棚田景観の管理についての国際的ワークショップを開催することを考慮するよう勧告する。

[whc13-37com-8B1inf-en.pdf :85-86 { } 内筆者による解説]

「書割」とは元々芝居などで風景などを描いた大道具のことであるが、行楽地でもしばしば見られる風景に穴が開いていてそこから顔を出して記念写真を撮る看板状のものもさす。「文化的景観」は世界遺産指定地域と緩衝地帯が確定すると、その周囲は観光地までのルートとなり、指定外の地域の開発が進んでいく。これを景観の「書割」化と呼んでみたい。

写真108は元陽（南沙）から個旧に向かって40キロメートル程紅河を下ったところの個旧市馬堵山という地域のダムとよく整備された道路である。世界遺産指定地域の紅河北岸側であり、指定地域からは15キロメートルぐらいしか離れていない。棚田は自然のダムなどと宣伝されているが、その下には立派なダムと水力発電所、道路が着々と建設されている。特に2000年あたりからの西部大開発とリーマンショック（2008年）後の大規模な財政投融資（総額4兆元（65兆円））によって地方公共工事が進められ、鉄道のほとんどない雲南省は道路網

をかなり整備した。

　ハニ族の村でも若者たちはこうした工事関係の賃労働に出るようになり、棚田はよく見ると養魚場になっている。元々ハニ族の棚田ではドジョウ、ナマズ、コイ、フナなどの川魚がよく取れ、収穫が終わった田にまた水を張り、魚を飼うこともあった。これが中国全土の環境が悪化する中「生態ブーム」となり、少々高く売れるようになった。最近は、棚田は老いた両親に任せるか、稲を植えずに田に魚だけを飼って、街に出稼ぎに行く若者が増えている。

　確かにハニ族の棚田の指定地域は広大で、簡単に危機的状況になることはないであろう。しかし、それ以上に広大に広がっていた棚田は価値を失い、開発されるべき対象とはっきり認識されるようになる。「文化的景観」のみが保護の対象となり、生活は変わっていく。こうしたプロセスが「書割」化である。観光客ははるか彼方の谷底の棚田で、人々の間に何が起きているかを知ることもなく、インターネットや写真集で見たとおりの「文化的景観」を撮影して帰るわけである。

　同様なことは雲南省の麗江でも起きていた。麗江の場合は町並みを都市景観（townscape）として保護することをユネスコはよく理解しておらず、田園景観を拡大して解釈していることが問題だった［山村・張 2004］。つまり、自然景観に文化的要素を付け加えるという形で解釈すると、都市空間はもともと自然空間の延長にはないということである。ハニ族はその逆で、ほとんどが自然景観といえばそうであり、人工物は棚田そのものであると言えばそうであり、あまりに建物がなさすぎるのである。

　麗江の場合は「麗江古城」と呼ばれる町並みだけが保護の対象となり、その周囲にはディスコやカラオケ店が並ぶようになった。ある北京から観光に来た若い夫婦が「北京と同じ、民族的なモノは見えなかった」と言っていたのが印象に残った［NHKクローズアップ現代 no.3369、2013年6月24日放送］。ここでも規模が小さくて裏側が見えている「書割」化が見て取れるのである。

　山村と張（2008）によると、麗江古城の世界遺産登録（1997）は紅河ハニ棚田の指定と比べると、①前年の大地震への緊急的措置だったこと②指定されたのは「大研鎮」という地域の建造物を中心とした町並みで「緩衝地帯」などがなく、玉龍雪山などの信仰としての自然物も無視されたこと③受益者が指定地域の元

写真108　個旧市馬堵山ダム付近の景観(元陽から見て紅河北岸　2014年)

第6章 資源化される「文化」

からの住民なのかナシ族であるのかがはっきりしていないこと、などが問題であろう。これらの点について紅河ハニ棚田の世界遺産登録は、一応改善されており、ユネスコ側の反省もあったように思われる。ハニ族の場合、広大な面積の指定であり（管理は大変になるが）、前述のように南沙と新街を分けたイコモスの戦略が功を奏すことを願いたい。

次に資源人類学の観点から文化資源としての棚田景観について考察する。まず、歴史的遺産としての紅河ハニ棚田の可能性について考えてみたい。

孫潔は起源論に見る文化資源の争奪について論じており、ハニ族とイ族の棚田の起源をめぐる議論を挙げている［孫潔 2008: 92-101］。世界遺産委員会の指定をめぐる駆け引きの中で紅河州全体の「民族」を特定しない案が申請前にはあったようだが、範囲が広すぎることと、受益者である人間の集団を特定する観点から紅河ハニ棚田という玉虫色の名称が決まったことは既に述べた。起源に関しては、筆者はハニ族であろうと現在のところは思っている。1つは歴史文書の読みに関する議論であるが、ハニ族の口承史を考えるならば彼らの祖先は唐代にはこの地にいたと見てよく、今後口承史を『哈尼族口伝文化訳注全集』全100巻として出版する予定だということで、そこでも根拠として示されるであろう。漢籍史料は乏しいのであるが、漢籍の読みのみを絶対的論拠とすることはできない。

また、楚雄出身の劉堯漢はイ族の本質主義的な知識人と呼んでもよいだろうが、『哈尼族簡史』を執筆した時にわざわざ棚田のイ族起源を否定してハニ族にそれが本質的であることを認めたことは示唆的であり、彼はイ族を歴史的には牧畜民、ハニ族を農耕民と見たようである。もちろん、この地域の民族識別自体が問題であることは間違いないものの、彼らの主観的な分類の問題は彼らが祖先をどう考えるかであって、紅河のイ族側の史料も含めて今後検討されるべき課題である。

欧米人の旅行者や日本人が、中華人民共和国成立以前に元陽の棚田について言及した例を筆者は寡聞にして知らない［cf. 栗原・川野 2003］。革命前の元陽は「蛮夷」の住む近づき難い秘境であったと言える。欧米人としてはフランス人撮影家ヤン・レイマ（Yann Layma）によって「発見」されたと言ってもよいが（彼の経歴から判断して早くとも1985年から）、ハニ族知識人の間ではレイマは1990年

代の後半まで知られてはいなかったし、日本でも話題にならなかった。レイマの作品公開と同時期の1993年の国際ハニ族文化学術討論会は筆者も参加し、まだ外国人に未開放地区の指定のあった紅河州のエクスカーションが付いていた。この時の討論会は宣教師人類学者でビルマのアカ族研究で知られるP.ルイスの誕生日に主宰の李子賢(当時雲南大学教授)はケーキまで用意し(残念ながら車が追突事故を起こしルイスの妻が病院に担ぎ込まれたためにケーキは無駄になった)、欧米の人類学者や言語学者を多数招いた最も画期的な討論会であり、この時にハニ族の棚田が欧米に知られるようになったように思う。

こうして「発見された」資源はいったい誰に向けて発信されているのかが資源人類学の課題である。つまり、誰が、誰の「文化」を、誰の「文化」として、誰を目がけて「資源化」するのかという問題を論じることが「文化資源」という語を用いて論じることということに尽きる。第5章第1節の森山工の4つの相から考えると、「誰の『文化』を誰の『文化』として」という「帰属」ないし「所有」の問題と、「誰にむけて」という「手段」「消費」「利用」「開発」といった側面が強調されることになる。

ここでは前述の「風景」概念とイコモスの言う「文化的景観」概念を対置しながら考えてみたい。まず、イコモスの言う文化的景観とは紅河ハニ棚田の場合、具体的には写真109のような景観であり、それはハニ族知識人との合意された景観ではあるものの、やはりヨーロッパの田園風景のモデルの延長にある。

ハニ族の主観的な風景は、まず人体モデルによる風景である。元陽ハニ族は村落の位置を髪の毛を森に見立てて、両腕を山の稜線、その間に抱えきれないほどの棚田、口のところに村落を作るという。人は米飯を食べなければならないので、そこに村を造るのだと位置を説明する。水の流れを血に喩え、水が無くなると病になるという。こうした説明は申請書などでは非科学的な印象を避けたいのか書かれていない。刊行された神話集にならよくある説明であるが、こうした人体モデルによる説明はボディスケープ(bodyscape)と呼ばれ、文化地理学の文化景観(あるいは風景)を説明するための1つの概念となっている[中川 2007: 176 cite Porteous1986]。棚田の織り成す色彩は、彼らの作る服や糸の色になぞらえられ、色彩分類のモデルの1つになっている。ここには漢族の山水画にあるような仙人的な世界ではない。米を作って生きていく意志に満ち溢れてい

るのである。

　次に村落と村落の関係、山や川、水路や分水堰との関係は大きな歴史的風景と捉えられている。ナシ族の玉龍雪山信仰のような山岳信仰は顕著でない。しかしながら、彼らは村落と村落の関係を口頭の父子連名制の系譜に位置付け、時には村と村の名前も連名していることもある。母村と分村の関係も母子、親子の関係になぞえられ、それは青蔵高原から（あるいは四川省から）南下してきた壮大な神話的あるいは歴史的な物語と結び付けられている。歴史的な出来事も空間化されて記憶されている。風水思想は一部の土司を除いて本質的な問題ではない。ハニ語には羅針盤知識としての東西南北を示すような方位概念はなく、風水の世界とはほぼ無縁と言ってよい。

　この意味で風景の問題としては地名をハニ語で保存することはきわめて重要である。ハニ語でなければ連名や親子関係の比喩も、歴史的神話的な出来事の記憶としての集合的記憶も失われてしまう。少なくとも指定地域に関しては、共産党が付けた「勝村」というような地名を廃止して、もとのハニ語の地名に戻し、かつ看板などもハニ語表記を併記するようにするべきだと思う。

　住民の視点からすると、景観上の制約を受けるであろうキノコ型家屋の問題がある。白川郷の例を思い起すように、家を修理するだけでも申請しなくてはならないような状況になるのかどうかである。その点を考慮してかイコモスは清華大学建築学院による答申を受けて緩やかなガイドラインを策定したようである。実際、筆者の調査した1997年当時でも茅葺きの屋根は減りつつあり、屋根をコンクリートの平たい屋上にするのが流行っていた。これは、彼らの生活において狭いベランダよりも屋上の広いスペースを農作物の乾燥、衣服の乾燥などに使うためであって、作物や飼葉などが干してある屋上は景観を大きく損ねるものではない。白川郷のような職人の高度な技術でできている家屋ではなく、ハニ族の家屋は親族や村落の友人たちで造るものであって、スレート、瓦、その他の工業製品を避けるようにすれば十分に景観を持続できる。それをすべて茅葺きにしようとすれば、若者は村にいなくなるであろう。

　また、イコモスの写真の愛村の森林の写真（写真109）が示すようにイコモスが想像している森林は原生林であり、ジャングルである。生物多様性の維持といった面から見て重要であろうが、こうした森は少ない。実際には日本語で言

う「林」といったものが多い。申請に備えて村落によっては県と連携して林の薪まで取ることを禁止してしまった村もある。それは行き過ぎであって、竈や囲炉裏を使うハニ族農民にとってそれは死活問題であって木の伐採はほとんどすることなしに薪の採取をしているわけであるから禁止すべきでない。規定を緩くするか、原生林と林を分けて保護規定を作るべきである。

　さらに、元陽県には古道とか石碑のような資産がもっとあるはずだが、この点はイコモスの評価書にはあまり詳らかにされていない。クリスチャン・ダニエルス（唐立）らはこの点を明らかにし始めており、家の壁や洗濯用の石などになってしまっている石碑などを確認している［唐立2008］。特に古写真の発掘と保存とともに古道の研究や保存が急務であろう。新街がそうした情報センターになることを望みたい。

　「文化資源」という観点からこれまでの議論を若干整理してから結論に入る。まず、今回の世界遺産指定から紅河ハニ棚田の「文化的景観」は誰のモノで誰がそれを使うのかということである。この世界遺産指定で、これが中華人民共和国、紅河州、元陽県に属し、その政府が管理し責務を持つことが明確になった。これがハニ族という民族集団の所有となったとは思い難い。これは形容詞にすぎず、自治区自治をとる中国の政治制度下においては集団の所有物になることはそもそもなく所有者は国家であることは変わりない。逆にハニ族側からすれば元々、個人所有が認められていない中で土地の使用権を所有権とみなす現行の制度の中で、はっきりとハニ族という言葉の入った使用権が認められたことはプラスであったととるべきである。この点は白川郷の合掌造りの家屋のように元々個人の所有のものに国家が介入するということではないのである。

　それは、ハニ族に名誉と観光収入を得る機会および中国政府からの補助金を得る機会を与えている。また、ハニ族知識人にとっては「非物質文化遺産」への呼び水となったと思われる。

　これまでの議論を景観、風景、「文化的景観」という用語でまとめていく。紅河ハニ棚田は2013年6月22日にユネスコの世界文化遺産に文化的景観として登録された。イコモスの西洋的価値観に中国政府の戦略がうまく合致したと言える。その中でも特に両者の見解のズレが大きかったのが土司遺跡であろう。イコモスはやはり棚田だけではなく、歴史的建造物を必要としたのであった。

今後の問題としては特に「書割」化が懸念される。

　イコモスが提示した「文化的景観」はハニ族の「風景」とはかなり異なっている。しかしながら、南沙と新街を機能的に分離したことは今回の指定の良い点であろうと思われる。「普遍的価値」を謳ったユネスコの世界遺産の理念もやはり、政治的妥協物に過ぎないということができる。

　2014年の調査ではイコモスの意図からは外れて、全体的に土司遺跡の観光資源化は棚田観光と結びついていない。また、「書割」化は進んでいて指定区外の村にはプラスチックのゴミがかなり増え、道路整備もかなり進んでいる。現在元陽と緑春の間に飛行場を建設する計画が進められており、そのための観光計画も策定されている。目下のところは世界遺産の指定と維持を名目とした政府の財政出動による好況に過ぎず、観光による収入が持続的な収入を生むかどうかは見極め難い。飛行場建設に伴う観光客に対する記号の争奪はエスニシティというよりはローカリティの方が重要で、緑春県政府と元陽県政府の間でいかに差異化し、集客をするかという点が問題になるであろう。緑春県と元陽県の間には既に高速道路が建設されており、サービスエリアなどの整備が進められている。2014年の「風景」にはまだ素朴な稲刈りの光景が見られたが、観光はかなり強力に民俗的領域をパッケージ化していくことは間違いなく大きな変化が予想される。

第6章　資源化される「文化」　　411

View of the terraces

Irrigation system

View of Hani village and houses

Forest in Aicun village

写真109　イコモスの評価書の写真

＊イコモスの評価書にある写真（印象的に棚田―森林―灌漑システム―村落の4枚が付けられている）。撮影時期はイコモスの視察がされた2012年9月であろう。キャプションは原文のままで、1枚には愛村(Aicun)の地名が見える。

第3部　資源の民族誌

瓦遮土司(宗瓦)
普国梁(イ族 1921-1997)

龍氏(ハニ族ともイ族ともされている)
左　　納更土司代理龍済光(1867-1925)
中央　納更土司代理龍覲光(1863-1917)
右　　稿吾土司龍裕光(1865-1930)

＊納更土司の司署は元陽になく、稿吾土司司署のみが元陽にあった。
　再建された猛弄土司司署に展示されている土司の写真の一部(写真4〜6も参照)

写真110　土司関連

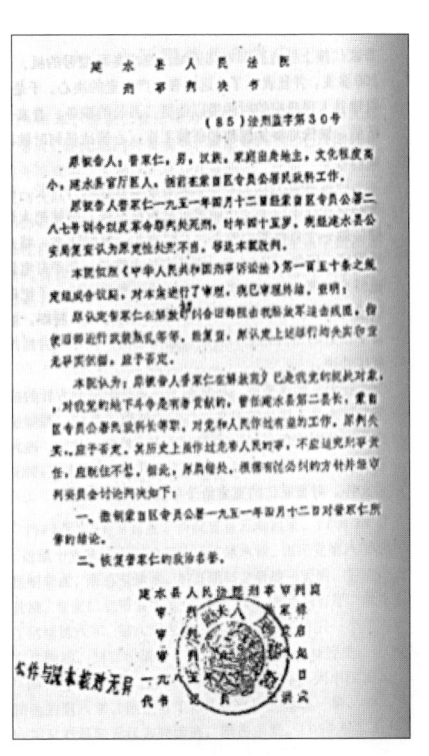

元陽で大きな権勢を誇っていたイ族とされる普国泰と
同じリネージの納楼土司の普家仁の名誉回復判決の
出た建水人民法院の判決書（左）

判決文には「漢族」とあり、1951年当時彼らは「漢族」
だと認識されていたことがわかる [杨国荣2005:196]。

再建前の猛弄土司司署と土司の座
[红河哈尼族彝族自治州民族志编写办公室 1989]

写真111　パノラマ的な景観

第6章　資源化される「文化」

写真112 雲と霧が織りなす景観

418　第3部　資源の民族誌

113　ハニ族の「風景」(説明は註)

第6章 資源化される「文化」

①頭の山

②家屋

第 6 章　資源化される「文化」

③大木のある風景

④道（galma）の風景

⑤水のあるしあわせ（gaoqlaoq）の風景

⑥豊かな森と村落の風景

⑦薪のある村落の近くの林

⑧苗代つくり

第6章　資源化される「文化」

⑨田植え前の田

⑩稲刈りと脱穀船
　　（元陽 2014年）

⑪脱穀後の縛られた藁束
　　（元陽 2014年）

422　第3部　資源の民族誌

エクスカーションでの写真
（1993年）

（元陽某村　2003年）

猿回しの風景、今後禁止されてしまうであろう。
（元陽新街 1997年）

写真114　変貌する景観と風景

第6章 資源化される「文化」

1997年より綺麗になった。
上写真中央の門状の建物は
1997年にはなかった。
（元陽新街 2006年）

（南沙 2014年）

写真115　世界文化遺産指定後の元陽(2014年)　　情報センター　200元の入場料を払い切符を買う

第6章　資源化される「文化」

写真116　展望台とトイレ

第3部　資源の民族誌

写真117　展望台と展示館のラウンジ
センターで買った切符をみせると入場できる

第6章　資源化される「文化」　　427

写真118　デモンストレーション村

写真119　宗瓦土司署　土司(瓦遮土司　普国梁)の子孫が住んでいる

第3節
ABS法と薬草知識

　世界中で失われていく生物種の多様性、失われていく古い文化の多様性、これらを保全し次の世代に手渡していくことは、我々人類の喫緊の課題であり、どう考えてみても正しいし、そのことに反対する人はまずいないと思う。しかし、このことを条文化し国際政治の文脈においてみると、ほとんどの場合「総論賛成、各論反対」ということになる。本節ではハニ族（「哈尼族」）と雲南イ族の薬用植物知識を比較して中国のポリティクスを考える。

　本節の基礎になる民族植物学的研究については筆者の調査データも含めて上梓している［稲村2009a］。ハニ族、アカ族、イ族の出版された植物知識の比較の詳細は紙幅の関係で別稿とした［稲村2012b］。

　本節で扱う問題は薬草知識であり、知識そのものは目に見えないものである。ハニ族において口頭で伝えられる系譜の集合的記憶との対比でも捉えられる。系譜の知識が死に関するものだとすれば、薬草の知識は生に関わる知識であり、いずれもハニ族にとってきわめて重要な問題である。

　知識とは「日常生活を営んでいる人間にとって、知識とは、当人がそう考えることのすべて」［シュッツ1980（1970）：367］としておこう。A.シュッツがこう定義した後にすぐに「まとまりを欠き、一貫性がない」と付け加えているように、そもそもある人々の知識が体系的であるとか不変であるとかいうことは定義上想定されていない。また、知識が資源となるとは限らないものであるという渡邊欣雄の指摘には本書が示すように首肯できる［渡邊2007］。

　こうした「医学」的知識とその領有の問題はグローバル化する世界の中でますます重要な問題として浮かび上がってきた［e.g. 池田2002、加瀬澤2005］ものの、もはや国際法的議論が中心になっており、人類学者はそのスピードについていけなくなりつつある。例えば、伝統医療としてのアーユルヴェーダがナショナルな資源とされることについて加瀬澤雅人は、法学や政治学、国際政治分野ではない人類学者の論じるべき領域をインドの場合は次のように見出している。「ここで注意するべきは、こうした状況は、国家がアーユルヴェーダの一方的な領有を進めているという図式では捉えきれないということである。アーユル

ヴェーダに関わる人々が、グローバル市場における権益を確保するために、法的・制度的基盤の整備を国家に対して積極的に要請しているという側面も存在するのである」[加瀬澤 2005: 159]。つまり、アーユルヴェーダの場合、住民が国際機関に訴えてこれをナショナルな資源として保護させるような動きであったと言えよう。インドは後述するように重要な比較例であるが、既に認知度の高いアーユルヴェーダとインドに数多くあるはずの他の「先住民の知識」がインド国家のどのような管理下にあるのかについて加瀬澤は何も述べてはくれていない。

しかしながら、中国の「中医」(ないし「中医学」) とアーユルヴェーダは国際市場において似たような位置にある。中国とインドの大きな違いは中国が社会主義市場経済という特異な政治制度を持ち、かつ多民族国家として国際的にもアピールしている点である。インドとは違って「中医」の組織も民族区域自治という制度を持つ中国では民族的な制度のいずれも始めからナショナルなものである。チベットやウイグルの例を考えてみても、国家に無関係な民族的な団体はすべて非合法化されているという現状がある。そうすると、民族的なNGOというものはなく、中国で言う民族的な組織はなんらかの名目で国際制度を主張しながら国内制度を利用して生き延びて行くしかなく、特に西南中国ではそれが顕著である。

「知る、知っている」と翻訳できるハニ語はハ hev とシ siq である。ハニは「理解できる、言葉として知っている」といった意味でハを使い、「経験がある、能力がある」といった意味ではシ siq を使う傾向があるが、境界は厳密ではない。アカ語ではシだけであり Nol Aqkaq doq maq siiq nia「おまえはアカ語ができない」というのは、話せない、聞けないということでもあり maq siiq nia は畑仕事ができない、字が書けないなど行為についても言う。つまり、私たち学者のようにただ名前を知っているとか、どう使うか知らないけどあるのは知っているとかいうのは maq siiq nia なのであって、行動と結果を伴わないものは「知っている」ことではない。この語は最も日常的であると言ってもよいほど使う語である。薬草という語はハニ語にはない。ハニ語でもアカ語でもナチ naqciq は薬一般を指し、動物薬にも植物薬にも西洋薬にも用いる。

多くのアジア人がそうであるように、毎日の食事に使われる植物になんらか

の健康によい作用があると彼らも思っている。「医食同源」などと漢語で言わなくとも、たいていそうである。ハニの場合は田でとれる魚、タニシ、カエル、昆虫などと儀礼や来客の時に屠られる水牛、豚、鶏、アヒルなどの動物性蛋白質以外は、米飯を中心に山菜や蔬菜がおかずの大半を占める。顔色が悪かったり咳をしたりすれば、家の主人はこの山菜がいいと筆者のお椀に放り込んで食べろと言う。次の日の食卓にはその山菜が増えており、気を使って取ってきてくれたのだろうといった具合に、彼らは植物について熟知しており、草jahhaqについて経験を通じてよく知っている（シニャ siiq nia）のである。筆者自身はこれまでの研究で、彼らは「雑草」にあたる語を持っておらず、彼らの地域のすべての植物にはハニ語名がつけられていると信じている。

つまり、ここで言っている「知識」には大まかに2種類あってハニやアカの使う知識は実践知であり、植物図鑑に載せられているような知識ではない。「伝統的」とは言っても行為者は常に自分自身の身体を使い体質に合わせて経験を積み重ねた上で、結果を求め、自分に合うようにアレンジし、共有化する。生態系とも密接な関係を持ち、異なる生態系では当然知識は異なる。この相克を問題にしなければならないのであるが、そもそも漢語は実に効率よくコンパクトに文化の文脈の枝葉を切って中医の文化の枠に押し込んでしまう。「滋養強壮」と言われると日本人も納得するように、私たち日本人の知識もこうした「漢方」ないし「中医」の知識を内面化しており、それが誰の知識だったかと問うこともないだろう。

人が知っていることとは、量で測れるようなものではない。ましてや、「民族＋文化＋資源」という状況が「民族文化資源」と名詞化されるように排他的・固定的に存在しているとは、人類学者なら考えないだろう。しかしながら、グローバル化する今日において様々な国際的機関と国内機関によって「民族＋文化＋資源」を名詞化しようとする力が働いているのも事実である。前節での問題意識を受けて本節では知識が「民族＋文化」として「資源化」する目に見えにくいポリティクスを論じる。

第3部では「民族識別工作」と呼ばれる「民族」の確定作業が政治的に進められ、そこに「民族文化」というものが想像／創造されてきたということを前提にしている。ここでの主体はグローバル化する世界の中で、国際機関、中国政

府、地方行政機関、国際国内市場など様々な主体が関わっている。もう1つ森山が区別しようとした「文化資本」(構造志向的)／文化資源(行為志向的)という対比を本書でも踏襲する［森山 2007: 65］。中国の近年の国際政治とイ族やハニ族といった集団のポリティクスの中に見えるそれぞれの「戦略」を考えたいのである。

ABS法が突きつけるもの

　ABS法 (Access and Benefit-Sharing) とは「遺伝資源および伝統的知識に関するアクセスとその利用から生ずる利益の配分」についての法のことである。1993年12月29日に発効した生物多様性条約 (Convention on Biological Diversity: CBD) に伴い、各国が国内法として整備してきた国内法のことで、フィリピン (1995年)、インド (2002年) などが既に法制化している。[*22] 中国には2013年5月現在ABS法は存在していないが、知的財産権法を専門とする法学者の田上麻衣子は「中国は資源提供国としてABS法整備に舵を取った」［田上 2009a: 92］と言う。

　田上によるとまず中華人民共和国憲法上すべての植物自体と遺伝資源は国家の所有となり、その管理下に置かれる。その上で遺伝資源および伝統的知識に関わる規定を有する法律として「野生動物保護法 (第24条、第26条)、種子法 (第8条、第10条)、家畜法 (第16条、第17条)、海洋環境保護法 (第20条)、森林法 (第24条、第38条)、草原法 (第44条)、漁業法 (第8条)、農業法 (第64条)、刑法 (第341条) 等」があると言い、関連行政法規として「自然保護条例、野生植物保護条例、家畜・家禽類種管理条例、危機に瀕した野生動植物輸出入管理条例、中薬品種保護条例、中医薬条例、家畜・家禽類の遺伝子管理規則、農作物種質資源管理規則、輸出入農作物種子 (苗) 管理暫定規則、農作物種子生産経営許可証管理規則、輸入植物繁殖材料隔離検疫管理規則、伝統医学師承及び確有専長人員の医師資格審査規則、ヒト遺伝資源の管理に関する暫定規則、家禽・家畜類の遺伝資源に関する輸出入及び対外共同利用の審査規則等」を挙げている。さらに、地方レベルでは「江蘇省中医発展条例、アバ・チベット族チャン族自治州野生中薬材・菌類植物資源保護管理条例、甘粛省中医学発展条例、貴州省中医薬発展条例等」を挙げている［田上 2009a: 72-73］。つまり、ABS法の整備にはこれだけの関連法があり、中国政府にとっても法整備は一大事であり、日本の法律研

究者も慎重に動向を見極めようとしている。

　周知のとおり2013年に発足した習近平政権は胡錦濤政権下の数々の官僚スキャンダルを受けて汚職の一掃を政策の柱の1つに掲げている。しかしながら、これらの法律の改変が実際に人々の生活にどのように作用するかは特に地方官僚の法の運用にかかっている。今のところ「人治国家」とでも言うべき中国が習政権によって真の意味での法の支配を確立するかどうかは疑ってかかるべきであろう。

　CBDは枠組み条約であり、用語についての法的定義はいまだ確立してはいないが、①生物多様性の保全②その構成要素の持続可能な利用、および③遺伝資源の利用から生ずる利益の公正かつ衡平な配分を目的とし、各国が自国の遺伝資源に関して主権的権利を有することが明文化されている。また、先住民等が伝承してきた伝統的知識の保護が盛り込まれた点で重要な意味を有する［田上 2009a: 69-70］。これは国際法ではなく、条約批准後は、これについての各国の国内法に委ねられる。

　2014月現在、中国政府はもとより日本政府すら締結してはいないものの、日本が中心に策定した名古屋議定書はABS法を中心としたものであった（全文は環境省HP、本文英語、訳は環境省による仮訳）。

（前文の一部）
　条約第8条の規定が遺伝資源に関連する伝統的な知識及びその利用から生ずる利益の公正かつ衡平な配分について有する関連性を想起し、遺伝資源と伝統的な知識との間の相互関係、原住民の社会及び地域社会 (indigenous and local communities) にとってそれらが不可分であるという性質並びに生物の多様性の保全及びその構成要素の持続可能な利用のため並びにこれらの社会の持続可能な生存のために伝統的な知識が有する重要性に留意し、原住民の社会及び地域社会において遺伝資源に関連する伝統的な知識を保ち、又は有している状況の多様性を認識し、原住民の社会及び地域社会がこれらの社会の遺伝資源に関連する伝統的な知識を正当に有する者をこれらの社会内において特定する権利を有することに留意し、さらに、各国において遺伝資源に関連する伝統的な知識が口承、文書その他の形態により特有

の状況の下で保たれていること並びにこれらの状況が生物の多様性の保全及び持続可能な利用に関連する豊かな文化遺産を反映するものであることを認識し、先住民族の権利に関する国際連合宣言に留意し、この議定書のいかなる規定も原住民の社会及び地域社会の既存の権利を減じ、又は消滅させるものと解してはならないことを確認して、次のとおり協定した［環境省HP、括弧内原文］。

第8条公正かつ衡平な利益の配分
1 遺伝資源の利用並びにその後の応用及び商業化から生ずる利益は、条約第15条3及び7の規定に従い、当該遺伝資源を提供する締約国（当該遺伝資源の原産国であるもの又は条約の規定に従って当該遺伝資源を獲得した締約国であるものに限る。）と公正かつ衡平に配分する。その配分は、相互に合意する条件で行なう。
2 締約国は、遺伝資源についての原住民の社会及び地域社会の確立された権利に関する国内法令に従ってこれらの社会が保有する遺伝資源の利用から生ずる利益が、当該原住民の社会及び当該地域社会と相互に合意する条件に基づいて公正かつ衡平に配分されることを確保するため、適宜、立法上、行政上又は政策上の措置をとる［環境省HP］。

　そこで利益配分について争点になるのは「伝統的知識」(traditional knowledge: TK) と「先住民」(indigenous peoples) という概念である。これについての国際的に統一化された定義はまだなく、この点について各国の反応は歴史や考え方の違いで大きく対立する。この点についての人類学の議論は後で述べることにする。ともあれ、中国は生物多様性（生物種の多様性）という点ではブラジル、コロンビアに次いで、2005年時点世界第3位であり、田上は「遺伝資源の他にCBDに関連して中国が大きな関心を寄せているのが、中薬・民族薬を始めとする伝統的知識の保護である。中国は56の民族によって構成されており、多様な伝統的知識を有している［田上 2009a: 71　傍点筆者］という。
　田上の判断によれば、中国は中薬だけではなく55種類の民族薬をも国家の「伝統的知識」として認められるよう関心を抱いているというわけである。周

知のとおり、日本や韓国も多くの漢方薬知識を中華の伝統的知識に負っており、中国には国境を跨いで存在する民族も数多く存在する。それらが中国の伝統的知識ということになれば、タイ、ベトナム、モンゴル、ネパール、ロシア等も黙認するわけにはいかないだろう。生物多様性条約のロジックは生物種を「万民の共有物」から「各国の経済的な資源」とすることを意味し、その利用をめぐって生じていた不衡平な関係の是正を国際社会全体でめざす［及川 2010: i］ということなのである。

「伝統的知識の保護」というフレーズは私たちも日常慣れ親しんだ表現であり、特に説明も要さないほど当たり前のことである。しかしながら、「伝統的知識」に権利や義務が生じるとすると当然ながらその定義は何かということになる。「伝統的知識の保全」という問題は知的財産についての権利に波及する。今日では国際的な知的財産制度とされる「遺伝資源(genetic resources: GR)伝統的知識(traditional knowledge: TK)、フォークロア(folklore)」という枠組みが議論されるようになってきている［俵木 2008: 85-86］。2009年までに日本国際知的財産保護協会がケニア、南アフリカ、ペルー、ブラジル、オーストラリア、ニュージーランド、中国、インド、マレーシア、フィリピン、台湾、アンデス協会、太平洋諸国フォーラム、アフリカ連合の環境・資源担当の研究者・行政機関に対して行った調査をまとめた『各国・地域における伝統的知識の保護制度に関する調査研究報告書』(2009)があるが、「伝統的知識」についての各国でのコンセンサスは得られていない。前述のとおり中国はまだＡＢＳ法を整備してはいないが、台湾は草案作成段階まで来ていた。

中国には「漢族」も含めて56の公定「民族」があるとされており、その「民族」が「中華民族」という曖昧な概念で包摂されているとすれば、国家は少なくとも56の伝統的知識について権利を持つことも理論的には可能である。ただし、現在のところは中薬知識に関しては公知(public domain)ということになりそうである。とはいえ、特に所有権に関して社会主義市場経済という法制度を持つ中国においては「少数民族の伝統的知識の保護」という文言は政治的な意味を帯びる。「中薬」知識のような膨大な知識を「漢族」に帰属せしめるようなことは、国際的な問題にも発展するであろうし、その非難をかわすにも「民族薬」は重要でもある。植物自体と遺伝資源は国家に帰属するわけであるから、

中国は「中薬」の定義を「中国薬」、「中華民族薬」、「漢族薬」、「中華伝統を持つあらゆる薬剤」とでもする可能性がある。これは薬という生命に関わる問題であり、「資源」を争う重大な問題である。[*25]

「中薬」の定義がどうであれ、それが「伝統的知識」に属することは疑いの余地がない。また、注意すべきは「中医薬」と「中薬」の区別である。田上は特に法的根拠を挙げていないが、「中医薬とは、中華民族伝統医薬を指し、中医薬と民族薬を含む」［田上 2009a: 95　傍点筆者］。誤植でなければ、田上は中医薬という概念について狭義と広義があることを言っている。中医薬は一般には中薬（中国の古典に記載された薬）と民間薬（記載のない草薬など）を指していることが多い。それにさらに民族薬も含む概念だと解釈しているようである。

英語でも医学と薬物がmedicineになり（薬学pharmacyとは区別できるが）、「中薬」「中医薬」「中医」はChinese medicineないしはChinese traditional medicineであり、条文からは区別し難い。現行の中薬品種保護条例、中医薬条例などには定義がなく、法令の名称などを考えると先に述べた、「江蘇省中医発展条例」、「アバ・チベット族チャン族自治州野生中薬材」、「甘粛省中医学発展条例」、「貴州省中医薬発展条例」といったものからも微妙な使い分けがわかる。チャン族自治州では明らかに「中薬」の材料、貴州ではミャオ族薬も含めた「中医薬」なのである。こうした法解釈には限界があるが、国家中医薬管理局のウェブサイトなどをみても「中医薬」が最も広義の使い方をすることは明瞭にその傾向を読むことができる［国家中医薬管理局HP］。本書では括弧を付けない中薬を中国の古典に記載された薬とし、「中医薬」は最も広い中薬＋民間薬＋民族薬を含む中国で使用されている概念として括弧付きで示す。括弧なしの中医は中薬に基づく医学のことを指すことにする。今後の法改正や国際条約においても「中医薬」という概念には気を付ける必要がある。

「伝統的知識」も含めてこうした定義問題は伝統や民俗を扱うはずの文化人類学や民俗学から出てきている問題ではない。「伝統的知識」(TK)あるいはフォークロア（folklore）の定義についての議論は民俗学や文化人類学の中から起きたものではなく、生物多様性条約という国際的条約の中から出てきた議論であり、今のところ日本民俗学会や日本文化人類学会でも特に重要視されているわけではない［俵木 2008 参照］。また、日本政府が進めている「名古屋議定書に

係る(日本)国内措置のあり方検討会」の有識者の中にも文化人類学者や民俗学者の名前はない[環境省HP]。筆者自身は一般論として「伝統的知識」や「フォークロア」を法的に定義することはできないと考えている。しかしながら、こうした課題がまだまだ効力を持つには間があるにせよ、国際的に突きつけられている状況があることは理解しておく必要がある。現時点でこういった条約には米国は慎重であるが、今日の国際政治では米中関係が最も重要と言ってよい軸なのであり、両政府は互いの出方を窺っている。

生物多様性条約と中国の環境政策

周知のように、中国の環境問題は年々深刻化してきている。豊かな自然は大躍進政策(1958〜1960)と文化大革命(1966〜1977)によって破壊され、1990年代の初頭まで、ランドサットの東南アジア半島部の衛星写真からははっきりと中国とタイの国境が見えていた[毎日新聞1992年1月19日(1面)]。森林は1999年からの退耕還林政策による植樹によって見た目には回復したものの、元々の生態系が取り戻されたわけではない。タイにおいてもロイヤルプロジェクト等で森林は回復してきている。

これまでに中国政府は多くの国際および国内の生物多様性保護に関する文書を公にしており、インターネットでも様々に利用することができるが、どの文書においても生物多様性条約に基づいて、ともかくも調査と研究が重視されている。ここでは中国の環境政策を少数民族との関連で概説し、その上でハニ族の薬用植物知識について考えてみたい。まずは中国の国内外の政治からCBDがどのように扱われてきたのかを見ておく必要がある。日本は名古屋議定書を中心になって策定したため、重要なアクターとして考えなければならない。

1992年にリオデジャネイロで開かれた環境と開発に関する国連会議(通称:地球サミット)で中国はかなり積極的だった。背景には1989年の天安門事件で冷え込んだ国際関係の修復があり、鄧小平は南巡談話(1992年1月)を発表し、8月には韓国と国交を樹立するなど改革開放路線を鮮明にした。地球サミットに参加した李鵬首相(当時)の談話[李鵬1992HP版]を読んでみても、CBDに参加するものの、「生物多様性」についてはそれほど重要でなく、経済と環境の調和のとれた発展に力点が置かれている。これを受けてその後に策定された「中

年表4　生物多様性条約にかかわる中国の環境政策略年表

1979年	環境保護法(試行)成立
1992年	環境と開発に関する国連会議(地球サミット　ブラジル　リオデジャネイロ)
1992年6月11日	中国がCBDに署名　1993.1.5批准
1993年12月29日	CBD発効
1994年	中国アジェンダ21策定
1995年	中薬普査開始
1998年	長江・松花江の大洪水
1999年	退耕還林政策実施
1999年12月	西部大開発に着手
2000年	『全国生態環境保護綱要』〔国発〔2000〕38号〕
2001年11月	中国WTO加盟決定
2003年9月1日	『環境影響評価法』
2004年3月	国務院『生物種資源の保護および管理強化に関する通知』
2005年	『国務院の科学的発展観実現と環境保護強化に関する決定』〔国発〔2005〕39号〕『中国《生物多様性条約》履行第三次国家報告』
2005年9月6日	『カルタヘナ議定書(バイオセーフティに関する議定書)』締結
2007年9月	先住民の権利に関する国際連合宣言
2007年12月	「全国生物種資源保護利用計画綱要」
2008年6月5日	国家知識産権戦略綱要
2010年9月	「中国生物多様性保護戦略と行動計画(2011-2030)」国務院可決(1994を改訂)
2010年10月	COP10(Conference of the Parties 生物多様性条約第10回締約会議2010年10月18〜20日　名古屋国際会議場)
2011年3月11日	東日本大震災
2011年5月	China-ASEAN Environmental Cooperation Center(中国—東盟環境保護合作中心)発足

国アジェンダ21」(中国21世紀議程)に基づき、1997年に指定された「国家持続可能な発展実験区」の一覧を見ても少数民族地区はほとんど含まれていない［中国21世紀議程管理中心HP］。

　続く江沢民政権、胡錦涛政権と中国の市場規模は拡大し、急激な経済発展の中で環境破壊が深刻化していく。環境問題は同時に「資源」の問題として強く意識されるようになった。2005年のカルタヘナ条約締結後、第1次〜第4次の「中国履行『生物多様性公約』国家計画」が出されており［中国環境保護部HP］、第4次国家計画でかなり具体的に目標が書かれている。この計画は2010年9月の

国務院可決に基づき、名古屋で開かれたCOP10の直前に出されている。COP10以前から議論されていたABS法は「先住民等」の「伝統的知識」によって得られた新薬などの利益を先住民と当該国家に配分することを目指すもので、これにより中国少数民族と生物多様性問題が直接に結びつく文脈が出てきたと言える。

ここで問題になるのは当然ながら「伝統的知識」の規定と配分される「先住民」なり「原住民」の概念規定である。この問題についていずれも明確な国際的な定義はなく、「先住民」については人類学でも議論されている［清水昭俊 2008a、2008b、2008c、窪田・野林編 2009］。先住民（indigenous peoples：名古屋議定書の訳では原住民）という概念は、未知の概念なのであってこれまでの人類学概念native (s)、aborigine (s)などで理解してはいけないのである［清水昭俊 2008a: 355］。その上で清水昭俊が2007年の国連先住民宣言から読み取ったのは①自己決定権の集合的主体としての「民」(peoples)（民族ではなく少数集団でもない）②「民族絶滅と文化絶滅」の歴史経験の2点を持つ「先住民」像であり、「先住民」概念の定義は先住民自身で決める権利を保障するということであった。

中国は制度的に多民族国家であり、それは公定のものである。楊海英が内モンゴルの文革期のジェノサイドを描く［楊海英 2008］形での「先住民」像は西南中国では求めにくい。また、民族区域自治という制度からも、利益を配分するべき非政府的で正当性を持つ組織を見出しがたい。仮に中国でABS法が整備されたとすると還元されるべき利益を受け取る主体は何であるのか。現行の民族区域自治制度の中では主体は「民族」ではなく、自治州、自治区、自治県といった地方政府あるいは民族医院や研究所も考えられるかもしれないが、非政府的な組織ではない。チベットやウイグルの人権問題も国際的に非難を浴びている中で、中国は国連の先住民宣言にも賛成したし、ABS法整備へ舵を切ったということはいったい何を意味しているのだろうか。

中国は2010年に「中国履行《生物多様性公約》第四次国家報告」を策定しており、十分に準備をしているものの、COP10ではそれ程目立った政治的行動をとっていない。温家宝は2011年5月には、China-ASEAN Environmental Cooperation Center（中国－東盟環境保護合作中心）を発足させ、フィリピンに本部のあるアセアン生物多様性センター（ASEAN Center for Biodiversity, ACB）の大会は2011年5月25日〜27日に北京で挙行された。名古屋議定書以降、中国側もこうした

「伝統的知識」の管理のための研究機関の設置などを考えており、それによる経済的利益を得ようと国際的議論の趨勢を注視している［趙富偉等2013参照］。

中国の「民族医薬」をめぐる動きとハニ族の生物多様性研究

　前述のとおり、1990年代から生物多様性の問題と関連して、国務院は少数民族の伝統医学の研究を奨励しており、それに伴って「民族医薬研究」は膨大な「民族医薬」のリストを作り上げた。中国で〇〇族民族医薬（医学）といった題名の書物は1つの民族でも複数出されており、特に蒙古族、イ族、ナシ族、チベット族、ウイグル族、朝鮮族、ミャオ族などにはたくさんの書物が出されている。また、生物多様性という観点から自然保護区が増加しており、関連する国際的研究機関も増えている。

　ここではハニ族という元来文字を持っていなかった人々の「伝統医学」というものが政策との関わりからどのように知識人たちによって進められてきたかを概観してみたい。政策との関わりからするとまず、西双版納の生物多様性に対して紅河州の棚田という構図が見えてくる。

　1954年に「哈尼」という民族名称が決定してからは、民族行政の政治的中心は紅河州であり、研究機関や政府機関は紅河州にあって、アカはダイ族自治州で比較的従属的位置にあった。1980年代の開放路線は西双版納州を観光化し、アカはダイ族文化観光のオプションとして注目され始め、プーアル茶の生産も増え始めた。

　1990年代には生物多様性政策により、熱帯植物園が整備されたり自然保護区が指定されたりするようになった。アメリカのフォード財団の助成により、アカ（ハニ族）とチノー族の焼畑が研究されるプロジェクトが裴盛基らによって行なわれ［裴盛基等（編）1997］、このことは国際的成果として「中国履行第三次国家報告」にも挙げられている。この論集では西双版納州の州長などの発言もシンポジウムの内容として巻末に若干載せられている。また、2000年には国際ハニ＝アカ文化学術討論会が西双版納州で挙行され、西双版納のアカの若き秀才阿育＝蔦比（王建華：現雲南民族大学講師）は西双版納の焼畑と生物多様性の関係を緻密なフィールドワークを基に力説している［阿育＝蔦比1999］。旧弊として撲滅された焼畑が生物多様性という文脈を得て復活まではしなかったにせよ、

見直されたのである。そこで、フォード財団が介在することによってタイの研究機関との繋がりが出てきたのであるが、国際的連携が様々主張されたほどには、彼らは研究上の繋がりを得なかったと私は思う。このことについては後で述べる。

　1999年末には2冊の「ハニ族医薬」の本が出版された。2000年の国際ハニ＝アカ文化学術討論会は、その前の第2回討論会がタイのチェンマイで開かれたこともあってビルマやタイのアカ族を研究していた欧米の学者も多数参加した。その会場で配られたのが2冊の「ハニ族医薬」の本（『中国哈尼族医薬』『西双版納哈尼族医薬（哈尼・漢・英対照）』）であり、西双版納ハニ族の本がカラーでアカ語（ハニ表記）、英語、漢語で書かれており、明らかに立派な装丁であった。後で詳述するが、この2冊は単純に紅河州のハニの医薬と西双版納州のアカの医薬というわけではないようである。2冊とも出版の背景については詳しく書かれていないが、『中国哈尼族医薬』のほうが先に企画されたようで同書には西双版納の植物も多く載せられており、『西双版納哈尼族医薬（哈尼・漢・英対照）』のほうには、どちらかというと紅河州に多く自生している植物も載せられている。前書には「未掲載薬剤」という欄があり、出版費用の不足を窺わせるが、『西双版納哈尼族医薬（哈尼・漢・英対照）』がそれを補った形跡がある。いずれにせよ、この2つの地域の生態系は全く異なり、実際使ってみるとどちらか1冊だけでは使えないという妙なことになる。また、このことも西双版納州の生物多様性政策における2000年当時の優位性を物語っていた。

　ところが、生物多様性の問題は紅河州の棚田に新しい文脈を与えた。棚田の世界遺産登録の中心人物だった史軍超がこの構想を打ち出した1999年の第1回「雲南省建設文化大省会議」で発表した論文には、生物多様性保護についての構想は見られない［史 2000］。『梯田文化論集』（2000）には米粒（よくあるペンネームで末娘の愛称）の「飲食文化からみた棚田の生物多様性の開発と利用」という文章があるものの、特に国際性に訴えるようなものではなく、棚田の多様な食物の紹介にとどまっている［米粒 2000］。生物多様性を全面に表し、棚田を「湿地」と位置付けた上でラムサール条約（1971年）や生物多様性条約などを根拠に棚田の世界遺産申請を進めるようになったのは2005年であろうと推察される［史 2005a 参照］。

こうした国際機関からの拠点の指定をめぐるポリティクスはさらに国内の「非物質文化遺産」指定などの動きとも連動していくが、この点については後で展開することにしたい。

ハニ族の薬草知識は「伝統的知識」と言えるか──北部タイのアカ族との比較

雲南省は「植物王国」として中国全国の高等植物約3万種のうちの66%を占めておりそれは「植物資源」と考えられている［雲南省政府HP］。植物種は国家全体の資源であり、それは雲南省の戦略的に開発を進めるべき「資源」と考えられている。

ここでは中国文献に「ハニ族医薬」として記載された植物種をどう考えるべきか具体的に考えてみたい。まず、確認しておくべきは北部タイのアカは西双版納州のアカ種族（中国では公的にはハニに含められる）と近い関係にあって、彼らの口頭の系譜では数代前にタイ国に移り住んできたという事実である。タイに最初に出来たアカの村は1903年の建村であることがよく知られている。

その上で、系譜上も確かにハニとアカは繋がっており、言語も近いと言うことはできる。ただし、前述のとおりハニとアカは異なる生態系の中で伝統を培ってきた人々であるということである。比較の仕方としてはまず、北部タイの異なる民族集団のデータを比較する。次に同じ「伝統的知識」を持っていると考えられるが別の国家に適応しているタイ北部のアカのデータと西双版納州のアカのデータを比較する。その上で、ハニと西双版納アカを足したデータを「公定ハニ族」のデータとし、それを雲南イ族のデータと比較することにしたい。根拠となる表については、一部は拙稿［稲村 2009a］で発表しており、比較したデータそのものは別稿に書いた［稲村 2012b］。なお、イ族についての背景となる事実は本節では割愛した。

北部タイでのアカ、モン、カレン、ラフ、リス、ミエンについての薬草知識について、アンダーソン（Edward F. Anderson）の民族植物学的研究で収録した620種の薬草のうち、アカ族の使用が認められるのは248種であり、そのうち131種がアカ族のみが単独で使用、106種類がアカ族と他の民族集団との共通の知識であった（Anderson 1993: 225-241より筆者算出）。この値は他の5民族集団より高い特殊性を持つと計算上言える（cf. 2位はモン（Hmong）で単独92種、2民族集

団以上共通132種)。

　この結果から見るとタイ北部でアカの薬草知識は特殊な知識であることが、「ある程度」言えそうである。しかし、アンダーソンの調査がアカに偏っている可能性を考慮すべきであろう。アンダーソンの研究は、それまでの北部タイの民族植物学的研究を集大成したものであるが、データはそれまでに蓄積されてきた欧文の文献データも含まれている。同書の収録した植物の基準はあまり詳らかでないが、アンダーソンによる謝辞には、最も感謝すべき人としてP.ルイスが挙げられており[Anderson 1993: 7]、アンダーソンの表にはルイスによるビルマのアカ族のデータもかなり入っていると考えられる。ルイスはビルマで20年にわたり宣教師人類学者として主にアカ族を調査し、植物学にも造詣が深い。このことがアカの特殊性が際立つ要因にもなっていると考えられる。もう1つは、山地民同士の比較だけではアカの独自性をいうのは困難であり、タイ系民族集団やビルマ系民族集団との比較もしなくてはならないが、本書ではその余裕がないため「ある程度」という留保が必要である。

　次にアンダーソンのデータの内、北部タイ(旧ビルマの一部も含む)のアカによって使用が認められる248種と中国の西双版納州で1999年に刊行された『西双版納哈尼族医薬』を比較してみる。同書は漢語とアカ語と英語で解説が付き、フルカラーで草本のイラストが付けられている(写真120)。

　『西双版納哈尼族医薬』に収録されている薬用植物は学名で数えて200種、うち動物・昆虫を除いた植物種は194種である。対して『中国哈尼族医薬』は474種を収録し、動物・昆虫37種を除いた植物種は437種である。この2書で同一の種とみなすことができるのは117種なのでそれを差し引き、「医薬」として記載されている植物種数は計514種である。この514種が「公定ハニ族医薬」の植物種データということになり、83種ほどが『西双版納哈尼族医薬』のみに記載されている。

　収録された植物種の基準については詳らかでないものの1996年～1999年に西双版納州政府、景洪市政府、勐海県政府、西双版納州人民医院、同州保健局、タイのチェンマイにあるNGOであるDAPA (Development Agriculture and Education Project for Akha)、国営景洪農場医院、国営東風農場医院、雲南省農墾総局第一職工医院、州郷鎮企業局などの協力を得て調査が行なわれたと書かれており、

444　第3部　資源の民族誌

写真120　『西双版納哈尼族医薬』のケイトウの説明例
＊雲南イ族と西双版納アカと北部タイのアカに共通して載せられていたのは外来種のケイトウだけであった。

調査者の中に1名のミャンマー・チェントン州出身のアカ族の名も見える（協力した民間医は21名　景洪県在住6名　勐海県在住14名　チェントン州在住1名すべてハニ族（アカ族）)［阿海等 1999: 801、827-829]。西双版納州で最も生物多様性がある勐臘県の出身者がいないのが気になる。前言には「ハニ族（アカ族）の民間の医者の年齢が高く（大多数が50歳以上）であり、また数も少なく減ってきている。ハニ族医薬を救い継承発展させ日々増していく人々の医療・保健の要求に応えなければならない」［阿海等 1999: 1　括弧内筆者］とある。本来ならば阿海はこの本に西双版納州のアカのデータ以外を入れるべきではなかったのだが、「草果」のように紅河州で重要な植物を『中国哈尼族医薬』は収録しそこなっており、そうした植物も入っている。

アンダーソンの挙げる248種の薬草のうちはっきり学名上同一の植物種は『西双版納哈尼族医薬』の194種のうちわずか21種しかない。「公定ハニ」にまで広げて記載されているすべての植物種514種中でも38種しか共通のものがない。現代医学や植物学的には意味をなさないだろうが、亜種や近似種まで数えても514種中82種に過ぎない。

この結果をどう考えるべきだろうか。まず、タイ側のNGOやミャンマーのアカの専門家が介在しているにもかかわらず、結果からはその影響はあまり見られず、両者はほぼ独自の調査と考えてよい。アンダーソンの参照文献にも中国語文献はなく、中国国籍とわかる人物の協力もない。また、『西双版納哈尼族医薬』の参考文献にも欧文の文献はない。

1つ目は気候や植生の違いであるが、第1部で述べたように北部タイと西双版納の山間部は相対的には大きな違いはない。

2つ目は調査者の問題である。『西双版納哈尼族医薬』の調査に参加した研究者は中医の訓練を受けており、この当時それ以外の教育機関はなかったと言ってもよい。植物調査は必然的に中医知識に偏る可能性が高く、植物学に広い知識を持たなければ仮に当事者が植物を見せて説明したとしても同定できなかった可能性もある。また、そもそもこの調査がハニ族地区にある中薬材料の調査であった可能性も否定できない。『西双版納哈尼族医薬』にはアカ語での説明がついているが、複方（生薬を組み合わせての処方）がかなりある。筆者の経験から言えばアカには複方はあまりない。大規模な全国中薬普査は1995年から10年

を目標に始められており、この調査はハニ（アカ）族の民族植物学（ethno-botany）などではそもそもなく、ハニ族地域の中薬の調査であった可能性が高い。

2つ目の見方をさらに検証してみよう。アンダーソンの挙げているアカの使用が確認できた植物は248種のうち、中国発行の2書と亜種・近似種まで含めて類似すると思われた85種について『中薬大辞典』の記述とアンダーソンの記述を比較してみた。アンダーソンの記述と薬効が同一と認めることのできる薬草知識があるのはわずか82種のうち5種、『中薬大辞典』の記述と同じと思われるものは82種のうち60種程であった。『中薬大辞典』に載っていなかったのは20種である。次にアンダーソンの記述と「公定ハニ」のデータが植物の学名まで一致しているのは2書合わせて40種であるが、アンダーソンの記述と一致したのは1種でほぼ一致したと言ってよいものも含めても2種である。8種が『中薬大辞典』に載っていない。用法まで含めると同一のものは皆無である。

症状で数えてみると、亜種・近似種も含めた82種にアンダーソンが薬効を認めた総症状数317症状の内、2書に記載されていない症状は302症状、率にして82.5％が一致していない。植物の学名が完全一致した40種の症状の総計182症状のうち2書にない症状は153症状、率にして84.1％が一致していない。[*27]

つまり、アンダーソンの挙げるアカ族の薬草知識と西双版納州ハニ（アカ種族）の薬草知識は全く別のもので、「公定ハニ」でも全く異なり、「公定ハニ」の薬草知識はほとんどが中薬と同じという結論になる。それは事実とは全く異なるし、同じアカが全く違う薬草知識を持つはずがない。これが真実ならアカの薬草の文化は中国では既に消滅しているということになる。つまり、阿海らの調査研究の目的は前に引用したハニ族（アカ種族）医薬のサルベージなどではなく、ハニ族地域の中薬の調査であり、『中薬大辞典』に載っていなかった8種の植物が彼らから国家へ新たに報告された新「中薬」ということなのである。これのどこが「ハニ族医薬」であろうか。そもそもこの2書の選択した植物種は中薬になりうる植物ばかりで、日常でもよく見かけるバナナの薬用的使用といったものもない。筆者が元陽で調査した時もほんの数日でこの2書には載っていない植物の薬用使用を200あまりも聞くことができた。彼らの植物の知識はそれだけ深いのである。

アンダーソンの記述を信頼するならば、「アカ族医薬」ははっきりと中医とは

異なる知識である。阿海らは西双版納州のアカ族でありながら、アカ族の「伝統的知識」と呼べるものを「中医学」の資源としてあっさり渡してしまった。2000年の国際ハニ＝アカ文化学術討論会で私たち外国人に無料で配られた『西双版納哈尼族医薬(哈尼・漢・英対照)』はそれを国際的に認知させるための方便だったのだろうか。中薬知識で埋め尽くされた2つの本はハニ族の民族医薬（ethno-medicine）・民族植物学（ethno-botany）という分野が全く未研究であることを教えてくれる結果となった。[*28] そして、「ハニ族には文字がありませんので漢文化の影響を大変受けております」とわざわざ北京からやってきてたいした調査もせずに文化の政治だけをやりにくる漢族の研究者を喜ばせる資料となったのである。

さらに、阿海らの問題はこの本をハニ語のアルファベット表記（中国の正書法）にして、中薬の知識を翻訳していることである。タイやビルマのアカは当時バプティスト表記に慣れており、ピンインを念頭においで作られた表記に慣れていなかった。そこに西双版納ハニ（つまりアカ）の薬草知識と銘打たれた中薬知識を中国式のアカ語表記で大量に送りこむことで、アカに彼らの使っていなかった山地の中薬資源について目を向けさせようとしているのである。阿海らのDAPA（タイのアカのNGO）への謝辞は、資料を提供してくれたことにではなく、このおせっかいな「啓蒙」運動に協力してくれたことに対するものであったのである。タイのアカが真面目にこの本を使って学んだかはわからないが、そうだとすると「文化破壊」とも言えよう。

ひとつ疑問に思うのはなぜ彼らが北部タイの資料を使わないかということである。ダイ族の民族植物学の古参である裴盛基らはこうした生物多様性といったことが始まるはるか前からダイ族の民族医学について研究してきた。手許に景洪の路上で購入した『西双版納傣族薬物志』がある。3冊のシリーズなのだが残念ながら第1冊が欠けており、奥付もないような本なのであるが、第2冊は1980年、第3冊は1981年に出版されたようである。植物名は西双版納のダイ文字で書かれ、説明にはラテン語の学名も書かれている。漢字の表記は活版印刷のため字が逆さになったり横になったりしている。しかし、化学成分には詳しく塩基配列まで書かれており、むしろ「普遍主義」的なのである。対外開放が本格化する前に書かれたこの本に託されたのはダイ族医薬の「普遍的」価

値であり、中薬としての使用はそれほど重要ではなかったことが窺える。また、同書の参考文献を見てもインドシナで活躍したかつてのボタニストの英書が多く並んでいる。裴盛基らは英書をかなり読んで情報を集めて調査し、ダイ語(Dai)でそれを書き残すことを目指していたことがわかる［趙世望・刀正員（編）1980・1981参照］。

　フォード財団の助成で行なわれた西双版納州の焼畑を中心とした生物多様性の研究［裴盛基等編1997］ではたくさんの表をあげて、昆明市の植物研究所と西双版納州の熱帯植物園（いずれも中国科学院の管轄）の多くの生物学者や植物学者が西双版納州の焼畑の生物種について調査している。*29 同書の参照文献を見ると、東南アジアの英書が並んでいるにもかかわらずほとんどが一般理論であって、タイやラオスの動植物種について具体的に書いているような論文がほとんど参照されていないのである。唯一、例外的に引用された当時のチェンマイの山地民研究所(TRI)所長の論文の引用は次のようである。「作者はタイのチェンマイにあるTribal Research Center所長のChantaboon Sutthi博士に関係資料をご提供頂き有益なコメントを頂いたことに感謝申し上げる(p.65註)。」「西双版納に隣接するラオス、ビルマ、タイ北部の焼畑地帯は地理、気候、民族文化は類似しており、焼畑で栽培されている植物やその使用目的なども比較的一致している。ただし、種類は更に豊富である(p.66)」［龙春林等1997: 65-66］。この論文の末尾の参照文献が間違っていると思われSutthiに対して失礼なのだが、彼の作った山地民の薬用植物の表だと思われる［Sutthi 1989］。この表もアンダーソンほどではないものの、かなり詳細な一次資料の研究であって十分参考になる。ところが、この当時意識的にタイの山地民研究を無視していた可能性が高い。つまり、資料はもらってきても彼らの任務は中国科学の発展に寄与することであって、民族科学に寄与することではないのであろう。

　2005年ごろまで様々な論文が発表されていた民族植物学的研究も2008年の国際学会では論文の本数も含めて発表者が減ってきている。この時の分科会は「生態保護と持続的な発展」であったが、そこで発表した里二と乙氷はハニ族の民族薬を1,000種、常用を400種としており、1999年に発表された2冊より、400種ほど増えたようである。里二と乙氷は純粋にハニ族薬と言えるものは少なく、中薬ないし他の民族との通用品種が多いとして、数種類を例に挙げてい

る。また、20種ほどを新薬開発や栽培のため研究していると言っているが、現在純粋なハニ薬の産業化も市場の需要もほとんどないという。絶滅の危険にある植物と国家が絶滅危惧種に挙げた植物を数種挙げている［里二・乙氷 2010］。既にこのころには民族植物学は植物遺伝資源学と化してしまった感が拭えない。

　2009年西双版納州のとある川沿いを友人の車で通っていたところ、男が大きな黒い塊を前に何やら叫んでいた。友人と傍に行って男に聞いてみると、大きなスッポンだった。男は「これは国家保護動物だ。20キロはある。2万元でどうだ」と言った。ここでは「国家保護動物」だから高く売れるのである。

　生物多様性条約が西双版納州のアカ種族にもたらしたものは何なのであろうか。ここでの問題は研究すればするほど他の種族との共通の植物資源の共有が明らかになっていくことである。また、資料の収集が他の少数民族のように進んでいかないこと（文字のないこと、研究機関不足）なのである。バイオ・テクノロジーと中医学の結合は、シヴァが批判するアメリカなどの多国籍企業が進める「精神のモノカルチャー化」とよく似ている［シヴァ 1997 (1993)］。インド出身のシヴァが懸念しているのは南北問題なのであるが、社会主義市場経済はさらに巧妙な形で遺伝子資源の中央管理化と国有財産化を進めて行く。彼らは国家の「恩寵」の下で、もともと自分たちの資本＝資源であった知識と植物を国家から資源として分け与えられることに甘んじることになる。国家は薪をとることもできない自然保護区を指定し、植物を遺伝子資源として薬剤化して中央に集め、ハニ族の農業をより生産性の高いモノカルチャー化していくのは同じことである。

　次に植物種のレベルでアカが特殊な知識を持っていることは明白になったが、抽象的なレベルで彼らが知識を体系化しているかハニ＝アカ族の民族医学の可能性について以下で検討してみたい。

　ハニ族の伝統医薬に関する民俗理論 (folk-theory) については、あまりまとまった記述はない。筆者自身が調べた限り、植物の名称などのタクソノミーの研究からはそれほど体系的な規則性は見つけられなかった［稲村 2009a］。

　アカに関しては前述のルイスによるビルマの詳細な民族誌があり、ルイス自身植物学の知識も深いのであるが、病因論についてのほとんどの記述はネ (naivq 精霊ないし妖怪) についてか、サラ (sallal 魂) についての記述であり、医薬

的な理論とは言い難い［Lewis 1969-70 esp. Ⅱ］。民族植物学 (ethno-botany) については立項されているものの、諺などにそれが見られるといっている程度でほとんど記述がなく、彼が編集したアカー英辞典に具体的な記述を委ねている［Lewis 1969-70 Ⅳ:12, Lewis 1989］。つまり、アカの植物に関する知識は確かに諺などの形で保持されているものの、ルイス自身はそれを「理論」として理解はしていなかったということができよう。いずれにせよ、彼らの植物知識を保護しようと思えば諺 (doqda) を収集するしかない。

　可能性としては、ヘサウが「アカザンの弁証法」として述べたように、上／下、男／女、内／外のような二項を対立させてその中間に最善の道を探るというアカの世界観の中に道教的なものを見ることもできるかもしれない。ヘサウは次のように中華的な哲学の伝播の可能性について述べている。「万物は流転し、1つとして同じであり続けるものはない」ひょっとすると彼等のロロの祖先たちは、哲学としてでなければ、少なくとも態度として道教の陰陽を知っていたのかもしれない［Geusau 1983: 255］。また、ヘサウも非常に具体的で精緻な植物に対する知識を彼らが持っており、精霊と彼が訳すネについて近代医学のいうバクテリアに対する私たちの態度とそれほど変わらないことを述べている［Geusau 1983: 251］。とはいえ、ヘサウも民俗医学理論とでも言うべき体系性は見つけられなかったし、筆者もこれまで検討した神話や諺などの彼らの古語で書かれたテキストの中に漢語に由来するような語を見出したことはない。

　中国のハニ族の医者である白松や曹正学は次のようにハニの民族医学を主張する。「ハニ族医薬学は中医とあい通じるところがかなり多いが、独特の特色がある。ハニ族の伝統的医薬思想において、病いは人と神・自然の不調和によって「風」「湿」「寒」「熱」「邪」が人体に侵入することや「疲労」「情淫」の過程と考えられている。自然のすべての動植物や土壌、鉱物の効用であり、これは素朴な天神合一の唯物主義なのである」［曹 2007: 368, 白松 2007, 2008］。

　しかしながら、確かにハニ語にもアカ語にも医術、医学に対応するような語はない。強いて言えば、ナチ naciq (薬) がそうであり、医学とは薬についての知識であり、医者は男なら naciq aqbol (薬のおじいさん) ということになる。これは技術 (ラチ lavqqil) の一種であり、こうした「技術」は鉄鍛冶、錫や銀の細工、竹編みなどとともに伝統的に尊敬される体系の一部をなしている。しかしなが

ら、人間の組織としては村に 1 人の男の「草医」がいるかいないかであってきわめて脆弱と言わざるをえない現状がある。

　1 つエピソードを挙げる。今でも心の痛む経験である。元陽県のある村で子供たちが庭で遊んでいた。イトコ同士であり、彼らは幼児期から大人になるまで兄弟姉妹のように扱われるのが普通である。特に幼児期は食事の時にも必ずと言ってよいほど主人の家の子供のイトコたちが最初は同席しており、子供たちは各々自分のおかずを食卓から飯碗に放り込むと親の厳しい目から逃れるように元気に外へ飛び出していく。子供たちは食べながら遊ぶ。

　1996 年のある日、子供たちが庭で傘を振り回して遊んでいて誤ってある子供の目を突いてしまった。子供のお婆さん (MM、子供の父には両親がなかった) は泣き叫び、村の「草医」(naciq aqbol) が呼ばれた。彼はかばんに簡単な医療道具を持っており、アルコール、ガーゼ、ルーペなどは持っていた。応急処置をすませ、いくつかの薬草を指示した。「草医」は 5 元ほどの薬代と食事を出されて帰っていった。その後、子供の目は回復せず県の病院にも行って西洋薬をもらってきたが、視力は回復しなかった。病院からの帰りに高名なモピ (司祭) に出会って診てもらった。モピは筍 (alduv) を煮た汁を目に付けるとよいと言ってしばらくはそうしていたが、やはり視力が回復することはなかった。[*30]

　このように村の中では薬草知識は家庭、草医、司祭といった職能者とシャーマンによって保持されており、近年はお金さえあれば病院に連れて行く。しかしながら、彼らの薬草知識のレベルの高さは普通の人々によって継承されている点にあり、継承はモピ moqpil と呼ばれる司祭が弟子に教える系統、ニマ nilma (アカ語ニパ nilpa) と呼ばれる女性シャーマンがシャーマンの仲間も含めて教えあう系統、家庭で親から子へと教えられるもの、前述の「草医」の系統がある。司祭の知識は基本的に古語で語られる祖先の言葉 apyuq doq であり「伝統」と呼ぶにふさわしい権威性がある。「草医」の知識について十分な調査をしていないのではっきりは言えないが、彼らの知識が中医の知識である可能性は高い。シャーマンも含めて女性たちは菜園を持っており、この菜園は「へそくり畑」とも言うべき菜園である (写真 121)。ここには日常使う調味料、薬草、街で少し稼ぐための商品作物などが植えられており、この土地は女性が自由に使える。田畑がふつう末男に相続されるのに対してこの小さな土地は嫁あるいは

写真121 「へそくり畑」に植えられた薬草と野菜

娘に相続するか老婦人が自由に決めてよい。こうした菜園でやり取りされる知識が最も重要なのである。

　筆者は少なくとも彼らが祖先の言葉とする古語で語る「伝統的知識」というものの中に直接に漢語が入っているとは思わないが、薬草知識に関する限りそれは生きるための知識なのであってそのためには近代医学や中医の知識が入っていたとしても自然なことだと思う。特に後述するイ族のようにハニ族は文字を持たなかったため、それが何に由来するのであれ体に効いた経験を口頭で伝えてきたのである。

　このようにハニ＝アカ族の薬草知識を理論的にまとまった知識という意味で「伝統的知識」としてABS法などで明確に保護することは難しい。次に検討されるべきは伝承している人間もしくは組織と口頭伝承そのものとして保護することであろう。そこには新たな問題として「非物質文化遺産」に関わる問題があるが、この点には雲南イ族との具体的な比較が必要であるが紙幅の関係で割愛し結果のみ記述する。

ハニ族と雲南イ族の民族薬開発の比較

　「民族薬」開発を経済発展に結びつけた雲南イ族と、明らかに失敗しているハニ族にはどういった違いがあるだろうか。雲南イ族とハニ族には文化的にかなり類似した背景がある。

　まず、前述のように中国では憲法上、植物そのものと遺伝資源は国家に属しその使用権を巡って開発をしていることを念頭に置く必要がある。社会主義市場経済においては国家にその権利をうまく認めさせることと、市場経済の原理をうまく活用することが求められる。

①ハニ族のほうに単方が多いこと

　曹正学によれば、出版されているハニ族医学の本に記載されている薬は560余りで、そのうち480が単方である［曹2007: 375］。これは自然なことであり、ハニ族は日常の食事の中でも何と何を組み合わせて食べるとどういった薬効があるといったことはよく言うものの、中薬のようにいくつかの生薬を少しずつ組み合わせて薬を作るというような習慣（複方）はあまりない。古文書を持つイ族と違って必然的に単方が多くなる。イ族も日常的には単方もあるが、文書を中心とした「療法」が文献をもって主張できるのである。単方だと生薬を加工する程度しか工場を作る必要はなく、生薬は昆明や玉渓の製薬会社に出荷販売されるだけで地元に雇用や税収をもたらすことはあまりないし、「文化資源」として政府に主張することも文献がないために弱くなる。植物利用そのものでは「独特」ともしにくく、文書を根拠とできないために特許を申請することも難しい。

　『西双版納哈尼族医薬』はそれを意識してか、複方が多い。前述のように、これはアカ語で書いていても中身は中薬知識なのである。また、ハニ族出身の植物研究者が、あまりに唯物論的だということにも起因しているかもしれないが、ハニ族独特の医学体系の主張はどの論文にも見られるものの数行に止まっている。

②市場戦略

　ABS法のようなものに頼らないとすると、市場戦略が重要になる。イ族は「彝医」の伝統的知識から「彝薬」をブランド化することに成功した。このことは地味だったイ族の古文書研究を活性化し、多くのスポンサーがつくようにな

った。

　ハニ族は前節で述べたように、棚田、茶、土司遺跡観光などを打ち出し、全体としては棚田の「原生態」(ecology) のイメージで市場に売り出している。他にも歌、口頭伝承、祭り、武術、マッサージなど様々な主張がみられるが、「梯田生態文化」(棚田の生態系に関する文化) として括られることが多い。

　しかしながら、棚田の健康的なイメージと薬のイメージがあまりうまく結びつかず、亜熱帯の植物種の多い西双版納州のアカの地域とも結びついていない。アカの人々はタイのNGOや大学とも部分的には連携しているものの、国内的には棚田のイメージが強すぎて、焼畑の伝統を生態系として打ち出すことに失敗している。焼畑には多くの植物知識が必要となり、それは1年で周期する棚田とは異なる、数年先を考えた深い知識なのである。生物多様性という観点から、中国では前述のフォード財団などの出資で研究はなされたがその後の市場へのアピールはなく、焼畑を中国政府が保護するような機運も見られない。西双版納州では生物多様性を重視しているものの、アカの民族医薬はダイ族医薬を彩るプーラン族、ラフ族などとともに付け足しにすぎず、ダイ族 (Dai) 医薬自体もタイ国 (Thai) の伝統医薬の前では今となっては市場的なアピールに乏しい。

　ABS法は商標としての民族名や地名などの保護もうたっており、その意味では市場経済でのブランド戦略は今後重要になる。紅河州はハニ族医薬としてではなく、「紅河」ブランドの確立を目指しており、「紅煙」(タバコ)、「紅酒」、「紅薬」、「紅果」(果物) を打ち出しており、紅河州の薬としての「紅薬」を中国国内外にアピールする計画を建てて [曹 2007: 377] いたものの、現在のところブランド化に成功しているようには思えない。

　今のところ製薬としては「青葉胆片」のみ [曹 2007: 372] が挙げられているが、それはイ族との共通の薬である。生薬の生産自体は西双版納の「砂仁」、紅河州の「草果」、文山州の「三七」などが有名であるが、これらの生薬は『本草綱目』にも記載があるような有名な中薬原料であり、地域の名産とは考えられていても少数民族とはあまり結び付けられていない。このうち「草果」(ハニ語名デヘdeqheq、和名ソウカ・Amomum tsao-ko Crevost et Lem. 薬用、調味料、燃やして動物除けなどに用いる) がハニ族の植物として1980年代から知られていた。しかしながらブランド化はしておらず、製薬会社に材料として購入されてハニ族とは関係

第6章　資源化される「文化」

写真122　ハニ・ブランドの沐浴液

なく、「中薬」原料として世界の市場に出されている。

　横山廣子は西双版納州のチノー族において「砂仁」について述べている。1984年〜1985年ごろチノー族の「砂仁」が導入され、それは「陽春砂」という品質のよいものとして売り出され大きな収入源になったが、1989年にはビルマ・ラオス・タイから安い「砂仁」が入ったため価格が急落し収益が大幅になくなってしまったという［横山 2011: 21, 37］。導入されたので「伝統的知識」であるかわからないものの、中薬原料が少数民族の名でブランド化することは難しく、当時の東南アジア市場がかなり敏感に動いていたことがわかる。

　ハニ族独特の沐浴薬（写真122）として売り出されている商品がある。筆者の知る限りハニ族には全身の沐浴の習慣はない。手足を薬草で消毒したり温めたりするようなことはあるだろう。アカの地域で女性が年寄りの足を揉むマッサージは昔からあったが、近年はこのマッサージをハニ族マッサージ（「哈尼按摩」）として宣伝しており、そうした医療店舗も紅河州などでは観かけるようになった。いわゆる癒し産業での需要として湯治薬が考案されてきたと理解している。

　写真の沐浴薬は墨江で国際学会のあった2002年にお土産として参加者に配

られた。私企業のものであるが、解熱や皮膚病に効くものとして宣伝されている。説明書には「ハニ薬浴」としてその由来が書かれている。それによると、1854年の太平天国の戦士だった王泰階（李学東）が石林県を反清運動のため訪れた際、ハニ族の「草医」王順開に薬湯で治療してもらったことに由来し「千山草」としている。近代史が使われていることが興味深いが、石林はハニ族の地域ではなく、本社も昆明にあるため自分たちの薬という認識はハニ族にはほぼない。王順開というハニ族の草医も寡聞にして知らない。

③政治的環境

　イ族はハニ族よりも省での発言権が強く、楚雄市が昆明市に地理的に近いこともあって研究施設や企業誘致に成功しやすい条件を備えていたとも言える。また、彼らは文書があるため、研究所などの施設を作りやすい環境にあった。

　ハニ族はまず、ハニ族の「草医」を育てていかなければハニ族医学の病院や研究施設なども建つはずはなく、この点の主張と構想はこれまでもなされてきた［白松 2007, 2008, 曹 2007］。現段階では知識の保護が急務であり、『中国哈尼族医薬』の付録にはかつて活躍した「草医」の名医と言われた人々が並んでいる。しかし、前述のように「草医」の知識の中には中医の知識がかなりあるように思える。そうでないとしたら、阿海らが話者として個人名を挙げてわざわざ書いている西双版納のアカの草医の知識はあまりにも中医知識と類似しており、阿海らはデータを捏造して中医学の書物をただ翻訳したということになる。阿海は中医的用法とアカの用法を分けて記述するべきだったのである。それは何も阿海のみに責任があるわけではなく、『中国哈尼族医薬』を何建疆らが企画した時に始まっていたと見るべきで、さらに彼らは中央政府の方針に従ったに過ぎないと見るべきであろう。

　その点、政府による「非物質文化遺産」指定は彼らにとっては好機であった。イ族は「彝族水膏薬療法」を省級の文化遺産として申請しているが、ハニ族は「ハニ族医薬」の指定には今のところ失敗している。「非物質文化遺産」指定はその伝統のほとんどが口承であるハニ族にとって、きわめて重要な機会であり、前述のように社会科学院紅河民族研究所が中心になって『哈尼族口伝文化訳注全集』全100巻の編集が進められており、現在数巻が刊行されている。ユネスコの「伝統的文化および民間伝承の保護に関する勧告」（1989年）を受け中国政

府も動いてきたのであるが、2000年に「雲南省民族民間伝統文化保護条例」が制定されてはいたものの、「非物質文化遺産」という名称が出てきたのは2005年ごろであろう。少数民族のこうした文化資源を多く抱えている雲南省は2006年には「雲南省人民政府間於公布雲南省第一批物質文化遺産保護名録通知」［雲政発2006・71号文件］を発表している。国務院からもその後「非物質文化遺産」という名称で国家級、省級といった文化遺産指定文書が様々に通知されるようになるが、本書では「伝統医薬」というカテゴリーに絞って考えてみたい。ここで「伝統医薬」という項目で指定された例はそもそもあまり多くはない。

ハニ族についての2008年の報告は前節（第6章第2節）で述べたが、「非物質文化遺産」という名目でも「ハニ族医薬」は保護の対象とならなかったことが窺える。[*31]

今日の中国の地方政治においてはこうした名目の奪取が重要になっているが、観光、健康科学、非物質文化遺産、自然保護、新薬開発などハニ族の薬草知識をめぐる政治的状況は総じて困難な状況にある。生物多様性条約は社会主義を憲法上うたっている中国においては遺伝資源や植物自体はハニ族のものではなく、その開発権をめぐる政治的対策であるが、ハニ族の場合かえってその権利は失われていると言わざるをえない。北部タイのアカ族にしても彼らはタイ国の「先住民」ではなく、豊かになった中国に期待しているもののハニとアカの民族経済は実質的に未だ存在していない。

民族平等という原則からすると伝統的知識は56の「民族」に平等に権利があることになる。その場合、中薬は漢族に帰属する知的財産ということになる。当然、「中医薬」は漢族だけのものではないということで、漢族を特別視すると55＋1ということになり、55の民族薬と中薬と漢族の民間薬ということになる。中華民族は一体という原則を持ち出すと元来、民族薬などは「中医薬」の一部であり、基本的に「中医薬」だけが中国の伝統的知識ということになる。この3つの考え方を状況に応じて中国政府は使い分けることが憲法上許されており、ABS法が成立すれば中国は外交カードとしてその権利を主張するであろう。

ハニとアカの「先住民」としての権利としての薬用植物知識

人類学者は多かれ少なかれ文化の多様性を尊重しなければならない職業であ

る。自分にとって異質なものを理解する (comprehend) 必要はある [Geertz 1994]。もちろん、人喰いでも戦争でもそれを文化として尊重しなければならないということにはならない。文化の多様性はそれを保全しなくてはならない。

文化の多様性と生物多様性を同列のものとして扱うことは間違いだと思う。前者はきわめて微妙な価値判断を含んでいるのに対して、生物多様性は人類全体に対する脅威となるウイルスなどを除けば大方の判断は保全に向かうからである。それにもかかわらず、この2者はいつも同列に述べられ、同じ類比で「資源」として語られる傾向にある。政策立案者がこれらを同列に保全しようとしているときはまだよいが、これらを同列にコントロールしようとする時は悲劇的である。ある種の文化についてそれを悪習として悪いウイルスのように駆逐したり、極端な場合は民族浄化のような悲劇に発展する。つまり、両者は本来、同じ類比で語るべきではないのである。

しかしながら、現実には両者はいつも同列であり、特に消滅に瀕した文化は絶滅危惧種の類比で語られる。それは、「資源」という文脈を得た今日ではますますモノのように保護されなければならなくなり、かつ「独自性」が強調され、機能と希少性が強調される。実際の文化に明確な境界線があることは経験的になく、ある社会集団が別の社会集団と文化で区別できることはいっそう現実的でなくなっているにもかかわらず、政策立案者には生物種と文化の類比は便利な道具となっている。

本書で扱う中国の場合、少数民族の文化に関する政策は、国境政策と結びついており [e.g. 毛里 1998]、地理的に周縁に分布する少数民族の文化はまるで辺境の資源として生物種や鉱物資源と同列に論じられる。それは一面では国境防衛でもあり、領土や天然資源とパッケージ化する傾向が地政学的にある。また、そうした世界観は昔からある中華的世界観と呼応してもいる。

インド出身のヴァンダナ・シヴァが生物多様性条約に託したのは生物多様性とそれを維持してきた共同体の伝統的知識の結びつきであった [シヴァ 1997 (1993), 2002 (1997)]。この論法は国家が先住民を抑圧している状況下でNGOがその権利を享受するという構図では有効と言える。しかし、中国では成り立ちにくく、外交政策の上では中薬は全くの「伝統的知識」なのであって、かつそれは既に国家と密接な関係にある。

現在の日中関係の中では「先住民の伝統的知識」を中国が外交カードとして使うことは想定される。名古屋議定書の実施委員会では現在のところ日本の漢方薬産業をどう守るかというところでは対策が検討されてはいるが、民族薬についてはまったく考えられていない［環境省HP］。55の少数民族には本書で検討したような薬用植物辞典が数えきれないほど出版されており55冊はもちろん、地域別、歴史史料、理論書、遺伝子資上源の書物など完備していると言ってよい。これらは生物多様性条約どおり、既に4万件の中医の「中国伝統医学」の処方と2万2000件の特許文献を登録しているという中国の巨大なデータベースであるウェブサイト「中国薬物専利数拠検索系統」に着々と登録されていく［中国薬物専利数拠検索系統HP参照］。

　しかしながら、それは中央に対するものとして資源化されているのであって、アカ族がたまたま東南アジアに広がっていることでわかったように、彼ら自身に対する民族植物学的研究としては全く初歩的な研究にすらなっていないことがわかるのである。こうしたことは文字を持っていない他の少数民族にも同じことが起きていると推測できる。

　イ族の成功とは対照的にハニ族の薬草知識は①口頭伝承であること②文字のある「民族」に比べて根拠を示しにくい③地方標準の知識としても設定しにくい③ハニ族の処方は「単方験方」が多く、不利である④体系性が明確でなく、系統的研究がなされていない⑤外来植物などが多く植物自体を歴史的根拠には挙げにくい⑥青蔵高原から南下してくる移動の口承史を有しており、「先住」を根拠にしにくく、タイ・ラオス・ミャンマーのアカの場合だと「先住」の民ではない⑦国境を跨いでいるので国家を単位とする生物多様性条約になじみにくい、などの条件が考慮されなければならない。

　それではハニ＝アカ族の薬草知識は知的財産になりうるのか。そもそも、先住民の伝統的知識と遺伝資源を保護しなければならない法的な原理論とは何であろうか。法学者の田村善之は①歴史的な搾取を根拠とする考え②文化の衝突を根拠とする考えの2つがあるといい、①には法学的根拠がないという。要するに、知的財産権は個人と個人の関係にあるもので過去の搾取が国家間にあったとしてもそれは政治の問題であって法律論としては完結していない。あるとすれば②であり、文化の衝突を回避するためであるという［田村2006］。

先に述べたように清水昭俊が国連宣言から読み取った方向性からは彼らに利益配分をする方法は見つけにくい。ならば、先住民概念自体を清水の言う「民族絶滅と文化絶滅」のうち「文化絶滅」を「文化破壊」と広げた上でその根拠を「文化の衝突を回避する」ためとでもしない限り、先住民としてのハニ＝アカ族に利益が配分されることはない。配分される利益があるとすれば、現実的には世界文化遺産に指定された紅河州の棚田ということで紅河ハニ族自治州政府になるであろう。

　では、ハニ＝アカ族のケースでは一体誰がそれを享受するべきなのか、先住民の権利に関する国際連合宣言の理念に基づき理想を述べてみたい。もちろん、先住民は先住民概念を自分で定義する権利があるので、これは参考意見に過ぎない。ABS法が想定しているのはNGOや連邦国家であるが、現在の中国の「自治区自治」制度では、「伝統的知識」をリサイクルするようにはならないことはこれまで述べてきた。ABS法が中国で整備されたとなると、自治政府に配分するように法制化すると思われる。憲法を変えない限り、先住民の知識が先住民の資源＝資本にはならないであろう。大学、病院、研究所が「中医薬」への翻訳登録機関であることは明白である。また、司祭の祖先の言葉は諺も含めて「非物質文化遺産」として整理記録されるだろう。筆者はハニ族の場合「草医」とシャーマンと薬草に詳しい女性たちを組織化し、民族小中学校においてハニ語で授業を行なうような制度を持つ組織に配分するべきだと思う。薬草知識の伝承母体を村落や家庭以外に求めるとなると、民族小中学校においてハニ語で授業を行なう例は多くはないものの存在はしている。

　名古屋議定書の第十二条遺伝資源に関連する伝統的な知識の3には「締約国は、適当な場合には、原住民の社会及び地域社会（これらの社会に属する女子を含む。）が次のことを行なうことを支援するよう努める。遺伝資源に関連する伝統的な知識の取得の機会及びその利用から生ずる利益の公正かつ衡平な配分に関する慣例を発展させること。遺伝資源に関連する伝統的な知識の利用から生ずる利益の公正かつ衡平な配分を確保するための相互に合意する条件に関する最小限の要件を定めること」とされている。

　また、西双版納州のアカは他の集団と切り離して、タイ・ラオス・ミャンマーのアカと協議の上配分するべきである。そのために国際的な組織を作る必要

があるだろう。彼らの適応してきた焼畑の生態系と世界文化遺産、世界農業遺産の位置にあって国際的にも協力しやすくなったハニの棚田の生態系は全く異なる。そのいずれもユニークではあるが、植物についての知識はかなり異なる。おそらく中国政府は分離主義的だとしてアカの独自性を容認しないはずであるが、阿海らの国内的戦略によってその途は経たれてしまった。北部タイのアカは「先住」ではないにせよ「先住民」(indigenous people) として扱われる傾向が近年強まっている。そのため、北部タイとの連携のある組織に還元されるべきである。なぜなら、こうした民族医薬の研究を進め、「伝統的知識」を継承保持しようとしてきた原住民共同体 (local and indigenous community) であり、ミャンマー、ラオスのアカとともに西双版納州のアカはそのユニークな「伝統的知識」(中薬ではない) を使って開発された新薬があったとするとその利益を配分される権利がある。同じく名古屋議定書には次の条文がある。

第十一条 国境を越える協力
1 同一の遺伝資源が二以上の締約国の領域内の生息域内において認められる場合には、当該二以上の締約国は、この議定書を実施するため、適当なときは、必要に応じ関係する原住民の社会及び地域社会の参加を得て、協力するよう努める。
2 複数の締約国にわたる一又は二以上の原住民の社会及び地域社会によって遺伝資源に関連する同一の伝統的な知識が共有されている場合には、当該複数の締約国は、この議定書の目的を実現するため、適当なときは、関係する原住民の社会及び地域社会の参加を得て、協力するよう努める。

第4節
山を目指していた人々——ラオスと台湾のハニ＝アカ族

　本節では北西ラオスのアカ族の植物知識と台湾のアカ族の上スニシティについて比較のため報告するが、具体的なデータは [稲村・村上 2014, 稲村 2014] に示したのでここでは中国経済と資源の問題に絞って記述したい。ラオスのアカと

図32 ルアンナムター県

西双版納州の関係を記述したいので西双版納の近年の状況と植物園という「資源」の問題を考える事例を含んでいる。

　ラオス調査は2013年9月9日～9月13日および2014年8月21～26日までラオス国ルアンナムター県ロング郡 (Long district) で行ない、その後、主に茶や漢方薬の市場調査と植物園の調査のため中国雲南省西双版納州の各地を9月15日～24日に訪問した。西双版納州は稲村の1987年以来の調査地であり、この地域の変貌を見てきたが、アカの文化は見た目にも民族衣装を着た人を見掛けなくなり、エスニックな観光業としても振わなくなっている。後述するようにこの地域のアカはプーアル茶の生産に切り替えており、アカ族の最も重要な作物であるはずの稲の生産からほとんど離れてしまった。中国の経済発展に伴って西双版納州は周囲のラオス、ミャンマー、タイの農作物貿易やプランテーションの拠点と化し、中国市場の窓口となっている。

　こうしたラオスの植物知識の研究は近年、認識人類学や生態人類学的研究領域を越えて、歴史学、地理学、農学、医学に広がりを見せており、日本では総合地球環境学研究所を中心に研究が進められている。特にこの研究の先行研究にあたる研究展開としては総合地球環境学研究所の『論集　モンスーンアジアの生態史』(1～3巻) が重要であり、同書には詳しい文献表も付けられているので2008年までの研究動向をうかがうことが出来る。特に本節においては、焼畑研究（横山智 2008 など）、ホームガーデンの研究（縄田・内田 2008）、有用植物地図の研究（横山・落合）、生態史（ダニエルス、兼重努など）があり、全体的にグローバル経済（特に中国）との関わりをも射程にいれた研究になってきている。アカそのものを扱った研究としては落合雪野と横山智がポンサリー県で行ったアカ・ニャウの調査がある［落合・横山 2006, 2008a, 落合 2008］。調査地のアカの植物についてはChazéeが若干の報告をしている［Chazée 2002］。

　北西ラオスで訪れたのはロング郡（ムアン・ロング Muang Long ムアン Muangは元来小さな盆地国家を指す語であり、ロングもそうしたまとまりのある「くに」であったことを窺わせる。アカ語ではMeeは街を意味する）の数か村であり、それぞれラオ語の村名とアカ語の村名、世帯数・人口、簡単な歴史を聞いた。アカ族の村々の標高は約650～700メートルぐらいであり、アカ族の村としては比較的低いところに立地している（普通1000～1500メートルぐらい）。この地域はChazée (2002) が広

範囲にラオスの山岳少数民族を調べたうち、重点をおいた地域の1つであり、同報告とともに調査地の概要をまとめたい。

インタビューしたのは各村のアカ語でジョバJaobanlと呼ばれる行政的村長を中心にしている。彼らは全員ジョゴエ・アカJoqhhyu Aqkaqである。ジョゴエは現在から30代ほど前の祖先の名前であり、ジェジョJejaol ジュビャJebiaという3兄弟の子孫のうちの1つとしてしばしば語られ、北部タイや西双版納でも最も多いと思われる大きなリネージを形成している（第2部参照）。ラオ語の他称であるプリPuliや別名の自称であるアジョ・アカAqjol Aqkaqもほぼ同じ範疇であると言ってよい。

ジョバという名称は中国では中国革命から文化大革命中に資産階級として攻撃の的になり、この言い方は現在していない。西双版納の革命期においてはタイ族からの二重支配の末端として位置づけられ、土司制度の旧弊としてなかには服毒死させられたジョバもいたほど制度的に破壊された名称である。アカ語であり、タイやラオから称号をもらった行政的な村長を言う。それとは別に村落儀礼などを行なう村落の創設に関わる村長はズマZyuqmaと言い、この地域でもはっきりと別の人物がその職に就いていた。

表18 ラオスの調査村の概況

地図の番号	ラオ語村名	アカ語村名	世帯数	人口	備考
①	Somparn may	Gaqqul puqsiivq	25	—	
②	Phonesaba	Aqkaq Sallal	76	470	
③	Tao Hom	なし	130	420	家族数は157家族。1994年に村ができたといい、再結成を意味するラオ語の村名しかない。
④	Phonsavang	Aqjalsaq	—	—	
⑤	Cha Peunsay	不明	—	—	
⑥	Dong gneng	Yosaonl	—	—	1983年に建てられた村（1975年にまず村長がここへ住み始め、1983年に他の人たちが住み始めた？＊

（—）は未調査

＊Chazéeによると1975年にSingとTonpeungのいくつかの家族が合同して現在の村より徒歩で30分ほど南に行ったところにあったという。 地区行政の要請によって灌漑のある水田を営んでいた。 1982年に20家族が現在の低地の場所に移ることを決め、24家族は山を好んでXengkokへ移った。 1994年にgabionダムの建設によって新たに3家族が増えた [Chazée 2002: 138]。

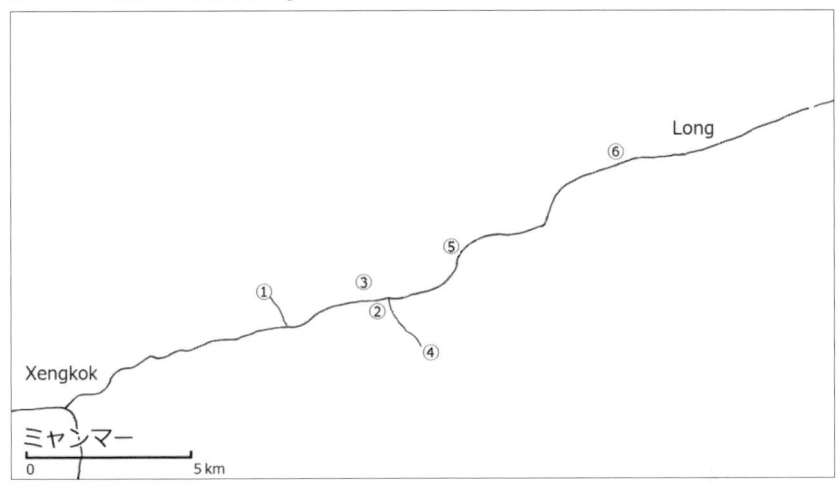

図33 ロング周辺のアカ族村落(Google Earthより作成)

　焼畑はアカ語でヤンゲyanlgeiといい、衰退しているとはいえラオスでは観察可能であった。村落についても村門やブランコ、伝統的な墓地などもあり、中国やタイでは失われている伝統も比較的保全されている。女性の頭飾や民族衣装も健在であった。フランスやドイツのNGOが入っており、主に上水道の整備をしている。

中国の経済発展とラオス・アカの植物資源
　ここでは商品作物として栽培されている植物を中心に中国人との交易を考えてみたい。
　近年、中国は北部ラオスに大きな影響を与えているように見えるが、既に1950年代でも政治経済に大きな影響力を及ぼしていた［ダニエルス 2009］。もちろん、中国ないし中国人の東南アジアへの南進ははるか古代から一貫している［FitzGerald 1972］。しかし、その影響は大きいとはいえ文化的というより政治経済の部分が大きい。
　ロングのアカにインタビューしたところ、彼らはテレビなどでタイでの農作物の価格などはよく知っており、それについてかなりの不満を持っている。ル

アンナムターは中国国境の地域であり、その割に中国市場についてはよく知らない。これは彼らがタイ語に近いラオ語は理解できるが、漢字という複雑な文字を持ちラオ語やアカ語とも言語系統の全く異なる中国語は理解しにくいということもあるであろう。

　中国人（laqbul）についての彼らのイメージは商人であり、農民ではない。ある村では中国人が自分の村のバナナだけが契約を打ち切られたことに怒りを感じている。フランス人やドイツ人はNGOのような形で村落開発に参与しているが、中国人は専ら商売に来るという。彼らは工業製品をもたらし、ロングの工業製品のうち高級車などを除けばほとんどが中国製である。

　つまり、いわゆる漢族はアカとは異なる経済的ニッチを占めており、アカは仲買や運送などの商業活動をしない。加工や出荷までがアカがせいぜい行なう商業活動であり、そのことは両者にはっきり自覚されている。タイ・ルーは西双版納の傣族の大半であるが、彼らもまた商業を行なう者もいるが漢族ほど意識はされていない。彼らも漢字がわかるので部分的には中国人（laqbul）と認識されている。

①ゴム

　ゴム栽培は焼畑耕作民にとって１つの賭けでもある。中国では周恩来が茶とゴムを奨励したこともあってある程度安定している。焼畑をゴム畑に変えるには４〜５年は必要で、もちろんその後は焼くことができなくなる。食べることもできない工業製品の原料であって副産物もなく、商品として命運は市場に委ねられることになる。ここ数年で天然ゴムの価格は下落しており、タイや中国に比べて不当に価格が安いという（写真135）。

　ラオス政府は中国政府と結んで2004年からゴム栽培を推奨しており、ゴム栽培はアヘンゲシの代替および不定期な焼畑から定畑への移行を推進するものとして導入されている。また、それは2001年の中国のWTOへの加盟も大きな要因である［Sturgeon 2011: 205-206］。中国ではアヘンゲシは1950年代にほぼ撲滅されており、その代替として茶が古くから勧められ、ゴムも「国営農場」を中心に広がった［兼重 2008a 参照］。実見することはなかったが、2003年の報告ではアカもハニもアヘンゲシの栽培も消費もしていたという［Schliesinger

2003: 46, 89]。1998年にラオス全体で2万7000haあった違法なケシ畑は政府やNGOの撲滅運動によって減ったとはいえ2014年現在1147ha残っているという［Vientiane Times 2014/8/19］。

　ラオスから中国へのバスの車窓から景色を眺めていると、植生は連続しているものの、山間部の一家族が食べられるかどうかといった面積の小さな陸稲畑が中国に入るとなくなることがわかる。中国では焼畑は1960年代にほぼ消滅しており、ラオスではこの20年で急激になくなろうとしている［阿部 2008］。ゴムは焼畑の代替として決定的な作物であるものの、皮肉なことに経済的にはむしろ不安定なものになっている。また、アカの村民の不満はゴムの価格が安い上に、植えて3年は収穫がなく、収穫したくても生ゴムを受ける器が買えないということだった。生ゴムの出荷額は1kg 8000キップ（6000キップでコーヒー1杯くらい　約100円）だという。こうした車窓からの眺めを裏付けるように、富田晋介は衛星画像などの解析から中国とラオスでは国境線を挟んで森林の種構成が大きく異なることを論じている［富田 2008］。

　ゴムは2003年から2007年までに6倍の伸びを示し、2010年には18万ha以上がゴム林になると2008年当時予想されており、その要因は外国投資奨励法の改正、ラオス政府による焼畑の代替としての奨励、ルアンナムター県のある村が大金を得たというサクセス・ストーリーがラオス北部を駆け巡ったことであるという［百村 2008: 243-244］。

　こうした外国からの投資は中国の県政府とラオスの県政府のように県単位で行なわれ、勐臘県はルアンナムター県、ウドムサイ県、ポンサリー県、ボーケーオ県と1990年代初頭から経済技術協力を結んで、ケシの代替としてサトウキビ、ハイブリッド水稲、ゴムを導入した［兼重 2008b: 206-207］。ポンサリーではNGOとのからみで中国の進出は、単純ではないが、中国政府は「ケシ撲滅プロジェクト」のキャンペーンを謳って、民間企業の進出をすすめたようである。2005年あたりから山地民には、スイカ、カボチャ、ピーマン、タバコが中国向けとして導入されたものの、ラオスで需要のないピーマンは失敗している。またNGOの推奨しなかったゴムは、結局中国人の民間企業によって植えられている［落合・横山 2008b: 389-393］。県単位に中国進出は状況が異なり、ピーマンなどの中国向けの野菜の大規模栽培はロングでは見なかった。

②バナナ

　バナナは焼畑でも栽培できるが、低地で大規模に栽培されている。低地でバナナ栽培に従事しているアカ族の姿が見受けられた。主に勐臘を中心とした西双版納州の仲介業者の看板をいくつもみかけたし、梱包用の袋も中国人の業者によって生産されていた。

　ある村では突然中国人の業者に契約を打ち切られてしまったと嘆いている。バナナは村の共有地で栽培されており、収入はそこから分配されている。「金三角特区」という漢字の看板が建てられており、中国政府がそうした計画を出してその計画に基づいて業者が進出している様子がわかる（写真136）。契約を打ち切られた村のバナナは芭蕉種（沖縄のシマバナナに近い短い実の品種）であり、香蕉種（Cavendish　いわゆるフィリピンバナナのように長い実の品種）のほうが製品として好まれる傾向があるようである。また、習近平政権への移行（2013年3月）以降、中国全体に公務員の綱紀粛正を進めようとしており果物市場も縮小しているように思われる。

③砂仁

　あるアカ族のジョバは日系企業や中国系企業と組んで手広く畑作を行なっている。最近の作物として彼は中国人が買い求めるという実を見せてくれた。それは「陽春砂」と呼ばれる砂仁の品種の1つであった。

　これについて前述したように西双版納州のチノー族の調査を行なった横山廣子は1984年～1985年ごろチノー族の「砂仁」が導入され、それは「陽春砂」という品質のよいものとして売り出され大きな収入源になったが、1989年にはビルマ・ラオス・タイから安い「砂仁」が入ったため価格が急落し収益が大幅になくなってしまったことを報告している［横山2011: 21, 37］。

　この陽春砂仁をチノー族に導入したのは湖南出身の周慶年（1928-2005）という人物で、西双版納州にある中国医学科学院薬用植物研究所雲南分所の研究員であった。同研究所のある西双版納南薬園にはチノー族を救った研究者として彼の胸像がある（写真138）。そういう意味ではこの品種は在来であっても開発は中国でされたものである。

　砂仁（Amomum villosum Lour.）はショウガ科ショクシャ属の植物でよく知られ

た中薬材料であり、「陽春砂仁」はその品種の1つである。英語のカルダモンElettaria cardamomumは同じくショウガ科であるものの、厳密には別種で中薬では「小豆蔲」であるが砂仁と誤解されているかもしれない。

　ラオスのアカの話者は、インタビューの当初、使い方は知らないが、中国人が高く買い付けるといい、山に生えているので取って干して売っていると言っていた。彼自身は用いないと言い、中国人たちは消化不良などの薬草だといっていたと付け加えた。このことからこれがアカの「伝統的知識」ではないことが窺える。

西双版納州での商品作物市場調査

①植物園

　植物園は中国政府の国家戦略と中薬をはじめとする中国人の植物に対する認識を考える上で重要な施設である。

　西双版納州では植物園として中国科学院西双版納熱帯植物園（勐侖）、西双版納原始森林公園（景洪郊外）、西双版納南薬園（景洪市内）、西双版納花卉園（景洪市内）を訪れた。こうした植物園はそれぞれ中国科学院西双版納熱帯植物園（面積900ha）、西双版納原始森林公園（面積1,880ha）、西双版納南薬園（面積20ha）、西双版納花卉園（面積80ha）ほどもあり、園内にはそれぞれ研究所が付設されている。中国政府がいかに植物の遺伝子資源の保護と植物観光を重視しているかがわかる。

　植物園内にはしばしば「民族植物園」といった区域が設けられているものの、傣族（南薬園）以外の少数民族について特別に設けられた植物の展示はない。傣族の植物園も微々たるものであり、この「民族」という語は「中華民族」に充てられていて、特定の「民族」が利用するといった意味合いで用いられているわけではないことがわかる。

　次項の中薬とともに「中医薬」という言い方もされ、「中医薬」は中薬と草薬と民族薬を含むとされる。また、「民族薬」あるいは「民族植物」という言い方もナショナルなものであるのかエスニックなものであるのか常に曖昧である。

②中薬薬局

　中薬の薬材を扱っている薬局をいくつか訪ねたが、「ラオス産」と表示された

薬材は見当たらなかった。瀾滄、西定、勐海、景洪の農産物市場には中薬材料が売られているが、いずれも東南アジア産の薬材の表示はなく、アメリカやカナダ産ならば表示をみかけた。これは実際に直接中薬が昆明や広東などの市場に持ち込まれることを意味しているのか、それとも東南アジア産は中国国内産に比べてブランド的な価値が落ちるので表示しないのか定かでない。

③プーアル茶（普洱茶）

『春城晩報』によると、2008年のリーマンショックでバブルが弾けたように急落した茶の価格は西湖龍井茶が33.33％下落したように軒並み下落している中で、プーアル茶だけは持ち直し、ここ5年価格が上昇している。特に2013年3月は20％も価格が上昇し、生産量も雲南省で昨年に比べて3.3万トン増えて17万トン、作付面積580万畝（約3900平方キロメートル）で中国一であると報じている［春城晩報 2013/9/21］。前述のようにプーアル茶は西双版納州を中心としたアカ種族の重要な民族文化資源とみなされている。

1990年代から始まってはいたが、筆者の20年来のアカ族の知己は1人としてコメの生産をしている者はおらず、ほとんど全員が何らかの形で茶に関わっている。筆者の知己のアカの若者は布朗山の近くの老班章というところで茶を作っているが、高いものでは1キロ4000元〜1万元（6400円〜1万6000円）で売れるといっていた。ところが、ラオス側にはほとんど茶生産に関わっている者はおらず、タイでもそれは同様である。茶の生産は江内六大茶山と言われた勐臘と「江外」と言われる勐海などに限られており、たとえ同じような風土にあるラオス北部でそれを生産したとしてもブランド的価値がない。つまり中国人は「歴史」を消費しているのであって、茶葉の物質的価値よりも製法とブランド的価値のほうが重要なのである（写真144、145）。

プーアル茶の投資に向いている理由は、それが「古ければ古いほどよい」こと、広東、香港では伝統的に飲茶（ヤムチャ）のお茶として好まれ安定的な消費が望め、中央の経済政策とは一線を画していることなどが挙げられ、持っているだけで価値の上がるという性質のために投機的購入が持続している。しかしながら、そのブランド的価値はやはり「歴史」であるためにラオスでは茶の栽培はほとんど耳にすることはなかった。

第6章　資源化される「文化」

　近年は観光業としても西双版納州の民族観光は衰退を見せており、ダイ族文化よりもタイ国文化を志向するように変わってきているように思う。かつてのダイ族レストランなどは減り、代わって投機的なマンションやタイ、ビルマ、ラオスの商品を扱う店が増えた。音楽もダイ族の音楽よりもタイのポピュラー音楽がCDやDVDなどで流され、食品もダイ族風ではなく東南アジア直輸入のモノに変わった。

　そうした中で西双版納の土産商品の目玉は高級プーアル茶であり、1990年代からあったビルマ人の持ち込むヒスイとともに好景気に沸く漢族観光客の資産含みの土産となっている（写真144、145）。西双版納のアカは以前の「民族風情観光」からプーアル茶の販売を主目的とした観光業へと変わりつつあるように思われる。筆者がかつて調査した勐海県南糯山のアカは茶の生産のため国道沿いに村落を移動した。[*32] 2009年当時、道端で茶を売っていた彼らも郊外型の「山荘」と呼ばれるような高級感と民族的な雰囲気を具えた店舗（しばしば宿泊や飲食が可能　写真146）でプーアル茶を売るのが流行ってきたようである。

　伝統的焼畑それ自体は10年以上のサイクルで企図される農法であり、前述のようにギアツはそれを「自然の景観を加工する農法」である水田と対比して、「自然を巧妙に模倣する農法」と呼んだ。今日の10年はギアツがこれを言った1960年代のインドネシアとは比べることができない程、市場化とグローバル化が進んだ。国境はなくなったわけではけっしてないものの、人やモノはかなり自由に往来することができるようになった。

　そんな中でラオスのアカはユニークな伝統を失わずに焼畑を続けており、豊かな植物知識を保持していることがわかった。しかしながら、焼畑は一方で10年後を見据えた、「投機的焼畑」とでも言うべきものに変わりつつある。最も深刻なのはゴム林であり、「自然をまねる」から「市場をまねる」変化が起きていることが窺えた。

　中国の焼畑の専門家である尹紹亭は「雲南の焼畑農耕は、内部の人と土地との関わり」の変化や外部からの厳しい圧力の下でも、急速には消滅していないことである」[尹 2009: 225]と述べている。しかしながら、尹の文章を読んでも焼畑の資料のほとんどが1950年代のものであり、中国の焼畑がかなり失われていったことが窺える。ラオスと比べるとその減少は明らかであろう。

ラオスから見ると中国は大市場になり、中国の経済動向がラオスのアカ族の経済にかなり直接的な影響を与えるようになっている。習近平政権での経済的変化はさっそくバナナの生産に影を落としているように思われる[*33]。

　中薬原料の確保は中国政府としても焦眉の懸案であり、国内の原料の欠乏から東南アジア諸国への進出を加速している。こうした中で中国の辺境の少数民族の文化保護という政治的カードは重要であり、資源人類学として第三国からの視点も重要なものとなろう[*34]。

第6章　資源化される「文化」

写真123　ロングの中心部（2013年）

写真124　ラオスのアカの村（2013年）

474　第3部　資源の民族誌

写真125　アカのブランコ

写真126　村門

第6章　資源化される「文化」

写真127　墓地　伝統的なアカは墓標がない。墓地は政府が森林保護区にして守られている

写真128　集会所

写真129　村の小学校

写真130　近年始めたテラピアの養魚池

第6章　資源化される「文化」

写真131　NGOが作った上水道

写真132　調査風景

478　第3部　資源の民族誌

写真133　NADAの配付するカレンダー

第6章　資源化される「文化」

写真134　アカの焼畑、バナナやゴマの混作

写真135　ゴム林、村で中国人に出荷される生ゴム

第 6 章　資源化される「文化」

写真 136　中国企業の看板

写真 137　陽春砂仁（ラオスのアカの村）

写真138　西双版納南薬園にある周慶年の胸像

写真139　南薬園の砂仁の品種保護区と「陽春砂仁」

第6章　資源化される「文化」

写真140　中国科学院西双版納熱帯植物園

写真141　西双版納原始森林公園の絶滅危惧種の保護地区

写真142　西双版納南薬園　モニュメントは代表的な中薬の象徴

写真143　熱帯花卉園

第6章　資源化される「文化」

写真144　高級プーアル茶

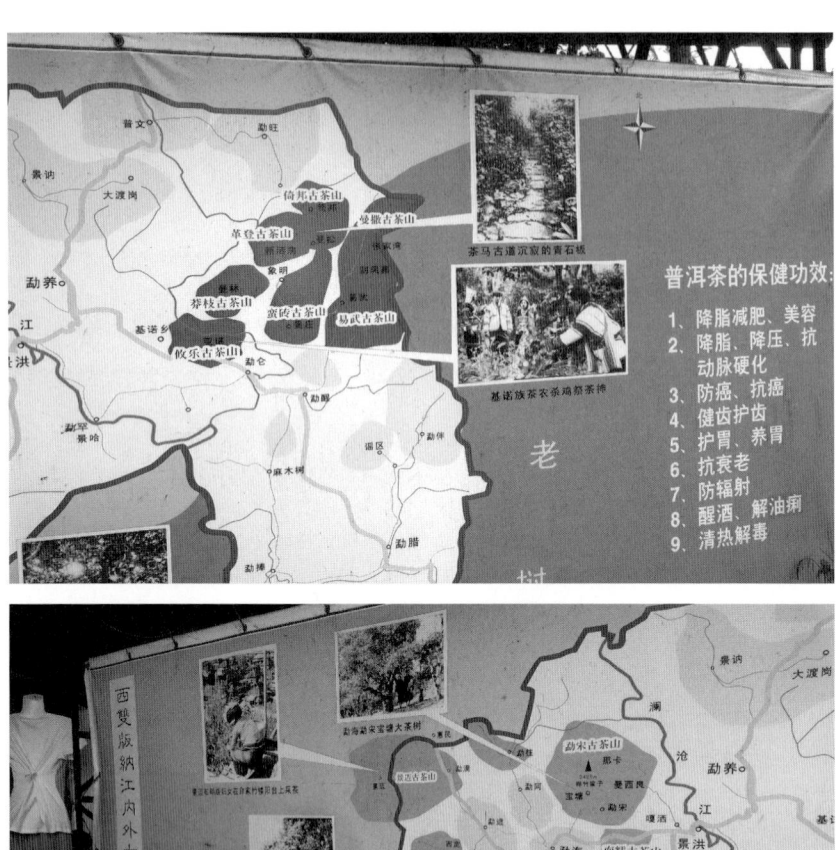

写真145　六大茶山と江外の茶山を示す熱帯花卉園の観光案内

写真146　最近流行っている「山荘」（勐海）

写真147 ヴィエンチャンの市場でモン族などが売る中薬原料
　　中薬原料として売られるゾウの皮(ヴィエンチャンの市場)
　　中薬原料を売るモン族(同市場)
　　様々な中薬原料(同市場)

台湾のハニ＝アカ族

　アメリカに移住したユーミエン族（ヤオ族）やモン族（ミャオ族／メオ族）は、ラオスでパテトラオと戦うように仕向けられたためアメリカにひきとられるような形で移住した [Tapp 1989]。彼らはそれでもアメリカの山に住んでいる。本節における山地民は蔣介石によってあてがわれた土地が山だったに過ぎず、大半は平地民であるはずのタイ族とともに高原に住んでいる。民族的なものは失われ、農場での過酷な労働をしてきた。

　1991年の夏、大学院の仲間たちと北部タイの山岳少数民族のトレッキング・ツアーに行った時のことである。チェンマイのゲストハウスがやっている1日ツアーだったが、北部タイの少数民族をざっと見て回るには便利だと思って参加した。ツアープランの中にKMTという不思議な村の名を見つけてこれは何族なのですかと聞くと、「雲南人」と言われ、KMTとは国民党（Kuomintang）だとわかった。ラフ族、アカ族、リス族、カレン族、ユーミエン族（ヤオ）とともにKMTというのは変な感じがしたが、実際に少数民族のような扱いだった。ラフやアカの村を訪ねた後、このKMTの村に行って、ユーミエンの年配の人と中国語で話した。彼は孫文の肖像の入った中華民国紙幣を見せて笑いながら、台湾までの飛行機代はいくらかと私に訊いた。それに答えると彼は空を見つめながら「遠い」と呟いた。

　1996年の夏、カンボジアの調査の帰りによったチェンマイのナイトバザールのアカの土産物屋で取材をしていた。土産物屋のアカの若者の1人は当時中国語を習っていた。彼はビルマ（現ミャンマー）の出身でビルマでの生活が苦しくて雲南人についてタイに来たという。その連れてきた雲南人の男は尿道結石を患っていて辛そうな表情を浮かべながら、自分が連れてきたと言っていた。アカの青年だった彼の当時の夢は台湾に移住することだった。

　彼らの夢が叶ったかどうかは知らない。しかし1990年代のアカ族やヤオ族の中にも台湾に行きたいと思う人たちがいたということは感じていた。今日の国際関係は当時と違って、中国の経済状況が変わって移民の流出が減ったこと、ミャンマーの軍政が変わりつつあること、タイの経済もよくなったことなどがあろう。しかし、第2次世界大戦で日本が負けた後、共通の敵を失った国民党と共産党の内戦は日中戦争以上の人間の移動を引き起こした。これが、人類学

図34 博望新村の位置

が聞き書きで追える範囲の最大の人類の拡散である。しかしながら、実際に台湾にまで逃れた雲南の人々の数はけっして多くはない。

国共内戦 (1927-1936, 1946-1959) は台湾の外省人を始め、多くの華僑 (oversea Chinese) を出すことになった。インドシナ半島に出て行った中華系移民は陸伝いに拡散したので overland Chinese と呼ばれる。中共が「中華民族」という「想像の共同体」イデオロギーを創りだす以前に共和国から移動した雲南少数民族は共和国の「中華民族」ではなかった。

蒋介石が台湾に逃れるとまた別の「中華民族」イデオロギーが生まれた。日本の植民地統治から離脱した台湾は戒厳令下において、日本文化を払拭しながらも、台湾固有の文化を抑圧し、標準中国語 (華語) を強制することを目指した [チュン 1993 (1992)]。

1967〜1977年になると「文化復興」が叫ばれ、正統な中華の継承者としての中華民国の「中華民族」という文脈の中で、故宮博物院や儒教道徳を始めとする文化主義が台頭する。李登輝以後の台湾多文化主義は、台湾の人口規模もあってか原住民族政策は大陸よりは穏健なものになった。

本節では博望新村という台湾南投県仁愛郷の1つの村を通して雲南少数民族の移住とその文化を考えてみたい (写真148)。この地の日本語の先行研究はわずかである [西本 2011 参照] が、雲南を専門とする台湾大学の人類学者の謝世忠によって既に調査されている [謝 2002]。後に挙げる『清境社史』は地元の人々

が中心に編集した本であるが、これを民俗学と考えるとかなり高く評価できる。

水摆夷民宿（「水摆夷」はシプソーンパンナー王国（12世紀ごろ～1950）の主民族であるタイ・ルー族を示す旧時の漢語）という民宿に泊まり、30代の宿の女主人とその友人の女性にインタビューをした。そのどちらも少数民族語は話せなくなっていた。友人女性は母がアカであったが、本人は、アカ語はわからず、わかる人もこの村にはもういないという。タイ語はできる人があるようだったがほぼ台湾華語だけを使っているようだった。女主人の父はインタビュー当時、雲南の臨滄県に行って留守にしており、民宿には販売用の雲南少数民族の服や装飾品と、交流を窺わせる写真が並べられていた（写真150）。

村のはずれには道教の廟があり、蒋介石の胸像がある（写真149）。胸像には村民の名前が刻まれその廟の近くに最初の村があった。雲南の土産物などが看板に書かれてはいるものの、それほど商売気がなく、高冷地野菜の栽培のほうが経済的には重要であるようであった。清境農場は彼らに開拓された土地であるが、現在は日本で言えば軽井沢とか那須のような高原のリゾート地として知られ、その観光の差異化のためにあるようないくつかの雲南民族風の彼らの民宿はけっして繁盛している様子はない。観光客は2000メートルを超える高原の牧場の景色と壮観な台湾の3000メートル級の山脈を写真に収めることを楽しんでいる。宿の大半は洋風のおしゃれなリゾートマンションで、観光客は高冷地野菜や牧場の羊などの洋食を楽しみ、冬はスキーで余暇を過ごす。

博望新村は、元は松崗と呼ばれ、バスは今でも松崗行である。東の合歓山スキー場まで車で行くと1時間くらいの玉山（3869m）などを望む景勝地である。村の中心に看板すらない松崗文化館には雲南少数民族を中心に国民党として中共軍と戦ってこの地にやってきた歴史が展示されており、展示の内容は『從異域到新故郷～清境社區50年歷史專輯』とほぼ同じである。もはや、この村の経験は歴史化しており、この1冊にまとめられてしまったという感じだった。以下は同書についてまとめてみる（『清境社史』と略記する）。『清境社史』はライフヒストリーを中心にまとめられており、写真、パスポートや証明書などのライフドキュメント、地図などをふんだんに載せてまとめられた本であり、完成度も高い。現在の雲南では使われなくなった語や生活資料などもあり、興味深い本である。「義民」（軍属）として移住した雲南人は4400人を数え、桃園龍岡、

桃園龍潭、清境農場、高雄農場、屏東農場のいくつかの村に家を与えられて（土地は使用権のみ）配属された。博望新村のある清境には77人の男性（内雲南省出身60人）、女性77人であったという。

表19　清境第一代雲南籍「義民」出身地

保山10人	車里（景洪）2人
景東6人	楚雄1人
順寧（凤庆）5人	龙陵1人
鎮康4人	弥渡1人
緬寧（临沧）4人	元江1人
南嶠（勐遮）4人	个旧1人
建水3人	会泽1人
澜沧3人	墨江1人
蒙化3人	镇沅1人
昌宁2人	蒙自1人
景谷2人	漾濞1人
腾冲2人	江城1人
佛海（勐海）2人	

（　）内と簡体字は現在の地名、繁体字は旧地名
[『清境社史』：215より作成]

『清境社史』には、卒業写真や結婚式などのフォーマルな場面から日常生活のスナップショットにいたるまでのたくさんの写真が載せられているが、ごく近年の雲南との交流から生まれた新しい活動を除けば少数民族らしい服装が写っている写真は1961年が最後である。雲南でよく見る「煙筒」と呼ばれる男性が吸う水タバコは時々写ってはいるものの、これは雲南に住む主として山地一般のもので民族的とは言い難く、男性の服装に民族的な物は何もない。アカやリスの服装の女性の写真は残してきた家族か親戚のものかもしれないがいずれもビルマで撮影されたものである。タイ族は内戦を潜り抜けてきた経路がビルマやタイであったせいか、台湾までたどり着く前に撮影された写真も含めて1960年ごろまでは、比較的女性は一貫してタイ族ないしタイ風の服装で台湾に着いても写っている。しかし、その後の写真はほとんどが洋服で、1965年に蔣介

石と写った記念写真 (これはむしろ歴史の小さな自己主張なのだが) に数人のタイ族風の女性の写真があるぐらいである。

　九州の山あいの片田舎に育った40代の筆者がまったくエキゾチズムを感じないくらいに、写真の大半は日本の1950年代から70年代を思わせるどこか懐かしさすら覚えてしまうような写真が並んでいる。洋服にネクタイ姿の男性、ワンピースのご婦人、ウェディングドレスの花嫁、木造の日本風の校舎の前の制服と私服の混じった生徒たち、半ズボンとカッターシャツの少年、ギターに夢中な若者など、中華的な雰囲気すらよく探さないと見つけにくい。1つは台湾の「近代化」というものが日本統治期の文化の影響を戦後も受けていたことを示すもので、それはどちらかといえば日本の「和魂洋才」的な「欧化」であり、見た目には中華的ですらなかったことを物語っている。いまひとつは、彼らは雲南少数民族であるにもかかわらず、それを表に出すことは観光化が始まるまではなかったということである。もちろん、これは写真に写っている見た目だけの話であって、国語教育 (台湾華語) や国民党イデオロギーは彼らの内面に強烈な作用を及ぼしているだろう。

年表5　清境社区年表
　　（『清境社史』:54-75 より作成、一部省略、1972年以降略　＊「栄民」＝退役軍人　「義民」＝軍属）

1930年　日本統治期　霧社事件後、日本政府は原住民族の村落の周囲の山を統制するために「立鷹牧場」（この地の最高峰立鷹山にちなんでつけられた）を設置し、農耕に使う種牛の繁殖をした。台中州能高郡の管轄だった。

1945年　国民党政府時期　日本統治期の「立鷹牧場」は南投県政府の管轄になり、「霧社牧場」と改名した。

1958年　中部横貫公路の「霧社支線」全線開通（現在の省道台14甲線）

1960年　4月17日　中部横貫公路全線開通。政府は退役軍人の居住と山林資源の開発のため、武陵、福寿山、霧社、西宝に農場を設置することを計画。
　　　　7月29日　台湾省政府は40万台湾元余りを委託する「輔導会」（以下指導委員会と訳す）を設置し、南投県霧社牧場を「見晴栄民農場」（土地面積280ha）として整備することに同意。
　　　　（美晴は日治時代に付けられた。＊見晴らしがよいからきている）
　　　　12月19日　指導委員会は楊武を農場長として指名し、農場の責任者とした。

1961年　3－4月　滇緬遊撃隊は「國雷演習」と改名し、タイのチェンマイから空路で台湾へ（計4,406人）
　　　　台湾に撤退した「義民」はC-46とC-119輸送機で屏東空軍基地で迎え、鳳山陸軍第二士校に宿泊。数日後汽車に乗って成功嶺に北上し3ヵ月余り滞在し、身分調査、登記、配属を決めて言葉や織物などの技芸を学習。
　　　　4月16日　清境農場に「栄民」12人が配属。

1961年　「義民」の同胞とともに配属させることを原則として成功嶺から指定された地域へ配属。79戸206人（50年代末に増えた新生児5人を含まず）が埔里国民小学校と南光国民小学校へ暫定的に住まわせられた。
　　　　6月19日　委員会は横貫公路沿線の「栄民」に土地の開墾と野菜を植えることを許す暫定法を頒布。
　　　　8月　農場は松崗新村（現博望新村）と「幼獅新村」（現壽亭新村）に毎戸5坪半で台所とトイレを外接した住宅建設を請け負うことになった。10月工事開始。
　　　　12月16日　博望新村の完成し入居（31戸66人）
　　　　12月18日　「義民」のために委員会は蔣経国の行政院に531haを要求したが、更に増えて881ha（後に測ったところ778haあまりであったが）が見晴栄民農場に支給。
　　　　12月28日　壽亭新村完成し入居（48戸140人）

1962年　温帯果樹（林檎、梨、水蜜桃など）の植樹開始。
　　　　義民の生活補助（アメリカの480案件）
　　　　　1年目　大家庭300元　中家庭200元　小家庭150元　2年目　大家庭200元　中家庭150元　小家庭100元
　　　　　3年目　大家庭150元　中家庭100元　小家庭75元　　4年目　生活補助終了
　　　　7－9月　農場は「仁、義、礼、智、信」の農場を5荘（集落）に分けて、それぞれ5個の部屋を付けた。部屋には2人の「栄民」を住まわせた（計50人の「栄民」が居住）
　　　　10月31日　電力供給開始。
　　　　10－11月　測量の結果778haのうち開墾不能な386haは造林放牧用地。その他を義民7、配偶者3.5、子供1.75の割合で配分（土地の人口配分は民国50年12月31日の規準で具体的な土地自体は抽選、但し所有権はなく使用権のみ）

1963年　4月1日　「見晴栄民農場」を「見晴農場」に改称し、「行政院退役軍人就業指導委員会

第6章　資源化される「文化」　　　　　　　　　　　　　　　495

　　　　　　見晴農場」に委託。
　　　　10月28日　農場は「栄民」への土地配分基準を発布した。果樹の成長は遅く、果樹の
　　　　　　間に高麗菜を植えていた。
1964年　2月29日　蔣経国が農場を視察し、「福利社」(廟)を建てた。
1965年　1月1日　「義民」正式除隊。位階に応じて除隊金給付。
　　　　8月28日　蔣介石視察。記念写真撮影と「毋忘在莒」の記念碑建設。
1966年　1月　「孝荘」に10名の「栄民」を配属。
　　　　7月14日　蔣介石と国防部長蔣経国視察8月15日副総統嚴家淦、国防部長蔣経国訪問。
1967年　8月　仁愛国民小学校見晴分校(6部屋木造)開学。果樹と高麗菜が収益を上げ始めた。
　　　　10月1日　蔣経国が「清新空気任君取、境地幽雅似仙居」にちなんで「清境」と改名。
1968年　1月13日　指導委員会副業(養豚業)を奨励。
　　　　8月　仁愛国民小学校見晴分校が「清境国民小学」として独立。
　　　　11月30日　松崗幼稚園を設置。壽亭丙地に水がなく植物が植えられないために割替
　　　　　　えを要求。福壽山付近になりやむを得ず転居。
1969年　「栄光新村」が創られ、義、礼、智などの集落の30戸が編入。
　　　　9月16日　壽亭新村集落センターが幼稚園を建設。
　　　　博望キャベツ集荷センターが包装を始め、60万元あまりの不渡り。
　　　　10月24日　指導委員会により楊武は新竹合作農場長に配置換え、元苗栗合作農場長
　　　　　　の韓哲民に農場長を変更(11月26日就任)
1970年　2月23日　蔣介石と夫人視察。博望キャベツ集荷センターが再度100万元余りの不渡り。
1971年　2月16日　指導委員会1人1匹の豚の飼育計画を推進。
　　　　4月1日　汪起敬第三代農場長就任(1976年8月まで)壽亭新村丙地住民は牧草区に移
　　　　　　された。
　　　　10月25日　国連は中華人民共和国を認め中華民国政府は国連から退出を余儀なくさ
　　　　　　れる。
1972年　2月　電信局が電話を設置。
　　　　3月　博望新村の「義民」が有志で「土主廟」(「慶安宮」の前身)を建設。行政院長蔣
　　　　　　経国が視察し、生活環境の改善を決定。
　　　　(略：これ以下は雲南関連と観光関連のみ記載)
1976年　6月26日　蔣経国「霧社、廬山及清境農場を観光区に出来る」と指示。
1983年　1月　農場直営第一牧場(青青草原)が観光牧場として開始(入場料は清掃費5元)
1985年　8月3日　清境国民賓館(ホテル：200人収容可)開業。
1987年　戒厳令解除。大陸の家族訪問開放。
1989年　8月10日　仁愛郷農会(*農協のこと)「清境高冷地野菜センター」設立。
1990年　11月　原住民保留地増長計画を指示、150haあまりが移管。
1991年　12月19日　土地の所有が認められる(「義民」は民国50年の人口に照らして1人
　　　　　　1.05ha～1.4ha、「栄民」は単身なら0.6ha、家族のある場合0.7haを上乗せ)。
1998年　12月　摆夷舞踏(タイ族の踊り)を清境国民小学校で教えることを開始。
1999年　6月19日　南投県政府は第一回「雲之南摆夷文化節」を挙行。作家の柏楊を招く。
　　　　12月　南投県立文化中心が『清境摆夷伝奇』を出版。
2001年　2月14日　「清境観光発展促進会」設立。
　　　　11月17日　台湾大学の人類学者謝世忠に「清境摆夷族群基本調査」を委託。
2007年　11月30日　第一回清境摆夷文化季「清境火把節」
2010年　10月15－16日　台北の雲南同郷会が来訪し、「南投県雲南同郷会」設立。

農業の面からすると、まず水稲耕作民のタイ族も陸稲焼畑耕作民の山地民もすべてコメのできないところに移され果樹栽培を始める。土地は与えられるものの、政府の管轄下にあり、売買もできない。また、民族別になっているわけでもなく「仁、義、礼、智、信」といった儒教的な名前の荘（集落）に分けられる。村長は村民の代表ではなく国民党が指導する指導委員会が指名し、蔣介石自らが何度も訪問しているトップダウン式の指導である。学校・幼稚園が次々と建設され、市場経済に順応させるべくキャベツ集荷センターなどができるが失敗する。アカ族の場合、口承の系譜が最も重要な文化要素であり、生業の面ではコメを作ることが重要なのであるが、系譜は男性が伝えるものであり統計でははっきりしないものの男性はいなかった可能性が高い。また米作は高冷地なため陸稲でも全く不可能であった。

　1976年の蔣経国の指示から観光が始まり、1987年から大陸との交流が許され、雲南エスニシティが復活する。最初はダイ族（Dai）主体の踊りだったのが、なぜかイ族の「清境火把節」になった。「火把節」（松明祭り）はイ族の祭りであるが、清境に移住した「義民」の女性の中には1人もイ族はいない。男性60人は民族別になっていないが、出身地で可能性を考えると楚雄1人、個旧1人、墨江1人、鎮沅1人、建水3人ぐらいの中にイ族がいる可能性があるだけでけっして多いとは言えない。「火把節」が雲南省の中心である昆明で行なわれたことや松明の演出的効果が山村に合うといった事情なども関連しているかもしれない。さしものゾミアの民も台湾のきわめて巧妙な同化政策の下で同化されてしまった。最後に残ったのはインタビューを行なった女性の母親のアカ語であった。それが娘に引き継がれることはなかったのである。

　このことから何が言えるであろうか。1つは近代国民国家における移住と近代以前の人間の拡散とはかなり異なるということである。2つ目は社会組織と生業体型の崩壊が文化の崩壊に大きく作用し、最後まで残ったのは言語と食習慣のわずかな部分だったことである。

　冒頭で扱ったような人々の受け皿にはこの村はなっていない。しかしながら、台湾大学付近にかなりの数の「雲南菜」（雲南料理店）の看板を見かけた。彼らはこうした飲食店を拠点に活動している可能性はある。「雲南料理」というものは大陸にはないと言ってもよい。雲南は「川菜」（四川料理）、「粤菜」（広東料理）の

二大伝統食の狭間にあって少数民族料理以外にこれといった特徴はないからである。

こうした看板は近年の台湾における一種の異国趣味から来ているが、ミャンマー人やラオス人も含んだ一種のエスニシティ形成とも捉えることができよう。

台湾に逃れたアカとラオスのアカのエスニシティを比較してみよう。どちらも近代国家からは一定の距離をとろうとしたゾミアの民であるが、結果は全く異なる。台湾では伝統的なものはほぼ失われているが、政治的に「文化」のみが高揚され、「雲南少数民族エスニシティ」という漠然としたエスニシティが復活した。他方、ラオスでは同化政策を山地に逃げ込むことで乗り切った後、中国や台湾とは別の寛容さの中でアカ族の伝統がエスニシティとして高揚してきている。しかしながら、ラオスは中国によって利用されているともいえ、中薬の収集の先兵として経済的なネオコロニアリズムの中にあると言ってもよい。

以上のようにラオスではアカザンを色濃く残しているが、観光化はその地理的な遠さと政府による制限のため山地には及んでいない。多民族国家を現在は標榜しているラオスであるが山地民政策は外国NGOに依存しているため比較的平地民の干渉がなくゾミア的な生活が維持されている。他方、台湾では国民党政府の急進的な同化政策のため早い時期に同化されてきた。ただし、台湾の近代化は中華化というよりは、日本を意識した資本主義化であり、大陸とはかなり異なるものの政治的であることには変わりない。台湾原住民を中心とした今日の多文化主義はアカではなく雲南全体との繋がりから生じており「雲南少数民族エスニシティ」といった奇妙な形で観光化がなされている。

写真148 台湾南投県博望新村
南投縣仁愛郷にある博望新村でこの村から霧社事件で有名な霧社までの間に観光地の清境牧場があり、行楽客で賑わっている。高冷地野菜の畑が広がる。

写真149 博望新村の蒋介石像

第6章 資源化される「文化」

写真150 水摆夷民宿
民宿はそれほど繁盛している様子はないが、ダイ族、ワ族などの名前が書かれた民宿が数軒ある。文化館という集会所があって中では『清境社史』と同内容の展示があるが、観光客が見るものというよりは村の人々が自分たちの歴史を再確認する場といった感じがした。

写真151 タニシ料理
予約もなしで行ったので客が筆者一人しかおらず、民宿の女主人（ダイ族）のまかないを、母がアカ族だった女性の友人とごちそうになった。強いて言えば皆で同じつけ汁（西双版納のダイ語でナンミー、ハニ語ザウ、アカ語ツェザイ）に漬けて食べることぐらいがダイ族らしいと思ったぐらいで、彼らはこれをダイ語やアカ語でどういうかは知らなかった。味は特にダイ族風な感じはしなかったが、油が少なく煮物や野菜が多いのが中華料理とはやや違う。

写真152 「火把節」

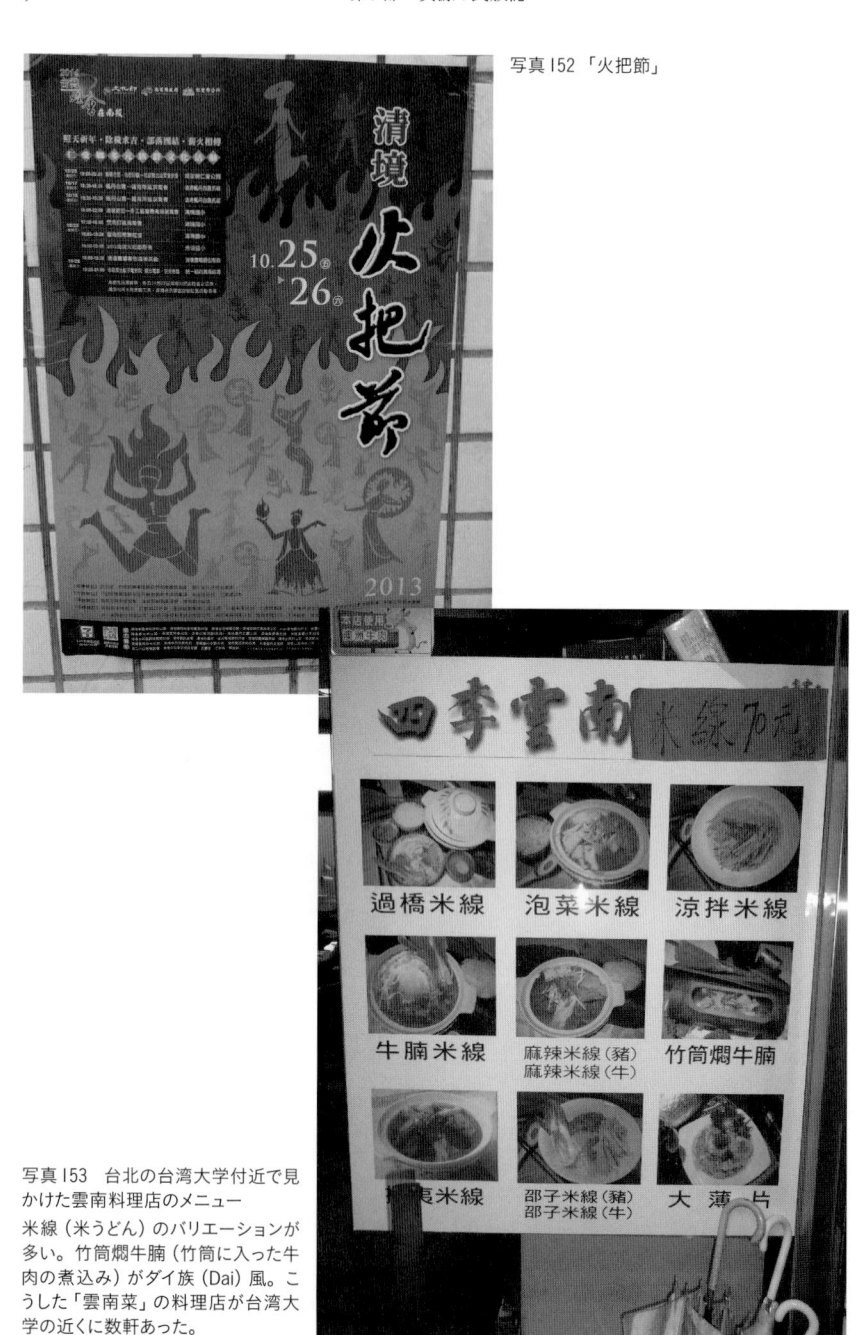

写真153 台北の台湾大学付近で見かけた雲南料理店のメニュー
米線（米うどん）のバリエーションが多い。竹筒燜牛腩（竹筒に入った牛肉の煮込み）がダイ族（Dai）風。こうした「雲南菜」の料理店が台湾大学の近くに数軒あった。

終章

第1節
議論の整理

　第1部ではまず本書がエスニシティ論と民族誌論の立場に立ち、歴史人類学と資源人類学の双方に跨る社会構築主義的な「民族誌」であることを示した。本書はその上で民俗学的「近代」つまりここでは中国的「近代」の解明を目的とする。中国的「近代化」を考える上で多民族国家として国民国家化していった中国においては、民族区域自治に伴う民族の確定作業こそが近代国家としての中華人民共和国の設計において重要であった。エスニシティ論の立場に立つと、中国の少数民族として今日ある「哈尼族」(ハニ族)という民族集団は中国が国民国家化する過程で政治的に構築されたものである。特にハニとアカについて言えば、それは科学的な検証も民主的な過程を経ることもなく政治主導で決定された民族範疇であったと言うことができる。アカ種族はダイ族権力の下にあったため、共産革命によって早くに「アイニ族自治区」を成立させた。ハニ種族は国民党側にまわったイ族系統の土司権力が国外に逃亡したことによって権力基盤を残すことができた。その後紅河州成立の中でアカ種族は「哈尼族」に党組織によって組み入れられたということになる。その上で、従来ハニ族の下位範疇としての「支系」として政治的に決着している社会単位を再検討し、種族、亜種族、リネージ、地域的クランといった社会人類学的分析を行ない本書の議論の基礎的問題設定を行なった。本書では文化の比較のためにハニ種族とアカ種族を設定し検討することとした。

　第2部では原初論的アプローチの立場から「民族」が維持される文化内的な機構を探った。アカ種族においては山(アカ)／谷(タイ)の軸が重要であり、ハニ種族においては山(ハニ)／街(漢族)という軸が生態学的に重要である。それは革命前の盆地連合国家と山稜交易国家の対比で理解できる。ハニ＝アカ族に

共通する平等主義的組織体系をスコットの言う自治組織と位置付けた上で、シャン型の盆地国家連合統治下のジョバ組織と山稜交易国家下のハゴ統治を検討した。その中でイデオロギー論を中心に問題を設定し、ハニ＝アカ族の宗教実践を分析する上で最も重要なのは祖先祭祀という概念であることを示した。シャン型の王権イデオロギーと山稜交易国家の中華的イデオロギーの中にあって、祖先祭祀を中心とするハニ＝アカ族の司祭集団が再生産するイデオロギーはその実践の多様さにも拘らず集合的記憶として非国家的な祖先イデオロギーを再生産する。特に重要な実践は葬送儀礼であり、顕著な中庸主義のイデオロギーを彼らは持っている。それがあまりにも「歴史的正確性」に拘るがためにむしろ強力な政体を創ることができなかったと考えることができる。年中儀礼は逃走のための文化であり、彼らの歴史意識は非円環的に肉親の死を動機としながらイデオロギーを維持する。それは戦乱の多いこの地域で生き延びるための「統治されないための術」の集積としてみなすことができる。

第1部で見たように「ハニ族」というのは政治的に構築された範疇である。しかしながら、第2部で見たようにそれはゾミアの民としての彼らが近代以前の政体からの搾取と暴力を回避しながらなお再生産し続けてきた特殊な社会構造によって想像された集団的イメージと関わっている。彼らは特に葬送儀礼に見られる肉親の死を位置付けるためだけに膨大な移動の「歴史」を伝えており、そうした「歴史」を正当化する政体なしにただ自分たちのために伝えてきた。それは少なくとも後代に関しては正確に史実として図示することが可能である。彼らはそうした準移動民的な儀礼を螺旋的な時間意識でもって伝えてきており、見せかけの実践で政体からの干渉を逃れる文化を発達させてきたと言える。そうした逃亡に備える社会構造においては、何ら利益に訴えることなく出自意識が持続的に維持されており、それは違った実践で同じイデオロギーを生みつづける。そしてミサチュサやアマトのような政体への見せかけの服属を示しながら新たな旅に備えるような社会構造を発達させることで同化せずに存続してきたのである。

第3部では用具論あるいは構築論的な立場からハニ族の文化が「民族＋文化＋資源」となっていく過程を扱った。まず第5章では文化がいかに表象されていくかという問題のために出版と翻訳を検討した。まず、出版ナショナリズム

による中華民族の1つとしての「民族文化」についてその出版数などから考察した。2000年までの統計によると創られた「ハニ族」の下位集団を「支系」とし統合感を強調しながら、焼畑などを遅れたものとして排除し、いくつかの文化的要素を「文化」として称揚する効果があった。また、その漢語への翻訳の中に「迷信」と「文化」を分け、中華民族に統合させようとする翻訳がされていることを明らかにした。その上で第6章では客体化された「文化」はモノのように資源化され、国家戦略の操作的対象となることを示した。ABS法、世界文化遺産指定の内幕にあるグローバル社会、国家、ハニ族知識人といったアクターによる「文化」の政治を読み取った。以下では、ラオスと台湾と比較することによって中国的「近代」の特徴を考えたい。

　同じく多民族主義をとっている台湾やラオスと比べてみると中国はその人口規模から日常生活からはかけ離れた規模の民族集団を創らなければならなかったことがわかる。ハニ族はスミオを始祖とした大きなリネージ集団で、中庸主義的でありかつ逃亡できる外国が周辺にあるために、比較的穏健に国民統合されたと考えることができる。ラオスにおいてはシャン型の盆地国家連合から国民国家へむかったが、その過程はけっして平和とは言えないもののアカは山地のゾミアで生き延びることができた。そのためアカの伝統はまだよく保持されている。それに対して中国では伝統は急激に失われていった。一方でラオス、タイ、ミャンマー、西双版納州のアカ種族はハニ種族とは別のネットワークを確立しつつあり、台湾では「雲南少数民族エスニシティ」とも言うべき動きが観光業では見られる。他方で中国の市場としての影響力はラオスでは大きくなり、経済的ネオコロニアリズムが進行しつつある。

　文化の面から考えると、今日の国民国家の影響力ははるかに強大であると言える。世上に流布する「国境なき少数民族」像は虚偽に近い。そうした国民国家は必然的に少数民族として多数集団とは別の数の決まったパッケージ化された少数民族としての国民を想像／創造せざるをえない。そうした現象が中国におけるエスニシティの発揚である。文化大革命によって根本的に変革された中国での新しい「民族文化」への変化が始まる。それは国家主義的市場経済下において「文化」の政治を生み出した。現在のハニ族の「文化」は中国政府によって国家の国境政策や資源戦略における地政学的な道具となりつつある。ABS

法と薬草知識のところで扱ったように今日の中国ナショナリズムは見えにくい形で、グローバリズムに訴えながら「文化」を記号として政治的に道具化していくのである。その中でハニ族知識人をアクターとした政府との駆け引きの中で「文化」は記号化され、生活から離床していかざるをえなくなった。ネットワーク論者の言うようなことはハニ＝アカ族の間では微々たる動きに過ぎず、国民国家化はむしろ強化されていくように思われる。そうした「文化の政治」の中で中国ではアカ種族は棚田を中心とするハニの「文化」からは周縁化され焼畑の稲作を失って、プーアル茶の生産者となった。

このように、エスニシティ論の二つのアプローチは現代中国を考える上では、原初論的アプローチは近代以前と主観的に考えられる「民俗」の領域を考えるのに有効であり、道具論的アプローチは国民国家成立あるいはその過程を考えるのに有効であったと言える。それは「民俗」の領域を見ることによって近代性を逆照射しようとする試みでもあった。

その上で、ここで中国ではどのようにゾミアが消滅していったかこれまでの議論を整理してみたい。スコットは国家からの避難場所として架空の呼び名としてのゾミアという地域設定をして脱国家史を描こうとした。彼はこの議論は第2次世界大戦後は通用しないと述べている［Scott 2009: vii］。中国では日本が降伏した後、かえって国共内戦が激化し、少なくとも紅河では1949年の共和国成立後の1950年までは土司制度は生きていた。しかし、土司制度の消滅と自治組織としての村落とは関係が薄く大躍進（1958〜1960）によって人民公社化した村落はある程度元の形を保っていたのではないかと推測する。もちろん、ズマは廃止され生産隊長に変わったことであろうが、その過程は確認できなかった。その後の文化大革命（1966〜1977）によってほぼ完全にゾミアは消滅したと言ってよい。

1979年以降の改革開放路線によって「民族文化」の復興が図られるようになるもののそれ以降はいったん完全に社会構造の変わったものに「文化」を充填していった過程であり、中華民族として既に中国に組み込まれており、ハニ＝アカ族は国境を越えた分断民族として各国に適応せざるをえなくなったと考えられる。1990年代以降は「文化」の表象による客体化の時代であり、2000年代に入ると資源化の時代に入ったと整理できよう。そう考えて振り返ってみると

筆者が経験した1987年の西双版納州のアカ種族の文化は、当時は「原始的」にも感じられたのだが、民俗として既に「近代」の残余としてあったのだと思われる。

中国という巨大国家における「民族」は政治的にしか構築されなかった。改革開放後はこうした「民族＋文化＋資源」が構築されていった。これは中国政府とハニ族知識人のそれぞれの戦略によるものであるが、ハニ族民衆は「国家を生き」ざるをえなくなったと考えられる。

第2節
結論

以上を踏まえて、中国的「近代化」についてエスニシティ論の枠組みを使って、ハニ族に限ったことではあるが結論を導きたい。

エスニシティの2つのアプローチの内、原初論＋状況論というアプローチを第2部ではとった。それは前代的な民俗という領域にあたる。それを東南アジアの事例と比較することで中国的「近代」に迫ろうとするためである。そして、第3部の用具論＋状況論的アプローチで第1部で明らかにした構築された「民族」としての見方を政治経済的な観点から捉えた。第2部はHaqniq ssaq＝ハニ種族、Akaq ssaq＝アカ種族の文化であり、第3部は「哈尼族」の「文化」と言うことができよう。この2つのアプローチは折衷できないが、ハニ＝アカ族の場合いずれも必要なことがわかっていただけると思う。

その上で、従来の研究でも中国でもよく知識人から中国語で言われる「漢化」という曖昧な変化について人類学的に分析してみたい。我々は翻訳的「近代」の中にあってわかった気になっている翻訳の過程に立ち会うことが、まず世界民俗学における人類学者の役割だと考える。

まず、自文化研究者からも漢族の研究者からも政治的に決着しているがために人類学的分析がされてこなかった「支系」という問題があった。ハニ語、アカ語で言われていることを人類学用語で分析した上で考えてみると彼らの社会構造は巨大リネージが争乱によって地域化したり、強い村落組織を創ったりす

る中で種族化したものと考えることができる。そこに「統治されない術」としてのしたたかなハニ＝アカ文化が醸成されたと考えることができよう。

特に葬送儀礼における暗唱において彼らの文化はなんら華化も中華民族化もしていない。目に見えるところに中華的な要素が多く見られるのはまさに「統治されない術」なのである。また、年中儀礼においてもそれは新たな旅立ちのための予行演習なのであって、一見服属したかに見せかける回避儀礼であった。

しかし中国政府による統治戦略もまた巧妙であり、客体化された「文化」の政治を行なってきた。中国的「近代化」はまず55＋1の政治的鋳型を民族区域自治のために徐々に整え、そこに民俗を流し込んだ形の出版ナショナリズムにより、中華民族の国民国家を形成しようとした。そこにはやはり文化大革命の暴力的過程を必要としたのである。その後、中華民族化（第1部および第1部註3参照）が特に出版において整えられる。そこには翻訳が作用しており、客体化と実体化が特に教育によって繰り返されることで実践を変化させていったことが東南アジア諸国の事例との比較から明らかになった。

80年代以降、そうした出版ナショナリズムによって客体化していった「民族文化」は21世紀のグローバル化によって意識的に資源と見なされるようになった。資源化はグローバルな機関に訴える形でナショナル化をさらに強め、実体化されていく。この間の客体化と実体化を繰り返していくのに民族知識人を養成し統制しようとするのが中国的「近代化」の1つの特徴である。こうした中で国家市場経済はかなり強力に資源化を推進していった。

今日の「民族誌」において必要なのはこうしたグローバル化とナショナル化の中での政治力学を見ながらなお、一般民衆と知識人がそれをいかに翻訳していくかという過程であり、なおカテゴリーとしての「民族」を語ることに意味があるとすれば、ハニ＝アカ族の場合、出自と文化／「文化」においてであろう。中国においては国家主義的毛沢東主義から多民族国家主義的市場経済下における「文化」の資源化という「近代化」の流れを考えなくてはならない。世界民俗学というものが構想されるとすれば、こうした普遍性を装う「近代化」の過程を比較という方法を用いてそれが複数形のナショナルな過程であることを示す事なのである。

第3部　註

＊1　費孝通は晩年、西部大開発とその文化的資源の関係についてかなりの関心を持っていたが、彼はほぼ一貫して「人文資源」という語を使っている［方李莉編 2005 参照］。そして「人文資源」を「私はいわゆる人文資源を人間が作ったもので、人類がその活動において作り出した物質的なモノと精神的なモノと定義したい。それは自然資源と同様で、ただ自然資源は天然のものであるというだけであり、人文資源は人が作り、人類の最古の文明から少しずつ積み重ねられ、不断に建造されてきたものである。それは人類の歴史、人類の文化、人類の芸術であり、我々の祖先が我々に残した財富である。人文資源はとても広いものを含んでいるとはいえ、大まかにはこういうことができる。それは人類が文化の創造を通じて伝えてきたもので、人類が発展し続けることを可能にする文化的基礎である」［費 2005 (2001)：97］としている。『費孝通晩年思想録』には西部大開発と人文資源についての発言が多数収められているが、費の主張の力点は経済発展と人文資源保護のバランスにあるように思われる。

＊2　雲南歴史文化資源研究所についてインターネットや『雲南辞典』『当代雲南大事紀要1949－1995』などを調べてみたが、「雲南省首届文化資源研究与開発研討会」も研究所も見出すことができなかった。『大事紀要』によれば、この時「雲南省人民政府滇西北旅遊規画会」が麗江と大理で1994年10月19-24日に開催されており、おそらくその中の一部だったものと思われる。1993年から1994年の雲南の政治的状況としては東南アジアへの開放が進み（省長のカンボジア、タイ、ミャンマー訪問、ラオスの要人と会談　1994年5～6月、8月12日　ラオスとの国境批准）、1999年に開催された「花の博覧会」への準備（1月24～25日　昆明で花卉に関する会議）、など観光資源の開発が急務であったことがわかる（1994年3月25日　金沙江中旅遊農業総合開発規画始動）。

＊3　麗江の世界遺産登録については山村・張（2008）が詳しい。それによると、1994年の会議で麗江の旧市街の世界遺産申請が決定された。その後1996年6月23日のマグニチュード7.0の地震があり、その復旧がかえって国際的な知名度を増し、1997年12月4日の世界遺産登録へつながったという。しかしながら、世界遺産の評価の中心は都市景観にあり、周辺の自然景観やナシ族の伝統文化などについては十分な評価はなかったという。

＊4　統計の作成については稲村・楊［2000］を元に、のちにこの目録に基づき中国側

が作成した李少軍等 [2002] のデータを加え、また稲村・楊 [2000] の後に出版されたものと新たにわかったデータを加えてエクセル・ファイルに文献目録を作成し、集計した。できるだけ原本にあたるように努力したが、総ページ数については著者情報や本の性格などから推定したデータも少なくない。「総ページ数」とは発行部数がいくらであるかにかかわらず、出版された本や文章のページ数を1年間単純合計したものであり、どれくらい読者がそれを買ったとか出版社がどれくらい出版したかということではない。ハニ族に関するものは、新聞でも詩歌でもすべてという方針で作成したが、出版年の不明なものと、ハニ語で書かれているがハニ族と関係のないものについては除外してある。出版部数も数冊というものもあれば数万というものもあり、当初出版部数を統計に盛り込むことを考えたが、出版部数のわかるものは期待したより少なく、特に主要な部分である雑誌については発行部数がわからず、統計に反映させることができなかった。目録作成には中国のハニ族関係の諸機関に協力を要請し30人くらいの主要な研究者の履歴書のコピーなども参考にした。かなりの数の内部発行本なども含まれており、実際に目にすることの出来ないものもあるが、ほとんどの内部発行本は政治的に問題を含んでいるというよりは、正式に出版する資金の不足したものである。中国の文献調査の難しさはこうしたグレーゾーンに属する文献がきわめて多いということであり、これで完全に出揃ったと言い切ることにはそれでも躊躇するものがある。また図25以外の図はグラフを見やすくするために1976年以前のデータは省略した。

*5　林耀華のこの文章は1954年当時は、内部発行であった。1987年に公開出版されたもので、九米自身はこの文章を知らなくても不思議ではないほどの若い世代に属している。

*6　2006年1月8日に放映された「素敵な宇宙船地球号：天空の棚田に龍が舞う」では紅河県甲寅郷のツェラフシザ Ceillaq huvqsiivq zaq という「十月年」という漢語をハニ語に置き換えたような名称の正月儀礼の番組があった。この村は確かに中華的文化の影響が強く、風水塔などがある村であり、村の井戸には「龍泉」の文字がある。しかし、この番組で強調されている「龍神」信仰はここでも存在していないことを筆者は現地で確認している。番組中、話者の喋る中国語に「龍の形に卓を並べる」といった日本語の字幕が出るシーンがあるが、このシーンでは単に「井戸から並べる」と言っているに過ぎず、「龍」の話が話者の口から出ている箇所はハニ語の部分も含めて番組中1つもない。

*7　「竜林」(hhaqma)、「竜樹」(hhaqma albol)、「竜巴門」(laoqkaq)、「竜笆」(daqleil)、「竜卓」(lolbeil)、「竜頭」(zyuqma, milguq)、「祭竜」(hhaqma tul, milsaqquvqsaq)。これらは音としては lol や laoq という発音に「竜」を当てたものもあれば、特に発音や

意味とは関係なく漢語として付けられたと思われるものもある。つまり結果として「竜」という文字が使われているものを挙げているにすぎないということである。

*8 　イジュ（ツバキ科ヒメツバキ属）「雲南木荷樹」「紅毛樹」「紅木荷」Schima wallichii Choisg（ハニ語 silsav）、クヌギ（ハニ語 heiqda）、クリ（ハニ語 aqgyu）、サクラ（ハニ語 eiqhheiq）、イイ（バラ科）「多依樹」Docynia delavayi (Fr.) Schneid.（ハニ語 siqpyuq）。

*9 　姚荷生は1938年の旅行記において、アカの娘のマッサージを「特別の技能」と賛美している［姚荷生 2004(1948): 283］。

*10 　孫潔の博士論文は、棚田の観光について論じており、棚田の「人文景観」をめぐる錯綜する主体の問題を論じている［孫潔 2008］。ここでの「人文景観」を「資源」とみなすならば、観光業者、観光者、学術機関、政府機関、国際機関、インターネット、メディア機関、地元の人々など様々な主体が資源としての棚田の「人文景観」をめぐってやり取りをしたことを明らかにしている。

*11 　「茶馬古道」は雲南・チベットルートと四川・チベットルートに分けられるが、雲南のほうについて言うと西双版納州の易武から始まって、景洪―思茅―普洱―昆明―大理―麗江―シャングリラ―ラサ―カトマンズからインドへというルートが宣伝されている［馮進 2007a］。易武の石畳や茶荘、思茅の大渡崗の大茶園、普洱の中華プーアル博覧苑などが宣伝されている［馮進 2007a, 2007b, 2007c, 2007d］。

*12 　「六大茶山」は『普洱茶記』の記述では「一曰攸楽、二曰革登、三曰倚邦、四曰莽枝、五曰蛮専、六曰慢撒」となっている。他の史書でも地名は異なっているが、倚邦が現普洱市にあるのを除けば、残りの5つは西双版納州勐臘県にある。

*13 　タイのアカにおける茶栽培についてはスタージョンが詳しく述べている。アカの茶栽培はチェンマイなどに出す廉価な茶（50バーツ（200円）／kg）と台湾などの高級茶産業に出荷する茶（1000バーツ（4000円）／kg）があり、1960年代から国民党によってケシの代替として始められたようである［Sturgeon 2005: 173-200］。

*14 　蔣銓の論文は短いものであるが、南糯山の老人が墨江から南糯山に移ってきてから既に55代経っており、1代18年から20年と計算して1000年以上が経っていることを記しており、それもわかっていながらも古代「濮人」が唐代に植えたと主張している。55代というのは筆者の調査ではかえって合わない。55代前というとむしろ墨江を出て南下し始めた時期と記憶されており、南糯山の最初の村は多依寨の上のほうにあったといい、それは20代くらい前の祖先で計算すると17世紀になる。なお、多依寨は1980年代には南糯山小学校の上方にあり1990年代に現在の流沙河付近に移っている。このように、アカの人々のほうがむしろ800年前は南糯山にいなかったと極めて具体的に記憶している。

伝説ではサングイ Sanqhhyul という今から15代ほど前の祖先が茶を植えたことになっており、サングイはタパサというハニとアカの共通始祖スミオ（最初の人間）から14代目、サングイから遡って17代の祖先タパサ Tanqpanqsav をもつ大リネージの人々の系譜のなかにある。しかし、タパサの子孫は南糯山では滅多におらず、ほとんどがタパシャのキョウダイであるタパマ Taqpanqmaq の子孫なのである。つまり、最初の村という点でも、最初に植えた人にしても800年には及ばないことになる。しかし、タパサという一般の南糯山の人々が系譜の中に持たない祖先の系譜を持つリネージが茶を植えたという話が800年という科学的調査結果が出る以前に流布していたことは重要である。

蒋銓自身は「濮人」先行説について、史料不足だとしあまりこの説には自信を持っていない様子で提示している。いずれにせよ、アカ自身も神話的な正当化もしておらず、蒋銓も強い主張をしていない。これが歴史学や口承史の問題であった点は重要である。

* 15 アカ種族の焼畑についての研究は阿育・蔦比（王建華）(1999)、尹紹亭 (2000) などが詳しい。彼らの詳細な研究は現行の焼畑ではなく、多分に聞き書きによって復元したものであるが、奥地にいけば現在でも見られるであろう。南糯山では1950年代の合作化でほとんどがなくなっており、10数年周期での輪作体系は村落制度の改革で瓦解していた。春の「野焼き」は今でも盛んに行なわれているものの、焼畑と言えるような体系性はかなり失われている。

* 16 Googleの画像検索で landscape と scenery を検索してみると、どちらも山や海が出てくるのには変わりはないが、前者は写真が多いのに対して後者は写実的な絵画が多いのに気付く。しかしながら、日本語の風景と景観という語の違いよりも英語のほうが近接している印象を受ける。cultural landscape を同様に検索すると世界遺産の画像ばかりが出てくるので、この語が世界遺産用語として流通していることがわかる。

* 17 イコモス答申には富士山の世界遺産指定地域の面積は書かれていなかった。この数値は文化庁・環境省・林野庁が共同で出した申請書の数値であるが、三保の松原も入ったのでほぼそのとおりと考えてよい。沖縄の「琉球王国のグスク及び関連遺産群」の面積は推薦書の数値である［文化庁「世界遺産Online」］。

* 18 この書の書評が『日本民俗学』に載せられている［菅 2007］。菅豊による賛辞あふれる書評には本文中に示すようにまったく同意しかねる。

* 19 史軍超は千年前からハニ族が元陽県にいた証拠であるかのように「哈尼王廟」という廟にあるというレリーフと石獅子を紹介している。この廟は位置からして「鎮江王廟」のことであろうと思われるが、この廟は知られている限り清嘉慶年間

(1796～1820年)に建造されたものである。「鎮江王廟」を「哈尼王廟」とする解釈は史軍超のみがしており、600頁を超える『紅河哈尼族彝族自治州哈尼族辞典』には「哈尼王」「策駿馬」といった記載はなく［李期博主編 2006］、史軍超はこの辞典の編纂に参加していない。『紅河彝族辞典』には「鎮江王廟」の記載がある［紅河彝族辞典編纂委員会編 2002: 345］。この廟をハニ族の遺跡とする根拠は少なくともインターネット上では見つからなかった。イコモスもこれがハニ族の遺跡であれば重要視したはずだが、何も述べていない。

＊20　松村(2001)を基に、筆者なりに雲南省の観光をまとめてみると、外国人観光に関しては 1)特別な訪問団(1978年以前) 2)欧米・日本からの観光客(1990年まで) 3)東南アジア・華僑による観光(1991年以降)という流れになる。中国国内の観光客のトレンドは 1)幹部によるコンベンション型（1993年以前) 2)個人旅行、団体・企業による観光となる。現在は雲南省の外国人観光については衰退しつつあり、圧倒的に国内からの 2) タイプの中国人観光客が多い。元陽の観光は世界遺産申請（「申報」という）がらみの公共工事を中心とした視察、会議のエクスカーションなどが主で、個人の棚田の撮影旅行［孫潔2010参照］ブームとともに、観光としては後発だったため1)と2)が2000年代に同時に始まったようである。

＊21　風景とは本文にも示したとおり、「特定の文化的集団が間主観的に認識する視覚的構成物」としておく。もちろん筆者がハニ族に成り代わって認識できているかどうかは、ハニ族自身の判断に任せるしかない。

① 元陽のハニ族は人体モデルで立地を説明する。林を髪の毛に見立てて頭とし、集落を口に喩える両腕を広がる山稜に棚田を抱きかかえる。

② ハニ語ではlaqhhyulであり、キノコ家「蘑菇房」とはもちろん言わない。日本人にもキノコには見えない。

③ 大木は子孫繁栄を意味し、大きなリネージを隠喩する。樹木はalbolはaqbol（爺さん）の諧音、葉pavqは最少リネージalpavqの諧音、実alsiqは周期を数える数量詞siqと諧音であり年周儀礼を隠喩する。つまり、大きな木のある風景は安定した子孫の多い年周儀礼を繰り返してきた村落を意味する。

④ 石畳の道は村落の文化的風景を構成し、葬送儀礼などにも謡われる。日本語と同様、人生を隠喩するものである。山を歩き回っていると道galmaの大切さがよくわかる。古道は特に重要である。

⑤ ③とともにハニ族が儀礼でいう3つの重要なモノ、人 (col)、作物 (kal)、家畜 (zeiq)の根幹をなす水(wulquvq)のある風景である。洗濯をする女性たち、水の枯れない井戸、この水は田を潤し、作物と家畜を育み、また人を育てる。しあわせを意味するgaollaoqのイメージは水の湧き出ることといってもよいかもしれな

⑥この村は豊かな森を持っているがこうした村は少ない。

⑦はある村の近くの林であるが、薪をとるのにはこうした林が必要である。

⑧〜⑪は棚田の光景の季節的な変化であり、棚田の色合いの違いがハニ族の心象風景になっている。

＊22　生物多様性（biological diversityまたはbiodiversity）についての統一的な定義はまだない。生物多様性と文化的多様性を結び付けようとする傾向は顕著に見られ、「自然保護」「環境保護」といった言い方よりも、より生態系保護、生物種保護といった人間中心の自然観を脱する思想であったと思われる［cf. タカーチ 2006: 60-124］。元々の議論は生物種の商品化に反対し、地球上の生態系を保護することが出発点と思われる。

＊23　「中薬」と「漢方薬」という言い方を分けるよう中国は主張しており、本書もこれに従う。近年、中国国内や欧米で「中薬」の需要が増えており、生薬の高騰が進んでいる。特に欧米への輸出は2010／2011年の間に対ヨーロッパ86％増、対米67％増という状況があり、中国としては国際標準としての資格を得たいという戦略がある。国内的には2009年から政府支援で健康保険が適用されるようになって国内需要が伸び、生薬価格は10年で3倍に高騰している。現在中国は23ヵ国が参加しているISO（International Organization for Standardization）で国際標準（生薬の品質、薬の製造法、治療法、用語など）を得て、「中薬」をブランド化し、研究者の増員、研究機関の拡大など重点的な研究を進めている状況がある。この点日本の「漢方薬」業界もこれまでの研究開発での権利や生薬の不足などに重大な危機感と関心を持っている［NHK　クローズアップ現代2012年4月24日放送］。名古屋議定書以降の日本政府による識者の懇談会の議事録などにも、日本政府側の理解では日本の「漢方薬」は「中薬」とは異なり、仮に中国が「中薬」全体を「伝統的知識」と主張した場合の対策を考えてはいる。その根拠は「先住民知識の保護と利益」がCBDの根幹であるというものであるが、「民族薬」については議論されていない。本書で述べるように「中薬」とされているものの大半を55の「民族薬」として再定義することも中国は可能である。こうした問題は現在TRIPSs協定（知的所有権の貿易関連の側面に関する協定）に基づいて「中薬」「韓方薬」「漢方薬」を主張する中韓日での枠組みが模索されている。

＊24　田上の報告（2009b）によれば台湾でも2009年時点でまだABS法は成立していないが台湾が法制化しようとしているものは「台湾原住民族」の知識についてのみである。

＊25　『中薬大辞典』の凡例には「中薬とは生薬の中でも古典に記載されていたり、歴

史的、体系的に検討がなされたものをさす。また、未検討で民間薬の段階にあるものを草薬という」［上海科学技術出版社・小学館編 1998: 5］と書かれている。中国の「中薬保護条例」などをみても定義は示されていなかった。

*26　COP10（2010年10月18～20日）については民主党の菅直人内閣で環境大臣を務めた松本龍環境大臣（当時）による『環境外交の舞台裏』が出版されている。同書には、名古屋議定書と愛知ターゲットが途上国と先進国の間の攻防のなかで辛うじて採択された様子が克明に描かれている。しかしながら、2013年5月現在この名古屋議定書を批准し締結したのはガボン、ヨルダン、ルワンダ、セイシェル、メキシコ、ラオス、インド、フィジー、エチオピアの9ヵ国のみであったが、2014年10月に50ヵ国以上が批准して発効した（2015年1月現在中国、日本は未批准）。特に人口も多く、アーユルヴェーダなどの伝統医学があり、民族集団も複雑なインドが締結したことは中国がABS法締結に向かう可能性が高まっていると言えるかもしれない。この時の中国の動向についてはほとんど書かれていない［松本龍 2011］。松本元大臣はCOP10の成功と希望に満ちた言葉で同書の後書きを2011年3月7日の日付で結んでいるのであるが、このわずか4日後の3月11日にあの東日本大震災が起き、同大臣も程なく発言問題で更迭され、民主党の環境外交は頓挫した。日本の国内事情もさることながら、少なくともこの時のCOP10の会議からは、先住民族の知識と環境に関する会議であったにもかかわらず、中国からは積極的な政治的態度が表明されなかったことが窺える。

「中国履行『生物多様性公約』第四次国家報告」、「中国生物多様性保護戦略与行動計画2011-2030」には後に問題となる南沙諸島、西沙諸島が自然保護区として含まれており（尖閣諸島についての記載はない）、領有権を争うベトナムやフィリピンなどのコンセンサスを得られたとは思えない。

COP10の直前の7月に雲南大学の人類学者の周雷によるバイオパイラシーへの憤怒の記事が『南方周末』に掲載された［周雷 2010］。周知のように自由な言論を売りにしている『南方周末』であり、外国の製薬会社が雲南の植物遺伝子資源を勝手に収奪しているという短い批判である。少なくとも日本の製薬会社は近年この問題に神経を尖らせており、中国との合弁さえ止めた会社もあるという。周はCOP10について言及していないが、絶妙なタイミングで出されており、最後に自身の専門の民族植物学に研究費用を出すよう主張しているが、彼の所属している雲南大学の人類学系にはあまり予算がないのはわかるものの、バイオパイラシーに対する中国の国家的プロジェクトや遺伝子資源管理の研究が不足しているとは全く思えない。

2011年3月の東日本大震災を経て菅直人内閣が倒れ、野田佳彦内閣が発足した

が、2012年9月の尖閣諸島国有化から日中関係は急激に冷え込み、中国の環境問題に取り組んでいた日本のNGOなども撤退や資金不足に直面している。黄砂やPM2.5などの越境汚染も問題となっている。領土問題が焦点化する中で、生物多様性の問題は領土問題とも関連するようになってきている。

＊27　アンダーソンの挙げる症例には動物用とかストレスのような本草学があまり考えない症例もあり、区分も中薬のそれとは当然異なる。また、『中薬大辞典』に載っている記載はハニ族の二書よりもはるかに詳しいのでどこかに該当してしまう。しかしながら、二書に書かれている漢語の記述はその記述そのままかその一部であることは見比べてみればわかる。

＊28　ごく最近、『哈尼族単験方』[陈祖琨 汪晓洁 主編 2013]という本が出版された。タイトルを見ると「単験方」と「単方」が多いことを意識したようなタイトルである。しかし、収録されている1940種の薬の内、本書で検討した2書が計1617種がほぼそのままで掲載されており、独自に調査されたのは123種で残りは別の雑誌から掲載されたものの引用である。単方781種、複方1159種とやや複方が増えたようであるが、2書のデータについての反省や修正はない。ここでもハニ族の医薬は中医薬の深い影響下にあることが強調されている[陈祖琨 汪晓洁 主編 2013: 3]。

＊29　スタージョンの調査はフォード財団とは別に進められたが、主な調査地の1つに勐宋が選ばれているのもこのプロジェクトが関連していると思われる。勐宋は西双版納州でも標高が高く、森林が残った地域であり、スタージョンの生物多様性のデータが中国とタイを比較したときに、中国の方が生物多様性について良好だという印象を与えている [Sturgeon 2005: 192-200, 209-220]。しかし、村落の選択については彼女が自由に調査許可を得られるわけではなく、極めて環境のよい村が選ばれているに過ぎない。筆者の印象では生物多様性はタイのほうが全体としてみるとまだよい。スタージョンが南糯山を調査地に選んでいたら結果は全く異なったであろう。

＊30　その後、筆者は治療費を負担するといって昆明の病院に連れていったが、医者には視神経が切れていると言われた。応急処置に問題はなかったということだったが、彼の片目は今も失明状態である。

＊31　国務院が出した「国家級非物質遺産名録」がインターネットで公開されている[中華人民共和国中央政府HP]。2006年5月26日通知（第一批国家級非物質遺産518項目　国発［2006］18号）、2008年6月4日通知（第二批国家級非物質遺産510項目　および第一批国家級非物質遺産の追加147項目　国発［2008］19号）、2011年5月23日通知（第三批国家級非物質遺産191項目　および第一批国家級非物質遺産の追加164項目　国発［2011］14号）が2013年5月現在出されている。本書では詳しくは

扱わないが、カテゴリーの問題と「伝統医薬」というカテゴリーに絞ってポリティクスを考えることにしたい。

　指定されている「項目名称」は10項目に分かれており、第二批は若干の名称変更がある。第三批の「項目名称」は第二批と同じである（括弧内は第二批からの「項目名称」）。一、民間文学、二、民間音楽（→伝統音楽）、三、民間舞踏（→伝統舞踏）、四、伝統戯劇、五、曲芸、六、雑技与競技（→伝統体育、遊芸与雑技）、七、民間美術（→伝統美術）、八、伝統手工技芸（→伝統技芸）、九、伝統医薬、十、民俗。全体に第二批以降は「民間」から「伝統」という語へ変わっていることがわかる（「伝統的知識」という語にあわせたかもしれない）。六の名称変更は将棋や武術の指定のためだと思われる。十の民俗は第一批では祭りの指定が主であったのが、第二・三批では服飾、婚礼、民間信仰、茶芸、珠算など多岐にわたるカテゴリーとして考えられるようになっている。

　「伝統医薬」の項目（括弧内は申請地区あるいは職場（「単位」））は、第一批では、中医生命与疾病認知方法（中国中医科学院）、中医診法（中国中医科学院）、中薬炮制技術（中国中医科学院、中国中薬協会）、中医伝統制剤方法（中国中医科学院、中国中薬協会）、鍼灸（中国中医科学院、中国鍼灸学会）、中医正骨療法（中国中医科学院）、同仁堂中医薬文化（中国北京同仁堂（集団）有限責任公司）、胡慶余堂中薬文化（浙江省杭州市）藏医薬（西藏自治区、拉薩北派藏医水銀洗煉法和藏薬仁、四川省甘孜藏族自治州、青常覚配伍技芸、甘孜州南派藏医薬）の9項が指定されている。

　中医の生命と疾病の認知の仕方や診療法といった驚くほど広い指定の仕方と薬剤会社の医薬品全般の指定が混在していることから、この項目に国家的な権利防衛の戦略性が窺える。第二批以降では中医は地域と療法が細かくなっていき、民族医薬も増える。第二批以降の民族医薬のみ挙げておく。第二批：蒙医薬（賛巴拉道爾吉温針、火診療法、内蒙古自治区）、畬族医薬（痧症療法、六神経路骨通薬制作工芸、浙江省麗市、福建省羅源県）、瑶族医薬（薬浴療法、貴州省従江県）、苗医薬（骨傷蛇傷療法、九節茶薬制作工芸、貴州省雷山県、黔東南苗族侗族自治州）、侗医薬（過路黄薬制作工芸、貴州省黔東南苗族侗族自治州）、回族医薬（張氏回医正骨療法、回族湯瓶八診療法、寧夏回族自治区呉忠市、銀川市）。第一批追加：藏医薬（藏医外治法、藏医尿診法、藏医薬浴療法、藏医薬、藏薬炮制技芸、藏薬七十味珍珠丸配伍技芸、藏薬珊瑚七十味丸配伍技芸、藏薬阿如拉炮制技芸、七十味珍珠丸賽太炮制技芸、甘南西藏自治区藏医学院、西藏自治区山南地区藏医院、青海省藏医院、甘粛省礫曲県、西藏自治区藏医院、西藏自治区、藏薬廠、西藏自治区雄巴拉曲神水藏薬廠、青海省金訶藏薬薬業股份有限公司）。第三批：壮医薬（壮医薬線点灸療法、広西中医学院）、彝医薬（彝医水膏薬療法、雲南省楚雄彝族自治州）、傣

医薬（睡薬療法、雲南省西双版納傣族自治州、徳宏傣族景頗族自治州）、維吾爾医薬（維薬伝統炮制技芸、木尼孜其・木斯力湯薬制作技芸、食物療法、庫西台法新疆維吾爾医学高等専科学校、新疆維吾爾自治区和田地区、新疆維吾爾自治区莎車県、新疆維吾爾自治区維吾爾医薬研究所）。ここでは「民俗文化資源」という語は「民族」内の文化的多様性を「資源」としてみる用法であり、漢語に元来あった多様な習慣という意味での「風俗」（百里不同風、千里不同俗）が「民俗」と解される傾向がある。

＊32　西双版納原始森林公園の中の観光用の「愛尼村」（アカの村のこと）の地名はかつての南糯山の村々の地名であり、若者の一部はそこで観光ショーのアルバイトをやっていた。

＊33　紅河州の建水「孔子文化節」、緑春「長街宴」、蒙自「過橋米線節」、個旧「国際滑翔節」、屏辺「県50周年」などはほとんど政府の補助がなく規模も非常に小さくなった。個旧の「国際滑翔節」（国際グライダー祭り）は2年に1度、同市の「錫文化旅遊節」も3年に1度となった。緑春のハニ族の長街宴は2008年11月に3050卓4000m並んだのを最後に、最近では200卓も並ばないようになった［春城晩報 2013/9/25］

＊34　本書では動物を扱っていないが、中薬原料としてのサイの角、センザンコウ、ゾウなどがアカから中国人商人に売られており［Chazée 2002: 143］、他にクマ、ガウア、ホエジカ、トラなども売っており、中には骨を中薬にする方法を知っているアカの家族もあったという［Schliesinger 2003: 47］。ヴィエンチャンの市場ではそうした希少動物を薬材として売るモン族の姿も見受けられた。

参照文献

● **中文**　中国語・華文文献（邦訳も含む）団体編から併音記号順

雲南省民族事務委員會研究室
　　1955『雲南民族識別参考資料』（「識別参考」と略記）
中共雲南省委邊疆工作委員會
　　1954『雲南省民族識別研究第一階段工作初步聰結』（「識別総結」と略記）
民族問題五种丛书
　　1982『哈尼族社会历史调查』云南民族出版社（「社歴」と略記）
　　1984『哈尼族简史』云南人民出版社（「簡史」と略記）
　　1990『普洱哈尼族彝族自治县概况』云南民族出版社
中国科学院民族研究所・雲南少数民族社会歴史調査組
　　1964『哈尼族簡史簡誌合編：初稿』
中国科学院民族研究所・雲南調査組
　　1964『雲南省哈尼族社会歷史調査』
民族问题五种丛书云南省编辑组
　　1985『云南少数民族社会历史调查资料汇编（三）』
　　　　云南人民出版社（「匯編三」と略記）
中央访问团二分团
　　1986「元阳县纳更稿吾土司简况」『中央访问团第二分团　云南民族情况汇集（下）』
　　　　云南民族出版社　　pp.245-247（「中央第二」と略記）
中国人民政治协商会议云南省委员会文史资料委员会编
　　1993『云南民族工作回忆录（二）』云南文史资料选辑第四十五辑
　　　　云南人民出版社　昆明
云南民族识别综合调查组
　　1979『云南民族识别综合调查报告』云南民族学院民族研究所编印
『云南民族工作四十年』编写组
　　1994『云南民族工作四十年』云南民族出版社

【地方志】
云南省红河哈尼族彝族自治洲编纂委员会
　　1995『红河州志（六）』三联书店　北京
　　1997『红河州志（七）』三联书店　北京

红河哈尼族彝族自治州民族志编写办公室
　　1989『云南省红河哈尼族彝族自治州民族志』云南大学出版社
红河哈尼族彝族自治州概况组编
　　1986『红河哈尼族彝族自治州概况』云南民族出版社
元阳县志编辑委员会编
　　1990『元阳县志』贵州民族出版社　贵阳（本書中では元陽県志）
政协元阳文史资料工作委员会编（本書中では元陽文史）
　　1992『元阳文史资料』第1辑（土司史）
　　2004『元阳文史资料选辑』第4辑红河哈尼梯田农耕文化专辑　卢黛维／卢朝贵著
澜沧县地方志编纂委编
　　1996『澜沧拉祜族自治县志』云南人民出版社
勐海地方志编纂委编
　　1997『勐海县志』云南人民出版社
江城哈尼族彝族自治县志编纂委员会编纂
　　1989『江城哈尼族彝族自治县志』云南人民出版社
思茅县志编纂委员会编
　　1993『思茅县志』三联书店
南投縣政府文化局
　　2011『從異域到新故鄉　清境社區50年歷史專輯』
　　　　南投縣仁愛鄉清境社區發展協會

【神話・口承史・傣文史】
云南省少数民族古籍整理出版规划办公室编
　　1986　『哈尼阿培聪坡坡 Haqniq Aqpyuq Colpol pol』
　　　　史军超整理　段贶乐・卢朝贵／朱小和唱　云南民族出版社
云南省少数民族古籍整理出版办公室
　　1987『勐泐王族世系』云南民族出版社
白祖额收集／段贶乐翻译
　　1998（1985）『哈尼族四季生产调 Haqniq Huvqpeiq Lapeiq puv』
　　　　云南民族出版社
傅光宇・毛佑全　整理
　　1988「安慰出嫁姑娘的歌」『山茶』3期 pp.61-62
李期博，米娜 译
　　1990『斯批黑遮 SIILPIL HEIQZEIL』云南民族出版社（赵呼础　李七周演唱）
施达，阿海　记录翻译
　　1992『雅尼雅嘎赞嘎：哈尼族迁徙史诗』景洪县民委编　云南人民出版社

門図・高和
　　1992『愛尼風俗歌』香港創意出版公司　景洪
王正芳主編
　　1990『哈尼族神話传说集成』中国民間文艺出版社　北京
　　1990「神的古今」(汉语译，朱小和讲，史军超・卢朝贵搜集翻译整理)
　　　　『哈尼族神话传说集成』王正芳主編　中国民间文艺出版社 pp.1-6
　　1990「神和人的家谱」(汉语译，卢朝贵讲，史军超搜集整理)
　　　　『哈尼族神话传说集成』王正芳主編　中国民间文艺出版社 pp.7-16
　　1990「三个世界」(汉语译，朱小和讲，卢朝贵搜集整理)
　　　　『哈尼族神话传说集成』王正芳主編　中国民间文艺出版社 pp.38-39
　　1990「塔婆取种」(汉语译，朱小和讲，卢朝贵搜集整理)
　　　　『哈尼族神话传说集成』王正芳主編　中国民间文艺出版社 pp.45-47
　　1990「祖先鱼上山」(汉语译，杨批斗讲，史军超搜集整理)
　　　　『哈尼族神话传说集成』王正芳主編　中国民间文艺出版社 pp.48-52
　　1990「侯波与那聋」(汉语译，朱小和讲，阿罗搜集整理)
　　　　『哈尼族神话传说集成』王正芳主編　中国民间文艺出版社 pp.53-56
　　1990「头人、贝吗、工匠」王正芳主編　中国民间文艺出版社 pp.215-240

【辞典・事典・年代記】
当代云南编辑部
　　1996『当代云南大事纪要1949－1995』当代中国出版社
当代中国的民族工作编辑部编
　　1989『当代中国民族工作大事記1949－1988』民族出版社
民族图书馆编
　　1984『中华人民共和国民族大事記1949－1983』民族出版社
《云南辞典》编辑委员会
　　1993『云南辞典』云南人民出版社
红河彝族辞典编纂委员会编
　　2002『红河彝族辞典』云南民族出版社
上海科学技術出版社・小学館編
　　1998 (1985初版)『中薬大辞典』(全5巻) 小学館
李期博主编
　　2006『红河哈尼族彝族自治州哈尼族辞典』云南民族出版社
唐祈，彭维金 主编
　　1988『中华民族风俗辞典』江西教育出版社　南昌

徐悉艱など編
　　1981『景漢辞典』云南民族出版社
　　1983『漢景辞典』云南民族出版社
阿海・刘恰主編
　　1989『西双版纳哈尼族故事集成』云南少年儿童出版社（「版納故事」と略記）
阿海 等編
　　1999『西双版纳哈尼族医药（哈尼・汉・英对照）』云南民族出版社
阿海・施达 記録翻訳
　　1992『雅尼雅嘎赞嘎：哈尼族迁徙史诗』景洪县民委編 云南人民出版社
阿育＝蔦比（王建华）
　　1999「西双版纳哈尼族农耕文化初探」『哈尼族文化论丛』第1辑
　　　　云南民族学会哈尼族研究委员会編 云南民族出版社 pp.350-387
阿罗
　　1989「独特文化背景下的哈尼族神话传说」『边疆文化论丛』2
　　　　云南省民间文艺协会 pp.84-91
白松
　　2007「哈尼族传统医药发展所面临的问题及对策」
　　　　『第五届国国际哈尼/阿卡文化学术讨论会论文集』
　　　　刘顺才・赵德文 主編 云南民族出版社 pp.182-187
　　2008「哈尼族传统医药的保护对策」『哈尼族文化论丛』第4辑
　　　　云南省民族学会哈尼族研究委员会編 云南民族出版社 pp.307-313
白宇
　　1992《忙叶哈尼青年婚恋意识的嬗变趋势》《哈尼学研究》第2辑
　　　　红河州哈尼学学会編 pp.1-27
白玉宝・胡荣梅
　　2007「论非物质文化遗产保护实践的基础理论共识―兼及哈尼族非物质文化遗产保护对策」
　　　　『哈尼族文化论丛』第4辑 云南省民族学会哈尼族研究委员会編
　　　　云南民族出版社 pp.78-112
白永芳
　　2013『哈尼族服饰文化中的历史记忆―以云南省绿春县"窝拖布玛"为例―』
　　　　云南人民出版社
白永芳 主編
　　2014『十月年』光明日报出版社
比嘉政夫・时雨彰・张雍德
　　2006「第四组 森林与精神文化」『云南少数民族（澜沧江流域）的文化与森林保护』
　　　　大崎正治 郑晓云 杉浦孝昌 編 北京 中国书籍出版社 pp.78-86

蔡中涵
  2002「原住民生药植物保护与传统医疗」
    『彝族古文献与传统医药开发国际学术研讨会论文集』
    彝族古文献与传统医药开发国际学术研討会組委会编
    云南民族出版社 pp.179-194
曹正学
  2007「实现哈尼族传统医药的产业化开发」
    『第五届国际哈尼/阿卡文化学术讨论会论文集』
    刘顺才・赵德文 主编 云南民族出版社 pp.367-388
陈红伟
  2005「西双版纳的普洱茶文化旅游资源」『中国茶叶加工』1号 pp.51-52
陈观胜・庄孔韶
  1984「哈尼族支系爱尼人的社会与风俗」『中央民族学院学报』3期 pp.123-126
陈翰笙
  1984 (1949)『解放前西双版纳土地制度』陈洪进等译
    中国社会科学出版色和社 北京
    (Chen, Han-seng *Frontier Land System in Southernmost China: A Comparative Study of Agrarian Problems and Social Organization among the Pai Yi People of Yunnan and Kamba People of Sikang*. New York: International Secretariat, Institute of Pacific Relations.1949)
陈祖琨 汪晓洁 主编
  2013『哈尼族单验方』云南科技出版社
陈其南
  1990 (1985)「房と伝統的中国家族制度―西洋人類学における中国家族研究の再檢討―」小熊誠訳『現代中国の底流』橋本満・深尾葉子編 行路社 pp.23-106
    (「房與傳統中國家族制度兼論西方人類學的家族制度研究」『漢學研究』3-1 pp.127-183)
稻村 务(稻村務)
  1997「"阿卡"的形成―关于西双版纳"哈尼族"的民族自我意识简论」刘晓红译
    『首届哈尼族文化国际学术讨论会论文集』云南民族出版社 pp.121-126
  2004「哈尼族的昂玛突节―介于村落祭祀与亲族祭祀之间的仪式」
    『琉大アジア研究』5号 琉球大学法文学部付属アジア研究施設 pp.53-60
  2005「"昂玛突"―介于村落祭祀与亲族祭祀之间的仪式―」
    『第四届国际哈尼/阿卡文化学术讨论会论文集』李期博主编
    云南民族出版社 pp.220-227

稲村 务・杨六金编 Inamura Tsutomu& Yang Liujin (eds.)
 2000 『国际哈尼／阿卡研究资料目录（The International Bibliography on Hani-Akha）』筑波大学歴史・人類学系学内プロジェクト研究報告（215pp.）

戴庆厦
 2002 「悠悠岁月、哈尼情深—50年代哈尼文创制工作的回忆」
  『中国哈尼学』第2辑 民族出版社 pp.266-282

戴庆厦・段贶乐
 1995 『哈尼语概论』云南民族出版社

方李莉编
 2005 『费孝通晚年思想录』岳麓书社

費孝通编著
 1988（1978）「关于我国民族的识别问题」
  『民族研究文集』云南民族出版社 pp.158-187
  （原载『云南社会科学』1980年1期）
 1989 『中華民族多元一体格局』中央民族学院出版社
 2005（2001）「关于西部人文资源研究的对话—费孝通先生对西部人文资源保护、开发利用课题指导」
  『费孝通晚年思想录』岳麓书社（原载『民族艺术』2001年）pp.96-111

傅光宇
 1993 『三元—中国神话结构』云南人民出版社

高格孚（コルキュフ，ステファン Stéphane Corcuff）
 2008（2004）『台湾外省人の現在—変容する国家とそのアイデンティティ』
  上水流久彦・西村一之訳　風響社
  （『風和日暖—台湾省外省人與国家認同的轉變』允晨文化　臺灣）

高文英
 1986 「澜沧县阿卡人（哈尼族支系）情况」
  『中央访问团第二分团云南民族情况汇集（下）』云南民族出版社 pp.158-170

高发元 主编
 2001 『哈尼族—绿春大兴镇俚别新寨』云南大学出版社

格郎
 1993 「建水黄草坝村哈尼族"昂玛奥"纪实」『哈尼学研究』第二集
  红河州哈尼学学会编 pp.127-138

龚荫
 1992 『中国土司制度』云南民族出版社

何建疆 等编
 1999 『中国哈尼族医药』云南民族出版社

黄启后
  1994 「泰国历史文化资源开发对我省的几点点启示」
      『云南文化资源研究与开发』张保华 主编 云南民族出版社 pp.68-75
黄绍文
  2009 『箐口：中国哈尼族最后的蘑菇寨』云南人民出版社，
  2011（2007）「ハニ族の棚田—千年の労作から世界文化遺産候補への変遷—」
      『地理歴史人類学論集』2集
      琉球大学法文学部人間科学科紀要 稲村務訳 pp.57-105
      (原著：「哈尼梯田：千年劳作对象到世界遗产的嬗变」『诺玛阿美到哀牢山－哈尼族文化地理研究』云南民族出版社 pp.119-188
黄世荣
  1987 「哈尼族支系浅谈」『红河民族语文古籍研究 1987 合刊』
胡鸿章・唐家寿
  1993 「我们砍了山神树」『云南文史资料选辑』第四十五辑
      中国人民政治协商会议云南省委员会文史资料委员会辑 pp.317-319
胡鸿章
  1993 「格朗和建设工作前前后后」『云南民族工作回忆录（二）』
      云南人民出版社 pp.144-152
黄光学主编
  1995 『中国的民族识别』民族出版社
姜定忠
  1999 「甘与苦的尝试者－哈尼族茶文化」『哈尼族文化论丛』第一辑
      云南民族学会哈尼族研究委员会编 云南民族出版社 pp.338-422
  2005 「哈尼族竜文化研究」『哈尼族文化论丛』第三辑
      云南民族学会哈尼族研究委员会编 云南民族出版社 pp.205-221
蒋铨
  1988 「在云南种茶是"濮人"先行」『版纳文史资料选辑』4
      赵春洲・张顺高编 西双版纳傣族文史资料委员会 pp.50-57
金丽生
  1993 「哈尼山寨的日日夜夜」『云南民族工作回忆录（二）』
      云南文史资料选辑 第四十五辑
      中国人民政治协商会议云南省委员会文史资料委员会辑 pp.153-169
九米编著，白碧波・航险翻译
  1993 『哈尼族节日 Haqniq Neeciiv』云南民族出版社
来仪 等
  2007 『西部少数民族文化资源开发走向市场』民族出版社

李安民
    1994「云南文化资源的开发」『云南文化资源研究与开发』张保华主编
        云南民族出版社 pp.15-22
里二・乙冰
    2010「试述哈尼族药物资源及可持续利用」
        『第六届国际哈尼/阿卡文化学术讨论会论文集』
        白克仰・黄绍文主编 云南人民出版社 pp.269-272
李拂一
    1955『十二版纳志』正中书局
李克忠
    1998『寨神－哈尼族文化实证研究』云南民族出版社
    2001『形・声・色－哈尼族文化三度共构』云南民族出版社
李克忠主编
    1999『哈尼族礼仪习俗歌 上册』云南民族出版社
李期博
    1990「哈尼学科建设问题」『哈尼学研究』第一集 红河州哈尼学会编 pp.208-219
    1991「哈尼族原始宗教探析」『红河民族研究文集』1辑
        红河州民族研究所编 云南大学出版社 pp.11-44
    1993「丰收在望吃新谷」『哈尼山寨风情录』毛佑全等编
        四川民族出版社 pp.284-285
    n.d.「亲戚关系的缔结与终结 －哈尼族婚俗研究之一一」
        『哈尼学研究』第一集 红河哈尼学会编 pp.27-40
李期博・马荣华
    1999「哈尼族支系分布与区域性文化特征」
        第三届哈尼族文化国际学术讨论会大会交流论文
李期博主编
    2000『哈尼族梯田文化论集』第一辑 云南民族出版社
    2002『哈尼族梯田文化论集』第二辑 云南民族出版社
李少军 等
    2002「哈尼学目录索引」『中国哈尼学』第二辑 戴庆厦 主编
        民族出版社 pp.364-408
李永燧
    2002『桑孔语研究』中央民族大学出版社
李元庆主编
    1995『中国云南红河哈尼族民歌』云南民族出版社

刘绮

1987 『茶山铃声』云南民族出版社

刘体操・张玉胜 等编

1996 『哈尼梯田文化』中国民族摄影艺术出版社 北京

林耀华

1995（1984）『中国西南地区的民族识别』黄光学主编 1995 所收
（原载『云南社会科学』1984 年 2 期）

林耀华 等

1987（1954）「云南省民族识别报告」国家民委民族问题五种丛书编辑委员会
『少数民族社会历史调查资料汇编（三）』云南人民出版社 pp.7-58

李元庆 主编

1995 『中国云南红河哈尼族民歌』云南民族出版社

李永燧・王尔松

1986 『哈尼語简志』民族出版社 北京

罗常培

1944a「论藏缅族的父子连名制」『边疆人文』1 卷 3・4 期合刊 南开大学
（rpr. in 1989『语言与文化』语文出版社 pp.103-137）

1944b「再论藏缅族的父子连名制」『边疆公论』3 卷 9 期

1944c「三论藏缅族的父子连名制」『边疆人文』2 卷（1・2 期合刊）

龙春林 等

1997「基诺族轮歇地中栽培植物的来源及其多样性研究」
『西双版纳轮歇生態系統生物多样性研究文集』裴盛基等编
云南教育出版社 pp.65-73

陆世军

2007『全国商情（经济理论研究）』10 月 20 日 pp.109-111

卢保和

2011『绿春史话』云南民族出版社

2012『沧桑一世常福百年：一个土目家丁的一生』云南民族出版社

卢文静

2005「死亡之礼－哈尼族丧葬习俗个案研究」『中国哈尼学』第 3 辑
中央民族大学哈尼学研究所编 民族出版社 pp.381-399

麻国庆

1996「文化－理解与应用」『中国人类学的发展』
陈国强・林加煌主编 上海三联书店 pp.333-339

马海霞・吕偀然

2007「文化经济论与文化产业研究综述」『思想战线』5 期（33-5）pp.111-118

马曜 編
　　1991 『云南简史（増訂）』云南人民出版社
毛佑全
　　1989 「哈尼族原始族称、族源及其活动探析」『云南社会科学』5期
　　　　 云南人民出版社 pp.85-92
　　1991 『哈尼族文化初探』云南民族出版社
毛佑全・李期博
　　1989 『哈尼族』民族知识丛书 民族出版社
门图
　　1997 「漫谈哈尼族茶文化」『首届哈尼族文化学术讨论会论文集』
　　　　 云南民族出版社 pp.247-256
　　2002 『西双版纳爱尼村寨文化』中国文学出版社
米粒
　　2000 「从饮食看哈尼族对梯田生物多样性的开发利用」『哈尼族梯田文化论集』
　　　　 李期博主编 红河州哈尼学会编 云南民族出版社 pp.188-195
诺晗
　　1990 「哈尼族」元阳县民族事务委员会编『元阳民族』云南民族出版社
裴盛基 等编
　　1997 『西双版纳轮歇生态系统生物多样性研究文集』云南教育出版社
钱勇
　　2007 「哈尼族非物质文化遗产及传承人保护」
　　　　 『哈尼族文化论丛』第4辑　云南省民族学会哈尼族研究委员会编
　　　　 云南民族出版社 pp.61-77
施愛東
　　2011 「中国における非物質文化遺産保護運動の民俗学への負の影響」
　　　　 彭偉文訳『現代民俗学研究』第3号 pp.15-27
史军超主编
　　1998 『哈尼族文学史』云南大学出版社
　　1999 『哈尼族文化大观』云南民族出版社
史军超
　　1999 「哈尼族与百濮民族茶事丛谈」『云南民族学院学报 哲社』2期 pp.63-68
　　2000 「建立"元阳县哈尼族梯田文化奇观保护与发展基地"的构想」
　　　　 『哈尼族梯田文化论集』李期博主编 红河州哈尼学会编
　　　　 云南民族出版社 pp.263-280
　　2005a「中国湿地经典—红河哈尼梯田」『哈尼族文化论丛』第3辑
　　　　 云南省民族学会哈尼族研究委员会编 云南民族出版社 pp.1-16

（原載：2004《云南民族大学学报》5期）

2005b 『文明的圣树 哈尼梯田』黑龙江人民出版社

孙官生

1991 『古老・神奇・博大—哈尼族文化探源』云南人民出版社　昆明

姚荷生

2004 (1948)『雲南のタイ族—シプソンパンナー民族誌』(多田狷介訳) 刀水書房
（姚荷生1948『水擺夷風土記』大東書局）

唐德彪

2008 「论民族文化的资源化」
『中央民族大学学报（哲学社会科学版）』2期（総117期）pp.84-88

王尔松

1994 『哈尼族文化研究』中央民族学院出版社

王建华

2009 「2001年调查的哈尼阿卡人情况」『澜沧哈尼族』赵余聪主编
云南民族出版社　pp.295-328

王敏

2002 「彝族医药古籍文献综述」
『彝族古文献与传统医药开发国际学术研讨会论文集』
彝族古文献与传统医药开发国际学术研讨会组委会编
云南民族出版社 pp.68-85

王清华

1988 「哈尼族梯田文化」『民族调查研究』1期

1999 『梯田文化论』云南大学出版社

2005 「哀牢山哈尼族传统森林管理与林权演变」『亚洲民族论坛』1
方铁・肖宪主编、云南大学出版社 pp.304-313

王正芳

1999 「哈尼文化研究回顾与展望」云南民族学会哈尼族研究委员会编
『哈尼族文化论丛』第1辑 pp.466-490　云南民族出版社

2002 「红河县哈尼族土司制度研究」『哈尼族文化论丛』第2辑
云南省民族学会哈尼族研究委员会编　云南民族出版社 pp.441-452

为则

1995 『哈尼族自然宗教形态研究』云南民族出版社

谢本书

1994 「云南历史名人资源的研究与开发」
『云南文化资源研究与开发』张保华主编　云南民族出版社 pp.30-37

謝世忠
　　1993『傣泐—西雙版納的族群現象』自律晚報文化出版局　臺北
　　2002『「南投縣仁愛鄉清境地區社區發展史調查研究計畫」期末報告』
徐世璇
　　1998『毕苏语』上海远东出版社
杨忠明
　　1992『西双班纳哈尼族史略』版纳文史资料选辑之八　云南民族出版社
　　2010『西双版纳哈尼族简史』云南民族出版社
杨国荣
　　2005『纳楼　昨天的记忆』民族出版社
杨六金・稻村务
　　1997「哈脚村哈尼族祭寨神和招寨扯魂述略」『民族学调查研究』2期pp.49-52
杨六金・于兰 编著
　　2010『古代血缘的标志　国内外哈尼/阿卡父子连名谱系』
　　　　红河学院国际哈尼阿卡研究中心　云南人民出版社
杨万智
　　1991『祈生与御死　哈尼族原始习俗寻踪』云南大学出版社　昆明
杨羊就
　　1999「寨名的象征—哈尼族村寨命名文化底蕴探究」
　　　　『哈尼族文化论丛』　第一辑　云南民族出版社 pp.135-162
尤伟琼
　　2013『云南民族识别研究』民族出版社
张纲
　　2005「元阳县解放初期的建政工作」
　　　　『红河文史集萃（上）』王之友主编　民族出版社 pp.71-78
张佩芝编
　　1998『哈尼语哈雅方言土语汇对照』云南民族出版社
张文勋
　　1993「我国古代"文化"概念形成和演变」『民族文化学论集』
　　　　张文勋主编　云南大学出版社 pp.1-13
张锡盛
　　1990「婚姻家庭习惯与《婚姻法》」『传统与发展』杜玉亭主编
　　　　中国社会科学出版社 pp.487-498
赵世望・刀正员（编）裴盛基・曾育麟（顾问）
　　1980・1981『西双版纳傣族药物志（2）(3)』州民族医药调研办公室编
　　　　州科学技术委员会・州卫生局出版

赵富伟・武建勇・薛达元
 2013 「《生物多样性公约》传统知识议题的背景，进展与趋势」
   『生物多样性』21（2）:232-237
周雷
 2010 『南方周末』环境15面　7月14日
周星
 1991 「论民族范畴的多义性」『云南社会科学』5期
   云南省社会科学院东南亚研究所　昆明 pp. 42-47
朱德普
 1991 「古代西双版纳傣族统治集团对山区少数民族的统治策略」
   『云南社会科学』3期 pp.67-72

●邦文
阿部健一
 2008 「地域住民と国家のあいだ―メコン流域の森林資源管理」『くらしと身体の生態史』秋
   道智彌（編）、弘文堂、pp.229-244。
綾部恒雄
 1971 『タイ族―その社会と文化』弘文堂。
 1993a『現代世界とエスニシティ』弘文堂。
   （初出「民族学者の『民族』知らず」(1985)『民族學研究』50（1））
 1993b「建設的民族論のために―名和克郎の批判に応じる」『民族學研究』58（1）：88-93。
 2006 「エスニシティ論」『文化人類学20の理論』綾部恒雄（編）、弘文堂、pp.179-196。
石川登
 1992 「民族誌と理論―「高地ビルマ」をめぐる人類学小史1954-1982」『民族学研究』57（1）
   ：40-53。
石島紀之
 2004 『雲南と近代中国―"周辺"の視点から』青木書店。
尹紹亭
 2000 『雲南の焼畑―人類生態学的研究』白坂蕃など訳、農林統計協会。
 2009 「雲南の刀耕火種（焼畑農耕）及びその変遷」『ヒマラヤ学誌』No.10: 225-237。
池田光穂
 2002 「民族医療の領有について」『民族學研究』67（3）: 309-327。
伊藤正子
 2008 『民族という政治―ベトナム民族分類の歴史と現在』三元社。

2010「社会主義国家による民族確定政策の限界—ベトナムの事例から」『リージョナリズムの歴史制度論的比較』CIAS Discussion Paper No.17、小森宏美（編）京都大学地域研究統合情報センター pp.6-21。

稲澤 努
2012「消え去る差異、生み出される差異—中国水上居民のエスニシティ」東北大学大学院環境科学研究科博士論文。

稲村 務
1991「ハニ族の二つの支系—その文化的差異について」『比較民俗研究』4号、筑波大学比較民俗研究会 pp.128-134。
1997「北タイアカ族の時間意識」『族』28号、筑波大学民族学研究室、pp.47-62。
2002「中国ハニ族の『支系』について—民族識別と『支系』概念の整理」『歴史人類』30号、筑波大学、歴史・人類学系紀要、pp.26-56。
2003a「イデオロギーとしての『他界』—雲南省紅河のハニ族の葬歌を通じて」『比較民俗研究』19号、比較民俗研究会、pp.5-20。
2003b「日本古代史研究におけるハニ族資料の取り扱いについて—比較民俗学の道」『琉大アジア研究』4号、琉球大学法文学部付属アジア研究施、pp.63-8。
2009a「フォーク・タクソノミーと民俗分類における範疇化の問題—中国雲南省元陽県におけるハニ種族の植物知識—」『琉大アジア研究』9号、琉球大学国際沖縄研究所アジア研究部門、pp.3-64。
2009b「C. ギアツの解釈人類学と沖縄・奄美—〈中心〉と〈周縁〉を読み解くために—」『人間科学』23号（琉球大学法文学部人間科学科紀要）、pp.35-80。
2012a「集合的記憶としての系譜—中国雲南省および東南アジア諸国のハニ＝アカ族の父子連名制系譜を事例として—」『琉大アジア研究』11号、琉球大学国際沖縄研究所アジア研究部門pp.1-54。
2012b「民族医薬辞典のなかのハニ族・アカ族・イ族の薬用植物知識の比較—「伝統的知識」をめぐる批判的検討」『琉大アジア研究』11号、pp.87-134。
2014「山を目指してきた人々と海を目指していた人々—ハニ＝アカ族とアミ族—」『人類の拡散と琉球列島』池田榮史編、平成25年度琉球大學中期計画達成プロジェクト報告書、pp.85-115。
2015「雲南紅河土司の歴史—ハニ＝アカ文化の『断続性』『継続性と断続性—自然・動物・文化—』池田榮史編、成26年度琉球大学中期計画達成プロジェクト経費報告書、pp.137-186。

稲村務・村上めぐみ
2014「北西ラオスのアカ族における植物知識および西双版納州の商品作物市場調査報告」『地理歴史人類学論集』5号、琉球大学法文学部紀要人間科学別冊、pp.89-115。

稲村務・楊六金 2000 (→中文)

岩佐昌暲
　1983『中国の少数民族と言語』光生館。

岩田慶治
　1971『東南アジアの少数民族』NHKブックス。

内堀基光
　1989「民族論メモランダム」『人類学的認識の冒険―イデオロギーとプラクティス―』田邊繁治編　同文舘、pp.95-120.
　2007「序―資源をめぐる問題群の構成」『資源と人間』内堀基光編、弘文堂、pp.15-43.

太田好信
　1993「文化の客体化―観光を通した文化とアイデンティティーの創造」『民族学研究』54 (4)：383-410。

大林太良
　1970「中国辺境の土司制度についての民族学的考察」『民族学研究』35 (2)：124-138。

小田亮
　1995「民族という物語―文化相対主義は生き残れるか」『民族誌の現在―近代・開発・他者』合田濤・大塚和夫編、弘文堂、pp.14-35。
　2009「『二重社会』という視点とネオリベラリズム―生存のための日常的実践」『文化人類学』74 (2)：272-292。

及川敬貴
　2010『生物多様性というロジック』勁草書房。

王柳蘭
　2008「口承史からみた越境経験と交易の変容―中緬泰国境を渡った在タイ雲南系ムスリム移民の展開―」『アジア・アフリカ地域研究』8-1、pp.22-51。

落合雪野
　2008「植物利用と生活―耕地と休閑地をつなぐ視点」『生業の生態史』河野泰之編、弘文堂、pp.94-97。

落合雪野・横山智
　2006「『有用植物地図』をもとに考える空間認識と植物利用―ラオス北部の事例から」『総合地球環境学研究所研究プロジェクト4-2 2005年度報告書』pp.95-107。
　2008a「9章　焼畑とともに暮らす」『ラオス農山村地域研究』横山・落合（編）、めこん、pp.311-347。
　2008b「10章　開発援助と中国経済のはざまで」『ラオス農山村地域研究』横山・落合（編）めこん、pp.361-394。

加瀬澤雅人
　2005「アーユルヴェーダは誰のものか―「伝統」医療・知的財産権・国家―」『文化人類学』70 (2)：157-176。

片岡樹
  2013 「先住民か不法入国労働者か？：タイ山地民をめぐる議論が映し出す新たなタイ社会像」『東南アジア研究』50 (2): 239-272。
加治明
  1986 「タイ系諸族の政治＝社会組織についての一考察―インドシナ半島北部を中心に―」『馬淵東一先生古稀記念社会人類学の諸問題』第一書房、pp.5-26。
加藤久美子
  1998 「シプソーンパンナーの交易路」『黄金の四角地帯―シャン文化圏の歴史・言語・民族―』新谷忠彦編　慶友社、pp.222-261。
  2000 『盆地世界の国家論―雲南、シプソンパンナーのタイ族史』京都大学学術出版会。
兼重努
  2008a 「ケシ／アヘンから描く地域生態史」『地域の生態史』クリスチャン ダニエルス編、弘文堂、pp.81-100。
  2008b 「越境する中国―中国のラオスに対する働きかけ」『くらしと身体の生態史』秋道智彌編、弘文堂、pp.206-208。
韓敏（編著）
  2009 『革命の実践と表象―現代中国への人類学的アプローチ』風響社。
窪田幸子・野林厚志（編）
  2009 『「先住民」とはだれか』世界思想社。
栗原悟
  1982 「明代彝族系土司にみられる種族連合の紐帯」『東南アジア―歴史と文化―』11号、pp.101-124。
  1988 「雲南史研究の諸問題―その課題と展望―」『東南アジア―歴史と文化―』17号、pp.86-106。
  1991 「清末民国期の雲南における交易圏と輸送圏―馬幇のはたした役割について」『東洋史研究』50-1、pp.126-14。
栗原悟・川野明正
  2003 『中国西南地域諸民族誌の基礎研究―主に雲南省を中心にして』平成13～14年度科学研究費補助金基盤研究（C）研究成果報告書。
桑山敬己
  2008 『ネイティヴの人類学と民俗学：知の世界システムと日本』弘文堂。
向虎
  2006 「中国の退耕還林をめぐる国内論争の分析」『林業経済研究』52 (2): 9-16。
佐藤健二
  2007 「文化資源学の構想と課題」『資源化する文化』山下晋司（編）、弘文堂、pp.27-59。

佐藤仁
 2007「資源と民主主義　日本資源論の戦前と戦後」『資源と人間』内堀基光（編）弘文堂、pp.331-355。

嶋陸奥彦
 2010『韓国社会の歴史人類学』風響社。

島村恭則
 2002「近代」『新しい民俗学へ』せりか書房、pp.113-121。

清水昭俊
 2008a「先住民と〈国民の歴史〉のための序論」『文化人類学』73 (3): pp.354-362。
 2008b「先住民の権利と国家および国民の条件」『文化人類学』73 (3): pp.363-379。
 2008c「先住民、植民地支配、脱植民地化―国際連合先住民権利宣言と国際法」『国立民族学博物館研究報告』32 (3): 307-503。

清水郁郎
 2004「家屋に埋め込まれた歴史―北タイの山地民アカにおける系譜の分析」『日本建築学会計画系論文集』第583号、pp.61-67。
 2005『家屋とひとの民族誌：北タイ山地民アカと住まいの相互構築誌』風響社。

白鳥芳郎
 1985『華南文化史研究』六興出版。

シンジルト
 2003『民族の語りの文法　中国青海省モンゴル族の日常・紛争・教育』風響社。

新谷忠彦・加藤高志
 2009「第3章　言語と民族」『タイ文化圏の中のラオス：物質文化・言語・民族』新谷・ダニエルス・園江（編），慶友社pp.130-203。

菅豊
 2007「書評 史軍超 文明的聖樹―哈尼梯田」『日本民俗学』第249号 p.138

鈴木一など（編）
 2007『雲南の少女　ルオマの初恋』（劇場用パンフレット）東京、ワコー。

須藤護
 2013『雲南省ハニ族の生活誌』ミネルヴァ書房。

諏訪哲郎
 1992「タイ北部アカ族の家族慣行―センチャルン・マイ村の調査報告」『アジア社会の民族慣習と近代化政策』pp.339-365、敬文堂。

瀬川昌久
 1993『客家―華南漢族のエスニシティーとその境界』風響社。
 1996『族譜―華南漢族の宗族・風水・移住』風響社。

関一敏
　1983「類比・物・空間—デュルケムからアルバクスへ」『宗教研究』57 (3): 313-337。
　1995「しあわせの民俗誌・序説」『国立歴史民俗博物館研究報告』51集: 313-347。
　1998「序章　ことばの民俗学は可能か」『民俗のことば』関一敏編、朝倉書店、pp.1-29。
　2002「民俗」『新しい民俗学へ』関・小松（編）、せりか書房、pp.41-51。
　2004「アニミズム」関一敏・大塚和夫編『宗教人類学入門』弘文堂、pp.2-12。
関本照夫
　1994「序論」関本照夫・船曳健夫編『国民文化の生まれる時—アジア・太平洋の現代とその変容』リブロポート、pp.5-32。
　1998「文化概念の用法と効果」青木保ほか編『岩波講座文化人類学第13巻　文化という課題』岩波書、pp.19-41。
千田稔編著
　1998『風景の文化史Ⅰ』古今書院。
園江満・中松万由美
　2009「第1章　地域としてのラオス北部」『タイ文化圏の中のラオス：物質文化・言語・民族』新谷・ダニエルス・園江（編）、慶友社、pp.10-67。
孫潔
　2008「観光イメージの構築をめぐる表象主体の多様性に関する研究—中国雲南省元陽県における『撮影の旅』を例として」東北大学大学院環境科学研究科博士論文。
　2010「雲南省における棚田とエスニシティ」『東北アジア研究』14号: 123-145、東北大学東北アジア研究センター。
戴琇峰
　2002「ハニ族における葬法変容と墓の変遷」『金城学院大学論集　社会科学編』45号: 41-59。
　2003「ハニ族における伝統文化の変容と伝承—歴史と死生観の視点からの研究」金城学院大学大学院文学研究科博士論文。
田上麻衣子
　2009a「中国における遺伝子資源及び伝統的知識に係るABS規制の現状」『東海法学』41号: 69-100。
　2009b「台湾における遺伝資源及び伝統的知識に係るABS規制の現状」㈶バイオインダストリー協会『平成20年度環境対応技術開発等（生物多様性条約に基づく遺伝資源へのアクセス促進事業）委託事業報告書（2009年）』。
武内房司
　1997「西南少数民族—土司制度とその崩壊過程をめぐって」『明清時代史の基本問題』森正夫編、汲古書院、pp.581-606。
　2003「デオヴァンチとその周辺—シプソンチャウタイ・タイ族領主層と清仏戦争」『民族の移動と文化の動態—中国周縁地域の歴史と現在—』塚田誠之（編）、風響社、pp.645-708。

2005 「《民族図説》の成立とその時代―十九世紀初、伯麟『雲南種人図説』に見るシプソン
　　　　　パンナーの辺疆風景」『中国の民族表象―南部諸地域の人類学・歴史学的研究』長谷川
　　　　　清・塚田誠之編、風響社、pp.29-55。
　　　2008 「清末雲南タイ系土司の近代化ヴィジョン―刀安仁とその周辺」『民族表象のポリ
　　　　　ティクス 中国南部における人類学・歴史学的研究』塚田誠之 (編) 風響社、pp.189-224。
竹村卓二
　　　1980 「アカ族の系譜と父子連名―呪術的背景について」『東南アジア・インドの社会と文化』
　　　　　(下巻) 山本達郎博士古稀記念論叢編集委員会編、山川出版社、pp. 315-344。
　　　1981 「アカ族の父子連名制と族外婚―特にリニジの分裂をめぐって」『社会人類学年報』
　　　　　vol.7、弘文堂、pp.1-34。
竹村卓二 (編)
　　　1994 『儀礼・民族・境界：華南諸民族の「漢化」の諸相』風響社。
田中雅一
　　　1995 「パラダイムとしての人類学理論」『現代人類学を学ぶ人のために』世界思想社、
　　　　　pp.14-34。
田中真砂子
　　　2005 「祖先」『民俗小事典　死と葬送』新谷尚紀・関沢まゆみ編、吉川弘文館、pp.292-293。
田邊繁治
　　　1973 「雲南シップ・ソーン・パンナーの統治形態における一考察―ルゥ族の政治制度・土地
　　　　　制度を中心に」『季刊人類学』4-1、講談社、pp.131-167。
　　　1989 「民族誌記述におけるイデオロギーとプラクティス」『人類学的認識の冒険―イデオ
　　　　　ロギーとプラクティス』田邊繁治編、同文舘、pp.27-44。
　　　1993 「供犠と仏教的言説―北タイのプーセ・ヤーセ精霊祭祀」『実践宗教の人類学―上座部
　　　　　仏教の世界―』田邊繁治編、京都大学学術出版会、pp.35-70。
ダニエルス, クリスチャン
　　　2007 「資源としての伝統技術知識」『資源と人間』　内堀基光編、弘文堂、pp.75-108。
　　　2009 「雲南人 (ホー) のポンサーリー史―山地民を統治した傅一族の事例を通して―」『タイ
　　　　　文化圏の中のラオス：物質文化・言語・民族』新谷・ダニエルス・園江 (編)、慶友社、
　　　　　pp.71-124。
唐立 (クリスチャン・ダニエルス) 編
　　　2008 『中国雲南少数民族生態関連碑文集』総合地球環境学研究所研究プロジェクト4-2。
ダニエルス, クリスチャン (編)
　　　2014 『東南アジア大陸部　山地民の歴史と文化』言叢社。
田村善之
　　　2006 「伝統的知識と遺伝資源の保護の根拠と知的財産法政策学研究』13
　　　　　号:.53-70。

田村卓也
　2013「用語法からみた奄美・沖縄の『祭祀』研究」『沖縄民俗研究』31号：79-86、沖縄民俗学会。
俵木悟
　2008「『フォークロア』は誰のもの？―国際的知的財産制度にみるもう１つの『伝統文化の保護』」『日本民俗学』253号：84-99。
陳言
　2007「中国動態 China Watch　ただいま高値更新中！プーアル茶バブルの熱狂」『週間東洋経済』no.6068（2007/3/3）、東洋経済新報社、pp.90-91。
富田晋介
　2008「国境線が分ける生態環境―ラオスと中国の比較から」『くらしと身体の生態史』)秋道智彌編、弘文堂、pp.200-206。
東亜同文会編
　1942『新修支那省別全誌　第三巻　雲南省』支那省別全誌刊行会。
長沼さやか
　2010『広東の水上居民―珠江デルタ漢族のエスニシティとその変容』風響社。
中川正
　2007「文化景観（2）―心の中の風景―」『文化地理学入門』高橋伸夫・田林明・小野寺淳・中川正著、東洋書林、pp.159-185。
名和克郎
　1992「民族論の発展のために―民族の記述と分析に関する理論的考察」『民族學研究』57(3)：297-317。
　1994「建設的議論のために―綾部教授の批判について」『民族學研究』58 (4)：394-397。
　2007「資源としての知識、資源化される伝統―ネパール、ビャンスのメイファイルをめぐって」『資源化する文化』山下晋司編、弘文堂、pp.151-180。
縄田栄治・和田泰司・内田ゆかり・池口明子
　2008「ホームガーデンから市場へ」『生業の生態史』河野泰之編、弘文堂、pp.101-123。
西本陽一
　2011「台湾で、ラフ族をたずねて」『月刊民博』4月号：16-17。
日本国際知的財産保護協会
　2008『各国・地域における伝統的知識の保護制度に関する調査研究報告書』
　　平成21年3月、AIPPI・JAPAN。
長谷川清
　1982「Sip Son Panna王国（車里）の政治支配組織とその領域―雲南傣族研究の一環として」『東南アジア―歴史と文化』11号：125-148。
　1992「王と精霊祭祀―シーサンパンナ・タイ族の事例から」『日中文化研究』3: 86-93、勉誠社。
　1991「『父』なる中国・『母』なるビルマ―シップソーンパンナー王権とその〈外部〉」『王権

の位相』松原正毅編、弘文堂、pp.380-414。
1993 「雲南省タイ系民族における仏教と精霊祭祀」『実践宗教の人類学―上座部仏教の世界―』田邊繁治編、京都大学学術出版会、pp.221-256。
2001 「観光開発と民族社会の変容―雲南省・西双版納傣族自治州」『現代中国の民族と経済』佐々木信彰編、世界思想社、pp.107-131。
2003 「フロンティアにおける人口流動と民族間関係」『民族の移動と文化の動態―中国周縁地域の歴史と現在―』塚田誠之（編）、風響社、pp.239-291。
2006 「エスニック観光と『風俗習慣』の商品化―西双版納タイ族自治州の事例」『中国・東南アジア大陸部の国境地域における諸民族文化の動態』塚田誠之（編）、国立民族学博物館研究報告63、pp.173-194。
2008 「都市のなかの民族表象―西双版納、景洪市における『文化』の政治学」『民族表象のポリティクス 中国南部における人類学・歴史学的研究』塚田誠之編、風響社、pp.389-418。

林謙一郎
1999 「南詔・大理国の統治政策と支配」『東南アジア―歴史と文化』28号：28-54。

馮進
2007a 「茶馬古道の旅①茶と馬で栄えた古代の道」『人民中国』645号:.50-53。
2007b 「茶馬古道の旅②プーアル茶で栄えた古鎮―易武」『人民中国』646号：54-57。
2007c 「茶馬古道の旅③鳥のように茶畑を俯瞰する」『人民中国』647号：48-51。
2007d 「茶馬古道の旅④プーアル茶の都を探訪する」『人民中国』648号：46-49。
2007e 「茶馬古道の旅⑤馬宿が物語るキャラバンの昔」『人民中国』649号：50-53。

広田勲・中西麻美・縄田栄治・河野泰之
2008 「東南アジア大陸部の焼畑と村落の変容」『地域の生態史』) C.ダニエルス編、弘文堂、pp.165-180。

百村帝彦
2008 「植林事業による森の変容」『ラオス農山村地域研究』横山・落合（編）、めこん、pp.233-265。

福井勝義
1984 「認識人類学」『文化人類学15の理論』中公新書、pp.220-241。

古田陽久監修
1999 『世界遺産事典』シンクタンクせとうち総合研究機構。

馬淵東一
1974 (1935) 「高砂族の系譜」『馬淵東一著作集』第一巻、社会思想社、pp.221-235（初出：『民族學研究』1 (1)）。
1974 (1941) 「山地高砂族の地理的知識と社会・政治組織」『馬淵東一著作集』第一巻、社会思想社、pp.237-283。(初出：『民族学年報』第3巻、「追記」は1974年)

1974 (1950)「家族・氏族・部族―ロキーの近著『社会組織』をめぐって―」『馬淵東一著作集』第一巻、社会思想社、pp.193-218。(初出:『民族學研究』14 (3))

松村嘉久

2000 『中国・民族の政治地理』晃洋書房。

2001 「中国雲南省の観光をめぐる動態と戦略」『東アジア研究』32 大阪経済法科大学アジア研究所、pp.25-46。

2009 「観光大国への道のり」『中国の改革開放30年の明暗』佐々木信彰監修・辻美代など編、世界思想社、pp.30-43。

松本光太郎

1995 「雲南省の彝語支諸集団の民族識別をめぐって(上)(下)」『人文自然科学論集』(東京経済大学) 99・101、pp.39-58, pp.47-82

松本龍

2011 『環境外交の舞台裏―大臣が語るCOP10の真実』日経BP環境経営フォーラム編、日経BP社。

毛里和子

1998 『周縁からの中国―民族問題と国家』東京大学出版会。

森山工

2007 「文化資源 使用法―植民地マダガスカルにおける『文化』の『資源化』」『資源化する文化』山下晋司編、弘文堂、pp.61-91。

柳田國男

1990 (1934)「民間伝承論」『柳田國男全集』28、ちくま文庫。(『民間伝承論』共立社)

1935 『郷土生活の研究法』刀江書院。

山下明博

2011 「世界遺産をめぐる国境紛争:プレアビヒア寺院遺跡」『安田女子大学紀要』39号:243-253。

山下晋司

2007 「文化という資源」『資源と人間』内堀基光編、弘文堂、pp.47-74。

山田厳子

2009 「民俗と世相―『烏滸なるもの』をめぐって」『民俗学的想像力』小池淳一編、せりか書房、pp.39-59。

山村高淑・張天新

2004 「文化的景観と場所論:『文化的景観』の概念の歴史的市街地保全への適用に関する考察」『京都嵯峨芸術大学紀要』29号: 21-35。

2007 「世界遺産登録と観光開発」『世界遺産と地域振興 中国雲南省・麗江にくらす』山村高淑など(編)、世界思想社、pp.17-40。

2008 「世界遺産登録は地域に何をもたらすのか:雲南省麗江の経験」『北海道大学観光創

造フォーラム「ネオツーリズムの創造に向けて」報告要旨集』pp.53-56。

楊海英
2008「ジェノサイドへの序曲―内モンゴルと文化大革命」『文化人類学』73 (3): 419-450。

横山廣子
1996「書評 瀬川昌久著『客家―華南漢族のエスニシティとその境界』」『民族學研究』61 (1): 164-169。
2004「中国において『民族』概念が創り出したもの」『民族の二〇世紀』端信行編、ドメス出版、pp.85-102。
2011「中国雲南省のチノー族における社会変動と民族文化」『コミュニケーション科学』33号: 17-46。

魯忠民
2008「稲作文化の奇跡 雲南・元陽県のハニ族の棚田」『人民中国』658号: 42-51。

渡邊欣雄
1987「村落」『文化人類学事典』石川栄吉など編、弘文堂、p.440。
2007「資源にならない知識について―沖縄の歌謡知識『神歌』の例」『知識資源の陰と陽』クリスチャン・ダニエルス編、弘文堂、pp.291-320。

渡邊欣雄＋謝荔＋馬場毅＋周星＋高明潔（座談）
2006「漢族社会を読み解く―漢文化・秘密結社・民俗宗教を通して―」『中国 21』vol.25、愛知大学現代中国学会〈編〉、風媒社、pp.45-82。

●**欧文・タイ文**（翻訳も含む）

A Committee of the Royal Institute of Great Britain and Ireland
1971 (1951) *Notes and Queries on Anthropology.* (Six ed.) Routledge and Kegan Paul Ltd. London.

アバディー, M.
1944 (1924)『トンキン高地の未開民』民族学協会調査部課、三省堂。
（Abadie, M., *Les races du Haut-Tonkin de Phong-tho à Lang-son*, Paris, Geographiques, Martimes et Coloniales.）

アルチュセール，ルイ
2005 (1995)『再生産について イデオロギーと国家のイデオロギー諸装置』西川長夫ほか訳、平凡社。

アンダーソン，B.
1997 (1991)『増補 想像の共同体：ナショナリズムの起源と流行』白石さや・白石隆訳、NTT出版。
（Benedict Anderson, *Imagined Communities Reflection on the Origin and Spread of*

Nationalism. Verso: London)

Alting von Geusau, Leo → Geusau

Anderson, Edward F.
　1993　*Plants and People of the Golden Triangle: Ethnobotany of the Hill Tribes of Northern Thailand*. Silkworm Books.

Barth, Fredrik
　1956　Ecological relationships of ethnic groups in Swat, North Pakistan. *American Anthropologist* 58: 1079-89.

Berlin, B. and P.Kay,
　1969　*Basic Color Terms*. Univ. of California Press.

Bloch, Maurice
　1974　"Symbols, Song, Dance and Features of Articulation", *European Journal of Sociology* 15: 55-81.

　1989a (1985) From Cognition to Ideology. In *Ritual, History and Power: Selected papers in anthropology*. London: pp.106-36　The Athlone Press.
　　（Originally published in Power and knowledge: Anthropological and sociological approaches, edited by Richard Fardon, Edinburgh: Scottish Academic Press.）

　1989b (1977) The Past and Present in Present. *Ritual, History and Power: Selected Papers in Anthropology*, London: Athlone Press. pp.1-18

　1994 (1986)『祝福から暴力へ』田邊繁治など訳、法政大学出版会。
　　（Bloch, Maurice 1986 *From blessing to violence: history and ideology in the circumcision ritual of the Merina of Madagascar* Cambridge University Press）

　1996　ancestor. *Encyclopedia of Social and Cultural Anthropology*, A.Barnard & J.Spencer (eds.): Routledge p.43.

Bouchery Pascal
　1996　'The Rice-Terraces System of the Hani of Yuanyang: A Preliminary Survey'. Unpublished paper, presented at the 2nd International Conference on Hani/Akha Culture, Chiangmai.

ボードリヤール, J.
　1979 (1970)『消費社会の神話と構造』今村仁司・塚原央訳、紀伊国屋書店。

チュン, アレン
　1993 (1992)「国民の創造から想像の国民へ―戦後台湾の未完の革命」中谷香訳、『思想』No.823:08-126。
　　（Allen Chun' From the Historical Unconscious to the Imagined Community: The Unfinished Revolution in Contemporary Taiwan.）

Chazée, Laurent
  2002 *The Peoples of Laos; Rural and Ethnic Diversities*. White Lotus
チット・プーミサック
  1992 『タイ族の歴史―民族名の起源から』坂本比奈子訳、勁草書房.
      (Khwam Pen Ma Khong Kham Sayam Thai Lao Le Khom Le Laksana Thang Sangkom Khong Chu Chonchat)
Clark, G.W.
  1894 *Kwiechow and Yün-nan Provinces*. Shanghai Mercury Office, Shanghai.
Clifford, J.
  1986, Introduction: Partial Truths. *Writing Culture: the Poetics and Politics of Ethnography*, J.Clifford, & G.Marcus (eds.),: 1-26 Berkeley: University of California Press
  1988 On Ethnographic Authority. *The Predicament of Culture: Twentieth Century Ethnography, Literature, and Art.* Harvard University Press. pp.21-54.
Davis, Richard B.
  1984 *Muang Metaphysics: A Study of Northern Thai Myth and Ritual*. Pandora: Bangkok
デーヴィース, H.R.
  1989 (1909)『雲南 インドと揚子江流域の環』田畑久夫・金丸良子編訳、古今書院.
      (Davies, H.R.1909 *Yun-Nan: The link between India and the Yangtze*, Cambridge Cambridge University Press.)
イーグルトン, テリー
  1999 (1991)『イデオロギーとは何か』大橋洋一訳、平凡社.
      (Eagleton, T., *Ideology: an introduction*, London, New York: Verso)
Feingold, David A.
  1976 On Knowing Who You Are: Intraethnic Distinctions among the Akha of Northern Thailand. *Changing Identities in Modern Southeast Asia*. D. J. Banks (ed.), Mouton Publisher, Paris, pp.83-94.
FitzGerald, C.P.
  1972 *The Southern Expansion of the Chinese People*. White Lotus.
フォーテス, M.
  1980 (1960)「アフリカの部族社会における祖先崇拝について」『祖先崇拝の論理』田中真砂子編訳、ぺりかん社 (Fortes, M.1960 "Some reflections on ancestor worship in Africa" in Fortes, M. and G. Dieterlen (eds). African Systems Thought: Studies presented and discussed at the Third International African Seminar in Salisbury, December. Oxford University Press.)
  1981 (1953)「単系出自集団の構造」大塚和夫訳、『家族と親族』村武精一編、未来社、pp.63-100.

542

　　　(Fortes, M. 1953 "The Structure of Unilinial Descent Groups", *American Anthropologist* 55: 17-41)
フリードマン，M.
　1987 (1966)『中国の宗族と社会』田村克巳・瀬川昌久訳、弘文堂。
　　　(Freedman, Maurice 1966 *Chinese Lineage and Society*. The Athlone Press. of University of London)
フリードマン，J.
　1990 (1975)「部族システムの動態と変換―カチン族の事例」『マルクス主義と経済人類学』山崎カヲル編訳、拓殖書房、pp. 201-243。
　　　(Friedman, J. 1975 "Dynamique et transformations du système tribal: l'exemple des Katchin" in *L'Homme*. 15-1: 63-98)
ギアーツ（ギアツ），C. Geertz, Clifford
　1987 (1973)『文化の解釈学Ⅰ・Ⅱ』吉田禎吾ほか訳、岩波書店。
　　　(Geertz, Clifford, *The Interpretation of Cultures*, Basic Books, New York)
　1987a (1973)「厚い記述」『文化の解釈学Ⅰ』吉田禎吾など訳、岩波書店、pp.3-58。
　1987b (1973)「統合的革命―新興国における本源的感情と市民政治」『文化の解釈学Ⅱ』吉田禎吾など訳、岩波書店、p.112-207。
　1987c (1973)「儀礼と社会変化―ジャワの一事例」『文化の解釈学Ⅰ』吉田禎吾・柳川啓一他訳、岩波書店、pp.243-290。
　1991 (1983)「『住民の視点から』―人類学的理解の性質について」『ローカル・ノレッジ』梶原景昭他訳、岩波書店、pp. 97-124。
　2001 (1963)『インボリューション　内に向かう発展』池本幸生訳、ＮＴＴ出版。
　　　(*Agricultural Involution: The Process of Ecological Change in Indonesia*. University of California Press)
　1994, The Uses of Diversity., *Assessing Cultural Anthropology*. Robert Borofsky (ed.) New York: pp.454-465 McGraw-Hill, Inc.
(Alting von) Geusau, Leo, G.M.
　1983 Dialectics of Akhazaŋ: The Interiorizations of a Perennial Minority Group. *Highlanders of Thailand*, J.McKinnon, and W.Bhruksasri (eds.), Oxford University Press, Kuala Lumpur. pp.242-277.
　2000 Akha Internal History: Marginalization and the Ethnic Alliance System. *Civility and Savagery: Social Identity in Tai States*. Andrew Turton (ed.) Curzon Press. UK. pp.122-158.
ギデンズ，アンソニー
　1993 (1990)『近代とはいかなる時代か？―モダニティの帰結』松尾精文・小幡正敏訳、而立書房。

Goodenough, W.H.
　1957　Cultural Anthropology and Linguistics. *Report of the 7th Annual Round Table Meeting on Linguistics and Language Study*. Garbin, P.I (ed.) Georgetown University, Washington pp.167-173

ゴッフマン，E.
　2002（1967）『儀礼としての相互行為』浅野敏夫訳、法政大学出版局。

Harrell, Stevan
　1989　Ethnicity and Kin Terms among Two Kings of Yi. *Ethnicity & Ethnic Group in China*, Chien Chiao & Nicholas Tapp (eds.), New Asia College, The Chinese University of Hong Kong, Don Bosco Printing Co. Ltd.: Hong Kong. pp.179-197.

Hansson, Inga-Lill
　1983　Death In Akha Village. *Highlanders of Thailand*. J. McKinnon and W.Bhruksasri (eds.) Oxford University Press, Kuala Lumpur, pp.278-290.

ホブスボウム
　1992（1983）「序論―伝統は創り出される」『創られた伝統』前川啓治など訳、紀伊国屋書店、pp.9-28。

ホブズボーム，E. & T. レンジャー
　1992（1983）『創られた伝統』前川啓治・梶原景昭訳、紀伊國屋書店。
　　（Hobsbawm, E. and T. Ranger (eds.) 1983 *The Invention of Tradition*. Press of the University of Cambridge, England.）

アルヴァックス，M.
　1999（1950）『集合的記憶』小関藤一郎訳、行路社。

Keesing, Roger. M.
　1982　Reinventing Traditional Culture: The Politics of Kastom in Island Melanesia. *Mankind* 13 (4) (Special Issue).
　1994　Theories of Culture Revisited. *Assesing Cultural Anthropology*. R.Borofsky(ed.) pp.301-310.

Kickert, Robert W.
　1969　Akha Village Structure. *Tribesmen and Peasants in North Thailand*. P.Hinton (ed.) Tribal Research Center, Chiang-Mai, pp.35-40.

Kammerer, Cornellia Ann
　1986　Gateway to the Akha World: Kinship, Ritual, and community among highlanders of Thailand. (Ph. D. dissertation Anthropology. University of Chicago).
　1987　"Minority Identity in the Mountains of Northern Thailand: Akha Case," *Southeast Asian Tribal Groups and Ethnic Minorities: Prospects for the Eighties and Beyond*, Cambridge (Mass.) Cultural Survival Report 22. Cultural Survival Inc. pp.85-96.
　1988　Territorial Imperatives: Akha Ethnic Identity and Thailand's National Integration.

    Ethnicities and Nations, R. Guidieri, F. Pllizzi, S. Tambiah (eds.), University of Texas Press, pp.259-291.
  1990 Customs and Christian Conversion among Akha Highlanders of Burma and Thailand. *American Ethnologist*, vol. 17, pp.227-291.
レイブ, J.・ウェンガー, E.
  1993 (1991)『状況に埋め込まれた学習―正統的周辺参加―』佐伯胖訳、産業図書.
リーチ, E.　Leach, E.
  1987 (1954)『高地ビルマの政治体系』関本照夫訳、弘文堂.
    (1954 *Political Systems of Highland Burma*. G.Bell & Son Ltd.)
  1960 The Frontiers of "Burma". *Comparative Studies in Society and History*. vol.3: 49-73.
  1974 (1961)「時間とつけ鼻」『人類学再考』青木保訳、思索社.
  1981 (1976)『文化とコミュニケーション』青木保・宮坂敬造訳、紀伊國屋書店.
    (Leach, E. 1976 *Culture and Communication*. Cambridge University Press.)
  1985 (1982)『社会人類学案内』長島信弘訳、岩波書店.
    (Leach, E. 1982 *Social Anthropology*. Fontana Paperbacks.)
  1991 Aryan Invasions over Four Millennia. *Culture Through Time: Anthropological Approaches* Emiko Ohnuki-Tierney (ed.) Stanford Univ Press pp.227-245.
レヴィ＝ストロース C.
  1972 (1954)「社会科学における人類学の位置、および人類学の教育が提起する諸問題」『構造人類学』みすず書房、pp.383-426.
  1979『構造・神話・労働：・レヴィ＝ストロース日本講演集』大橋保夫編 三好郁朗・松本カヨ子・大橋寿美子訳、みすず書房.
Lewis, Paul
  1968 Akha-English Dictionary. Lingistic Series III Data Paper no.70. Ithaca: Cornell Univ. Southeast Asia Program, Department of Asian Studies.
  1969-70 *Ethnographic Notes on the Akhas of Burma*, HRAFlex book, New Haven.
  1989 *Akha-English-Thai Dictionary*. Development and Agricultural Project for Akha. Chiang Rai
Lewis, Paul and Lewis, Elaine
  1984 *Peoples of the Golden Triangle: Six Tribes in Thailand*. Thomas & Hudson Ltd. London.
Lewis, Paul and Bai Bibo (Piu Bo) (eds.)
  1996 Hani-English/English-Hani Dictionary. Haqniqdoq-Yilyidoq doqlo-soqdaoq. IIAS.
Lewis, P. & Bai Bibo
  2002 *Hani Cultural Themes*. White Lotus
LO, Ch'ang pei（罗常培）
  1945 Genealogical Patronymic Linkage System of the Tibet-Burman Speaking Tribes. *Harvard Journal of Asiatic Studies* 8: 343-363.（原载 罗常培 1944《论藏缅族的父子连名制》《边疆

人文》1巻3・4合刊）

Moerman, Michael
 1965 Ethnic Identification in a Complex Civilization: Who are the Lue? *American Anthropologist* 67: 1215-1230.

Moseley, George V. H. III
 1973 *The Consolidation of the South China Frontier*. University of California Press.

Noel Kya Heh & Thomas M.Tehan
 2000 The current status of Akha. Payap University Linguistics, Chiang Mai, Thailand and SIL International Payap Research and Development Institute.

Nugent, David
 1982 Closed Systems and Contradiction: The Kachin In and Out of History. *Man* (N.S.) vol.17: 508-528.

オング，W. J.
 1993（1982）『声の文化と文字の文化』桜井直文・林正寛・糟谷啓介訳、藤原書店。
  (Ong, W.J. 1982 *Orality and Literacy*,Methuen & Co.Ltd.)

Petersen, W.
 1980 Concepts of Ethnicity. *Harvard Encyclopedia of American Ethnic Groups*. Therstorm, S (ed.) Harvard University Press. pp. 232-242.

ポランニー，カール
 1983（1957）『経済の文明史』玉野井芳郎・平野健一郎編訳、日本経済新聞社。
  (Karl Polany: *Trade and Market in the Early Empires* 1957)
 1980（1977）『人間の経済 I』玉野井・栗本訳、岩波現代選書。

Porteous, J.D.
 1986 Bodyscape: the body-language of metaphor. *Canadian Geographer* 29:2-12.
  (1992『心の中の景観』古今書院、pp.153-182)

サーリンズ，M
 1993（1985）『歴史の島々』山本真鳥訳、法政大学出版会。
  (M.Sahlins, *Islands of History*, The University of Chicago Press, 1985)

Scholz, Friedhelm
 1993 The First Dead in the World: A Motif of Akha Mythlogy. 1st International Conference on Hani Culture.MS.

Schliesinger, Joachim
 1998 *Hill Tribes of Vietnam: Profile of the Existing Hill Tribe Groups vol.2*. White Lotus.
 2003 *Ethnic Groups of Laos vol.4 Sino-Tibetan-Speaking Peoples*. White Lotus

シュッツ，A.
 1980（1970）『現象学的社会学』森川眞規雄・浜日出夫訳、紀伊国屋書店。

(Alfred Schutz 1970 *On Phenomenology and Social Relations*. The University of Chicago Press)

Scott, J
 2009 *The Art of Not Being Governed: An Anarchist History of Upland Southeast Asia*. Yale University Press（スコット，ジェームズ．C. 2013（2009）『ゾミア―脱国家の世界史』佐藤仁ほか訳、みすず書房）

Scott, J.George
 1932 *Burma and Beyond*. London. Grayson & Grayson.

Shintani, L.A.Tadahiko & R.Kosaka & T. Kato
 2001 *Linguistic Survey of Phongxaly, Lao P.D.R.* Institute for the Study of Language and Cultures of Asia and Africa.

シヴァ，ヴァンダナ
 1997（1993）『生物多様性の危機 精神のモノカルチャー』高橋由紀・戸田清訳、三一書房。(Vandana Shiva 1993 *Monocultures of the Mind*. Third World Network)
 2002（1997）『バイオパイラシー―グローバル化による生命と文化の略奪』松本丈二訳、緑風出版。(Vandana Shiva 1997 *Biopiracy: The Pluder of Nature and Knowledge*. South End Press.)

Simmel, Georg
 1950 *The Sociology of Georg Simmel*. tr., ed. Kurt Wolff, Free Press, Glencoe, I ll.

Sturgeon, Janet C.
 2005 *Border landscapes: the politics of Akha land use in China and Thailand*. University of Washington Press.
 2011 Rubber Transformations: Post-Socialist Livelihoods and Identities for Akha and Tai Lue Farmers in Xishuangbanna, China. *Moving Mountains: Ethnicity and Livelihoods in Highland China, Vietnam, and Laos*. J.Michaud and T.Forsyth (eds.) USB Press.

Sutthi,C
 1989 Appendices II III & IV. *Hilltribes Today*. J. McKinnon and B.Vienne (eds.) White Lotus: Bangkok.

タカーチ，デヴィット
 2006 『生物多様性という名の革命』狩野秀之・新妻昭夫・牧野俊一・山下恵子訳、日経BP社。(David Takacs 1996 *The Idea of Biodiversity*. Johns Hopkins University Press.)

Tambiah, S. J.,
 1976 *World Conqueror and World Renouncer: A Study of Religion and Polity in Thailand against Historical Background*. Cambridge University Press.
 1993（1992）「エスノナショナリズム―政治と文化」『思想』No.823、岡本真佐子訳、pp.50-63。(Stanley J.Tamniah Ethnonationalism: Politics and Culture.)

Tapp, Nicholas
　1989 *Sovereignty and Rebellion: The White Among of Northern Thailand.* Oxford University Press.
Telford, J. H.
　1937　Animism in Kengtung State. *Journal of the Burma Research Society* vol.27: 85-238.
Tooker, Deborah E.
　1988　Inside and Outside: Schematic Replication at. the Level of Village Household and Person among the Akha of Northern Thailand. (Ph.D. dissertation Anthropology. Harvard University).
　1992　Identity Systems of Highland Burma: "Belief", Akha Zaŋ, and a Critique of Interiorized Notions of Ethno-Religious Identity. *Man* (N. S.), 27 (4): 799-8l9.
　2012　*Space and the Production of Cultural Difference among the Akha Prior to Globalization: Channeling the Flow of Life.* Amsterdam University Press.
Toyota, Mika
　1999　Cross Border Mobility and Multiple Identity Choices: The Urban Akha in Chiang Mai, Thailand (Ph.D Dissertation, the University of Hull)
　2000　Cross-Border Mobility and Social Networks: Akha Caravan Traders. *Where China meets Southeast Asia: Social & Cultural Change in Border Regions.* Grant Evans (et al) (eds.) Institute of Southeast Asian Studies. Singapore.
Vayda, Andrew P.
　1994　Actions, Variations and Change: The Emerging Anti-Essentialist View in Anthropology. *Assesing Culural Anthropology.* R.Borofsky (ed.) pp.320-329.
Wang, Zhusheng
　1997　*The Jinpo Kachin of the Yunnan Plateau.* Program for Southeast Asian Studies Arizona State University.
ワトソン，ジェイムズL. &, エヴリン・S・ロウスキ (編)
　1994 (1990)『中国の死の儀礼』西脇常記,・神田一世,・長尾佳代子訳、平凡社。
　　(James L. Watson (Editor), Evelyn S. Rawski (eds.) *Death Ritual in Late Imperial and Modern China.*University of California Press)
Wongsprasert, Tanit
　1993　Semi-nomadic Highlanders of Northern Thailand: An Historical Perspective. Paper presented at 1st International Conference on Hani Culture,Yunnan P.R.C. 3pp.
Wongsprasert, Tanit and Pongthon Chayatulachat and R. Hada
　1999　Akha Population in Thailand : Past and Present. Paper for 3rd. International Conference on Hani/Akha Culture. 9pp.
Wu, David
　1990　Chinese Minority Policy and the Meaning of Minority Culture: The Example of Bai in

Yunnan, China. *Human Organization* Volume 49: 1-13.
ジンマーマン，エリク
　　1954（1933）『世界の資源と産業』後藤誉之助ら訳、時事通信社。

●映像資料

市岡康子1974「果てしなき山の放浪者」すばらしき世界旅行　市岡康子制作（映像記録）、1974年11月10日、日本テレビ放送。

「天空の棚田に龍が舞う」素敵な宇宙船地球号、シリーズ大地に生きるvol.5、テレビ朝日系、2006年1月8日23時～23時30分放映。

NHK製作「漢方薬に異変あり　伝統医療の覇権争い」クローズアップ現代、第3189号、2012年4月24日放映。

NHK製作「世界遺産　富士山は守れるか」クローズアップ現代、第3369号、2013年6月24日放映。

DVD「雲南の少女：ルオマの初恋」（日本語字幕版）（原題「婼瑪的十七歳」中国電影集団公司）ワコー（2002年映画公開、日本語版DVD2008年）

●インターネット資料

文化庁　「世界遺産Online」http://bunka.nii.ac.jp/jp/world/h_index.html
　　●「オーセンティシティに関する奈良ドキュメント」文化庁訳　http://www.bunka.go.jp/1kokusai/pdf/nara_Nara_j.pdf（2013年5月1日アクセス）

環境省「自然環境・生物多様性」　http://www.env.go.jp/nature/（2013年5月1日アクセス）

日本国際知的財産保護協会2009『各国・地域における伝統的知識の保護制度に関する調査研究報告書』特許庁委託　平成20年度産業財産権制度各国比較調査研究等事業（http://www.mabs.jp/archives/pdf）

UNESCO　World Heritage Centre (http://whc.unesco.org/)
　　● ICOMOS Evaluation Book, May 2013, (whc13-37com-8B1inf-en.pdf)
　　● IUCN Evaluations of Nominations of Natural and Mixed Properties to the World Heritage List (WHC-13/37.COM/INF.8B2)　(whc13-37com-8B2inf-en.pdf)
　　● WORLD HERITAGE CULTURAL LANDSCAPES UNESCO-ICOMOS Documentation Centre. February 2009 Description of World Heritage Cultural Landscapes with a Bibliography based on documents available at the　UNESCO‐ICOMOS Documentation Centre

新华网云南［日期2012-010-11］.「普高老寨民俗村目録」
　　http://www.hh.cn/history/history_historical_figures/200810/t20081010_1392.html
　　（2013年6月アクセス）
李鵬 1992 中華人民共和国国務院公報第15号（総700号）1992年7月15日　pp.502-505「李鵬総理在連合国環発大会首脳会議上的講話」（国務院//www.gov.cn/zwgk/content_1989027.htm）
中国21世紀議程管理中心　http://acca21.org.cn
人民網「雲南楚雄原州長楊紅衛1審被判無期徒刑」www.people.com.cn　2013年2月5日
雲南省政府HP　「雲南省人民政府関于公布雲南省第一批非物質遺産保護名録的通知」［雲政発2006・71号文件］www.yn.gov.cn
中華人民共和国中央政府HP「国発十八号　文件 2006 国務院関于公布第一批国家級非物質文化遺産名録的通知」www.gov.cn
中国薬物専利数据検索系統（知識産権出版社）　http://chmp.cnipr.cn
中華人民共和国環境保護部「中国履行《生物多様性公約》第1次報告～第4次国家報告」　http://www.znb.gov.cn
　　「中国生物多様性保護戦略与行動計画2011-2030」
　　「全国生物物種資源保護与利用規画綱要（2007）（環発163号）
中華人民共和国国家統計局　「2010年11月1日現在第6次全国人口普査」http://www.stats.gov.cn/tjgb/rkpcgb/dfrkpcgb/t20120228_402804344.htm　2013年5月13日アクセス）
国家中医薬管理局HP　http://www.satcm.gov.cn
　　「中華人民共和国中医薬条例」（2003年7月8日　農業部令第64号）（http://www.satcm.gov.cn/web2010/zhengwugongkai/guojihezuo/zyyfuwumaoyi/2012-06-26/15787.html 2013年5月13日アクセス）
国務院第六次全国人口普査办公室　国家統計局統計資料管理中心
　　「2010年云南省第六次全国人口普査主要数据公報」http://www.stats.gov.cn/zgrkpc/dlc/（2013年11月16日アクセス）
中华人民共和国国家统计局「第五次人口普查数据（2000年）」http://www.stats.gov.cn/tjsj/ndsj/renkoupucha/2000pucha/html/l0201.htm（2013年11月16日アクセス）

●新聞資料
毎日新聞「森林乱伐白い大地　タイ悲しき国境線」1992年1月19日1面
「普洱逆勢迎来五連漲」『春城晩報』2013年9月25日　A4-16面
「红河今年节庆活动很低调」2013年9月25日　A2-15面
Illicit Poppy Fields need eradicating. Vientiane Times 2014/8/19 1面

あとがき

　本書は東北大学環境科学研究科に提出した博士論文「祖先と資源の民族誌——中国雲南省を中心とするハニ＝アカ族の歴史人類学的研究——」（2015年3月6日付）をもとにしている。それほど特別な縁があったわけでもないのに本書のような面倒な原稿に丁寧にご指導を頂いた瀬川昌久先生には感謝の念は尽きない。副査を務めて頂いた高倉浩樹先生、上野稔彦先生にはそれぞれ社会人類学、中国民族政策史からの専門性に溢れる厳しくも楽しいご指導を得たことは私の学問にとって誠に望外の喜びでした。すべてに応えられたわけではないにせよ私なりにベストは尽くしたつもりです。

　あまり長く謝辞を書くことは適当ではないものの、人類学を学び始めて30年以上の月日が流れ、ハニ＝アカ族と出会っても28年にもなってしまい、「感謝」したいことや「謝りたい」ことでいっぱいで「謝辞」を書きたい気持ちが抑えきれない。むろん、本書の責は私1人にある。

　博士論文そのものの文責から離れて、学生として14年間、技官として3年と少し、卒業論文から2度の修士論文までの「指導」をしていただいた筑波大学（当時）の先生方にはやはり感謝申し上げたい。私の怠慢で月日が流れすぎて、大部分の先生方は筑波大学にはいらっしゃらず、また故人となられた方も少なくない。道のりにはかなり紆余曲折があったものの私自身はまっすぐに人類学を学び生きられたことを幸せに思っている。

　筑波大学の修士課程地域研究研究科でご指導頂き、退官までに修士論文を出すことは叶わなかったものの論文に目を通して博士課程の進学を私に決断させてくれたのは故綾部恒雄先生だった。本書の前半部分が特にそれにあたり、エスノヒストリーを書くようにとおっしゃったのを思い出す。その後、地域研究研究科の修士論文から博士課程前期の2度目の修士論文の主指導と博士後期の指導をして頂いたのは小野澤正喜先生であり、退職までにと思っていた博士論文が間に合わなかったことは私個人の怠慢としかいいようがなく、申し訳なく

思っている。卒業論文の頃からお世話になり、良くも悪くも「母方オジ」のように付き合ってくださった佐野賢治先生にも感謝申し上げたい。また、正式な指導教員ではなかったものの丁寧に読んでくださり、くじけそうだった私の人類学の精神的な柱であった關一敏先生にはとても感謝している。2度目の修士論文の副査だった池上良正先生にも重要なコメントを頂いたことに感謝している。卒論からの長い学生生活での西田正規先生との思い出は私にとって忘れられない。牛島巖先生、前川啓治先生、関根康正先生などのご指導を頂き、活気溢れる筑波大学の当時の「民族学」で学べたことを誇りに思っている。

　私に1987年に「中国」に行くことを勧め、最初の中国旅行を企画したのは畏友故内田昌作君だった。彼は若くして他界してしまったが、私の心は今も彼との最初のこの旅行の続きなのである。彼は中国でビジネスをすることを夢みていたが、今の中国を見せてやりたい気持ちが溢れてくる。当時の私の中国語と中国近代史の知識は故中村俊也先生と故安藤正士先生に習ったもので1987年のこの中国旅行の時から先生方から習ったことの大切さがわかった気がした。その時の旅行で出会った南糯山の高和さんとの出会いで私は卒論をそこで書くことにし、ハニ＝アカ族研究を続けるきっかけとなった。

　1996年から1997年にかけてのハニの長期調査を可能にして下さったのは当時雲南大学教授だった李子賢先生と紅河民族研究所所長だった李期博先生の特別な計らいによるものだった。李期博先生の奥様である張佩芝先生は私のハニ語ハニ文の先生である。当時助理研究員として面倒を見て頂いた楊六金さんは今は紅河学院の教授となった。元陽のフィールドワークで最もお世話になったのは、蘆朝貴さんであった。プライバシー保護のため名前を挙げられないがフィールドでお世話になった多くのハニ＝アカの人々に感謝は尽きず、子供のころから付き合っている人も多い。ハニ語のインターネット辞書「はにわ辞典」でよく手伝って下さった野田幸枝さんにも感謝申し上げたい。貧しかった中国が変わっていくのに立ち会いながら、国際的にハニ族研究をハニ族知識人と共にやってこれたことを幸せに思っており、本書の「民族誌」としての性格もそうした背景を持っている。私自身はハニ＝アカ族研究を通じて人類学を学ばされてきたのだとしみじみ思う。

　本書では幾人かのハニ族知識人の批判をしているが、実際にはたいへんお世

話になった人たちもある。少なくとも日本では、私も含めて知識人とはお互いに批判することによって学問が進歩することを信じることによって成り立つ職業なのである。中国のかつての知識人批判を思うと、筆が進まない気持ちにもなったが、中国に真の意味での学問の自由という思想が保証されることを願ってのことと考えて頂き、ご無礼をお許し頂けたらと思う。なお、これは「回避儀礼」ではなく、日中友好の日が再び訪れることを心から祈ってのことである。

　平成14年に琉球大学に奉職した。研究の場を与えて下さった赤嶺政信先生と、ラオスと台湾の研究の場を与えて頂いた鈴木規之先生と池田榮史先生にはとても感謝している。沖縄での故比嘉政夫先生や伊藤亜人先生など新たな出会いにも助けられている。また、特に本書の後半部分は塚田誠之先生、長谷川清先生、武内房司先生の中国南部の国立民族学博物館を中心とする共同研究会の成果を基礎にしている。研究会には、横山廣子先生、吉野晃先生、曾士才先生など関東の「仙人の会」で幹事を務めていたころからお世話になっている方も少なくない。民博でのこの研究会がなければ本書の問題意識はなかったはずである。

　他にも挙げて感謝するべき師や友は長すぎただけに数えきれないのであるが、最後に私が技官になって就職を喜んでくれるはずと思っていた父の久也が「お前こんなに学生やって中退か」と履歴書をみながら呟いたのを思い出す。父が他界してかなりの年月が経ってしまったが、父の仏前に「遅くなったけど『卒業』したよ」とだけ報告したい。母には苦労ばかりさせてしまったことを詫びたい。本書の完成の陰には妻の幸子の多大な校正の苦労と才能があり、幸子には特に感謝している。

　留学・研究助成などの資金的援助については冒頭に記したが改めて深謝申し上げたい。本書の出版には平成27年度琉球大学研究成果公開（学術図書等刊行）促進経費からの多大なご支援を賜ったことは、昨今の人文系の出版事情を鑑みると幸甚であり、株式会社めこんの桑原晨さんには本書のような面倒で売れそうにもない学術書を引き受けて下さったことに感謝申し上げたい。

宜野湾からアジアを臨みながら　　　　　　　　　　　　2015年11月

　　　　　　　　　　　　　　　　　　　　　　　　　　　稲村　務

ハニ語アカ語解説索引

本索引は本書で言及した主なハニ語アカ語について簡潔な説明をつけることのできる語については解説し、そうでない語については該当する章節かページを示している。ハニ語とアカ語で同根の同じ意味を示している場合はハニ語を優先した。祖先名などの固有名詞は解説を省略した。
ABC順に配列しているが綴りの不明なものはカタカナ書きのみとしている。そもそもハニ語アカ語は文字のない言語なので統一できない語を含んでいる。

Aqcyuq アチュ［タイ族を表す古語］……243, 248
Aqniyul アニュ［漢族を表す古語］……243, 248
alzaol dev アゾデ［棺作り］……101, 103, 104
Aoqma オマ［天の母］……248, 268, 294
aqtav アタ［上方］……334
aqgee アゲ［下方］……334
aqhhyuq アゴエ［母方オジとその息子］……202, 209, 210, 227-229, 250, 256
aqpyuq アピュ［祖先］……**169-170**, 235, 341
apyuqbaolloq アプボロ［祖先の祭壇］……170, 263
apyuq doq アプド［祖先の言葉］……451
Apyuq Miqyeil アプミエ（アカ語）［創造主］……137, **162-164**, 165, 172, 269
アジャ……47, 48, **52**, 58
alqaq アチャ……151, **152-154**
aqlavq アラ［リネージ］……154
ajeq アジュ［亜種族］……150
aqgu アグ［リネージ、亜種族］……55, **151-152**
Aqli Kaqdol アリカド……55, 58
Aqkaq アカ……45, **55**, 58, 59, 62, 82, **95**
aqbol lavqqivq アボラチ……136
Aqkaq zanl アカザン……30, **166-167, 302-304, 344**, 450, 497
Alsaol アソ……46, **56**, 58
aqpiq アピ aqpyuqaqpiq アプアピ［お婆さん］……169-171
alsiq アシ［果物、実］……179, 263, 511
baoqdu ボドゥ［竹の呪具］……190, 205, 217（写真56）
Byu, Kal, Zeiq ビュ、カ、ゼ……163
bei ベ［始まる］……262
beelduv pyu ブドゥプ［太陽が上がる方］……334
beelya pyu ブヤプ［太陽が沈む方］……334
Bena ブナ［藤条江の人々］……47, 48, **53**, 58
Byuluvq Apyuq Miqyeil ビュルアプミエ → Apyuq Miqyeil
byuqma ボエマ（アカ語）［司祭職］……190
ブペン……44, 48, 51, **56**, 58
ビス ビス語……44, 48, 50-51, **56**, 58
ブコン……42, **56**
Biqyoq ビヨ……42, 49, **56**, 58, 64, 80, 86, 156, **157**
Beeqhaoq ベホ……42, 43, 47, 49, **56**
beiyaoq ベヨ［悪龍］……174-176, 182, 337
ceivqgavq ba'la ツェガバラ［冷季］……179-180
colqa ツォチャ［人の種類、民族］……57, 154
ciiv ツ［系譜、竹などの節］……148, 171, 258, 263
colmial mialma ツォミャミャマ（アカ語）→ colmiaol miaoltaoq ツォミョミョト……255
colmiaol miaoltaoq ツォミョミョト［系譜名］……255
col ツォ［人間、人］……154, **169**, 511
ceillaq huvqsiivq zaq チェラフシザ［十月正月］……292, 356
ceilsiivq zaq チェシザ［新米祭り］……175, 188, 189, 198
colhav bavq paq ツォハババ（アカ語）→ colsil

ハニ語アカ語解説索引

bavqduq ツォシバドゥ ……199-200
colsil bavqduq ツォシバドゥ[死者を埋める]……200
dama miqyi hhaqaol ダマミイガオ[父母のために力を尽くす事(葬式)]……200
dawuv ダウ[あの世、祖先の村]……**239-245**, 149
Diqmaol デモ[最初に死んだ人の名]……308
doqda ドダ[諺]……450
Dolnia ドニャ[祖先名、緑春]……**53**, 58, 94, 156, **157**
Dolniq ドニ[集団名]……48, 56, 59
dayao ダヨ[客人]……164
daqleil ダレ[星状の護符]……134, **140**, 508
eelhhuvq ウウ[水が曲がる]……360
ganqsanl lol ガサロ → Milsanlquvqsanl lol ミサチュサロー……286, 308
galma(gaqma) meiq ガマメ[死者に道を教える]……201, 207, **239-245**, 248
gaqqanllanqqanl ガチャラチャ → Milsanlquvqsanl……308
gal (galma) ガ[道、道理 galquq 道理にかなう]……344, 511
guq グ → aqgu……135
geeqla ガラ(アカ語) → gaoqlaoq……30, 78, 114, 316, 363
gaoqlaoq ゴロ[しあわせ]……316
Gaoqhhaol ゴホ……**39**, 52
Goqzoq ゴジョ……48, **54**, 58, 331
Gaolkeel ゴク……48, 51, **56**, 58, 73, 150, **159**
ganltanl pal ガタパ[アカ正月]……184, 187, 356
geepil グピ[詠唱できる司祭]……191
hhaq ア[力]……290, **335-336**
hhaqma アマ、Hhaqma tul アマトゥ……135, 139, 180, 188-189, 263, **279-398**.346, 356, 502
Haqniq ハニ……45, **51**, 58, 59, 81, 86, 156, 505
Haqhhol ハゴ……**53**, **59**, 132, 248
Haqhhel ハオ……**53**, 58

Hhaqlol アロ……48, **52**, 58, 156, 335
Hainiq ハイニ……48, **56**
Heeqniq フニ……43, **57**, 58
Haoqniq ホニ……49, **56**, 58
hoqzaq zaq, hoqssaq ホザザ[飯を食う]……200, 270
hhaoldao soq オドソ[異常死の儀礼]……259
hhaol pil ゴピ[葬式の出来ない司祭]……190-191
halma ハマ[強い人]……**135-136**, 302
hhellaoq ウロ[龍王]……**174- 175**, 337
hhaqma tul アマト → hhaqma
hhaqma albol アマアボ……106, 280, 282, 290, 292, 293, 296, **335-336**, 339, **509**
humaq tul フマトゥ →hhaqma tul アマト……281, 283
habaq ハバ[酒席の歌]……186
hyul neivq ヒュネ[内のネ]……163, 342
hholduv ba'la オドゥバラ[乾季]……179, 188
Jabiq'ollanq ジャビアラ……164, 165, 176
Hmsiivq Hmmi クンシークンミー[播種祭り]……169, 173, 187, 237
jahhaq ジャア[草]……431
Jeqhhyuq ジョゴエ……44, 50, **55**, 58, 71, 72, 73, 77, **150-151**, **159**, 260, 261, 464
Jeqjaol ジェジョ……**55**, 58, 71-73, 77, **150-151**, **159**, 260, 464
Jebia ジュビャ……150, 464
jaq naivq naivq ジャネネ[呪術]……135
jilbaq dol ジバド[酒を飲む、乾杯]……189
jaobanl ジョバ……78, 115, **129-130**, 139, 176, 191, 301, 464, 468, 502
Kaqdol カド……42, 48, 49, 50, **54-55**, 58
Kaqbieil カベ……42, 48, **56**, 58
Kalluvq Caqnavq Aqma カルツァナアマ……163
laolkaqde-e ロカンド[村門の建設儀礼]……280, 286, 363
laolkanq ロカン[村門]……74, 112, 113, 114, 134, 141, 172

laolkanq maolkaoq ロカンモコ [村門傍らの男女木像] ……141, 306
lalbaq ラバ [古歌] ……186
lavqpieil ラペ [肢体不自由児] ……341-342
lavqqil ラチ [技術] ……**136**, 143, 450
Lolbiq ロビ ……**52**, 58, 335
Lolmeil ロメ ……**52**, 58, 333-334
Laqmil ラミ [元江] ……48, **52**, 58, 238, 281, 308, 335
laqbul ラブ (アカ語) [漢族] ……176-177
laokai ラオカイ [屠殺職] ……135
Lol e aqma ロエアマ ……**137**, 239-240
lol ロ [儀礼] ……137, 247
lon do hgo ロンドゥグオ ……152
lanlguq guq ラッグ ……154
lanyi daoton ライドトン [節制日] ……155
lal ラ →sullal ……162
Muqzaqcol ムザツオ ……270
Moqtaq ムタ ……58, 72, 73, 150
milguq ミグ [宗教的村長] ……133, 135, 139, **142**, 164, 201, 247, 259, 280, 292, 294, 295, 346, 390
milsaol ミソ [土地の支配者] ……132, 384
Molmiq モミ ……**162-163**, 165, 181, 206, 250, 269
Miqyeil ミエ →Apyuq Milyeil アプミエ ……163
Maq hev マヘイ ……56
moqpil モピ [司祭職] ……41, **136-137**, **146**, 204, 238-249, 260, 280, 296, 306, 341, 343, 390, 396, 451
maq siiqni マシニャ [出来ない、知らない] ……430-431
Miqlo miqlo aqma ミロミロ・アマ ……306
milsanlquvqsanl ミサチュサ [土地と水の主] ……113, 139, **296-297**, 308, 502
Milsanlquvqsanl lol ミサチュサロー [土地と水の主の祭祀] ……**279-289**, 295
nil neivq ニネ [外の霊] ……164
nimldanq danqyil ニュムダダイ [世帯を分けること] ……152
Niqsu ニス ……53, 54, 81
Ngoniu ンゴス ……48, **56**, 58
navgeeq ナス [触れ人、携帯電話] ……**130**, 154, 155, 300
Naoqmaq Aqmeil ノマアメ ……294
naqciq ナチ [薬] ……430, 450
naciq aqbol ナチアボ [薬の爺さん] ……450
nilpa ニパ (アカ語) →ニマ nilma ……137, **147**, 164, 451
nilma ニマ [シャーマン] ……137, 164, 451
nial pil ニャピ [葬式を出来る司祭] ……191
Niuqssaqcol ニュザツオ ……270-271
neivqtul tul ネトゥトゥ ……201, 206
pavq alyuq パアユ [リネージの長老] ……154
pilma doq ピマド [司祭の言葉] ……166
pilyaq ピーヤ [ヤクサ、夜叉] ……172
qiqbolssaq チボザ [リネージ] ……154, 155, 263
sulal スラ [魂 sullal kul 魂を呼ぶ] ……162, 236-237
sallal サラ (アカ語) →sulal スラ ……162, 203, 449
sanlpaq サンパ (アカ語) [王侯] ……164
Tanlpanlmanl タパマ (Taqpaoq タポ Taoqpaoq トポ) ……149-150, **171**, 258-259, 270-271, 510
Tanlpanlsya, Taqpaqsa タパシャ ……150, 270, 510
zaol milcaq ゾミジャ ……154
molzao モゾ ……166
maq buvq マブ [混乱するな、どういたしまして] ……263
moq coqcoq モチョチョ [死者のために踊る] ……200, 210
molciq lavqjuv aol モチラジュオ [剃髪清拭] ……201, 204
Muqma ムマ [天の母] ……242, 268
neivqciivq ネツ [霊の系譜] ……171, **268**
yaqmil caqeeq ヤミジャウ [畑の霊の祭祀] ……154

yosaol ヨソ、yosanl ヨサン（アカ語）[主]……163-164, 286
yoqla la ヨララ……169, 187
sseilhhol ba'la ゼオバラ[雨季]……179-180, 188, 192
Oqmuqssaq オムザ……270
puvq (puvqkaq) プ[村落]……114, **126-127**, 240
pya ピャ[父系小家族]……114
pavq パ[最小リネージ、葉]……152-154, 263, 511
puvqseiq プセ[シャン政体の官位]……112, 130
Piuniul ピニュ[漢族]……131, 132
pal パ[代わる]……**184**, 356
puvma albol プマアボ →hhaqma albol アマアボ……280
チンニ……47, 48, **52**, 58
Qiqdil チディ……42, 46, **52**, 58, **94**
pilma aqbol ピマアボ……136, 137, 146, **190-191**, 280, 306
pilssaq ピザ[司祭の弟子、司祭が自身を呼ぶ謙譲語]……137, 147, 190, 243-246
サンコン……48, 50, **56**, 58
Sanqhhyul サンギ……361, **510**
Sulmilol スミオ[人類最初の人]……37, 71, 149-150, **269**
saoldiq baqqivq ソディバジ[鍛冶屋]……136
Sya e aqma シャエアマ……137, 239-240
sya, sha シャ[異常死]……137, **202-203**, 247
siq スィ[一巡]……179, 185, 189, 263, 511
suvbaoq スボ[水タバコ]……344
silpil heiqzeil スピヘゼ[葬歌]……190, 239-245, 308
Tmlanl トゥムラン……253
Taoqpaoq ssaqzaol ceil タボザゾツェ[異常死の葬儀]……259
Wuqma ウマ[天の母]……268
ウォニ……29, 42, 43, **54**, 68, 77, 97
yanlgei ヤンゲ（アカ語）[焼畑]……465
Yeilsal エサ……259

Yaqniq ヤニ……49, **55**, 58, 74, **76**
Yice, Yiceil イツ……48, **52**, 58, 328-329
yosol ヨソ[清浄な]……296
yeillul イェル[「文化」]……303
Zyutaq ズタ……182
Zeiqluvq Molmil Ssaqli ゼルモミザリ……163
zaol ゾ[慣習]……166, 344
zaolkuldi-e ゾクディエ[世帯の儀礼]……280
zyuq, hal, pil ズ、ハ、ピ……**133**, 139, 170, 190
zyuma ズマ[宗教的村長]……**133-135**, 277, 464, 508
zyuqssaq zyuqya ズザ[宗教的村長の助手]……133-135

事項索引

本索引は主に人名、地名、用語を挙げ、ハニ語アカ語についてはハニ語アカ語解説索引を見るように指定している。五十音順で外国人の名前もすべて日本語読み。該当ページは網羅的に示したものと、語の事情と索引を利用する想定される読者の便宜のため主なところだけ挙げた語がある。

あ

アイニ族「僾尼族」……61, **76-77**, **80-81**, 349
アイデンティティ……**17**, 90, 138-139, 167, 191, 251, 261-262, 298, 301, 384
阿海……74, 445-447, 456, 461
アカ種族……**55**, **60-61**, 64, 66, **68-87**
アカザン →ハニ語アカ語索引
亜種族……55, **63**, 75, **87**, **94-95**, 151, 153, 301
アヘン……112, 466
厚い記述……18
アニミズム……**161**, 166, **168**, 294
アルヴァックス, M.……259-262
綾部恒雄……17-21, 91-92, 164
アンダーソン, B.……18, 21, 39-40, 199
アンダーソン, E.F.……442-448, 512
IUCN……375, **389-390**
ISO……512
イコー……62
ICOMOS……370-411
石川登……28
伊藤正子……65-66
「稲作文化」……330-331
意味論……49
1夫多妻……153, 314
一体性……375, 393
イフガオ……353, 358
為則(李学良)……33, 161, 188, 306-307
ウー, デヴィッド……19
ウェーバー, M.……22, 27
窩尼(ウォニ) →ハニ語アカ語索引

内堀基光……18, 28, 40, 199, 317
「雲南菜」……300, 496, 500
雲南少数民族エスニシティ……497, 503
雲南大学……21, 29, 35, 43, 324, 390, 407, 513
雲南民族識別研究組……42
雲南民族識別総合調査組……43-44
雲南民族大学(雲南民族学院)……21, 43, 324, 390, 440
ABS法……432
エスニシティ……17
エスニシティ論……16-29
エスノナショナリズム……18, 269, 397
エンゲルス, F.……32, 161, 254, 298
袁世凱……82, 87, 387
遠距離交易……131
オーセンティシティ……375, 384, **394-395**
王筑生……28, 127, 129
王建華(阿育=蔦比)……34, 64, 440, 510
王正芳……387, 366, 368
太田好信……21, 313
遅れてきたハニ……59
小田亮……21, 127
落合雪野……463, 467

か

外婚(制)……151-153, 155, 258, 263
格朗和……34, 49, 71, **75-86**, 114, 116, 117, 123, 173-176, 301, **363-364**
カド →ハニ語アカ語索引
加藤高志……41-51, 56, 65

事項索引

加藤久美子……69, 130, 300
「華化」……25-26, 92-93, 347, 506
河谷国家……69
「火塘文化」……330-331
「書割」化……402-410
加瀬澤雅人……429-430
仮想の領域……297, 309
瓦渣土司 →銭禎祥……82, 85, 365-366
片岡樹……65
カチン族……20, 28, 127-128, 135, 175, 178
兼重努……463, 466, 467
カメラー, C.A.……30, 114, 138, 152, **172-173**, 178, 180-181, 183, 250, 286, 301, 302, 306, 308
漢姓……54, 104, 151, **154**, 256, 302
ギアツ, C.……18, 22, 101, 116, 127, 183, 345, 471
客体化……21-22, 33, 91, 303-304, **313-332**, 503-506
蘘蕶……81, 264, 365, 387
「近代」……16, **24-25**, 36, 303, 332, 369, **501-505**
クリフォード, J.……21, 314
桑山敬己……21-22
原初論……17-18, 501, 504, 505
厳汝嫻……41
公定ハニ……60, 62, 64, 66, 86, 314, 442, 443, 445-446
コー……62, 72, 95-97
互称……45-47
稿吾卡土司 →龍建乾……81-82, 300, 365, **387-389**
国際ハニ=アカ文化学術討論会……**32**, 60, 303, 324, 330, 338, 378, 407, 440, 441, 447
昆明世界園芸博覧会(花の博覧会)……351, 378, 507
グッドイナフ, W.H.……373
経験から遠い概念／経験に近い概念……332, 345

景観……**373**, 414-417
交差イトコ婚……41, **128-129**, 153
構造マルクス主義……28, 33, 127, 180, 189
江沢民……103, 340, 438
紅河学院……21, 390, 552
「紅河文化」……330
紅河民族研究所……21, 32, 35, 161, 351-352, 390, 396, 456
黄紹文……178-181, 182, 183, 188-189, 191, 390-391, 394
後期資本主義……22, 319, 368
国共内戦……82, 131, 388, 490, 504
「国際双胞胎節」……342
コルディリェーラ山地……353, 395
COP10……438-439, 513

さ

「祭竜」……292, 295, **336**, 357-358, 345, 508
「祭龍」……292, 294, 297, 338
砂仁……454-455, 468-469, 481-482
サウアー, C.O.……372-373
ザンサンホ……166, 303
山稜交易国家……**69**, 120, 127, **131-132**, 155, 279, 289, 501-502
CBD (Convention on Biological Diversity) →生物多様性
シヴァ, V.……449, 458
史軍超……33, 46, 351-352, 358, 368, 376, 378, 381, 384-387, 390-391-394, 397, 441, 510-511
資源化……5章1節
資源人類学……序章3節
自称……45, 94
思陀土司 →李呈祥……82-83, **85-86**, 264-265, 294, 365-366
実践……168
実践コミュニティ……191
清水郁郎……31, 34, 166, 254, 257, 303
清水昭俊……439, 460

謝世忠……19, 490, 495
車羅(チェロ)……71, 75
シャーマン……ハニ語アカ語 nilma
社会構築主義……18, 28, 33, 35, 501
習近平……385, 388, 397399, 433, 468472
周恩来……466
集合的回避儀礼……298
集合的記憶……4章5節
省委統戦部……42, 43, 80, **81**
蒋介石……498
蒋銓……509-510
象徴3元論……170, 182-183
姜定忠……337, 362
集落……103-104
朱小和……180, 189, 191, 306, 352, 397
種族……**61-63**
シュッツ, A.……429
樹木祭祀……106, 283
準移動民……111, 502
状況論……17-18, 36, 505
シラ……50-51, 65-66
白鳥芳郎……252
新街……**70**, **82-83**, **95106-110**, 131, 366, 393, 399, 406, 409-410, 422-423
新谷忠彦……49-51, 54, 56, 65
シンジルト……20
人民公社……115, 339, 341, 504
スコット, J.……30-31, 93, 102, 133, 192, 252, 287, 297-298, 502, 504
錫……69, 131, 450, 516
スタージョン, J.C.……31, 299, 466, 509, 514
スターリン, I.V.……40, 94
須藤護……186, 188, 192, 306-307
諏訪哲郎……129, 314
菁口村……**354**, 391-392-394
「生態」……293, 297340, 341
生態学的ニッチ……102, 289, **299**
「生態文化」……296
「生態旅遊」……293, 340, 355
生物多様性、CBD……375, 390, 398, 408, **432-459**, 512, **513-514**
西部大開発……103, 319, 321, 333, 351, 358, 369, 378, 402, 438, 507
世界遺産……6章2節
世界システム……71, 128, 139, 318, 319, 331, 332, 360
世界システム(知の)……21
世界システム論……28, 111
世界民俗学……16, **21-23**, 25, 26, 505-506
世界無形遺産 →非物質文化遺産……396
瀬川昌久……19, 39
関一敏……23-24, 160, 262
銭禎祥 →瓦渣土司……82, 85
全福庄……188, 198, 280, 391-393
先住民……62, 65, 376, 430, 433-438, **439**, **457-461**, 512, 513
西双版納熱帯植物園……390, 448, **469**, **483**
西双版納原始森林公園……**469**, **483**, 526
西双版納南薬園……468, 469, 482, 484
西双版納花卉園……469, 484, 486
草医……451, 456, 460
草果……445, **454**
宗瓦土司署……385, 387, 389, 391, 393, 401, **428**
「族群」……19-20, 92, 495
祖先……**169**, 305
祖先イデオロギー……168, 193, **304-305**, 502
祖先祭祀……15, 149, **168-169**, 170, 182-183, 297, 298, 304, 350, 359, 502
祖先の伝統……168, 303
祖先の村……113, 149, 166, 239-246
園江満……64, 65
ソーンカオ……288
孫潔……31, 353-354, 371, 376, 391, 406, 509, 511
「村寨文化」……330, 331
孫文……87, 489
村門……74, 79, 112, 113-114, 122, 134-135, **140-141**, **172**, 188, 203, 280, 287, 288, 363, 465, **474**

事項索引

村落……126-146
ゾミア……**30-31**, 93, 178, 252, 295, 298, 497, 502, 504

た

「体育文化」……330, 331
戴瑢峰……31, 250, 251, 307
田上麻衣子……432-434, 436, 512
竹村卓二……148, 152, 251
田中雅一……28, 128
田中真砂子……305
ダニエルス, C.……93, 300, 315, 409, 463, 465
達成される地位……137
単験方……514
単系出自集団……257
タンバイア, S.……17, 30, 287
単方……453, 514
地域的クラン……52, 53, 57
チベット＝ビルマ語系……41, 149, 252, 304-305
チノー族……42, 44, 324, 329, 352, 360, 365, 440, 455, 468
茶馬古道……358, 362, 509
「茶叶文化」……330, 331
中医薬……436
中央訪問団第二分団……29, 42, 43, 86
中華民族……**19-20**, 25-26, 37, 40, 92, 93, 307, 333, 347, 352, **435**, 436, 457, 469, **490**, 503-506
「中国伝統医学」……459
中薬……436, **512-513**
「長街宴」……290-291, 292, 293, 297, **336**, 346, 356, 357, 516
張恵仙 →猛弄土司……82-83, 84, 388, 391
「長龍宴」……262, 263, 336, 337
長老会議……78, 113, 134, 135, 138, 155, 301, 302
陳訓民 →落恐土司……85
鎮江王廟……510, 511
「梯田生態文化」……454

「梯田文化」……330, 351, 441
伝統的知識……6章3節
デーヴィース, H.R.……360
デイビス, R.B.……289
デュメジル, G.……301
田政……127
トゥッカー, D.……30-34, 55, 63, 94-95, 114, 134, **167-168**, 209, 261, 286-289, 301, 303, 308
姚荷生……129, 338, 360, 509
鄧小平……102, 298, 303, 437
逃避型農業……102
都市景観……403, 507
土司制度……**68-69**, 390, 391, 504
土司遺跡……35, 131, 365-368, 376, 385, 387, 391-393, 398, 40-410, 454
豊田三佳……34, 300

な

内的歴史／外的歴史……353-354
納更土司 →龍建乾……82, 365, 387-388
名古屋議定書……433, 436-439, 459-461, 512, 513
NADA(Naqkaw Aqkaq Dzoecawq Armavq, Mekong Akha Network for Peace and Sustainability)……185, 478
南沙……95, 106, **110**, 161, 393, **399**, 406, **423**
南糯山……**77-79**, 109, **114-119**, 122, 124-125, 171, 177, 286, 299, 301, 331, **359-363**, 471, 509-510, 516
納楼土司……82-83, 85, 88, 131, 132, 235, 365, 366, 387
名和克郎……18, 91, 318
ヌージェント, D.……**28**, 127-128
ネイティヴの人類学……25

は

バイオパイラシー……513

「貝幣文化」……330, 331
「八声部複音唱民歌」……358, 396
「哈尼/阿卡文化」……330
ハニ＝アカ族……32, 60-61, 66
ハニ種族……51, 61
『哈尼族口碑全集』……264, 369
ハニ族知識人……22
「哈尼文化」……330
白永芳……33, 63, 64
白学光……355
白玉宝（白宇）……33, 250
白日新 →猛弄土司……**82-84**, 132, 366
白碧波……162, 4章4節, 辞書についはルイスと共編
博望新村……490-497
母方オジ……ハニ語アカ語索引 aqhhyuq
林謙一郎……252
ハヤ方言……**49**, 63, 335
ハレル, S.……19
比嘉政夫……34, 287-288
費孝通……41, 507
「非円環的」な季節サイクル……173
非物質文化遺産……24, 180, 358, **396-397**, 409, 442, 452, 456, **457**, 460, **514-516**
風水……83, 174, 250, 288, 408, 508
プーアル茶……115-116, 299, **358-364**, 369, 463, **470-471**, 485, 504, 509
ブーミサック, チット……72-73, 95-97
フィーンゴールド, D.A.……149, 152
風景……**373**, 510, 511-512, 418-423
フォークロア……435, 436, 437
フォーテス, M.……169, 257-258, 305
普国泰……83, **85**, 88
普国梁……81, 82, 387-388, **412**, **428**
「服飾文化」……330, 331
父子連名制……29, 37, 41, 44, 148, 252, 253, **255-279**, 294, 304, 408
「普遍的価値」……370, 371, 373, 396, 410
「舞踏文化」……330, 331

部分的真実……314
プーノーイ……50, 51, 56, 65, 66
プーラン族……44, 287, 349, 360, 362, 454
フリードマン, J.……28, 128
ブロック, M.……127, 128, 183184, 199, 252, 307
文化的景観……6章2節
文化の定義……22, 373
文化の実体化……**314**, 504, 506
「文化資源」……6章
文化変容……26, 93, 239, 250, 252, 307, 347
分岐的リネージ……148
分節リネージ……148
ヘサウ（レオ　アルティン・フォン・ヘサウ）……30, 114, 138, 166, 170, 175, 182, 184, 246, 253, 268, 270, 450
邊疆委員会……81
ホーコー……**72**, 75
ボシェリー, P.……32
ボディスケープ……407

ま

馬帮……69, 131, 300, 358
馬淵東一……18-20, 61-63
マッサージ……350, 454, 455, 509
松本光太郎……44, 54
マリノフスキー, B.……21, 28
民間民族学……18, 59
「民族医薬」……440-461, 515
民族誌……15
民族誌論……序章2節
「民族文化」……5章
「民族文化資源」……29, 319, 321, **322-323**, 349, 368, 431
「民族学」……33, 167, 323, 324, 397
民俗学的「近代」……16, 24-25, 27, 36, 501
民族区域自治……42, 68, 75, 80-81, 332, 430, 439, 501, 506
民族集団……17
民族識別……**37**, 2章

事項索引　563

「民族精神」……293, 297, 339
民俗生態村……354, 391-392
毛沢東……27, 83, 303, 506
毛佑全……30, 32, 51, 155, 200, 324, 329, 352
猛弄土司　→白日新、張恵仙
森山工……28, 318, 407
モルガン, L.H.……32, 33, 41, 51, 295, 324, 325, 331
モン・クメール系……69, 270
門図……238, 286, 362

や

ヤオ族(ユーミエン)……102, 251, 353, 360, 442, 489
柳田国男……21-24
山田厳子……23, 24, 25
ユネスコ……6章2節
用具論……17, 18, 36, 502, 505
楊忠明……71, 76, 77, 152, 267
楊万智……71, 73, 74, 356
楊六金……34, 254, 262
横山智……463, 467
横山廣子……19, 92, 455, 468

ら

羅常培……29, 255
落恐土司　→陳訓民……85, 266, 277, 365, 366
ラフ族……41, 44, 50, 61, 66, 73, 78, 95, 360, 365, 442, 454, 489
李克忠……32, 129, 189, 248-249, 280, 286, 338, 339, 384
李期博……30, 32, 39, 51, 60, 106, 129, 161, 175, 179, 210, 324, 351-352, 368, 511
李元慶……47
離床……23, 319, 332, 343, 345, 504
李鵬……437
李呈祥　→思呈祥……77, **81-87**, 131, 264-265
李和才……77, 86, 266-267

林耀華……43, 337, 508
リーチ, E.……20, 21, 28, 69, 81, **127-129**, 135, 138, 175, 178, 184-185, 251, 292
リネージ……3章3節
龍雲……82-83, 87, 300, 388, 397
龍建乾　→納更土司……82, 387, 412
龍鵬程　→稿吾土司……82, 387-388, 412
ルオマの初恋……355, 369, 394
ルイス, P.W.……30, 32, 54, 60, 76, 114, 129, 150-152, 154, 162-163, 172, 185-186, 4章4節, 355-359, 301-302, 407, 443, 449-450
ルークス, H.……73
麗江……320-321, 349, 350, 365, 371, 399, 400, 403, 507, 509
レイマ、ヤン……406, 407
レヴィ＝ストロース, C.……127, 171, 181
「歴史遺産」……294, 296
歴史意識……183, 502
歴史人類学……序章3節
六大茶山……359, 360, 362, 470, 486, **509**
蘆漢……82, 87
蘆朝貴……190, 352, 392, 394
蘆梅貝……127

わ

渡邊欣雄……26, 93, 126, 318, 429
ワトソン, J.……250
ワンズプラサート, T.……111

稲村　務（いなむら・つとむ）
1966年佐賀県生まれ。
琉球大学法文学部教授。
筑波大学大学院博士課程歴史・人類学研究科中退。
論文博士（学術）（東北大学2015年3月6日付）。
【専攻】社会人類学、文化人類学。

祖先と資源の民族誌
―中国雲南省を中心とするハニ＝アカ族の人類学―

初版第1刷発行　2016年3月10日

定価7500円＋税

著者　稲村務©
装丁　臼井新太郎
発行者　桑原晨
発行　株式会社めこん
〒113-0033　東京都文京区本郷3-7-1
電話03-3815-1688　FAX03-3815-1810
ホームページ http://www.mekong-publishing.com

組版　字打屋
印刷　株式会社 太平印刷社
製本　株式会社 三水舎

ISBN978-4-8396-0296-3　C3039　¥7500E
3039-1605296-8347

JPCA 日本出版著作権協会
http://www.jpca.jp.net

本書は日本出版著作権協会（JPCA）が委託管理する著作物です。
本書の無断複写などは著作権法上での例外を除き禁じられています。
複写（コピー）・複製、その他著作物の利用については事前に日本
出版著作権協会（http://www.jpca.jp.net　e-mail：info@jpca.jp.net）
の許諾を得てください。

オリエンタリストの憂鬱
◆植民地主義時代のフランス東洋学者とアンコール遺跡の考古学

藤原貞朗
★サントリー学芸賞受賞　★渋沢・クローデル賞受賞。　【定価4500円＋税】
19世紀後半にフランス人研究者がインドシナで成し遂げた学問的業績と植民地主義の政治的な負の遺産が織り成す研究史。

国境と少数民族
落合雪野＝編著　【定価2500円＋税】
中国雲南省とミャンマー、ラオス、ベトナムの国境域に生きる少数民族は、それぞれの国家から政治・経済・文化的影響を受けながら、いかにして自らの生業と生活を能動的に変化させてきたのか。国境の両側からの最新研究です。

ラオス農山村地域研究
横山智・落合雪野＝編　【定価3500円＋税】
社会、森林、水田、生業という切り口で15名の研究者がラオスの農山村の実態を探った初めての本格的研究書。焼畑、商品作物、水牛、中国の進出……今のラオスを理解する上で欠かせないテーマばかりです。

東北タイにおける精霊と呪術師の人類学
津村文彦　【定価4000円＋税】
東北タイの人々の生活と心の中に大きな位置を占める精霊（ピー）。それは果たして存在するのか否か。実際に呪術師に弟子入りして修行した気鋭の人類学者が解き明かす不思議の世界。

ディアスポラの民 モン　◆時空を超える絆
吉川太惠子　【定価3500円＋税】
ベトナム戦争でCIAに軍事訓練を受けて「特殊部隊」として組織された山岳民族モンは、戦争終結後、国を追われて四散。現在はラオスに残ったモン以外に、約30万人が海外に暮らしています。この「流浪の民」をアメリカ・フランス・オーストラリアに追って6年。徹底した面接調査をもとに彼らの特性をまとめあげた文化人類学の力作です。

フェアトレードの人類学
◆ラオス南部ボーラヴェーン高原におけるコーヒー栽培農村の生活と協同組合

箕曲在弘　【定価2800円＋税】
フェアトレードは本当に生産者に恩恵をもたらすのか？　コーヒー生産現場での長期に及ぶ精緻な文化人類学的調査に基づく民族誌。第5回地域研究コンソーシアム賞（登竜賞）、2015年度国際開発学会賞、第42回澁澤賞をトリプル受賞。